Garber · Walter Benjamin als Briefschreiber und Kritiker

Klaus Garber

Walter Benjamin als Briefschreiber und Kritiker

Wilhelm Fink Verlag

Peter Garber zum 65. Geburtstag

Bibliografische Information der Deutschen Bibliothek

Die Deutsche Bibliothek verzeichnet diese Publikation in der Deutschen Nationalbibliografie; detaillierte bibliografische Daten sind im Internet über http://dnb.ddb.de abrufbar.

ISBN 3-7705-4072-7

www.fink.de
Einbandgestaltung: Evelyn Ziegler, München
Herstellung: Ferdinand Schöningh GmbH, Paderborn

Inhalt

Vorwort

[illegible]

Vorwort

Die *Gesammelten Schriften* Benjamins waren noch nicht abgeschlossen, als schon ein weiteres editorisches Unternehmen seinen Anfang nahm und alsbald zügig gefördert und fristgerecht zum Abschluß gebracht werden konnte. In sechs voluminösen Bänden liegen die Briefe Benjamins in erreichbarer Vollständigkeit seit geraumer Zeit vor. Die Herausgeber Christian Gödde und Henri Lonitz haben den gegenläufigen Weg zu ihrem einstigen Mentor Rolf Tiedemann beschritten. Statt die Edition mit weitläufigen und notgedrungen einseitigen Kommentaren zu befrachten, die zwangsläufig eine teilweise vehemente Kritik auf den Plan riefen, nahmen sie sich als Editoren in nobler Bescheidenheit zurück, beschränkten sich auf die unerläßlichen und höchst willkommenen Erläuterungen und überließen ansonsten das Feld ihrem Autor. Er war als ingeniöser Briefschreiber seit langem bekannt. In allen Facetten seines unerschöpflichen Ausdrucksvermögens aber wurde er erst in dieser einzig seiner verklungenen Stimme gewidmeten Ausgabe gewonnen.

Sie hat ihren Weg der Aneignung erst noch vor sich, auch wenn die Antworten sich bereits zu mehren beginnen. Und sie erheischt wie selbstverständlich die Fahndung nach allen noch erreichbaren Zeugnissen der Benjaminschen Briefpartner. So wie die *Gesammelten Schriften* nach einer Fortschreibung in Gestalt historisch-kritischer Editionen zumindest der großen Texte verlangen, so die *Gesammelten Briefe* Benjamins die Rekonstruktion geschlossener Briefwechsel nach Maßgabe des Möglichen. Mußte die Forderung im Blick auf die *Gesammelten Schriften* die Jahrzehnte über bei jeder sich bietenden Gelegenheit gegen die widerspenstigen Herausgeber angemahnt werden, so liegt der Wunsch im Blick auf die *Gesammelten Briefe* ganz auf der Linie der Herausgeber und wird sich sukzessive gewiß erfüllen.

Der Verfasser dieses Büchleins hat das Heranwachsen der Briefausgabe (wie das der *Gesammelten Schriften*) rezensierend begleitet und schätzte sich glücklich, die polemische Feder mit der preisenden vertauschen zu dürfen. Mit jedem neuen Band freilich erhöhte sich die Versuchung, aus der Rolle des Kritikers in die des Porträtisten zu schlüpfen. Ihr wurde bis zum Abschluß der Ausgabe widerstanden. Als alle sechs Bände freilich im Jahr 2000 vorlagen, fügte es ein günstiges Geschick, daß in einigen ungestörten sommerlichen Wochen des folgenden Jahres der langgehegte Vorsatz in die Tat umgesetzt werden konnte. Wenn die dem Briefschreiber Walter Benjamin gewidmete Abhandlung erst heute (in unveränderter Gestalt) erscheinen kann, so ist dies alleine den vielfältigen Verpflichtungen geschuldet, die den Leiter eines Frühneuzeit-Instituts mit diversen, teilweise üppigen Drittmittel-Projekten alsbald wieder einholten.

Gerne hätte er die eine oder andere inzwischen vorliegende Äußerung zu Benjamins Briefen seiner Arbeit noch integriert. Doch mußte das aus den angedeuteten Gründen unterbleiben. Sein Interesse freilich galt entgegen sonstiger Gewohnheit im vorliegenden Fall zu keinem Zeitpunkt der kritischen Auseinandersetzung. Zu Worte kommen sollte ausschließlich der Epistolarist Walter Benjamin. Und dies gleichfalls so, daß nicht der Denker und Theoretiker das erste Wort behielt, das zwangsläufig zu Auseinandersetzung und Kommentar herausgefordert hätte, sondern der jeweils einen Adressaten ansprechende Briefpartner. Dieser aber ist in der Wahl seines Briefpapiers nicht minder gegenwärtig als in der Entfaltung eines Gedankens, in Eingang und Ausgang, Anrede und Postscriptum nicht weniger als in dem, was thematischer Schwerpunkt eines Briefes sein mochte und bewußt ausgeklammert bleiben sollte. Nicht um eine intellektuelle Biographie, wie sie aus den Briefen sehr wohl zu gewinnen ist, war es uns zu tun, sondern um die Ränder und beschatteten Zonen, die der Gattung Brief und nur ihr eignen und in denen ein bekannter und doch nur hier und so sich artikulierender Walter Benjamin sich zu erkennen gibt.

Der Sinn der kleinen Collage wäre erfüllt, wenn sie Vergnügen stiftete und Leser anlockte, sich auf das nicht endende Abenteuer der Lektüre Benjaminscher Texte einzulassen. Für das Leben und das Werk und damit für die große ausstehende Monographie halten auch die Briefe ein schier unerschöpfliches Repertoire an beredten Zeugnissen bereit.

Wie in den beiden vorangegangenen Benjamin-Büchern kommt auch in diesem dritten der Frühneuzeitler neuerlich ins Spiel, der es als seine Aufgabe ansieht, insbesondere Benjamins Arbeiten zum Barock der kurrenten Forschung zuzuführen. Ging es 1987 und 1992 zunächst um das Trauerspielbuch selbst, so gilt in diesem Buch in einer zweiten größeren Abhandlung das Interesse dem Rezensenten Walter Benjamin, der auch nach dem Abschluß seines großen Buches maßgebliche Versuche zur Epoche im Blick behielt und kritisch Stellung bezog. Es dürfte deutlich werden, daß seine einschlägigen Arbeiten auf diesem Feld gleichermaßen der Erkenntnis seiner nur ihm eigenen Form der kritischen Intervention wie der seines Hauptwerkes zugute kommen. Voraussetzung freilich für eine solcherart ergiebige Lektüre bleibt die Vertrautheit mit den materialen Probleme der zur Verhandlung stehenden Texte. Der Benjamin-Forscher und -Liebhaber, der nur dieses ist, agiert hier auf verlorenem Posten. Wir wünschten uns sehr weitere einläßliche Erschließungen einzelner Benjaminscher Rezensionen von den jeweiligen Sachkennern. Wie immer sind die Benjamin eigenen Signale den Sachgehalten nahezu unscheinbar verwoben.

Alle Äußerungen Benjamins verdanken sich einer Philosophie der Sprache und der Kunst, die sich in ungezählten Brechungen über alle Textsorten hinweg manifestiert. So ist auch diesem Buch wie in den beiden Vorgängern eine Passage zwischen den beiden Abhandlungen eingeschoben, in denen in drei aufeinander verweisenden Stücken die Bemühung um den Ästhetiker Walter Benjamin fortgeschrieben wird.

Die Auslegung des schlechterdings unergründlichen Denkbildes ›Weimar‹ nahm ihren Ausgang von einer in Jerusalem aufgefundenen und in die *Gesammelten*

Schriften sinnigerweise nicht eingegangenen Erstfassung. Benjamin verstand es als Gegenbild zu seinem großen Goethe-Essay im Jubiläumsjahr 1932 (dem seine Herausgeber eine Grabstätte unter dem Titel ›Lexikon-Artikel‹ bereiteten). Hier die kritische Vergegenwärtigung des Goetheschen Lebenswerkes, dort die drei kleine Abschnitte umfassende Miszelle, auf die Benjamin kaum weniger Zeit und Mühe wandte, bis sie vollendet ausgeformt war. Die vorliegende Arbeit leitete einst eine größere Abhandlung über den Benjaminschen Nachlaß in der Sammlung Scholem zu Jerusalem ein, der vielfach auch Benjamin-Kennern kaum vertraut ist und in der Ausgabe der *Gesammelten Schriften* viel zu sporadisch berücksichtigt wurde. Losgelöst aus dem einstigen Kontext möchte sie zugleich einen Beitrag liefern zur eingehenderen Exegese gerade auch der Benjaminschen Miniaturen, die wie die großen Arbeiten nur eingehendster Versenkung sich erschließen.

Die beiden anderen, das ›Denkbild Weimar‹ rahmenden Arbeiten zur ästhetischen Theorie Benjamins sind verklammert durch einen Aspekt, der in der so ausgebreiteten Benjamin-Literatur bislang keine Rolle spielte, obgleich er doch gerade auch seine Rezensionen wie ein roter Faden durchzieht: seine (implizite) Kritik an den empfindsamen Grundlagen der Kunstanschauung seit der Mitte des 18. Jahrhunderts. ›Erlebnis und Erfahrung‹ war das vorliegende Buch betitelt, bevor die Experten des Verlags seine Stoßrichtung titularisch auf den Punkt brachten. Nicht auf Erlebnisse, sondern auf historische Erfahrungen hin sind Werke zu erkunden. In dieser Prämisse traf sich Benjamin mit einem Wahlverwandten und kritischen Exegeten der Empfindsamkeit, der durch die Emigration gleichfalls um sein Lebenswerk gebracht wurde, mit Richard Alewyn. Die beiden vielleicht doch tiefgründigsten Kenner des Barock über das empfindsame 18. Jahrhundert ins Gespräch zu bringen und dabei anzuknüpfen an die Benjaminsche Theorie der Allegorie wie die der offenen Form der Werke und ihre Qualifikation zur Nachgeschichte, wie sie im Mittelpunkt der beiden vorangegangenen Bücher des Verfassers stand, begründet die innere Zusammengehörigkeit der beiden kleinen Versuche. Sie verdanken sich äußeren Anstößen und stehen ihrerseits auf deutscher wie neuerlich auf italienischer Seite in Kontexten, über die im einzelnen am jeweiligen Ort Auskunft gegeben wird.

Die hier vorgelegten Studien des in den vergangenen Jahren durch die Leitung großer Drittmittel-Projekte übermäßig beanspruchten Verfassers hätten nicht erscheinen können, wenn nicht Hilfe aus dem Kreis der vielen jungen Mitarbeiterinnen und Mitarbeiter erfolgt wäre, die freilich ihrerseits mit Arbeiten aller Art rundum beschäftigt waren und sind. Drei Jahre hat es schließlich gewährt, bis die immer wieder unterbrochenen redaktionellen Arbeiten zufriedenstellend bewältigt waren. Zu danken ist Hendrik Weber und insbesondere Stefan Anders, der auch schon das vorangehende Buch *Zum Bilde Walter Benjamins* betreute, daß sie das kleine Buch nicht aus den Augen verloren. Wenn die Verzögerung gewiß ihre mißlichen Seiten hat, so werden sie vielleicht doch ein wenig kompensiert durch den erfreulichen Umstand, daß zeitgleich mit diesem neuerlich Walter Benjamin gewidmeten Buch erstmals ein weiteres über Richard Alewyn erscheint. Niemandem verdankt ihr Verfasser mehr als diesen beiden so verschiedenen und doch auf überraschende Weise so verwandten Köpfen.

Daß beide Bücher unter dem Dach des Fink-Verlages in schwierigen Zeiten ein Unterkommen gefunden haben, ist neuerlich dem Interesse und der Aufgeschlossenheit von Raimar Zons für die aus Osnabrück herrührenden Arbeiten geschuldet. Ihm, zugleich aber auch Andreas Knop sei gedankt für die Sorgfalt wie das tatkräftige Geleit, das sie dem kleinen Werk angedeihen ließen. Sein Verfasser schätzt sich glücklich, für die zumeist von langer Hand vorbereiteten und nun endlich sukzessive erscheinenden Texte eine ebenso profilierte wie intellektuell anregende Heimstatt gefunden zu haben.

Möge das Büchlein dazu beitragen, den nicht endenden Dialog mit dem inkommensurablen Schriftsteller Walter Benjamin auf seine Weise zu befördern.

Klaus Garber
Osnabrück, im Herbst 2004

Die Kehrseite des Werkes

Porträt Walter Benjamins aus seinen Briefen

1955 erschien erstmals eine Auswahl von Schriften Walter Benjamins.[1] Theodor W. Adorno hatte sie in die Hand genommen. Es heißt, daß sie sich über Jahre hinweg nur schlecht verkaufte.[2] Inzwischen ist sie für den Sammler und Benjamin-Liebhaber zu einer Rarität geworden. Das Verdienst von Herausgeber und Verleger, einen weitgehend vergessenen Autor durch eine Vereinigung repräsentativer Arbeiten posthum zu Ansehen und Wirkung verholfen zu haben, ist schwerlich zu überschätzen. Mit der reichhaltigen zweibändigen Werkausgabe wurde der Rang Walter Benjamins schlagartig evident und das Fundament für seinen Ruhm gelegt, der sich in der zweiten Hälfte der sechziger Jahre rapide ausbreitete. Er hat in dieser explosionsartigen Intensität keine Parallele in der deutschsprachigen Litera-

1 Walter Benjamin: Schriften. Hrsg. von Th. W. Adorno und Gretel Adorno unter Mitwirkung von Friedrich Podszus. Bd. I–II.– Frankfurt a.M.: Suhrkamp 1955. Die Ausgabe ist mit einer Einleitung von Th. W. Adorno versehen, die die zweite große Äußerung Adornos nach der ›Charakteristik Walter Benjamins‹ in der Neuen Rundschau 61 (1950), S. 571–584, darstellt. Beide Texte, noch vor dem Einsetzen der emphatischen Benjamin-Rezeption verfaßt, gehören unter den Porträts zu dem Schönsten, was über Benjamin je geschrieben wurde. Der Mitherausgeber Friedrich Podszus steuerte eine kleine, aber jedem empfänglichen Leser unvergeßliche ›biographische Notiz‹ bei, die dankenswerterweise auch in die Nachfolge-Auswahl übernommen wurde. Vgl. Walter Benjamin: Illuminationen. Ausgewählte Schriften [Band I]. Hrsg. von Siegfried Unseld.– Frankfurt a.M.: Suhrkamp 1961 (= Sonderausgabe in der Reihe ›Die Bücher der Neunzehn‹; 78), S. 439–443. Siegfried Unseld bekannte in seiner Nachbemerkung zu dem Band in einer Dankesadresse, daß ihm Friedrich Podszus »vor nunmehr zehn Jahren Benjamins Welt und Werk aufschloß« (S. 444. – Der zweite Band der »Ausgewählten Schriften«, betitelt »Angelus Novus«, Frankfurt a.M. 1966, kennt weder einen Herausgeber noch ein begleitendes Wort, abgesehen von den »bibliographischen Nachweisen« der Erstdrucke bzw. den Hinweisen auf die Manuskripte). Zu Podszus, der Benjamin bekannt war und der bei ihm als »Potschuß« figuriert, vgl. die Anmerkung im zweiten Band der »Gesammelten Briefe« (vgl. unten Anm. 7), S. 172. – Stets zu erinnern bleibt, daß Scholem gleich nach Benjamins Tod anhob, auf eine Ausgabe der Schriften Benjamins zu drängen. Vgl. die entsprechenden, vor allem an Adorno gerichteten und gleich nach Erhalt der Todesnachricht einsetzenden Briefe in: Gershom Scholem: Briefe. Bd. I–III. Bd. I und III hrsg. von Itta Shedletzky, Bd. II hrsg. von Thomas Sparr.– München: Beck 1994–1999. Hier vor allem Band I, S. 281 ff. Der Einsatz ist im Grunde schon zu Lebzeiten Benjamins mit dem tief besorgten Brief Scholems vom 4. Juni 1939 an Adorno zu nehmen. Dazu unten, S. 114. Die Einleitung Adornos zu der zweibändigen Ausgabe der Schriften Benjamins enthält eine Dankesadresse an Gershom Scholem, »der die Manuskripte der frühen Arbeiten zur Verfügung stellte und überhaupt am Zustandekommen der Ausgabe tätig beratenden Anteil nahm.« (S. XXVII). Warum es nicht zur gemeinsamen Ausgabe der Werke Benjamins kam, bedürfte aus berufenem Kreis der Beantwortung. Scholem selbst ergriff öffentlich erst 25 Jahre nach Benjamins Tod das Wort im deutschen Sprachraum in einer einzig dastehenden Huldigung des Freundes. Vgl. Gershom Scholem: Walter Benjamin.– In: Neue Rundschau 76 (1965), S. 1–21.

2 Vgl. Rolf Tiedemann, Hermann Schweppenhäuser: Editorischer Bericht.– In: Walter Benjamin: Gesammelte Schriften. Unter Mitwirkung von Theodor W. Adorno und Gershom Scholem hrsg. von Rolf Tiedemann, Hermann Schweppenhäuser. Bd. I–VII.– Frankfurt a.M.: Suhrkamp 1972–1989 (GS), Bd. I, S. 749–796, S. 752 f.

tur des 20. Jahrhunderts.[3] Ein im verborgenen gebliebenes und nur fragmentarisch zur Ausformung gelangtes Werk der Vorkriegszeit erlebte in der intellektuellen Gründungsphase der Bundesrepublik einen Nachhall, den der passionierte Theoretiker von Nachgeschichten der Werke selbst nie hätte prognostizieren können. In Marmorgrüften hatte er sein Werk verborgen und geborgen wissen wollen, bevor es eines womöglich besseren Tages eine Wiederauferstehung würde erfahren können. Wie immer man von diesen besseren Tagen denken mag – die Hoffnung des Fortlebens hat sich in ungeahnten Dimensionen erfüllt. Walter Benjamin ist seit Jahrzehnten ein Autor von Weltrang und wird nicht selten als erste intellektuelle Kapazität des deutschen Sprachraums in der ersten Hälfte des 20. Jahrhunderts gefeiert.[4]

Am Anfang also stand die mutige und von inniger Vertrautheit mit dem Werk zeugende zweibändige Auswahl der Schriften. Gute zehn Jahre später folgte eine kaum weniger überraschende und brisante Edition. 1966 legte Suhrkamp eine wiederum zweibändige und fast gleich umfängliche Auswahl der Briefe Walter Benja-

---

3 Vgl. zum Nachweis der nun in rascher Folge in Buchform erscheinenden Texte Benjamins gleichfalls den ›Editorischen Bericht‹ (Anm. 2), S. 753 ff. Es bleibt zu bedauern, daß die mit großer Sorgfalt und Sachkunde erarbeitete Bibliographie von Momme Brodersen: Walter Benjamin. Eine kommentierte Bibliographie.– Morsum/Sylt: Cicero Presse 1995, die diversen Neuauflagen der Bücher und Auswahlausgaben nicht im einzelnen dokumentiert, die den singulär dastehenden posthumen Wachstumsprozeß innerhalb einer knappen Zeitspanne optimal demonstrieren würden.

4 Verwiesen sei gleichermaßen auf die Dokumentation der weltweiten Übersetzungen seiner Werke wie die der wissenschaftlichen Publikationen in den glücklicherweise reichhaltig verfügbaren Benjamin-Bibliographien. Vgl. Burkhardt Lindner: Kommentierte Übersicht zur Lebens- und Wirkungsgeschichte Benjamins.– In: Walter Benjamin.– München 1971 (= Text + Kritik; 31–32), S. 81–91. In der Ende der siebziger Jahre erschienenen 2. Aufl. hatte der Herausgeber und verdienstvolle Bibliograph bereits zu konstatieren: »Gegenüber dem Erfassungszeitraum der vorangegangenen Bibliographie ist die Benjamin-Literatur in den letzten acht Jahren enorm angewachsen. Die wichtigsten Schriften Benjamins sind zudem (bereits seit den 60er Jahren) durch italienische, französische, englische, auch polnische und jugoslawische Übersetzungen weit über den deutschen Sprachraum bekannt geworden und haben mittlerweile eine Rezeption gefunden, die keineswegs abgeschlossen ist und hierzulande Beachtung verdient.« Burkhardt Lindner: Benjamin-Bibliographie 1971–1978. Mit Ergänzungen zum Zeitraum vor 1971.– In: Walter Benjamin. Hrsg. von Burkhardt Lindner. 2. Aufl.– München 1979 (= Text + Kritik; 31–32), S. 114–120, S. 114. Voran geht nochmals eine ›Werkbiographie und Kommentierte Bibliographie (bis 1970)‹, S. 103–113. Die hier von Lindner konstatierte rasche Beschleunigung der Veröffentlichungen der Schriften von und über Benjamin hat in den achtziger und neunziger Jahren nochmals um ein Vielfaches zugenommen, so daß nur monographische Arbeiten eine Chance zu hinlänglich einläßlicher Dokumentation hatten. Vgl. dementsprechend Momme Brodersen: Walter Benjamin. Bibliografia critica generale (1913–1983).– Palermo: Centro Internazionale Studi di Estetica 1984 (= Aesthetica, pre-print; 6). Das Werk bietet im ersten Teil eine chronologisch angeordnete Bibliographie der Benjamin-Ausgaben (einschl. der italienischen Übersetzungen [nebst einer französischen] und – sehr wertvoll! – von Rezensionen). In einem zweiten Teil ist die Literatur über Benjamin in systematischer Anordnung vereinigt: Bibliogra-

mins vor.[5] Wieder zeichnete Adorno verantwortlich. Nun aber trat der engste Freund hinzu, der zugleich die größte und reichste Briefsammlung Benjamins hütete: Gershom Scholem. Er hatte als erster die Forderung nach einer Sammlung und Veröffentlichung der Schriften Benjamins erhoben. Wir kennen die Gründe nicht, die ihn veranlaßten, der ersten Werkausgabe fernzubleiben. Auch die Anregung, Benjamins Briefe in Auswahl zu edieren, ging von ihm aus. Nun aber begleitete er die Edition mit seinem einzigartigen Wissen um Person und Werk, aber auch um den Freundes- und Bekanntenkreis des über alles verehrten Toten. Ohne das mächtige und wiederum einzigartige Benjamin-Archiv Scholems in Jerusalem war im epistolarischen Metier gar nichts auszurichten.[6] Ausgestattet mit zwei separaten Vorworten der beiden so ganz verschiedenen Männer gingen die Briefe Walter Benjamins in die Welt.

Nochmals war ein neuer, bis dato fast ganz unbekannter Walter Benjamin zu entdecken. Briefe von Dichtern – sie gab es zuhauf. Briefe von Gelehrten – sie pflegten nur in den allerseltensten Fällen ein größeres Publikum zu interessieren.

---

phien, zur Editionsgeschichte, zur Rezeptionsgeschichte, zur Biographie, Monographien und unselbständige Schriften zum Werk, gleichfalls nochmals sachlich gegliedert. Das Werk von Brodersen wurde für den Zehnjahreszeitraum von 1983 bis 1992 für die Dokumentation der wissenschaftlichen Literatur fortgeführt von Reinhard Markner und Thomas Weber: Literatur über Walter Benjamin. Kommentierte Bibliographie 1983–1992.– Hamburg: Argument-Verlag 1993 (= Argument-Sonderband. N.F.; 210). Auch diese Bibliographie beginnt mit der Feststellung: »Die Steigerungsrate der Literatur über Walter Benjamin ist exponentiell.« (S. 5) Die einzelnen Titel sind vielfach annotiert und teilweise eingehend besprochen. Die Anlage folgt weitgehend den Vorgaben von Brodersen, doch wurde die systematische Gliederung der Monographien und Aufsätze zum Benjaminschen Werk leider aufgegeben, so daß die Orientierung angesichts der Masse der Titel erschwert ist. Die Bibliographie wurde fortgeführt mit: Reinhard Markner, Ludger Rehm: Bibliographie zu Walter Benjamin (1993–1997).– In: global benjamin. Internationaler Walter-Benjamin-Kongreß 1992. Hrsg. von Klaus Garber, Ludger Rehm. Bd. I–III.– München: Fink 1999, Band III, S. 1849–1916. Vgl. auch den Artikel ›Benjamin, Walter‹.– In: Heiner Schmidt: Quellenlexikon zur deutschen Literaturgeschichte. Bd. II.– Duisburg: Verlag für Pädagogische Dokumentation 1995, S. 117–142, gegliedert in (alphabetisch sortierte) allgemeine Arbeiten und solche zu den einzelnen Benjaminschen Werken. Der Berichtszeitraum erstreckt sich von 1945 bis 1990. Heranzuziehen schließlich die jährlichen Berichte zur Literatur über Benjamin in dem Abschnitt ›Zu einzelnen Germanisten, Literaturtheoretikern und Essayisten‹ in: Bibliographie der deutschen Sprach- und Literaturwissenschaft.– Frankfurt a.M.: Klostermann. Zuletzt Band XL für den Berichtszeitraum 2000.

5 Walter Benjamin: Briefe. Hrsg. und mit Anm. versehen von Gershom Scholem und Theodor W. Adorno. Bd. I–II.– Frankfurt a.M.: Suhrkamp 1966. Die Ausgabe wurde durch zwei Vorworte der Herausgeber eröffnet. Den größeren Anteil Scholems, der die meisten Briefe stellte, signalisiert die gleichfalls ungewöhnliche Reihenfolge in der Nennung der Herausgeber (die übrigens ein Pendant in der Reihenfolge der Nennung der Herausgeber der »Gesammelten Schriften« hat).

6 Sie ist porträtiert bei Klaus Garber: Jüdischer Astralleib. Das Benjamin-Archiv der Sammlung Scholem zu Jerusalem. Editorische Versäumnisse in Frankfurt.– In: ders.: Zum Bilde Walter Benjamins. Studien – Porträts – Kritiken.– München: Fink 1992, S. 137–179.

Und Briefe von Philosophen – sie blieben eine Rarität und standen fast immer im Schatten ihrer Gedankengebäude. Mit dem Bekanntwerden der Briefe Benjamins vollzog sich neuerlich ein Ereignis ohne Parallele in der literarischen Welt. Nie hatte ihr Verfasser die Grenzen zwischen Denker und Gelehrtem, Forscher und Journalist, Dichter und Essayist, Lyriker und Prosaist, Kommentator und Kritiker anerkannt. Er nahm die Rollen ein, die ihm zufielen, und pflegte sie teils freiwillig, teils notgedrungen und nach Aufgabe der akademischen Karriere vielfach zeitgleich. Der Vielfalt der Rollen entsprach die Unbegrenztheit der Gebiete, Themen und Formen, denen er sich zuwandte. Eine Restriktion des Gedankens war ebenso obsolet wie die Preisgabe einer Form. Es waren die Sachen, die ihre je eigenen Anforderungen stellten, und es war die Aufgabe des Autors, die Chancen zu nutzen, die die häufig nicht selbstgewählten Medien boten, um schreibend zu wirken. Denn nur dies eine stand ja unumstößlich fest: Das Leben sollte ungeachtet aller denkbaren Opfer dem Schreiben gewidmet und alle häufig mühsam erkämpften Freiräume allein ihm vorbehalten bleiben.

Zu den Elementaria bzw. Essentialia dieser dem Schreiben gewidmeten Existenzform gehörte der briefliche Austausch. Er war nicht nur lebensnotwendig für einen Schriftsteller, der die Einsamkeit freiwillig suchte und unfreiwillig stets wieder in die Rolle des Vereinsamten gezwungen wurde. Er war Lebenselixier, weil ihr Verfasser einbekanntermaßen vom Gespräch lebte. Und was anderes war der Brief als dessen Substitut. Ungezählt sind die Äußerungen über Walter Benjamin, die da bezeugen, daß gesprächsweise geäußerte oder vernommene Gedanken womöglich erst nach Jahren in gänzlich unerwarteten Kontexten und in gänzlich veränderter Gestalt wiederkehrten. Sie hatten nachgeklungen, waren gereift und stellten sich in gewiß nie erwarteten Situationen wieder ein, begabt mit einem ihnen zugewachsenen Erfahrungsgehalt, der ihre Konsistenz verbürgte. Der Brief blieb wie das Gespräch das Probier- und Experimentierfeld des Gedankens. Nur wenig, aufs Ganze gesehen, wissen wir über die Formen, die Benjamin dem Gespräch zu geben verstand. Es muß von einem ungewöhnlichen Maß nicht nur der Intensität, sondern auch der Befähigung zur Improvisation gekennzeichnet gewesen sein. Dies Gespräch ist verklungen, und die letzten Menschen, die das Glück hatten, mit Benjamin zu sprechen und von ihm zu zeugen, scheiden dahin. Im Brief aber lebt die Stimme Benjamins verwandelt fort.

Der Brief birgt die Chance, den Reichtum einer Person so authentisch zu repräsentieren wie keine schriftliche Form der Äußerung sonst. Gewiß kennt er seine Regularien. Diese Eigenschaft teilt er mit allen gattungsgebundenen Äußerungen. Wo Gattungen aber auch Schreibkonventionen festlegen, ist der Stil des Briefes ganz dem Schreibenden und dem inneren Blick auf sein Gegenüber anheimgestellt. Er entspringt in seinen besten Zeugnissen der schier unbegrenzten Kunst des Sich-Verwandelns und Sich-Anverwandelns. Weil er Anrede ist, lebt er vom Wechsel der Sprechhaltungen. Weil er einem Du gilt, modelt er das Ich. Ist der Schreibende aber nicht nur gerüstet und bereit zur Metamorphose, sondern seiner inneren Organisation nach auf das denkende wie schreibende Grenzgängertum eingestellt, darf für den Brief das Höchste und Schönste erwartet werden. Der Denker und Dichter, Kritiker und Forscher Walter Benjamin hat den Brief im 20. Jahrhundert vielleicht ein letztes Mal auf eine Höhe geführt, ihm Möglichkeiten in einer Tiefe und Weite abgewonnen, die es zu einem Gebot der Nachfahren werden ließen, alle geretteten Dokumente über kurz oder lang zu präsentieren.

Dieses Gebot ist sechzig Jahre nach Benjamins Tod nach Maßgabe des Möglichen eingelöst worden. 600 Briefe lagen Scholem und Adorno in den sechziger Jahren vor. Aus ihnen wählten sie gut 300 aus, die nicht selten nochmals Kürzungen hinnehmen mußten. Diesen gut 300 Briefen stehen jetzt knapp 1400 ungekürzte (und wohltuend knapp und prägnant erschlossene) Briefe und Postkarten Walter Benjamins gegenüber, die Christoph Gödde und Henri Lonitz in ihrer sechsbändigen Ausgabe in den sechs Jahren zwischen 1995 und 2000 in rascher Folge bei Suhrkamp vereint haben.[7] Sie haben Abstand genommen von dem Verfahren der Auswahl und alles geboten, was ihnen zugänglich war. Diese Entscheidung ist zu begrüßen. Und das um so mehr, als es sich bei dem jetzt Vorliegenden vermutlich immer noch um die Minderzahl der tatsächlich von Benjamin geschriebenen Briefe handelt. Scholem hat 1966 in seiner Vorrede zu den Briefen zusammengestellt, was seiner Kenntnis nach als verloren anzusehen sei. Manches ist seither wieder ans Tageslicht getreten und konnte der großen neuen Ausgabe integriert werden. Von den Briefen Benjamins etwa an seine Eltern, an seine Geschwister und vor allem an seine Frau, aber auch von denen an Heinle, an Bloch, an Asja Lacis, an André Breton, um nur die wichtigsten Namen zu nennen, fehlt weiterhin fast ausnahmslos jede Spur. Von anderen haben sich mit Gewißheit nur Bruchstücke erhalten, so von denen an Brecht, an Jula Cohn, an Werner Kraft etc. Die Katastrophen, die das 20. Jahrhundert zeitigte und die den größten kulturellen Aderlaß vor allem auf mitteleuropäischem Boden bewirkten, den die nachantike Geschichte kennt, wirken sich auch in ungezählten Werknachlässen und Briefschaften aus. Benjamin macht da – ungeachtet des wie ein Wunder schließlich doch Geretteten – selbstverständlich keine Ausnahme.

Der schwerste Verlust aber betrifft ganz offensichtlich die an ihn gerichteten Briefe.[8] Sie befanden sich in seinen Berliner Wohnungen mit hoher Wahrscheinlichkeit weitgehend zusammen und sind mitsamt zahllosen eigenen Manuskrip-

---

7 Walter Benjamin: Gesammelte Briefe. Hrsg. von Christoph Gödde, Henri Lonitz. Bd. I–VI.– Frankfurt a.M.: Suhrkamp 1995–2000 (GB).

8 Vgl. dazu die ganz ungemein wichtige Wiedergabe eines bislang unbekannten Zeugnisses Benjamins durch die Herausgeber anl. einer Annotation zu dessen Testament: »Einer handschriftlichen Aufstellung Benjamins zufolge waren dies u.a. folgende *Korrespondenzen*, die 1933 in seiner Wohnung zurückblieben und verschollen sind: Briefe von Grete Radt, Briefe der Eltern (von der Internatszeit in Haubinda bis in die letzten Jahre), Briefe von Dora Sophie Benjamin, Briefe von Belmore-Blumenthal und Franz Sachs, Briefe von Gerhardi, über den die Hrsg. nichts wissen, Briefe von Werner Kraft und Gerhard Scholem, Briefe von Ernst Schoen.« (IV,122) Diese Namen hatten sich Benjamin eingeprägt. Es dürften die wichtigsten unter seinen Korrespondenten bis 1933 gewesen sein.

ten, darunter ungezählte unveröffentlichte Arbeiten, nach seiner Flucht in Berlin zurückgeblieben und verschollen.[9] Briefe an Benjamin sind in aller Regel nur für die Zeit seit 1933 bezeugt. Auch das war – wie in den sechziger so auch in den neunziger Jahren – einer der Gründe, nur eine Edition der von Benjamin stammenden und nicht zugleich eine der an ihn gerichteten Briefe vorzusehen. Was hier an namhafteren Zeugnissen sich erhalten hat – Briefe von Adorno, von Horkheimer, von Kracauer, von Lieb, von Scholem, am Rande sogar von Bloch oder Brecht –, ist entweder in eigenen Briefwechseln zusammengeführt worden oder aber in Briefsammlungen der jeweiligen einstigen Partner zum Abdruck gekommen und insbesondere in den umfänglichen Apparaten der »Gesammelten Schriften« vielfach dokumentiert worden. Auf diese Fundorte ist verwiesen, wer den brieflichen Umgang der Partner Benjamins mit ihm kennenzulernen wünscht.[10]

Die sechs Bände der Briefe Benjamins – das bislang umfänglichste Epistolarium eines Philosophen und Gelehrten aus dem deutschsprachigen Raum des 20. Jahrhunderts, wenn wir recht sehen – gehören allein und ungeteilt dem Schriftsteller, der einmal bekannte, das Geheimnis eines dichten und prägnanten Stils bestände nicht zuletzt darin, auf das Wörtchen ›ich‹ Verzicht zu tun. Dem Briefschreiber Walter Benjamin sind daher in uneingeschränkter Konzentration auch die folgenden Beobachtungen, Charakteristiken und Betrachtungen gewidmet. Wir müssen viel Geduld erbitten für den Versuch, einen weitgesteckten Kreis abzuschreiten, wie nun seit geraumer Zeit erstmals möglich und – wie wir lebhaft hoffen – auch erwünscht. Fragen der Chronologie sollen in unserem Versuch nur ganz am Rande eine Rolle spielen. Wir nutzen die Chance, das nun vorliegende Korpus als ein ganzes unter diversen uns ansprechenden und lockenden Aspekten in den Blick zu nehmen. Das Werk, die ihm gewidmete Reflexion, die ungezählten Gedankensplitter – sie sollen in diesem Versuch ausgeblendet bleiben. Ihnen zu genügen würde bedeuten, eine intellektuelle Biographie Benjamins zu schreiben. Unser Interesse gilt dem Porträt des Epistolaristen Walter Benjamin. Und der bleibt in jeder Zeile auch seiner Briefe so unverwechselbar, daß mit Fug und Recht davon abgesehen

9 Die Schilderung der Überlieferung des Nachlasses in GS I,758 ff., ergänzt und teilweise korrigiert in GS V,1067 ff.; VI,625 ff., sowie – besonders wichtig! – GS VII,525 ff. Vgl. auch Klaus Garber: Ein Porträt aus dem Nachlaß.– In: ders.: Zum Bilde Walter Benjamins (Anm. 6), S. 133–136. Hier auch Anm. 2 weitere Nachweise.

10 Vgl. die entsprechenden, hier nicht zu wiederholenden Nachweise bei Lindner: Kommentierte Übersicht (Anm. 4), Kapitel III: Briefe, S. 86, sowie die Ergänzungen in der 2. Aufl., S. 115, Nr. 104–107; Brodersen: Walter Benjamin (Anm. 4), Kapitel IV: Scritti autobiografici, S. 44 ff.; ders.: Briefe und Briefwechsel.– In: Brodersen: Walter Benjamin (Anm. 3), S. 127–136. Die bekannten Briefausgaben von Bloch, Brecht, Horkheimer u.a., teilweise im Rahmen der Gesamtausgaben der Autoren, bedürfen hier gleichfalls nicht der Aufführung und werden teilweise unten in den gegebenen Kontexten notiert. Vgl. jetzt die sehr ergiebige Anthologie mit Briefen an Benjamin: »was noch begraben lag«. Briefe und Dokumente. Hrsg. von Geret Luhr.– Berlin: Bostelmann & Siebenhaar 2000 (= akte exil; 2).

werden darf, den Blick neuerlich in erster Linie auf den Denker zu lenken. Wir wollen ihm dort begegnen, wo er uns zunächst und zuerst als Briefschreiber entgegentritt. Der Gattung Brief also sei die Aufmerksamkeit gewidmet, die als letzte in derzeit erreichbarer Vollständigkeit vor unser Auge tritt. Erwarten wir aber weiteres für die Zukunft, so sind es – wie seit eh und je angemahnt und auch künftig nicht ablassend – die historisch-kritischen Ausgaben der großen Benjaminschen Bücher, in die wir uns gerne noch versenken würden.

Der Brief

Der passionierte Briefschreiber hat sich natürlich auch der Gattung und Kunstform Brief genähert. Es geschah dies wie zufällig und bei Gelegenheit – eben im Brief. Die entsprechende Äußerung wurde bereits in der ersten Briefausgabe Benjamins herangezogen, um den editorischen Umgang mit seinen Briefen durch die Autorität des Schreibers zu unterstützen. Sie hat seither wie so viele andere Äußerungen Benjamins kanonische Geltung erlangt, ist jedem Benjamin-Kenner und -Liebhaber viele Male begegnet und damit der Gefahr des Verschleißes durch Wiederholung in Permanenz ausgesetzt.[11] So häufig wir also im folgenden den Leser durch erstmalig ausgebreitete Lesefrüchte überraschen und beglücken zu können hoffen, so zwangsläufig sind wir in einer größeren abhandlungsförmigen Collage an ihrem Eingang gehalten, die klassischen Feststellungen Benjamins neuerlich zu bemühen, kommunizieren sie doch mit der Thematik unseres kleinen Versuches ersichtlich auf das genaueste. Der Brief entstammt der Zeit unmittelbar nach der Promotion. Er ist an Ernst Schoen gerichtet, den gewichtigsten Briefpartner aus Benjamins Jugend. Er handelt wie die Mehrzahl seiner Briefe vorwiegend von Lektüren. Bloch, Gide, Baudelaire, Péguy haben auf der Lektüreliste gestanden. Und eben auch die Briefe Goethes.

»Sehr schön, wegen seiner menschlichen Wärme und adeligen Distanz, die sich in fünfundzwanzig Jahren gleich bleiben, ist Goethes Briefwechsel mit dem Grafen Reinhard, französischem Gesandten in Deutschland. Man gewahrt im Verkehr sehr ungleicher, an Bedeutung völlig ungleicher Menschen von beiden Seiten eine erstaunliche, höchst edle und unbeirrbare Sicherheit des Tones mit dem sie von einander und zu einander reden. An das Thema: Briefwechsel, ließen sich verschiedene Digressionen anschließen. Erstens darüber, wie sehr diese unterschätzt werden, weil sie auf den völlig schiefen Begriff des Werkes und der Autorschaft bezogen werden, während sie dem Bezirk des ›Zeugnisses‹ angehören, dessen Beziehung auf ein Subjekt so bedeutungslos ist, wie die Beziehung irgend eines pragmatisch-historischen

11 Hier sei nur verwiesen auf die schöne Arbeit von Gert Mattenklott: Benjamin als Korrespondent, als Herausgeber von ›Deutsche Menschen‹ und als Theoretiker des Briefes.– In: Walter Benjamin 1892–1940 zum 100. Geburtstag. Hrsg. von Uwe Steiner.– Bern etc.: Lang 1992 (= Memoria), S. 273–282, wieder abgedruckt in: global benjamin (Anm. 4), S. 575–582.

Zeugnisses (Inschrift) auf die Person seines Urhebers. Die ›Zeugnisse‹ gehören zur Geschichte des *Fortlebens* eines Menschen und eben, wie in das Leben das Fortleben mit seiner eignen Geschichte hineinragt, läßt sich am Briefwechsel studieren. Für die Nachkommenden verdichtet sich der Brief*wechsel* eigentümlich (während der *einzelne* Brief mit Beziehung auf seinen Urheber an Leben einbüßen kann): die Briefe, wie man sie hintereinander in den kürzesten Abständen liest, verändern sich objektiv, aus ihrem eignen Leben. Sie leben in einem andern Rhythmus als zur Zeit da die Empfänger lebten, und auch sonst verändern sie sich.« (II,47 f.)[12]

Die Werkästhetik Benjamins, wie gleich in der folgenden Kapitel-Trias unseres Büchleins näher ausgeführt, kreist um die theoretische Fixierung von Distanzen. Und das gleichermaßen gegenüber dem Autor als Urheber und je individuelle Person wie der Unantastbarkeit des Werkes als ein vermeintlich in sich ruhendes und vollendetes. Nun vollzieht sich schon bei dem jungen Benjamin das nämliche Manöver gegenüber dem Brief. Wenn schon nicht dem Werk, so scheint doch wenigstens ihm eine besondere Nähe zum Schreibenden zu eignen. Auch diese communis opinio wird von Benjamin destruiert. So wenig wie das Werk ist der Brief Medium der kontingenten Befindlichkeiten des Subjekts oder Ausdruck seiner Erlebnisse. Macht der Zugang zur Innerlichkeit eines Menschen grundsätzlich vor Schranken Halt, die nie zu überspringen sind, weil nach Benjamins nie revoziertem Diktum das Innere einer Person nur Gott zugewandt ist, so erleidet auf ganz andere Weise der Brief davon so wenig wie das Werk eine Ausnahme.

Werk wie Brief sind nicht rückbezüglich auf ihre Verfasser, sondern sind Medien von Erfahrung. Sedimentiert sich im Werk geschichtlicher Erfahrungsgehalt, so im Brief die Existenz einer Person in den prismatischen Facetten der Zuwendung zu einem Adressaten, einem Du. In beiden Fällen begründet die Entäußerung von den Imponderabilien und subjektzentrierten Befindlichkeiten der empirischen Person des Schreibenden ihren Übertritt in den Bereich der Geschichte. Nicht nur Werke, auch Briefe haben eine Nachgeschichte. Und dies in bezug auf den Brief nicht nur vermöge der Komprimierung und Verdichtung in dem die Zeiten raffenden Briefwechsel. Vielmehr bezeugt sich die Unendlichkeit menschlicher Existenz in den perspektivischen Entäußerungen nach Maßgabe der jeweiligen Briefpartner. Briefe gehen in die Zeit ein als Vermächtnis einer Person als dialogischer.

In diesem Sinn erlauben, ja verlangen der Briefwechsel und seine denaturierte und depravierte Sonderform des partnerlosen Briefkorpus nach Eintritt des Lesers in den Dialog, nach Teilnahme, nein, eigentlich nach Fortschreibung des Ge-

---

12 Vgl. auch die überarbeitete Fassung in GS VI,95. – Zu Goethes Briefwechsel mit Reinhard, der den Anlaß zu der Reflexion gab, vgl. Goethes Briefe. Bde. I–IV (Hamburger Ausgabe). Textkritisch durchgesehen und mit Anmerkungen versehen von Karl Robert Mandelkow unter Mitarbeit von Bodo Morawe.– Hamburg: Wegner 1962–1976; 2. durchges. Aufl.– München: Beck 1976, Band III, textkritisch durchgesehen und mit Anmerkungen versehen von Bodo Morawe, S. 534 ff.: Einleitung des Herausgebers zu den Briefen an Reinhard (mit weiterer Literatur).

sprächs. Es ist die zu Schrift geronnene Fixierung der Existenz der bzw. des Schreibenden, welche die Transfiguration des Briefes in ein Zeugnis bewirkt, das seinen prinzipiell unbeschränkten und unrestringierten Gang durch die Zeiten eröffnet. In diesem Sinn ist es nicht der unerlaubte Blick in eine Sphäre des Privaten, die die Publikation wie die Rezeption von Briefen immer wieder mit dem Odium des nicht Schicklichen oder gar Unstatthaften gebrandmarkt hat, sondern die Konfrontation mit dem Zeugnis in Gestalt verbriefter Schrift, die die Begegnung mit dem Brief zu einer solchen mit der Welt des Schreibenden werden läßt, die jedweder Peinlichkeit enthoben sein darf, sofern nur der Brief diesem Anspruch des Zeugnisses Genüge tut. Die Benjaminschen, so soll diese kleine Morphologie ihrer Physiognomie zeigen, genügen dem selbst thematisierten Anspruch an ihrem Eingang auf eine ausgezeichnete Weise.

Briefpartner

Der Kreis der Empfänger Benjaminscher Briefe ist seit den sechziger Jahren im wesentlichen bekannt. Neu vor allem – neben manchen noch hinzugekommenen Namen – sind die Proportionen und Gewichtungen. Erst jetzt, wo nicht mehr die Auswahl statthat, sondern Vollständigkeit angestrebt wird, treten die numerischen Relationen unter den Adressaten und damit Schwerpunkte und Schwachstellen, Verdichtungen und Lücken deutlich zutage. Der Benjamin umgebende Kreis vor dem Ersten Weltkrieg ist zerstoben und vielfach wohl bereits während des Krieges untergegangen. Benjamins Mitschüler Herbert Blumenthal vertritt die Vorkriegszeit weitgehend alleine; alle insbesondere noch von Scholem eingeleiteten Bemühungen, weitere Briefpartner aufzutun, sind vergeblich geblieben. Mit der Zuschrift des achtzehnjährigen Benjamin an Blumenthal setzen die Briefe ein. Giorgio Agamben, dem immer wieder glücklichen Finder, war es vergönnt, die Benjaminschen Briefe im Nachlaß Blumenthals ausfindig zu machen.[13] Über zwei Jahre lang stellt Blumenthal von einer Ausnahme abgesehen den einzigen Adressaten der erhaltenen Benjaminschen Briefe, bevor Ludwig Strauß hinzutritt; mit Benjamins an diesen gerichteten Briefen wird vom ersten Moment an ein neues Niveau erreicht. Nur die Gestalt Carla Seligsons gewinnt vor Ausbruch des Krieges noch Kontur. Gleichfalls noch vor dem Krieg hebt der Briefwechsel mit Ernst Schoen an, der sich den ganzen Krieg über fortspinnt und in die erste Nachkriegszeit herüberreicht, erstaunlicherweise aber in der zweiten Hälfte der zwanziger Jahre, als Benjamin zu dem Leiter des Literaturstudios des Frankfurter Rundfunks in besonders engen Kontakt trat, weitgehend versiegt. Die Personen um die Freie Studentenschaft und die von ihr getragenen Organe sind nur sporadisch bezeugt; es scheint dies kein übermäßiger Verlust zu sein. Auch die Briefe an Wyneken bleiben ebenso wie später die an Buber, an Hiller etc. vereinzelt.

13 Vgl. Brodersen: Walter Benjamin (Anm. 4), S. 13 f.

Im ersten Kriegsjahr, vier Tage nach Benjamins 23. Geburtstag, tritt Scholem in die Korrespondenz ein. Die an ihn gerichteten Briefe bilden bekanntlich die weitaus größte Zahl der an einzelne Personen gerichteten Schreiben. Sie geben für 25 Jahre das stabile Gerüst des Benjaminschen Epistolariums ab und tragen gelegentlich über Monate allein die noch vorhandene Korrespondenz. Nicht auszudenken, wie es um die Physiognomie des Briefschreibers Walter Benjamin stünde, wenn diese unschätzbare Sammlung sich nicht so gut wie komplett in Jerusalem erhalten hätte. Scholem umgekehrt wurde das späte Glück zuteil, seine seit 1933 an Benjamin gerichteten und in Potsdam bzw. Berlin verwahrten Briefe unter den in Benjamins letzter Pariser Wohnung zurückgebliebenen und nur durch einen Zufall geretteten Materialien wiederzufinden.[14] Während der Briefwechsel der Freunde seit langem bekannt war, wird nun mit dieser sechsbändigen Frankfurter Ausgabe der gesamte Fundus der von Benjamin herrührenden Briefe gehoben – bis 1933, und damit für fast zwanzig der fünfundzwanzig freundschaftlich verbrachten Jahre, ohne Scholems Gegenbriefe. Die – mit hoher Wahrscheinlichkeit erfolgte – Vernichtung der Berliner Papiere Benjamins bleibt in jeder Hinsicht die große Tragödie in der so bewegten Geschichte seines Nachlasses. 61 Briefe und Postkarten von Benjamin, 55 von Scholem enthält der 1980 erstmals veröffentlichte Briefwechsel der beiden Freunde. Hinzu kommen elf den Briefwechsel einleitende Zuschriften von Benjamin aus den Jahren 1932 und 1933, bevor aus der zweiten Märzhälfte des Jahres 1933 der erste Scholemsche Brief präsentiert wird. Zu ihnen treten nun 211 weitere Briefe und Postkarten Benjamins bis zum 25. Juni 1932 – dem Tag, an dem Benjamin dem engsten Freund die Bereitschaft andeutete, anläßlich seines 40. Geburtstages in Nizza den Freitod zu begehen.[15] Die Briefe Benjamins sind bis in die dreißiger Jahre von fast gleichbleibender Dichte und Stetigkeit, und erst in den letzten Jahren setzt eine Verlangsamung des postalischen Rhythmus ein – insgesamt also und nochmals: ein einzigartiger Glücksfall für die von ihm überlieferten Briefschaften wie die Kenntnis seiner aus ihnen sprechenden geistigen und amikalen Physiognomie.

Neben den Briefen an Scholem und Schoen sind es die an Fritz Radt, den Bruder seiner zeitweiligen Verlobten Grete Radt, die in den Jahren des Weltkriegs in steter Folge geschrieben wurden. Einen ganz eigenen Glanz besitzen die leider erst Mitte der zwanziger Jahre einsetzenden Briefe an Jula Cohn, der Benjamin bekanntlich die Wahlverwandtschaften-Arbeit zugedacht hat. Später tritt – nach unwesentlichen Vorläufern – der Jugendfreund und spätere Gatte Jula Radts, Alfred Cohn, eindrucksvoll hinzu; auch Julas Bruder Fritz bleibt im Blickfeld. Zu Beginn der zwanziger Jahre wird dann die Korrespondenz mit Richard Weißbach eröffnet, dem Verleger der »Argonauten« und der Baudelaire-Gedichte sowie der geplanten und nicht

14 Vgl. den ergreifenden Bericht in: Walter Benjamin – Gershom Scholem: Briefwechsel 1933–1940. Hrsg. von Gershom Scholem.– Frankfurt a.M.: Suhrkamp 1980, Vorwort, S. 7 ff.

15 In der neuen Briefausgabe hat sich die Zahl der Benjaminschen Briefe an Scholem nach dem Juni 1932 um zwei weitere erhöht.

zustande gekommenen Zeitschrift »Angelus Novus«. Sie hat naturgemäß eher geschäftlichen Charakter. Die erste Gestalt indes, die neben dem allgegenwärtigen Scholem und dem immer wieder bedachten Ernst Schoen seit dem Herbst 1922 Konturen über regelmäßige Zuschriften annimmt, ist diejenige von Florens Christian Rang. Das Gewicht der an ihn gerichteten Briefe zumal aus der Zeit der Arbeit am Trauerspielbuch ist bekannt. Auch hier ist der fast gänzliche Verlust der Gegenbriefe zutiefst zu beklagen. Fast zeitgleich setzen die Briefe an Gottfried Salomon-Delatour, etwas später die an Thankmar von Münchhausen ein, geringer an Zahl sie beide und ohne die Bedeutung des Austausches mit Rang zu erlangen.

In die gleiche Zeit fallen auch die ersten der insgesamt zwanzig und in gewisser Weise naturgemäß inkommensurablen Briefe an Hofmannsthal. Zu ihnen gesellen sich später, um nur die großen Namen aus den zwanziger und frühen dreißiger Jahren zu berühren, zwei an Rilke, zwei an Wolfskehl, einer an Brod, drei an Krenek, einer an Carl Schmitt und mehrere an Bernard von Brentano. Die Briefe an Brecht setzen überhaupt erst 1931 ein. Mit dem Eintritt als freier Mitarbeiter am Literaturblatt der »Frankfurter Zeitung« belebt sich sodann der Briefwechsel mit Kracauer als Feuilleton-Chef, der vor längerer Zeit bereits separat dokumentiert wurde, ohne daß auch hier mehr als vier Briefe Kracauers beigebracht werden konnten.[16] Vergleichsweise gering ist auch die Zahl der Briefe an Rychner, darunter jedoch einige von herausragendem Rang im Blick auf Benjamins Selbstverständnis. Unter den zunächst wenigen ausländischen Briefpartnern ist es vor allem Marcel Brion als Mitbegründer der »Cahiers du Sud«, zu dem ein längerer brieflicher Kontakt gewahrt bleibt, den man erstmals jetzt dokumentiert findet. Später wird vor allem Jean Ballard aus diesem Kreis hinzutreten.

Eine wirkliche Zäsur, so wird man mit Blick auf das letzte Lebensjahrzehnt Benjamins nicht anders als im Blick auf seine Rezeptionsgeschichte doch konstatieren dürfen, setzt erst mit dem Eintritt Adornos in die Brieffolge ein. Hier war stets am besten vielfältige editorische Vorsorge getroffen worden, so daß Überraschungen nicht mehr zu gewärtigen waren.[17] Die Korrespondenz kommt zögerlich in den späten zwanziger Jahren (2. Juli 1928) in Gang, um dann in der zweiten Hälfte der dreißiger Jahre überragende Dimensionen anzunehmen. Adornos erster erhaltener Gegenbrief stammt vom März 1934. Bis dahin liegen überhaupt erst zwölf erhaltene Briefe Benjamins an Adorno vor. Zwischenzeitlich war Gretel Karplus, Adornos spätere Frau, bevorzugte Adressatin wiederum in ihrer Weise einzigartiger Benjaminscher Briefe vor allem aus der Einsamkeit Ibizas heraus gewesen. Sie ist später immer wieder eingeschaltet worden, wenn es zwischen den Männern zu vermitteln

16 Vgl. Walter Benjamin: Briefe an Siegfried Kracauer. Mit vier Briefen von Siegfried Kracauer an Walter Benjamin. Redaktion Rolf Tiedemann, Henri Lonitz.– Marbach am Neckar: Deutsche Schillergesellschaft 1987 (= Marbacher Schriften; 27).

17 Vgl. vor allem: Theodor W. Adorno – Walter Benjamin: Briefwechsel 1928–1940. Hrsg. von Henri Lonitz.– Frankfurt a.M.: Suhrkamp 1994 (= Theodor W. Adorno: Briefe und Briefwechsel. Hrsg. vom Theodor W. Adorno Archiv [!]; 1).

galt. Sukzessive treten sodann die Mitglieder aus dem emigrierten Frankfurter Institut hinzu, zunächst Leo Löwenthal, dann im gleichen Jahr 1934 Max Horkheimer, der fortan zum wichtigsten Partner neben Adorno aufrückt, später Friedrich Pollock, Alfred Sohn-Rethel, Raymond Aron.[18]

Mit dem Exil, das im Grunde genommen schon mit dem ersten Ibiza-Aufenthalt im Frühjahr 1932 seinen Anfang nahm, erweiterte sich das Netz der Korrespondenten naturgemäß nochmals erheblich. Daß 1932 die maßgebliche Zäsur bildet, belegen am ergreifendsten vielleicht die aus Nizza an Egon und Gert Wissing und an Jula Cohn, an Franz Hessel und Ernst Schoen gerichteten zumeist ganz knappen Abschieds-Botschaften. Diejenige an die Wissings enthält auch die Erwähnung des Testaments, das nun auch in der Briefausgabe in Gestalt eines Anhangs seinen Platz gefunden hat. Es sind insbesondere die alten Berliner und die neuen französischen Freunde, die nun den Reigen der Empfänger so merklich beleben. Schon aus dem Juni 1932 liegt der erste Brief an Adrienne Monnier vor. Im nächsten Monat tritt der langjährige Berliner Weggefährte Franz Hessel hinzu, einen weiteren Monat später einer der französischen Übersetzer Benjamins und der charmante Gastgeber auf Ibiza, Jean Selz. Im Mai 1933 geht der erste erhaltene Brief an Kitty Marx-Steinschneider nach Jerusalem, einen Tag später einer an Alfred Kurella nach Moskau. Ab Ende 1933 verdichtet sich dann auch die Korrespondenz mit Brecht, der sich später diejenige mit Margarete Steffin hinzugesellt, während an Helene Weigel nur ein Brief vorhanden ist.

Gleichfalls dem beiderseitigen Exil ist der briefliche Austausch mit dem Mitglied des Bundes der religiösen Sozialisten Deutschlands Karl Thieme geschuldet. Er bildet, wenn so gesprochen werden darf, in gewisser Hinsicht ein Vorspiel zu dem späteren Briefwechsel mit Fritz Lieb, der Benjamin, wie deutlich zu spüren, menschlich noch einmal Besonderes bedeutete. Unter den weiteren illustren Korrespondenten befinden sich Hermann Hesse, Klaus Mann, Werner Kraft (leider erst seit 1934 bezeugt), Ernst Bloch (gleichfalls leider nur vertreten durch einen Briefentwurf und einen Brief), Eduard Fuchs, Charles du Bos, Wieland Herzfelde, Willi Bredel, Erich Auerbach, Ferdinand Lion, Norbert Elias, Germaine Krull, Silvia Beach, Gisèle Freund und schließlich Hannah Arendt.

Die jeweiligen besonderen Bewandtnisse ihres Eintritts in den Briefwechsel sollen hier nicht rekapituliert werden; sie sind dem Kommentar zu entnehmen.[19] Und

---

18 Die Briefe Horkheimers an Benjamin jetzt zugänglich in: Max Horkheimer: Gesammelte Schriften. Bd. 15: Briefwechsel 1913–1936; Band 16: Briefwechsel 1937–1940. Hrsg. von Gunzelin Schmid Noerr.– Frankfurt a.M.: Fischer 1995. Der Briefwechsel zwischen Benjamin und Horkheimer sollte gleichfalls separat zugänglich werden.

19 Mit Blick auf die Nachweise und Kommentare der Herausgeber der Benjaminschen Briefe wird im folgenden durchweg auf eine Wiederholung verzichtet. Der interessierte Leser bleibt aufgefordert, sich am jeweils angegebenen Ort des näheren zu informieren. Um den Lesefluß nicht zu unterbrechen, wird auf weitere Anmerkungen, von einigen unerläßlichen Ausnahmen abgesehen, desgleichen bewußt verzichtet. Die angegebenen bibliographischen Hilfsmittel reichen völlig aus, um sich leicht zu orientieren.

selbstverständlich soll keine irgend geartete Vollständigkeit in der Erwähnung von Namen angestrebt werden. Ganz sporadisch bleiben leider die familiären Zeugnisse. Nur ganz gelegentlich haben sich Zuschriften an Dora und Stefan Benjamin bzw. an Hilde Benjamin, die Frau von Benjamins jüngerem Bruder Georg, erhalten. Hier klafft die vielleicht schmerzlichste Lücke im Benjaminschen Epistolarium.

Anreden

Vielbezeugt ist Benjamins chinesische Höflichkeit. Scholem hat bis in das hohe Alter hinein jene formvollendete Verbeugung im Jahr 1915 in der Universitätsbibliothek zu Berlin nicht vergessen, die zelebrierend der Ältere dem Jüngeren sich erstmals näherte. Nie ist Benjamin eine ungeziemende, womöglich falsche Vertraulichkeit suggerierende Anrede in seinen Briefen unterlaufen. Gleichwohl gibt es Nuancierungen, bei denen einen Moment lang zu verweilen vielleicht kurzweilig und unterhaltend sein könnte.

Mit einer Reihe von Briefpartnern steht Benjamin über lange Zeit in brieflichem Kontakt, ohne die Form der Anrede zu ändern. Es bleibt bei dem Vornamen aus der Jugendzeit oder dem Nachnamen bei Personen aus einer späteren Bekanntschaft. Im letzteren Fall ändert sich durchweg nur die Verwendung der Adjektive. Aber was heißt ›nur‹ bei hochsensibel ihre Sprache handhabenden Schriftstellern? Welcher Leser hielte nicht den Atem an, wenn Hofmannsthal erstmals in den Kreis der Korrespondenten eintritt? Als »Hochverehrter Herr von Hofmannsthal« wird er in den ersten Briefen angeredet. Erst als über Jahre hinweg schon eine Reihe von Briefen gewechselt ist, tritt ein »lieber« hinzu, einmal vorgestellt, einmal nachgestellt, einmal mit einem »und« verknüpft. Aber das auch nicht immer. Die alte Anredeform bleibt in Kraft und taucht zumindest einmal wieder auf. Damit ist der gegenüber Hofmannsthal geziemende Spielraum ausgeschöpft. Nie hätte Benjamin sich dazu verstanden, es bei der Anrede »lieber« zu belassen; nur einmal im Kontext des Briefes begegnet sie. Rilke gegenüber bleibt es in den beiden Briefen bei dem »hochverehrt«.

Für Hesse wird zunächst in nicht unerheblicher Abstufung die Anrede »sehr verehrter« gewählt, dann aber mit dem zweiten Brief zu »hochverehrt« herübergewechselt, um mit dem dritten und schon letzten Brief zu der ersten Anrede zurückzukehren. Auch Klages wird in der einzigen Zuschrift als »hochverehrter Herr Doktor« angesprochen, genauso wie Buber, bei dem jedoch der Nachname hinzutritt, ebenfalls so bei Wyneken, dem gegenüber sich später jedoch die im Ton abgesenkte Formulierung »sehr geehrter« bzw. sogar »lieber« einstellt. Gegenüber Weißbach wird die Anredeform »sehr verehrter« fast durchgehend gewahrt, während bei Rothacker die Anrede von einem Mal zum anderen von »verehrter« zu »sehr geehrter« wechselt. Im Falle Klaus Manns hat eine Rückkehr von »Lieber Herr Klaus Mann« zum distanzierteren »Sehr geehrter Herr Mann« statt.

Gelegentlich wird selbstverständlich über kurz oder lang der Übergang von »sehr geehrt« zu »lieb« vollzogen. Und in einigen wenigen Fällen verbindet er sich mit dem Übergang zum Vornamen, noch seltener mit dem zum »Du«. Für letzteren ist Scholem repräsentativ. Wir wissen aus Scholems Benjamin-Biographie, welche persönlichen Bewandtnisse im Leben der Ehepartner Walter und Dora Benjamin den Wechsel der Anrede bewirkten, deren zumeist unfreiwilliger Zeuge Scholem wurde. Hier waltete kein Zufall. Ansonsten bleibt der Grund des Wechsels natürlich im Dunkeln. Ernst Schoen wird Jahre später mit dem Vornamen angeredet, doch bleibt es beim »Sie«. In den späten Lieb-Briefen ist die Anrede mit Vor- und Nachnamen und dem Zusatz »lieber« zunächst üblich, dann erfolgt recht bald der Übergang zum »Du«, doch bleibt es bei der Anrede »Fritz Lieb«, und stets grüßt »Dein Walter Benjamin« bzw. »Dein WB« – im Gegensatz zu den Scholem-Briefen, in denen nur die Vornamen figurieren. Immerhin ist Lieb die im ganzen Briefwechsel fast singulär dastehende Anrede »Lieber Freund« bzw. »mon cher« (so auch einmal IV,123 gegenüber Scholem) vorbehalten – untrügliches Kennzeichen, daß Benjamin zu dem Schweizer Theologen und Schüler Karl Barths ein ganz besonderes Vertrauen gefaßt hatte. Brecht wird sehr bald mit dem kollegialen »Lieber Brecht« angeredet, auch dies – mit Ausnahme in bezug auf Salomon-Delatour – singulär.

Gespannt durfte man sein auf den anredeförmigen Umgang mit den Frankfurtern, insbesondere im Blick auf Horkheimer und Adorno. In beiden Fällen gehen persönliche Bekanntschaften voraus, so daß die ersten Briefe bereits im Zeichen der Anrede mit »lieber« stehen. Während aber gegenüber Horkheimer der Nachname bis zum Schluß beibehalten bleibt, vollzieht sich im Umgang mit Adorno, der seinem Briefpartner doch so Schweres abverlangte und zumutete, ein geradezu erlösender Wechsel, nach dem, so würde man mutmaßen, eigentlich keine Katastrophen mehr möglich sein dürften. Er muß im persönlichen Umgang im Verlaufe einer Woche in Paris erfolgt sein, denn im Brief vom 19. Oktober 1936 ist beglückt vom »Echo unserer pariser Tage« und »unserer Woche« die Rede (V,405f.). Und eben dieser Brief führt nun nach acht Jahren bezeugten Briefwechsels und Dutzenden von Zuschriften endlich die so rührend anmutende Anrede »Lieber Teddie«. Auch Benjamin ist also zu dem Kosenamen seines engsten und größten Schülers übergegangen. Er selbst zeichnet nun mit seinem Vornamen. Gleichwohl bleibt es bis zum Schluß am 2. August 1940 wie selbstverständlich bei dem eingeführten »Sie«. Gretel Karplus hingegen, die Freundin und spätere Frau Adornos – sie ist seit eh und je in den teilweise vielleicht schönsten und anrührendsten Briefen, die wir von Benjamin haben, als »Felizitas« gegenwärtig.

Eröffnungen

Benjamin war ein Künstler in der Eröffnung seiner Texte. Da Deduktionen verpönt waren, Kernaussagen nichts galten, auf Höhepunkte nicht hingearbeitet wurde, galt es, auf gleichbleibende Dichte acht zu haben. Wie von weither kommend und gerne in Bilder gefaßt geben sich viele der Eingänge Benjaminscher Texte, gerade auch der kleinen und vermeintlich anspruchslosen. Es würde sich verlohnen, diesen variantenreichen Auftakten einmal im Detail nachzugehen.

Benjamins Briefe machen von diesem Gestus keine Ausnahme. In ihnen ist eingangs Dank zu bezeugen für erhaltene Botschaften, sind entschuldigende Worte zu finden für eine Verzögerung und womöglich die Kürze der Antwort, wollen die Umstände des Partners zunächst berücksichtigt sein etc. Und doch bewährt sich seine Kunst der fein abgestuften und überraschenden Eröffnung auch in seinen Briefen. Davon mag in Vorwegnahme einer erwünschten größeren Arbeit als Beitrag zur Stilkunde seiner Briefe, um die es uns zu tun ist, deshalb kurz und wiederum ohne jedweden Anspruch auf Vollständigkeit die Rede sein. Und das nicht zuletzt, weil situative Bezüge in diese Passagen Eingang gefunden haben, die das Porträt des Schreibenden bereichern.

Schon die ersten Briefe an Blumenthal enthalten geistreiche und witzige Entrées in Fülle; sie sollen weiter unten in Auswahl zu ihrem Recht kommen. So auch manche der herrlichen Eröffnungen der an Scholem gerichteten Briefe. Eine schwerlich zu vergessende literarische Reminiszenz des neunzehnjährigen Benjamin steht am Eingang des Briefwechsels mit Ernst Schoen. Es »gibt im ›Olympischen Frühling‹ von Spitteler die wunderhübsche Geschichte mit dem Gärtchen ›Warumdennnicht‹ zu dem die Straße ›Könntichmöchtich‹ führt. In diesen Garten kommt man nie. Das ist die Mythologie, die ich zu unsrer sommerlichen Korrespondenz geben möchte und alles weitere bliebe einer Metaphysik des Schweigens, Schreibens und der Faulheit überlassen.« (I,170) Es sind die Eingänge, in denen ein vertrauensvolles und freundschaftliches Wort am liebsten plaziert wird: »Lieber und sehr verehrter Herr Salomon, Ihre Briefe gehören zu jener, mir nahezu ausgestorbnen, Gattung, die beim bloßen Anblick des Absendervermerks Zutrauen und Freude wecken. Und auch Ihr letzter hat wieder alles, was er versprach, gehalten.« (IV,136)

Strand und Meer, später in den dreißiger Jahren bevorzugt-unfreiwillig aufgesucht, gelegentlich auf Postkarten festgehalten, haben immer wieder den motivischen Stoff für Benjamins postalische Entrées abgegeben: »Lieber Kracauer, umstehendem Strandsand will ich folgendes, hoffentlich nicht allzu Vergängliche, einzeichnen«. (IV,32) Insbesondere die vertrauten Frauen entlocken Benjamin die – nicht selten Rätselcharakter annehmenden – schönsten ersten Worte. Eben in Paris angekommen und sogleich am Anfang ins Französische herüberwechselnd, geht der erste Brief an Jula Cohn. Benjamin hat es sich nicht nehmen lassen, den kuriosen Anfang seinerseits verwundert zu kommentieren: »Juliette, bien-aimée, au pays de l'homme ce qui signifie: mari en ce cas. Bitte um Entschuldigung für den – zwar reizenden – Anfang, der zur Not jedoch bis auf weiteres unverständlich bleiben muß.« (III,125 f.)

Später ist es die Einsamkeit Ibizas, die ihm die kostbarsten Einfälle zumeist in den Briefen an Felizitas beschert: »Liebe Felizitas, schwerlich kannst Du Dir den Dekor vorstellen, in dem ich, unter einem Feigenbaum, briefschreibend sitze: ein Sonntagnachmittag mit vollkommen verhangnem Himmel, kein Sonnenstrahl und auch kein Lufthauch – welch letzteres man angenehm empfindet, denn in den meisten Stunden geht so kräftiger Wind, daß man im Freien kaum arbeiten kann. Über die Füße habe ich meinen Mantel gelegt; aber kalt ist mir doch. Meine Gedanken sind der Naturstimmung ziemlich angepaßt, nur leider nicht von ihr hervorgerufen.« (IV,192)

Die gänzlich mittellose Existenz hat den Schriftsteller neuerlich nach Ibiza verschlagen. Der Einsamkeit, abgeschnitten von allen »Produktionsmitteln«, verdanken wir die ersten Stücke der ›Berliner Kindheit um neunzehnhundert‹ und die vielen kleinen Lesestücke aus dem Umkreis der »ibizenkischen Diskurse«, die da im »Schriftbeet« gereift sind. (IV,205) Morgens in der Frühe bricht der Eremit zum Schreiben und Lesen ins Freie auf – und denkt voller Sorgen an den nahenden Winter, der diesem Luxus ein Ende bereiten wird. »Um mit einer Art von Geständnis zu beginnen, liebe Felizitas – Sie bekommen mit diesen Zeilen etwas wie die primeurs des Tages, eine besonders, und unter besonderen Umständen gereifte Stunde, die hoffentlich – in dieses Blatt gepreßt – nicht ihren ganzen Duft und ihre Farbe verliert.« Eine »runde[...], ausgereifte[...], im Morgenwind schwankende[...] Stundenfrucht« bringt der Freund der so sehr verehrten und dezent umworbenen Freundin dar. (IV,216 f.)

Die vielleicht zarteste Arabeske stellt sich ein, als eine ersehnte Sendung eingetroffen ist: »Liebe Felizitas, ich lasse eine kleine Windmusik den Gipfel der Pinie schaukeln, unter der ich sitze, und male einen vierblättrigen Dank zu ihren Füßen. Diesen pflücken Sie sich für Ihren letzten Brief.« (IV,229) Später, wieder in Paris, ist eine Pfingsten schmückende Überweisung eingegangen. »Liebe Felizitas, ich denke daß Du mit der Gestalt, die ich Deinen auf rosa Grund eingezeichneten Pfingstblumen gegeben habe, zufrieden wärest. Sie kommen aus einer unsichtbaren Tasse, die in der Mitte eines großen Napfkuchens verborgen steht. pain de Gênes heißt der Kuchen hier und die Blumen sind Maiglöckchen. Meine große Lieblingsblume gibt es noch nicht; sie wartet immer auf meinen Geburtstag: roter Mohn. Daß es nun wieder langsamer mit Dir vorangeht, macht mich betrübt. Wirklich hast auch Du es nicht leicht. Möglich, daß es Dir doch manchmal etwas leichter würde, wenn Du wüßtest, in wie exotischer, winterharter Gestalt Du als Blüte in meinem ziemlich kahlen Lebensbaum sitzst.« (IV,431)

Einmal ist ein österlicher Brief einzuleiten: »Meine liebe Felizitas, nun unternehme ich meinen Osterspaziergang zu Dir – des Umstandes ungeachtet, daß der pariser Himmel zu meinem Aufbruch seine frostigste Regenmiene aufgesetzt und Du mir vielleicht keine viel andere vorbehalten hast. Ich habe mich neben dem einzigen Öfchen auf der Terrasse des Select installiert; hin und wieder sticht die Sonne aus dem Gewölk und verschafft so dem Körper, was das Auge als Zwielicht kennt.« (V,483)

Es versteht sich, daß der schlechterdings unerschöpfliche Reigen der Benjaminschen Briefe an Scholem alle denkbaren Formen der Eröffnung zeitigt. Was da an Schelmischem und Witzigem plaziert ist, soll als Blütenlese weiter unten ausgebreitet werden. Versuchen wir an dieser Stelle einen Querschnitt in dem Bemühen, die ganze Bandbreite zu erfassen und die nicht endenden Einfälle Revue passieren zu lassen, um uns an ihnen zu delektieren. Sechs Jahre nach ihrer ersten Begegnung gehen die beiden Freunde zum »Du« über, und alsbald beginnen die nicht endenden Frotzeleien im Umkreis von Muri, in die zuweilen auch die Frauen einbezogen werden. Serienweise sind Briefe bis in die zwanziger Jahre hinein mit dem Ulk gefüllt. Darüber sogleich. Merklich ist denn doch, wie die Duz-Freundschaft den Ton lockert und sich die Leichtigkeit den Brieferöffnungen bevorzugt mitteilt. »Lieber Gerhard ich glaube, daß wir durch gegenseitiges anhaltendes Schweigen so ziemlich auf dem Laufenden über einander sind: nämlich daß wir alle Hände voll zu tun haben«, heißt es 1922, als Scholem noch in Deutschland weilt. (II,235)

Als Scholem dann nach Jerusalem übergesiedelt ist, gibt es mehr als einmal Grund zur Beschwerde über zu lang ausbleibende Nachrichten, so in dem großen Brief aus Capri, in dem Benjamin seine Wendung zum Kommunismus ankündigt und damit ein Thema anschlägt, das für Konfliktstoff in Permanenz sorgen wird. »Lieber Gerhard es scheint, Du hast – aus irgendwelchen sagenhaften Komplexen oder Atavismen heraus – Dich entschlossen, unsern neugebornen Briefwechsel trotz besten Gedeihens in die Papiergebirge Deiner vernachlässigten Korrespondenzen auszusetzen.« (II,473) Dann ist die auf Capri begonnene und in Berlin beendete Abfassung des Trauerspielbuchs Schuld an der neuerlichen Unterbrechung, nun von seiten Benjamins. »Lieber Gerhard der Nachtstunde, in der ich beginne, steht dies strahlende Papier und ›barocke‹ Figuren magst Du aus dem gehämmerten Bütten – so nennt mans – auch herauslesen. Ich glaube, jahrelang habe ich nicht darauf geschrieben. Vor Dir ist, nach meinem langgezognen Schweigen, diese captatio benevolentiae nicht überflüssig und hoffentlich nicht vergeblich.« (II,508) Jahre später geht die Urschrift des Trauerspielbuchs nach Jerusalem ab, wo sie bis heute bewahrt, leider jedoch immer noch nicht ediert ist. Im »Augenblick da ich in Wolken von Staub unter einem Gebirge von Kisten meine zehn- oder selbst zwanzigjährige Seßhaftigkeit aufgebe und diese Wohnung verlasse, fällt mir das Manuscript der Trauerspielarbeit in die Hände. Es ist nicht schön, vielleicht nicht einmal ganz vollständig. Aber auch das Buch hat seine Fehler, darin ist es ihm also auch zugehörig. Und indem es mit diesen Worten an Deiner Schwelle sich räuspert und den Staub der Jahre von sich abschüttelt nimmst Du es hoffentlich freundlich auf.« (III,479 f.)

So war das Manuskript neben das gedruckte Buch getreten, das in Gestalt des Jerusalemer Exemplars ja auch eine unvergeßliche Widmung für den wie niemand sonst überreich Beschenkten barg. Lange schon war das neue opus magnum et posthumum in den Interessenkreis getreten: »Pariser Passagen. Eine dialektische Feerie«. Scholem ist wieder der erste, der davon hört. Einleitend aber heißt es: »Lieber Gerhard erblicke in diesem vermutlich unabsehbar lang sich gestaltenden Briefe den Kettenblitz, dem, entsprechend der Entfernung des Gewitterherdes vom heiligen Lande, nach einigen Tagen ein langhinrollender Donner in Gestalt eines gewaltigen Bücherpaketes folgt. Möge er ein vollnachtönendes Echo in den Berggründen von Eurer Magnifizenz Haupte finden.« (III,321) Es birgt eben das nach langem Warten erschienene Trauerspielbuch sowie die »Einbahnstraße«. Und wie sich die Bücherprojekte überschneiden, so die Reisepläne. Stein und Bein schwört der Freund, alsbald nach Palästina aufzubrechen; man weiß, mit welchem Resultat. »[...] meine Reise nach Palästina nebst strikter Beobachtung der von Eurer hierosolymitanischen Exzellenz vorgeschriebnen Lehrfolge sind beschlossne Sache. Es wird ferner dafür gestanden, daß der ersterbend Unterfertigte bevor er erez isroel mit seinen Sohlen betritt, die landesüblichen Schriftzeichen lesen kann. Wogegen er sich für etwaige Eingaben an die Behörden vorerst der Hilfe öffentlicher Schreiber zu bedienen gedenkt, wie solche im Orient, dem Berichte der Reisenden nach, allerorten zu finden und speziell in Jerusalem in der Gegend der mea schearim angesiedelt sein sollen.« (III,403)

Ibiza leitet – nach einem Vorspiel – die Emigration ein. Der erste erhaltene Brief von Ibiza geht an Scholem. »Lieber Gerhard, kein Zweifel, daß das Kuvert Deine Verwunderung erregen wird, zumal wenn Du den Stempel entziffern kannst. Im Augenblick, da Du Dich den europäischen Metropolen zuwendest, habe ich mich auf den entlegensten Winkel zurückgezogen. Das kam überraschend wie – nach einer alten und zutreffenden Erkenntnis von Dir – das meiste was mich betrifft und ist in erster Linie das Ergebnis meiner aus unerwarteten Einkünften und längeren Perioden der Dürre so merkwürdig gemusterten Wirtschaftslage.« (IV,83) Soeben ist die Ibizenkische Produktion angelaufen, und sofort wird Scholem in Kenntnis gesetzt, ohne daß die Erwähnung der neuerlichen pittoresken Lage einleitend fehlen dürfte: »[...] wie ich das Blatt wende, ist keine Caprice – so nah das blaue Papier die Vermutung legt – sondern ich schreibe im Walde, liegend, und da geht es auf die Art besser.« (IV,89)

In Berlin hatte Benjamin seine Bibliothek zurücklassen müssen. Ihr gilt wiederholt seine Sorge während der Jahre des Exils. Diese Sorgen haben ein freundschaftliches Vorspiel, treten sich in Benjamin und Scholem doch zwei gleich leidenschaftliche Bücherjäger gegenüber. »[...] mit Besorgnis nehme ich zur Kenntnis, daß Du eine Abteilung für katholische Theologie in Deiner Bibliothek eröffnet hast. Das läßt mich für die Restbestände meiner Bücherei, die mir nach der berühmten ›Vermietung‹ meiner Wohnung geblieben sind, wenig Gutes ahnen. Irre ich nicht, so steht da Einiges, was ich Deinen beredten Lüsten nur ungern ausgesetzt weiß.« (IV,98) Je länger dann die Zeiten der Trennung werden, je mehr häufen sich die Klagen über die mangelnde Kommunikation, immer wieder in frechen Wendungen versteckt, wie sie nur den Freunden anstand, die wußten, woran sie miteinander waren, wie Scholem einleitend zur ersten Briefausgabe betonte: »[...] gern bestätige ich, daß Dein letzter Brief viel Wissenswertes enthält. Dennoch bleibt manches zu beanstanden: sei es, daß ich das Wissenswerte viel zu spät erfahre [...]; sei es, daß manches Wissenswerte abbricht, ehe mein Hunger danach ganz gestillt ist«. (IV,156)

Es ist immer wieder die viel beschworene Einsamkeit auf Ibiza, die die ironischen Feststellungen im Blick auf die Ungleichgewichtigkeit der Korrespondenz auslöst: »[...] es kann im Augenblick kein Zweifel darüber obwalten, auf wessen Seite es fleißiger mit dem Briefschreiben gehalten wird. Auch bin ich mir darüber klar, daß ich mit häufigeren Briefen die Sache nicht besser mache, weil es eben die Aussicht auf die Ermahnungen und Vorhaltungen, mit denen Du Dein Schreiben beginnen wirst, sind, welche Deine Hand so oft beflügeln. Auch sonst scheinen die in der Welt verstreuten Juden Deine Laxheit in der Korrespondenz mit mir Dir abzulauschen, von Deiner gelehrigsten Schülerin in Palästina selbst zu schweigen. Denn Schweigen hat in diesem Falle vor dem Ausdruck des gerechten Zorns den Vorzug.« (IV,222) Wie häufig wird Aussicht auf ein Wiedersehen enttäuscht. Sie macht sich bisweilen in Ungeduld bemerkbar, inspiriert jedoch den Ungeduldigen eben im gleichen Augenblick zu herrlichen Eröffnungen: »[...] welcher der Götter immer die Korrespondenzen der Irdischen unter seinen Obliegenheiten haben mag, es scheint, daß die Fäden der unsrigen seinen Händen entglitten sind, um in die Gewalt irgend eines Schweigeteufels zu fallen. Ich gestehe freilich, daß dessen Walten – soweit mein eignes Innere ihm zum Schauplatze dient – mir keineswegs undurchschaubar ist. Die vielfältigen und enttäuschenden Schwankungen im Termin unseres Wiedersehens, fallen dabei sehr ins Gewicht.« (V,264)

Wirklich ernst wird es erst, als die Diagnose auf Kommunismus-Sympathie lautet, die Scholem keine Ruhe läßt. Direktheit aber bleibt auch in der Kontroverse die Ausnahme. Den Bildern, unvergeßlichen und schon aus den früheren Editionen uns begleitend, wird anvertraut, was an Bitternis nach Worten heischt. »Dies, lieber Gerhard, stellt nicht den ersten Versuch dar, auf Deinen letzten Brief Dir zu antworten. Wenn aber der wiederholte Ansatz auf eine Schwierigkeit deutet, so liegt sie nicht im inhaltlichen Bescheid, den Du forderst, sondern in der Gestalt Deiner Forderung. Du kleidest sie in eine – vielleicht rhetorische – Frage: ›Soll das ein kommunistisches Credo sein?‹ Solche Fragen ziehen – so scheint mir – auf dem Wege über den Ozean Salz an und schmecken dann dem Gefragten leicht bitter.« (IV,407). Später heißt es in einem gleich schönen und tiefsinnigen Bild: »[...] das Grün der Hoffnung durchwirkte Deinen Brief so sparsam wie das dieses kalten Frühlings die Straßen von Paris. Desto präziser die winterlichen Ausblicke zwischen Deinen Zeilen. Ich war niemals ein Freund der Klarheit, und ich bin es am wenigstens jetzt, wo ich mit den Jahren einen genauern Begriff von dem zu haben glaube, womit ich meinen Frieden machen kann und auch von dem, womit ich das nicht im Sinne habe.« (VI,251)[20]

Die Freundschaft trug diese Kontroversen. Scholem blieb der einzige unter den Männern, dem Benjamin sein Herz anvertrauen konnte, und dies immer wieder im Gewande unerschöpflicher Bilder: »[...] während noch mancherlei Gedankenfracht aus meinem letzten Brief ungelöscht bei Dir vor Anker liegt, läuft dieser neue Kahn an, der weit über die Ladelinie hinaus mit viel schwererem Gut befrachtet ist – meinem schweren Herzen.« (VI,235)

Schlußwendungen

Nicht minder unterhaltend (und gelegentlich durchaus bewegend) als Auftakte vermögen Abgänge in Briefen ausgestaltet zu sein. Auch in diesem Metier war der passionierte Briefschreiber ein Meister, ließ er sich doch keine der Möglichkeiten entgehen, die die Gattung Brief barg. Gerade wo die Konvention genrebedingt vorwaltete, mußte die kalkulierte oder spontane Abweichung für den Einfallsreichen von Reiz sein. Es gibt Schlußwendungen in den Benjaminschen Briefen, die ein für

20 Im Text hat sich leider ein gravierender Druckfehler eingeschlichen. »Freund« ist dort zu lesen, statt »Feind«.

diese Dinge empfänglicher Leser schwerlich wird vergessen können. Stellen wir ganz ohne Zwang und Ambition schlicht wieder einige derartige Lesefrüchte zusammen in der Hoffnung, der Leser unserer kleinen Revue möge gleichfalls sein Gefallen an ihnen finden.

Die Lust an der frechen und sarkastischen und provokanten Schlußformel bestimmt schon den Blumenthal-Briefwechsel. »Ich warne Dich freundschaftlich vor der Verbreitung von Unsinn in Wort und Bild durch ganz Europa! – Eine baldige Erwiderung fürchtend gegengez: Walter.« (I,38) Später, im Zeichen der Jugendbewegung, mutiert das Verhältnis, bevor es schließlich zum definitiven Bruch kommt (dem noch ein häßlicher, zum »Sie« übergehender Brief entstammt). »Dir Sonne wünschend und einen Menschen dort, einen andern oder Dich selber, der Dir Deine männliche Ruhe erhalte, die ich so spät, so froh erfuhr.« (I,243) Und dann der Dank für das geburtstägliche Gedenken: »Ich danke Dir, Herbert, für Deinen Glückwunsch. Ein Falke ist aufgestiegen.« (I,246)

Auf der anderen Seite steht die seraphische Carla Seligson als Freundin der Jugend – sie übrigens gelegentlich als »Liebe Freundin« oder »Meine Freundin« angesprochen. Ihr vertraut Benjamin seine frühesten metaphysischen Gedanken an. »Ich grüße Sie mit einem ungesprochnen Gruße!« (I,177) »Sie waren gestern unverändert, als ich Ihnen dankte. Aber in diesen Gedanken darf man auch für die *Wahrheit* danken, ja man muß nur für sie danken.« (I,182) Berühmtheit erlangt hat die Absage an Wyneken, nachdem dieser sich zum Krieg bekannt hatte: »Sie haben dem Staat, der Ihnen alles genommen hat, zuletzt die Jugend geopfert. Die Jugend aber gehört nur den Schauenden, die sie lieben und in ihr die *Idee* über alles. Sie ist Ihren irrenden Händen entfallen und wird weiter namenlos leiden. Mit ihr zu leben ist das Vermächtnis, das ich Ihnen entwinde.« (I,264) Und schließlich dem Freunde Ernst Schoen zugewandt: »Ich weiß Ihnen in Ihrer Lage auch nichts Besseres zu wünschen als daß Sie Briefe oft erfreuen mögen und daß auch dieser es soweit er es kann tue.« (I,355)

Sehr liebevolle Briefe zunächst aus Paris, später von Ibiza empfängt Jula Radt. »Die Sonne kommt mir aufs Blatt und ich schließe diesen Brief, der aus dem bedeckten Paris der vergangnen Tage herkommt. Einen kitschigen Maiglöckchengruß«. (III,153) Später aus Moskau: »Ich wünsche Dir gnädige Sylvester- und freundliche Neujahrsdämonen.« (III,223) »Zwei Küsse. Nachdem Du dieselben abgewischt, zerreiße bitte diesen Brief gleich.« (III,227) Und dann von Ibiza aus das der Schlußwendung anvertraute Eingeständnis: »Was uns betrifft, so sind Briefe vielleicht unsere größte Chance miteinander. Daher dieser sehr herzliche und die Bitte um Deinen nächsten.« (IV,265) Schließlich darf an dieser Stelle der Abschiedsbrief Erwähnung finden, nur einen Satz bergend und gleichwohl in unermeßliche Dimensionen ausgreifend. Er wird weiter unten im Wortlaut zitiert.

Auch die an Kitty Marx-Steinschneider gerichteten Schlußwendungen dürfen in unserer kleinen Collage nicht fehlen. »Machen Sie noch einmal von unserm Nachbarschaftsverhältnis am Mittelmeer Gebrauch und schreiben Sie mir ehe ich nach Paris gehe«, heißt es von Ibiza aus. (IV,282) Und wenig später – Benjamin ist schwer erkrankt – schon wieder aus Paris: »Das Fieber ist inzwischen überwunden und die Ermattung, welche sie zurückließ, läßt mir genau die Kraft, der trostlosen Lage inne zu werden, doch keineswegs die, sie zu überwinden, indem ich nicht einmal die Treppenstufen der billigen Hotels ersteigen kann in denen ich mein Unterkommen wählen muß. [...] Deutsche zu sehen, vermeide ich. Lieber spreche ich noch mit Franzosen, die zwar kaum etwas tun können oder mögen, aber die große Annehmlichkeit haben, einem nicht ihre Schicksale zu erzählen. Das gleiche Verhalten ist aber noch unverzeihlicher, wenn es die Überwindung von Entfernungen für sich in Anspruch nimmt und darum gedenke ich es nicht fortzusetzen. Wir müssen uns also schon gedulden, bis die Anekdote wieder ihren Platz in meiner Existenz eingenommen hat. Und bis dahin wird – wie ich annehme – für Sie noch mancherlei Zeit und Gelegenheit sein, mich mit einem Gruß zu bedenken.« (IV,300 f.) Später klagt Benjamin gegenüber Scholem über ausbleibende Post von ihr. »Grüße Kitty Marx und mache sie darauf aufmerksam, daß ich den Pfeil, den sie durch Nichtbeantwortung meines letzten Briefs gegen mich gezielt hat, immer noch in der Brust trage.« (IV,461 f.) Noch Jahre später vermag der Schreibende, der doch keine Abschriften fertigte oder über Kopien verfügte, auf das Bild zurückzukommen. »Sehr freundliches Adieu, pfeilschnelle Antwort erbittend.« (V,521)

Schließlich sollte unter den Frauen auch nicht Margarete Steffin als gelegentlich freundschaftlich Bedachte in der kleinen Passage mit Grüßen vergessen werden. »Verteilen Sie meine zierlichen Komplimente und stellen Sie ein Sträußchen Grüße von mir vors Fenster«, verlautet die Anweisung nach Dänemark herauf. (VI,327)

Am reichsten bedacht und am zartesten gegrüßt wird Gretel Karplus, spätere Adorno, und wie die Eingangs- sind es die Ausgangsworte, die der empfängliche Leser schwerlich wieder aus dem Sinn verlieren wird. Die beiden sind dazu übergegangen, ihre Botschaften zu zählen. »So wollen wir also weiterhin die geschwungene Brücke zwischen unsern beiden, recht isolierten, Posten schlagen und Deinem Vorschlag folgend, bin ich gern bereit, ihre Pfeiler zu numerieren, wobei ich diesem eine weithin sichtbare Drei aufmale.« (IV,194) Ein anderer hält im Abschiedsgruß die Aura der Insel fest, die dem Gejagten und alsbald Exilierten zu erfahren und in Worte zu kleiden vergönnt war. »Ich ende diese Zeilen in Ibiza, auf einer hohen Terrasse. Die Stadt liegt unter mir; der Lärm aus einer Schmiede oder von einem Bauplatz dringt wie Atemzüge des fast am Fuße meiner Bastion beginnenden Landes herauf – so schmal ist der Streifen Stadt. Ich sehe zur Rechten der Häuser das Meer und hinter diesen beginnt die Insel sich ganz sanft zu heben um hinter einer Hügelkette, die geduldig den Horizont begleitet, wieder zum Meer abzusinken, Sie fühlen, was ›eine Insel‹ heißt und lassen diesen meinen Gruß wie ein kleines Modell von ihr in Ihre Hände gleiten.« (IV,209 f.)

Einmal wendet sich ein Brief erst abschließend der Empfängerin zu; das bedarf eines erklärenden Wortes. »Denken Sie nicht, daß es eine unzarte Befangenheit ist, liebe Felizitas, wenn ich erst jetzt nach allem frage, was Sie angeht: Ihrer Stimmung, Ihrer Gesundheit, Ihrem Tagewerk, Ihrem Sorgenkind. Lassen Sie mich nicht wieder so lange warten. Verstehen Sie, daß ich Ihnen diesen Brief mehr schenken als schreiben wollte und hören Sie aus ihm nicht nur ein zögerndes Adieu sondern auch einen morgendlich klingenden ›Guten Tag‹ von Detlef heraus.«

(IV,219) Und wiederum im nächsten: »Schreiben Sie mir sehr bald was Sie tun, denken und lesen. Da ich als geborner Berliner einige Gewalt über Bären zu haben glaube, wende ich mich an den Georg Tenglerschen um ihm ans Herz zu legen, seine sanfteste Tatze Ihnen zu bieten. Hier das Bändchen [Das H des »Hier« mit einem weitausholenden geschwungenen Auftaktstrich], mit dem Sie die vielen kleinen Grüße, die Sie gewiß zwischen den Zeilen entdeckt haben, sich zusammenschnüren sollen.« (IV,249 f.)

Hinzu tritt am Schlusse gelegentlich die dezente Andeutung über den eigenen Zustand. »Bleiben Sie heiter. Denken Sie, daß es mir ganz gut geht wenn Ihnen das nützen kann; und denken Sie, daß es mir manchmal garnicht sehr gut geht – denn auch das kann bisweilen ja tröstlich sein. Und in beiden Fällen werden Sie Recht haben.« (IV,258) Kaum vorstellbar der mögliche Gleichklang unter so verschiedenen Daseinsbedingungen. Und doch vermag Benjamin auch seiner Lage, hier auf Ibiza, immer wieder Gutes abzugewinnen. »Ich wünsche mir recht bald wieder von Dir zu hören. Und hoffentlich bringen Dir die Ferien so ausgeglichene Tage wie ich sie manchmal auf meinem Arbeitsversteck im Busch verbringe.« (IV,277) Als sie zu Ende gegangen sind: »Ich hoffe, es ist Dir in den Ferientagen gut gegangen und Du bist freier von den üblichen Kopfschmerzen gewesen. Schreibe mir möglichst bald. Und nimm sehr herzliche Gedanken ins neue Jahr hinüber.« (IV,325) Dann läßt der an immer neuen freundschaftlich liebenden Gesten Unerschöpfliche eine kleine Lücke in seinem Brief, bevor er ihn schließt – zum Zeichen, daß er diesen Tag über auf einen Gruß von ihr gewartet habe. Erst danach geht das ihr zugedachte und dem Schreiber besonders kostbare Büchlein auf den Weg zu ihr. Ihr vertraut er sich in Stunden und Tagen tiefster Melancholie an, nicht aber ohne abschließend ihr nahezulegen: »Laß diesen Brief, wenn schon sonst nichts, eine Kuriosität in meinen sonst einer spartiatischern Haltung nicht ganz ermangelnden Bekenntnissen sein.« (V,43)

Um so beständiger bleibt er um ihre offensichtlich die Jahre über labile Gesundheit besorgt: »Nun für heute mit sehr herzlichen Grüßen und kleinen Wunschkerzen für Deine Gesundheit genug.« (V,94) Es sind die vielen zärtlichen Gebärden, die den schmaleren Briefwechsel mit Jula und den ausgebreiteteren mit Gretel zu einem so bewegenden Dokument erheben. »Grüße Teddie und selbst sei auf die alte Weise gegrüßt, also auf eine, der sich noch immer Hoffnung auf ein Wiedersehen beimischt.« (V,163) »Ich lege einen Arm um Dich, der lange dieser Bewegung entwöhnt ist.« (V,173) »Schreibe mir baldigst und sei bien embrassé«. (V,203) »Je t'embrasse tendrement«. (V,205) Der vorletzte Gruß aus dem Todesjahr: »Dein alter, auch alternder Detlef«; (VI,437) dann der letzte: »Toujours ton vieux Detlef«. (VI,470)

Eine Façon eigener Art haben natürlich immer wieder die Scholem zugedachten letzten Sätze. Auch hier eine kleine Blütenlese. Aus Anlaß des bevorstehenden Rigorosums: »Da Sie nun einmal die Relationen zwischen Ihrer Promotion und der Kabbala zu klären trachten, so formuliere ich: ich will ein großer Kabbalist sein, wenn Sie den Doktor nicht summa cum laude machen.« (II,95) Bei Weißbach wird, wie erwähnt, die neue Zeitschrift geplant. Sie wird dreißig leere Seiten haben, betitelt: »Gerhard Scholem: Die leeren Versprechungen.« Und dann: »Seid viel gegrüßt und heiß bedankt | Von Walter der an Trübsal krankt.« (II,236) Später dann ist über die nicht endenden Habilitations-Malaisen aus Frankfurt zu berichten. »Für heute habe ich denn alles untergebracht. Mit ›sympathetischer‹ Tinte geschrieben bedecken Grüße und gute Wünsche den Rest des Bogens. Drohungen schließen sich an, für den Fall, daß Deine Antwort auf sich warten lassen sollte.« (III,18) »Von meiner [Dozentur, K.G.] verspreche ich – zuhöchst – mir eine brennend rote, späte Kakteenblüte. Unbeschadet dieser Erwartung aber werde ich wohl Ende dieser Woche Frankfurt verlassen, sei es, daß bis dahin eine negative Entscheidung fiel, sei es, daß mein akademischer Astralleib die Wanderung durch das Labyrinth der Kommissionsberatungen wird antreten müssen.« (III,41) Sie war von Salomon-Delatour vergeblich protegiert worden. Mit der Frage, ob Adorno sich habilitieren werde, schließt ein an Fragen reicher Brief. »Verzeihen Sie den bunten Fragenteppich auf dem ich einhergehe, um zum Schluß Ihnen und Ihrer Frau die herzlichsten Grüße darauf niederzulegen.« (III,131) Nach der gescheiterten Habilitation wurde der Weg ins unsichere Dasein des freien Schriftstellers unausweichlich. »Ich arbeite sehr viel. Soweit es Druckgestalt in der Literarischen Welt annimmt, wirst Du es von nun ab regelmäßig bekommen. Hiermit, vor allem aber mit den vorstehenden Mitteilungen hoffe ich unsern Korrespondentenhimmel etwas gereinigt zu haben und verspreche weiteren beständigen Ostwind.« (III,466)

Das letzte Jahrzehnt zeitigt in der ersten Hälfte besonders dichte Briefe an Scholem. Am Anfang stehen Weihnachtsgrüße. »Und somit alles Herzliche in die zwölf heidnischen Nächte hinein!« (IV,70) Das Bangen, die Freunde könnten sich aus dem Auge verlieren, verstummt nicht. »Schreibe schleunigst und schneide mich in Europa nicht.« (IV,78) Auf Ibiza angekommen gilt der erste Gruß, wie erwähnt, Scholem, und wie das Bild verlangt der Brief nach dem Rahmen. Darum gehört zu dem zitierten Eingang der nun folgende Schluß, dem sich wie so oft noch ein PS anschließt, das gleichfalls als solches eigens gewürdigt sein will: »Nun bin ich ganz matt vor Hammergeklirr und Hähnekrähen und schließe, vorbehaltlich eines PS, mit herzlichsten Grüßen«. (IV,86) Der Scherz, nicht nur gruppiert um Muri, behält sein Recht in den unaufhörlich variierten Schlußworten. »Sehr herzliche, wenn auch nur unter der Bedingung umgehender Erfüllung meiner Bitten in Kraft tretende Grüße.« (IV,223) Und immer wieder die unschätzbaren Verweise auf die Umstände, unter denen ja nicht nur die Briefe geschrieben werden, sondern auch das Werk stetig heranwächst: »Wenn Du wüßtest, wie schlecht die schlechteste Matratze der Erde ist, auf der ich liege, würdest Du den Zustand, den dieser Brief bekundet, vergleichsweise einen euphorischen nennen.« (IV,291) In den letzten Jahren werden die Abstände länger, und auch den Schlußwendungen teilt sich dieser Umstand in herrlichen Bildern mit. »Hätte ich jene Laute des Vorwurfes und der Klage zur Verfügung, die Dir einst bei vierzehntägiger Verzögerung meiner Antworten über die Lippen strömten, so würdest Du heute statt dieser Postkarte ein Dokument erhalten, das würdig wäre, das Schlußstück meiner ›Deutschen Briefe‹ zu bilden. So aber begnüge ich mich, diese Rakete in den Nachthimmel Deines Schweigens aufsteigen zu lassen. Möge sie, als ein Fragezeichen herniedersinkend, wie feurige Kohlen Dein Haupt berühren.« (V,121 f.)

Singulär unter den Briefen steht der zweifellos berühmteste da, Benjamins Kafka-Brief, Scholem übermittelt und inzwischen ungezählte Male abgedruckt. Freigiebigkeit, liberalitas – wann hätte sie je sich verschwenderischer geäußert? »Du mußt von vornherein wissen, daß dieser Brief ganz allein diesem uns beiden gleich sehr am Herzen liegenden Gegenstande vorbehalten sein wird; für Nachrichten von mir vertröste ich Dich auf einen der nächsten Tage«, hatte es einleitend geheißen (VI,106). Und dann, nach atemberaubenden Seiten für jeden mit Kafka Befaßten, der unvergeßliche Schlußsatz des nämlichen Briefes: »Damit wäre für heute der Kreis geschlossen, und ich setze die herzlichsten Grüße an Dich in seinen Mittelpunkt.« (VI,114) Wie viele vergleichbare Briefe hält die deutsche epistolarische Literatur bereit?

Papier – Schreibutensilien – Schrift

Benjamins Idiosynkrasien in bezug auf Schreibgeräte und Papiere sind bekannt. Den Briefen teilt sich diese apokryphe Leidenschaft in mannigfachen Facetten mit. In den Nischen und Ecken zu Anfang und zu Ende der Briefe ist wiederum der bevorzugte Ort, um auf das mit Bedacht gewählte Medium zu verweisen oder eben auch entschuldigende Worte zu finden, wenn es in der gewohnten Façon nicht zur Hand ist. So wie vom Schreiber will es vom Adressaten gewürdigt sein. Und beschrieben wird es mit gleichfalls ausgewählten Schreibgeräten in Sorgfalt. In der schriftstellerischen Arbeit liegt zwischen dem ersten Entwurf und der Maschinenfassung für den Setzer die Reinschrift. Ihr hat Benjamin sich nicht nur mit Sorgfalt, sondern mit Lust zugewandt. Die Spannung der ersten Formulierung war gewichen, die Aufmerksamkeit auf die gediegene Form gerichtet und mit ihr der Besserung im Detail das Auge zugewandt. Diese Abfolge entfällt im Brief. Definitive Formulierung und akkurate Niederschrift fallen zusammen. Auch daher Benjamins Aversion gegen den diktierten Brief. Die Konzentration auf die Unterbringung des zu Sagenden auf engstem Raum in makelloser Schrift vermählte sich mit dem spontanen Einfall und seiner schönsten Artikulation. In diesem Sinn sind die Benjaminschen Briefe Zeugnisse einer geistesgegenwärtigen Virtuosität, und ihre Erscheinung auf dem gewählten Papier ist das Siegel der einmaligen und eben unwiederholbaren Empfängnis.

Wir notieren wie immer ohne weitere Ansprüche ein paar aufgelesene und zum Verweilen einladende Aperçus. Bemerkungen über gewählte Karten und Entschuldigungen in bezug auf die Schrift wegen schlechten Schreibmaterials tauchen schon in den frühen Blumenthal-Briefen auf. Gleichwohl setzt die Papier-Motivik erst Mitte der zwanziger Jahre gezielt ein. »Lieber Salomon! Dienstmädchenbriefpapier! Nichts für ungut.« (III,130) Jula wird als erste mit den Blättern einer neuen Lieferung beehrt: »Liebe Jula – mit diesen Worten vollziehe ich eine doppelte Einweihung: die meines neuen Füllfederhalters und dieser Bogen, die freilich nur für Dich als Briefpapier gelten – sonst sind sie mein kostbarstes Manuscriptpapier in einer Tönung, nach der ich lange gesucht habe, und die die besten Gedanken aus mir herauslockt.« (III,150) Die Wahl großer Formate läßt auf umfängliche Briefe schließen. (III,158) Die Benjamin eigene kleine Schrift vermag unversehens die Rolle einer einladenden Werbung zu übernehmen, so in den von besonderer Vertraulichkeit geprägten Briefen an Jula: »Du siehst – ich bin, seit einer Woche ungefähr, wieder in die Periode kleiner Schrift gekommen, in der ich nach langen Abständen doch immer wieder eine Art Zuhause finde, in das ich Dich überredend einladen möchte.« (III,171)

Neben Jula steht wiederum Gretel, die unentwegt für den Darbenden mit rosa Scheinen sorgt und ihrerseits stetig mit immateriellen Briefen und gelegentlich sogar mit Briefpapier beschenkt wird: »Ich schicke Dir mit vielfältigen Wünschen, die Du so vielfältig brauchen kannst, die kleinen blauen Bogen samt den Kuverts zu. Insbesondere baldige und wirkliche Besserung Deines Leidens. Und dann will ich auch die für *unsere* Wiederherstellung nicht vergessen.« (V,119) Gelegentlich wartet der Schreibende mit fremdem Papier auf. Auch das vermag seine Reize zu entfalten und trägt im Zusammenwirken mit einer Kinderbuch-Reminiszenz zu einem Eingang bei, der eben in dem unerschöpflichen Stiften von Bezügen ganz und gar Benjamins ureigenster Begabung entspringt: »[...] diesen Bogen habe ich jemandem abbewundert, um Dir meine Feriengrüße auf ihm zu sagen. Wenn das Schicksal mit Dir auch nur halb so kunstfertig umgeht, wie der Elefant mit seinem Hut, so werden Dich diese Wochen – und ich hoffe es so sehr – für viele düstere des vergangnen Frühjahrs entschädigen. Im übrigen entstammt der Elefant dem besten unter den neuern französischen Kinderbüchern und er heißt Baba.« (V,132)

Große Formate deuten auf weiter ausholende Episteln, kurze brauchen kein böses Omen zu sein: »[...] heute einmal so. – Dich bringt der Wechsel des Formats bestimmt um nichts von dem, was ich Dir zu erzählen habe; während an Deiner letzten Nachricht die kurze Fassung das einzig enttäuschende war.« (V,161) Gewohnte Briefbogen bezeugen die Rückkehr in bekannte Verhältnisse: »Du siehst den bekannten Briefbogen wieder auftauchen – und somit wäre, nach dem neuigkeitsschwangeren Herbst, einiges zum Alten zurückgekehrt.« (VI,173) Welch Malheur aber, wenn das gewohnte Papier ausgegangen ist: »Mein Briefpapier ist zu ende und ich kann das mir – und hoffentlich Ihnen auch – liebgewordne Kuvert nicht auftreiben. Nehmen Sie diese Zeilen, die sich plumper in Ihre Hände spielen, doch freundlich auf.« (IV,233) Und noch in einem der letzten Briefe: »Je t'embrasse amicalement et te charge de bien des souvenirs pour Teddie. Et mille excuses pour le papier; l'envie de t'écrire m'est venue lorsque je n'avais rien d'autre sous la main.« (VI, 369)

Auf der männlichen Seite ist es naturgemäß der bei weitem an der Spitze stehende Empfänger, der immer wieder auch mit den materialen Seiten der Korrespondenz konfrontiert wird. Das eine oder andere war bereits an vorangehenden Stellen heranzuziehen. (II,508; III,18) »[...] was Du hier vor Dir hast ist – gleich vollendet in Format und Qualität – neuerdings nicht allein mein Briefpapier geworden, sondern hat als inspiratives Manuscriptpapier sich bewährt. Du mußt es mit dieser bündigen Versicherung gnädig aufnehmen und die Bleistiftzeilen einmal für heute gelten lassen. Text und Papier sind aus Capri.« (III,89) Den vom Freund eingeforderten Klarstellungen seiner theoretischen Voraussetzungen und seiner weltanschaulich-politischen Überzeugungen sucht Benjamin, wo immer möglich, auszuweichen. Auch das Papier ist ein Strohhalm, an den sich der Bedrängte klammert, um hier und auf diesem einzigen Felde auch dem engsten Freund gegenüber Abstände zu wahren. »[...] ich hole, wie Du schon am Format entnehmen kannst, zu einem ausführlichen Brief aus. Dabei freilich macht mich etwas beklommen, daß ich auf das kaum werde antworten können, wonach Du am dringendsten fragst.« (III,158) Und so wenig später, als dem Schreibenden, nun aus freien Stücken, ein längerer Brief vorschwebt: »[...] zu einem längeren Briefe ausholend, mache ich mir Mut durch das querköpfige Format.« (IV,343)

So wie das gewohnte Papier die Rückkehr zur Normalität, so signalisiert das ungewohnte eine nicht alltägliche Situation, in der der Schreibende sich aktuell befindet. Benjamin ist seit vierzehn Tagen erkrankt. »Dir, als der unbestrittenen Autorität auf dem Gebiete meiner Briefschreiberei, sollte der Anblick dieses Briefpapiers genügen, um zu erkennen, etwas sei nicht ganz in Ordnung. Und dieser Umstand deckt mich jedenfalls für einen Teil der drei Wochen, die ich verstreichen ließ, ohne für Deinen schönen Brief zum Geburtstag Dir zu danken. Vor allem aber für das anhaltende Ausbleiben der Dir zustehenden Notizen über die Sprache.« (IV,266 f.)

Einmal gelingt es Benjamin sogar, einen langen Eingang mit einer Füllfederhalter-Geschichte zu bestreiten: »Lieber Herr Kracauer, schönsten Dank für Ihre entzückende ›Schreibmaschine‹. Ich sehe daraus gleichzeitig, daß sie in den Besitz einer solchen geraten sind und daß ich recht daran tue, noch immer keine zu haben. Mehr als je hat sich diese Überzeugung neulich anläßlich des franko-amerikanischen Tennisturniers in mir bestätigt. Jawohl! – bei dieser Gelegenheit verlor ich nämlich meinen Füllfederhalter, oder besser gesagt: ich entkam im Getümmel diesem fürchterlichen, nicht mehr erträglichen Haustyrannen, den ich ein Jahr lang über mich gesetzt hatte. Ich war entschlossen, den ersten besten und billigsten anzuschaffen und trat mitten im dichtesten pariser Straßenleben an einen Stand, vor dem gesetzte Leute höchstens einhalten, um ihrem stylo frische Tinte zu[zu]führen. Dort fand ich gegenwärtiges liebreizendes Geschöpf, mit dem ich allen meinen Träumen genügen kann und eine Produktivität entfalte, die mir zu Zeiten der verflossenen – Feder – unmöglich gewesen wäre. Ich hoffe, daß sie diese erfrischende Einwirkung sogar meinem Briefe anmerken.« (III,262)

Postscripta

»PS Der Mensch denkt – aber immer zu kurz. Da ich nun im Begriff bin, über der nochmaligen Lektüre Deines letzten Briefs zum post script zu kommen, liegt der angefangne Bogen zuhause und ich habe nur dies zur Hand. So bekommst Du, wenn schon von sonst nichts einen Begriff von den beiden Extremen, zwischen denen sich meine Papiersorten bewegen.« (IV,55 f.) Und wenig später: »Bei Durchsicht Deines letztes Briefes ergibt sich, daß ich noch mit einem kleinen Postscript aufwarten muß. Ich tue es auf jenem edelsten Papier, das ich vor nun fünfzehn Jahren in einer kleinen Papierhandlung in Sarnen, das ich auf einer Fußwanderung passierte, bei Herrn Narziß von Ach kaufte, dessen Gedächtnis mir weit höher steht, als das eines gleichnamigen Psychologen. Dieses sonst tiefsten Meditationen vorbehaltne Papier möge als Ehrenbezeugung von Dir verstanden werden.« (IV,164)

Man sieht, es waltet ein zwangloser Zusammenhang zwischen Papier und Postscriptum, und damit zuweilen auch in der Abfolge unserer kleinen Montage. Postscripta gewinnen Profil nur in umfänglicheren Briefdokumentationen. Erst in ihnen lassen sich Proportionen und Gewichtungen dieses Bausteins im Briefgefüge abschätzen. Benjamin hat beileibe keinen übermäßigen, aber eben doch einen immer wieder gerne wahrgenommenen Gebrauch von der Nachschrift gemacht. Sie vermag es, Vorgetragenes zu ergänzen und zu vertiefen, kann gelegentlich geradezu antithetisch zu dem bereits Vorgetragenen eingesetzt sein und insbesondere eine Modulation des Tonfalls vornehmen. Wie auch immer – in einer Analytik des Briefes darf sie nicht fehlen, und sei es nur, um die Aufmerksamkeit auch auf dieses Textsegment zu lenken und ihm gleichfalls einige illustre Beispiele zu entnehmen. Diese aber sind in aller Regel wiederum nicht ausgewählt nach Maßgabe der Schwere des Gedankens, sondern um den Blick zu schärfen für die Spannbreite der Möglichkeiten, die der Schreibende diesem Stilmittel abgewann, das sein Wesen darin hat, nach bereits erfolgter Verabschiedung vom Adressaten dessen Aufmerksamkeit für eine knapp bemessene Weile noch einmal zurückzugewinnen.[21]

Benjamin nutzt das Postscriptum, um sich für womöglich schlecht lesbare Schrift, ein verunstaltetes Stück Papier, einen geknickten Umschlag oder überhaupt die Façon des Briefes zu entschuldigen. Er bemüht es, um Grüße an andere anzufügen, Erlaubnis zu erteilen, den Brief auch anderen zu zeigen, kurzfristige Arrangements zu treffen. Er greift zu ihm, um Informationen – insbesondere über Bücher – zu übermitteln, Empfang von Glückwünschen und Geschenken und nachträglich eingegangene Sendungen zu bestätigen etc. Das alles ist Routinesache und wird uns im einen oder anderen Fall im folgenden wieder begegnen. Hier geht es um die besondere Wendung.

Im Blumenthal-Briefwechsel lädt das Postscriptum dazu ein, den in den ersten Jahren besonders kecken Ton zwischen den beiden noch einmal wieder aufzunehmen. In ihm ist der autoritative Benjamin gegenwärtig, von dem die Freunde der Jugend übereinstimmend berichten. »P.S. Sire, geben Sie Gedankenfreiheit! Was Deine ›chaotische Schamlosigkeit‹ heißt, weiß ich nicht – Du hast wohl nur weniges von meinem letzten Briefe verstanden. [...] Denkt über die Schriften Wynekens, der vorläufig noch *uns allen* überlegen ist, nach.« (I,129) Gerne verewigen sich auch die Freunde der Jugendzeit in Gestalt einer Briefnachschrift. Der Nonsens, so häufig in ihren Briefen vorwaltend, ergreift auch das Postscriptum. Folgendes antizipierend, sei eine Frucht dieser Art schon einmal gepflückt:

---

21 Zu trennen vom Postscriptum als Addendum eines Briefes ist die Fortschreibung eines Briefes, die gelegentlich auch unter dem Titel eines PS erfolgen kann. Vgl. etwa III,176; III,219; III,302 f.; III,439 ff.; IV,86; VI,237; VI,337 f.

Entfremdetes Land liegt voller Provinzen.
Darinnen betteln die blinden Gefühle,
Sie gehen schwankend, wie in hohen Stuben.

Planet des Ichs!
Sinnbilderliche
Bewegsamkeit, wie du zur Leerheit wortlos stürzest,
und wo Du fällst, wird aus Äonen Raum,
glotzende Bildlichkeit wird mich umwohnen,
Gedanken zehrend haben alle Zonen
Dahingegeben ihr ›dennoch‹ und ›kaum‹.
Verwitternd sendet letztliche Gerüche
Vernünftigkeit – und ihre buntgebänderten Flüche
sind flügelschmetternd mitten innen
starr geworden und heimlich von hinnen.
Die Blindheit hat einen göttlichen Rücken,
und trägt den Hymnischen über hölzerne Brücken.
(I,89 f.)

Beliebt ist das Postscriptum, um ihm die Sorge über das eigene Ungenügen, in welcher Form auch immer sich äußernd, anzuvertrauen. »PS [II] Mich quält das Gefühl, als ob mein etwas angestrengter Kopf mich verhindert hat, Ihnen alles auf die beste Art zu sagen; ich muß – vielleicht Sonnabend – noch einmal wenige Worte hiervon mit Ihnen sprechen.« (I,201) So gegenüber Carla Seligson. Das Postscriptum kann vielleicht noch direkter als der Brief Lob und Dank für Empfangenes zum Ausdruck bringen. »Ich will nicht vergessen, Dir zu sagen, daß Dein Brief über Goldbergs Buch für mich zum Wichtigsten und Geglücktesten gehört, was ich von Dir kenne. Ich werde ihn auch mit Deiner Erlaubnis Hessel vorlesen, der von unserm damaligen Gespräch über Bin Gorion noch immer große Augen hat. Nun kann ich hoffentlich bald die ›Entstehung der Kabbala‹ erwarten.« (III,415)

Das Postscriptum ist aber auch der Ort, an dem das Unangenehme, eigentlich gern Verschwiegene, nur eben mit leichter Hand angetippt werden darf. Scholem, nie zimperlich, war nach New York aufgebrochen und sollte alsbald freimütig über seine Begegnungen mit den Frankfurtern berichten. Benjamin ermunterte dazu nur im Postscriptum. »Vergiß nicht, mich Deine Eindrücke und allfällige Neuigkeiten aus dem Institut wissen zu lassen.« (VI,117) Gelegentlich hat Benjamin sogar selbst über die ausgezeichnete Stellung des Postscripts reflektiert. Sie sei der geziemende Ort für das Persönlichste, so in einem späten Schreiben an Horkheimer, demgegenüber er sich in der Korrespondenz so besonderer Sachlichkeit befleißigte. »Bei dieser Gelegenheit möchte ich Ihnen den lebendigsten Dank für die Folge sagen, die Sie unserer Aussprache gegeben haben. Wenn ich ihn an den Schluß stelle, so geschieht es, weil ich ihm die persönlichste Form habe geben wollen.« (V,601) Das letzte Postscriptum entstammt einem Brief an Adorno. Es kommt aus Lourdes, kurz vor dem Aufbruch in die Pyrenäen und nach Spanien. Der Staat als Überwachungs-Agentur erzwingt einen PS-Zusatz: »Verzeihen Sie die peinlich komplette Signatur; man verlangt sie.« (VI,477)

Die Postscripta sind aber auch deshalb kostbar, weil sie gelegentlich die Stimmen derer verlauten lassen, die aus dem Briefkorpus ansonsten ausgeschlossen bleiben und sich in der schriftlichen Form eben in der Regel überhaupt gar nicht erhalten haben. Erlaubt sei, auch für sie einen Moment lang um Gehör zu bitten. Neben den Jugendfreunden, die im folgenden noch zu Wort kommen, nutzten naturgemäß vor allem Benjamins erste Verlobte Grete Radt und dann seine Frau Dora die Möglichkeit zu einer zumeist knappen Nachschrift: »[...], ich war mit Wolf Heinle und Suse Behrendt drei Stunden im englischen Garten. Die Sonne schien, bereifte Bäume mit ganz feinen Ästen standen gegen den blauen Himmel. Wir kamen weit hinaus, fast bis zum Aumeister. Rehe laufen herum, Hirsche mit breiten Geweihen liegen ruhig da, die vorbeigehenden Menschen stören sie nicht.« (I,293) So Grete Radt an ihren Bruder Fritz in diesem idyllischen Bild aus dem ersten Kriegsjahr.

Und dann Dora! Die Varietät ihrer Äußerungen steht der ihres Mannes nicht nach. Zwei Beispiele in Gestalt von Nachschriften an Scholem: »Walter's Winzereien [im Blick auf seine Handschrift] lassen meinen Ehrgeiz nicht ruhen. Ich kann auch. Du fehlst mir sehr, also: komm bald wieder her. Walter ist jetzt wieder sehr lieb und gut. Körperlich wie seelisch geht es mir nicht gut, aber ich hoffe es wird wieder besser. [...] Zu Neujahr wünsche ich Dir und Deiner – Freundin (um nicht in die Terminologie der Grünstraße [wo die Eltern Scholems wohnten] zu verfallen) alles Gute. Ein diesbezügliches Paket wird durch seine Ankunft für seine Verspätung um Verzeihung bitten. Ich selbst bitte weiter liebreich an uns zu denken. Wie du siehst wird meine Schrift wieder größer, wohl ein Zeichen daß ich aufhören soll Quatsch zu schreiben.« (II,198)

Und wenig später im Blick auf die im Hause stets präsente »Fackel«:

Kritzel krackel
Euch dräut der Bakel
Denn ich komme mit Gegackel
Und der neuen Krausschen Fackel
(II,267)

Innenansichten

Wir könnten noch ein wenig bei den rahmenden Elementen des Briefes verweilen. So würde es sich insbesondere lohnen, die Scholemsche Kollektion in Jerusalem auf Annotationen hin durchzusehen. Scholem hat sich vielfältig in Benjaminschen Manuskripten verewigt. Wäre die Ausgabe seiner Gesammelten Schriften gründlicher auch in Jerusalem vorbereitet worden, ihre Benutzer hätten in den so extensiv angelegten Apparaten viel Heiteres und Erhellendes zu gewärtigen gehabt – so eben auch im Blick auf die Briefe. Es muß hier ausgespart bleiben.

Statt dessen ist nun die eigentliche Briefsubstanz selbst in Augenschein zu nehmen. Wenn wir so lange zögerten, so eben, um jenen Zonen des Briefes die Aufmerksamkeit zuzuwenden, die ihnen so häufig vorenthalten wird – zu Recht im Normalfall, aber eben nicht in Ansehung des Briefschreibers Walter Benjamin.

Indem wir uns aber den Innenansichten des Briefes zuwenden, tun wir gut daran, uns gehörige Beschränkung aufzuerlegen. Nur en passant und mit leichter Hand sollen gelegentlich die Gedankengebirge aus der Ferne in den Blick kommen, die sich in den Briefen auftürmen. Ihnen gerecht zu werden, wäre ein Thema eigenen Ranges und forderte, um es zu wiederholen, ein eigenes Buch. Uns geht es um Duktus und Stil, und dort, wo denn Themen zu berühren sind, wie im folgenden wiederholt, um die abseitigen und beschatteten Zonen am Rande. Zugegeben, diese Lesung wider den Strich mag ein Ausweichen vor dem beinahe zwangsläufig sich einstellenden Tiefsinn in der Befassung mit Benjamin signalisieren. Wo aber wäre es legitimer als anläßlich einer entspannten Lektüre seiner Briefe? Muß man das Werk in allen seinen gattungsspezifischen Ausformungen gegenwärtig halten, um Benjamin in seinen Möglichkeiten kennenzulernen, so ist er in den Briefen in allen denkbaren Facetten präsent. Und diese sind immer geprägt vom Reichtum seines Geistes und der schier unerschöpflichen Befähigung zur Formulierung. Beides teilt sich auch noch dem Entlegensten mit, das so denselben Anspruch auf Würdigung besitzt wie das anspruchsvolle und allzu häufig ja auch schon behandelte Theorem. Eingeladen zu dem kleinen, sich nun anschließenden neuerlichen Rundgang sollte also eigentlich nur sein, wer seinerseits Gefallen daran findet, Benjamin auf weniger betretene Pfade zu folgen.

Auftakt in der Jugend

Die Jugendbriefe an Personen aus der Schul- und ersten Studienzeit sind, wie erwähnt, fast ausschließlich durch die an Helmut Blumenthal gerichteten repräsentiert und reichen, von einer Ausnahme abgesehen, bis 1916. Sie müssen uns daher vor allem für den Ton stehen, der unter der – zumeist jüdischen – Elite gepflegt wurde, auch wenn uns die Gegenbriefe fehlen, die es überhaupt erst erlauben würden, Typisches auszumachen. Aber der Benjaminsche Tonfall hätte sich nicht durchgehalten, wäre er nicht willkommen gewesen. Er muß einen Widerhall in den Antworten gefunden haben. In diesem Sinn bildet der Eingangsbrief aus dem Jahr 1910, geschrieben am 18. Geburtstag aus den Ferien in der Schweiz, durchaus eine Art Präambel für eine Reihe von ähnlichen Briefen aus der Adoleszenz. Während der Abfassung des Briefes und also offensichtlich ohne den Vorsatz gefaßt zu haben, gerät der Schreibende in eine rhythmisierte Prosa. Sie fordert ihren Tribut und befördert jene ironisch-formelhafte Stilisierung, in der sich der schriftstellerische Genius durchaus schon kundgibt. »Denn Sonntag will ich scheiden von Vaduz, allwo ich viele schöne Zeit verlebt, sei's, daß im kühlen Tale ich spaziert und sei's, daß ich geklettert auf des Berges Gipfel. [...] Ich würde gern Dir davon näh'r berichten, jedoch vertragen diese Stoffe nicht den Zwang der strengen Rhythmen, die ich übe. – Und also drängt zum unfreiwilligen Schluß mich meiner Dichtkunst technische Beschränkung.« (I,9)

Zwei Tage später verläßt er Vaduz. Die Persiflage ist zur Stelle, um die »Romantika« in Eichendorffscher Manier zu bewältigen. »Am Morgen des 17 Juli anno domini 1910 rollte ein zweispänniges Fuhrwerk aus dem Dörfchen Vaduz heraus über die Landstraße hin, die im Sonnenglanze dalag. In der Luft jubelten die Lerchen, der Himmel war blau und die Bergspitzen funkelten im Sonnenlichte. Schon lange wird die aufmerksame Leserin erraten haben, wer in dem Wagen saß – kein anderer [als] unser wohlbekannter Walter. Malerisch verdeckte ein gelber Panama zur Hälfte sein sonnengebräuntes Gesicht aus dem hinter den dunklen Brauen zwei stahlblaue unverzagte Augen ihre Blitze schossen.« (I,11 f.) Dann muß der Briefpartner ermahnt werden. »Ich wohne nämlich in einem leidlich anständigen Hotel (siehe Titelvignette) und muß mich durch den Empfang von Briefen, die nach der ›Schwei*tz*‹ (!!) gerichtet sind, unsterblich kompromittieren.« (I,18) Doch die Ermahnung fruchtet nicht gleich; der superiore Ton ertönt weiter. »Eure herrliche, geschmackvolle und witzige Karte, die immer noch nach der Schwei*tz* adressiert ist, habe ich erhalten und kann ich mich nicht genug freuen, daß Ihr auf die Absicht des Reklamemanns hereingefallen seid, der offensichtlich wünschte, seine Karte mit mehr oder weniger guten Witzen kommentiert, durch die ganze Welt reisen zu sehen. Dieser Wunsch ist ihm natürlich in Erfüllung gegangen, da er auf die Dummheit seiner Mitmenschen speculierte.« (I,21)

Dann folgt, immer noch unterwegs durch die Schweiz, eine kleine Einlage in Gestalt einer »ars poetica«. Gegliedert ist sie in vier ›capita‹, das erste angelegt als Schaukal-Persiflage. »Meine Muse hat keinen Euter – will sagen, ist keine Kuh. Ich kann sie nicht melken. Will es auch garnicht. Sondern ich empfange und sie gibt – nicht wenn ich will, sondern wenn sie will. (Meine Muse ist keine Kuh) sondern ein Genius; mithin hat sie Flügel. Jedoch nicht auf die Gras- und Butterwiesen fliegt die Muse; sondern darüber hinweg – in ein Land, das heißt Fantasia. – – –« (I,23) Caput III folgt der Morgensternschen Weise:

Nachtlied

Vom Pflaumenbaum hängt die Nacht
Hernieder
Singt Lieder.
Aprikosensanfte
Zuckerkleingestampfte
Honigmäßig drohende
Liebesartig lohende:
Bis der Ast bricht,
Bis der Mond erlischt
Bis die Sternelein
Banges Stöhnen schrein,
Dann schweigt die Nacht
Früh um acht.
(I,25)

Ein Jahr später kommt der Gruß aus Wengen, alsbald hinübergeleitend ins Engadin Nietzsches. »Isis ... Pythia ... Demeter [–] Siehe, offen und frei begab sich meine Seele zu Euch, von Weggis in den Engadin. Doch sie fand kein liebliches Schweizerhaus, sondern inmitten der ewigen Gletscher erhob sich ein Altar (auf dem Sockel zwar erblickte ich nichts) aber darunter stand ›Isis Moralitas‹. Und meine Seele legte ihren Panzer an und spendete Weihrauch ... Und begab sich von hinnen, schwang sich auf die Jungfrau, und die Jungfrau redete für sie: ›Erhabene mütterliche Demeter! meinen Gruß zuvor und alle schuldige Achtung; denn aus Deiner unendlichen Höhe neigst Du Dich und wirkst für die Männertracht. Aber höre, o mütterliche Demeter! Dein Sang von der Moral dringt nur verworren und schal zu mir, und ob er auch aus der Ferne kommt, so kommt er doch aus der Tiefe. (Und in Sils, wo ein Mensch ›Jenseits von Gut und Böse‹ dachte und schrieb erhebst Du die Göttin die Messingtrompete der Moral)[‹] (Und mehr darf ich Dir nicht sagen, denn die Jungfrau spricht für mich) Die Jungfrau löst das Orakel der Pythia: Die Pythia spricht doppelsinnig und wenn sie meint, daß die Materie nichts wiegt und der Geist allzuviel, so ist dies ein Zeichen, daß sie die neuere philosophische Terminologie nicht beherrscht, denn sie meint, die Materie wiegt *noch* zu viel und des Geistes ist allzuwenig. Wenn die Pythia aber meint, das Eine sei erdbeerfarbig, so ist dies erklärlich, denn sie hat eine Binde vor den Augen, und die Farbe ist überhaupt schwer zu definieren. Anwendbar aber ist dieses Eine, und zwar als kunstgewerblicher Entwurf der neuen Secession.« (I,30 f.)

Das Erheiternde und Travestierende und im übrigen wegen verlorener Beilagen nicht mehr restlos Aufklärbare steht also anstelle des obligatorischen Jungfrauen-Grußes. »Romantische Schilderungen von Wengen irgendwelcher Art vermag ich nicht zu entwerfen, verstehe mich auch nicht auf Postkartenfabrikation aus freier Hand. Nämlich ich bin erst seit zwei Stunden hier. Im schönen, dichten Regen erblickt man die Jungfrau. Und nun hat sich mein Rachedurst gekühlt und ich schließe mit einem herzlichen: Vergelt's Gott!« (I,31 f.) Blumenthal muß herhalten für den unbegrenzt Mitteilungsbedürftigen, der daraus keinen Hehl macht. »Die fortwährenden Bülletins über meinen Seelenzustand verdankst Du weder Deinen seelenvollen Erbauungsschriften, noch den hämischen Morgengaben an meine Zeitungsmappe noch auch den am Rand des verderblichen Abgrunds gepflückten getrockneten Alpenblümlein. Sondern einzig meiner grauenhaften Vereinsamung.« (I,32 f.) Eine Woche lang streift er in Chamonix kurz Frankreich. »Ach! lieber Herbert! Anscheinend auf einem baufälligen Stuhl, in Wahrheit jedoch auf einem Trümmerhaufen zerstörter Hoffnungen sitzend, schreibe ich Dir in später Abendstunde, um mein schmerzzerrüttetes (und eisenbahndurchgerütteltes) Herz zu entladen, diesen Brief.« (I,41)

Dann wechselt die Szene für einen Kartengruß ins winterliche Schlesien zur Zobtenbaude.

Der Schnee ist weiß
Winter macht heiß
Daß Dich das
Mäusle beiß –
Auf dem Berge [x]
wo die Stürme tobbten
Und die Rose [?] foppten
gegeben
im ausgehenden
Anno Dominikus[?]

Schi Heil!
Walter.
(I,44)

Auch am Studienbeginn in Freiburg nimmt Blumenthal noch teil. »Diese Karte bekommst Du schon vor ›Schreibe-bald‹. Denn ich habe meine ›Reiselektüre‹ noch nicht aus; sorgsam gehe ich dem Gespenst der ›Überarbeitung‹, welches einer gewitterdrohenden Wolke gleich über dem ersten Semester lagert, aus dem Wege. Manchmal jedoch trägt die sanfte Woge eines Stadtbummels am glühenden Vormittag an den Strand der Universität, von deren überberlinischer Schönheit Umstehendes nur schwache Lichtblicke verleiht. Der erneute Anblick des herrlichen Bildes überwältigt mich –. Nein, Nein, nein, – es ist zu schön. Auf Wiedersöhn Mein Söhn! Walter Benjamöhn.« (I,46) Dazu Franz Sachs am Rande: »Wenn Du wüßtest!! Grauenhafte Enthüllungen über das Leben eines Asketen W.B. werden demnächst folgen.« (I,46)

Das Duo ist auch im folgenden Brief, mit dem wir schließen wollen, am Werk: »Im Jahre MVII zehn C88zich ein Jahr vor der großen frz. Revolution. Mein teurer Freund! Wie ist die Welt doch so mannichfach! Auch heute nacht mußte ich wieder Deiner, o Du mein Teurer, gedenken, da der Mond mit vollen Backen in mein Zimmer schien. Du meine Göttin! Luna, Geliebte der stillen Nächte. Die Silberwolken ziehen am dunklen Himmel wie runde Taler. – – Verzeih, mein Lieber, den Sturz der Gefühle, der wie in einem brausenden Katarakte die Feder mir entführt.« (I,47) Zeit ist das Thema, das es aus Freiburg zu traktieren gilt, wie schon die Datierung anzeigt. Denn Zeit besitzt hier eine »eigentümliche Konsistenz [...]. Nicht genug damit, daß sie nicht mitteleuropäisch ist. Zeit ist ja nirgends ein Konkretum. Sie ist von seltsam flüchtiger Beschaffenheit. Aber die Nähe der hiesigen philosophischen Fakultät zwingt sie durchaus, ihr wahres Wesen anzunehmen – d.h. immer nur in Vergangenheit und Zukunft, nie aber in der Gegenwart zu bestehen.« (I,48) Dazu läßt sich der postscribierend blödelnde Franz Sachs vernehmen:

Lieber Herbert!
Schon wieder eine Seehle verblöhödet,
verblöhödet,
Schon wieder eine Seehle verblöhödet,
werdet!

In diesem Sinne
Walters Hausgenosse
Franz Sachs.
(I,49)

Dann ist die Rückkehr nach Berlin anzukündigen. »Der Anhalter Bahnhof dröhnt von den Schritten des Heimkehrenden – und die Sätze Kants fließen aus seinem Munde – ›wie Limonade aus dem Schlund des Raben‹. (Dies zum Zeichen, daß ich mich auch dichterisch nicht weiterentwickelt habe! Keine Zeile habe ich hier geschrieben: nichts, οὐδέν, nothing, nihil, rien!) Dagegen kann ich Dir nur die Erwartungen mitteilen, mit denen ich in Berlin ankommen werde: in eine höchst heilsame Arbeitsmaschine zwischen Bücher gepreßt zu werden und aufzustöhnen in vernünftigen Gesprächen. Um mich gleichnisweise darzustellen: Es kann nicht geerntet werden, wenn gepflügt wird. Oder mit anderen Worten: Die Freiburger Luft. – – –« (I,56)

Die private Akademie der Freunde: Muri

Durch Scholem sind wir seit langem über das Projekt der akademischen Anstalt Muri unterrichtet, in der die Freunde über Jahre ihres Amtes walteten. So darf dieses Spiel hier nur kurz gestreift werden, es soll aber auch nicht fehlen. Denn Universitäres und Akademisches, zumal in der Gestalt der Camouflage, nimmt eine Weile beträchtlichen Raum in Benjamins Briefen ein, fast immer gewürzt mit einer guten Portion Ironie. In der fiktiven Welt Muris kommt dieser Zug am reinsten zum Ausdruck. Im Frühjahr 1918 waren Benjamin und seine Frau Dora nach der Geburt ihres Sohnes gemeinsam mit Scholem von Bern nach Muri übergesiedelt. Hier wurde die akademische Erstlingsarbeit in Gestalt der Dissertation begonnen; hier gemeinsam mit Scholem Cohens »Kants Theorie der Erfahrung« gelesen; hier vor den Toren Berns ist der Ursprung der virtuellen Universität des Freundespaares zu suchen. »Da wir, wie Benjamin bei unseren ersten Gesprächen sagte, ›unsere eigene Akademie‹ bildeten, wo an der Universität so wenig zu lernen war, kam es zur halb-ernst, halbspaßhaft gemeinten Gründung der ›Universität Muri‹ und deren ›Institutionen‹, einer Bibliothek und einer Akademie. Im Vorlesungsverzeichnis dieser Universität, dem Statut der Akademie und dem imaginären Katalog der neu eingelaufenen Bücher, zu denen Benjamin von Witz sprühende Besprechungen lieferte, fand unser Übermut und unsere Verspottung des akademischen Betriebes in den nächsten drei, vier Jahren ein angemessenes Ventil. Benjamin zeichnete als Rektor und machte mir mehrfach brieflich und mündlich Mitteilungen über die neuesten Vorgänge an unserer Fantasie-Universität – während ich mich als ›Pedell am religionsphilosophischen Seminar‹, manchmal aber auch als Mitglied der Fakultät vernehmen ließ.«[22]

---

22 Vgl. Gershom Scholem: Walter Benjamin – die Geschichte einer Freundschaft.– Frankfurt a.M.: Suhrkamp 1975 (= Bibliothek Suhrkamp; 467), S. 76 f. Vgl. auch die ›Acta Muriensa‹.– In: GS IV,441–448. Dazu Nachweise und Kommentar IV,1016–1019. Vgl. zum Kontext auch Scholem: Blätter für Murische Kunst einzige Folge. Zugleich Annalen des dortigen religionsphilosophischen Seminars und seines Direktors. Vom 17. Juni 1918 – 1. August [1918].– In: ders: Tagebücher nebst Aufsätzen und Entwürfen bis 1923. 1. Halbband 1913–1917, unter Mitarbeit von Herbert Kopp-Oberstebrink hrsg. von Karlfried Gründer, Friedrich Niewöhner; 2. Halbband 1917–1923, hrsg. von Karlfried Gründer, Herbert Kopp-Oberstebrink, Friedrich Niewöhner unter Mitwirkung von Karl E. Grözinger.– Frankfurt a.M.: Jüdischer Verlag 1995–2000, 2. Halbband, S. 233–282. Hier S. 266 der schöne Begriff »Blödsinnskultur«. Hier auch S. 266 f.: *Dumme Verse.* Oder: *Philosophisches Alphabet* flüchtig hingemachter Vokabeln; vgl. auch: *Amtliches Lehrgedicht der Philosophischen Fakultät der Haupt- und Staats-Universität Muri. Von GERHARD SCHOLEM Pedell des religionsphilosophischen Seminars.*– In: ebd., S. 307–310, mit der Anm. 1 daselbst.

Zum Geburtstag des Pedells wird das neue Gebäude der Universität eingeweiht und das Portal mit einem Spruch versehen: »Lirum larum Löffelstiel kleine Kinder fragen viel.« (II,107) Auch vor Muri macht die Fülle der Geschäfte nicht halt; Streit, bevorzugt um Berufungen und Bewertungen von Qualifikationsschriften kreisend, ist auch hier zu schlichten; der Rektor hat den Pedell mit Weisungen zu versehen. »Die Geschäfte der Universität Muri häufen sich dergestalt, daß ich nicht mehr weiß, wie ich sie bewältigen soll. Nun ist kürzlich noch ein Streitfall entstanden, den ich Ihnen unterbreiten muß. Es ist vom dortigen Historiker eine Dissertation angenommen worden, deren Annahme die Fakultät verhindern will. Sie soll aber sehr gut sein. Das Thema lautet: Die Wegweiser zur Zeit der Völkerwanderung. Bitte unterbreiten Sie doch die Sache dem Kuratorium.« (II,139)

Dem Pedell obliegt die Kontaktnahme und Kontaktpflege mit dem professoralen Kollegium, dem gediegene Exemplare angehören. Der Name des Pedells I. Kant alias Gershom Scholem hat seinerseits in informierten Kreisen Nimbus erlangt. »Verehrter Herr Collega[,] Ihre mehrfach drängenden Ermahnungen betreffs Überweisung der Ihnen zuzuführenden *Honorargelder* vom vorigen Semester anbelangend teile ich Ihnen nunmehr zum dritten Male mit, daß Ihre Vorlesung über die Erfindung der Laubsäge sowie Ihr Seminar Laubsägearbeiten nach Anleitung nicht belegt worden sind. Jedoch werden alle Studierenden nach wie vor zum Besuch Ihrer Kurse angeregt werden. Ferner habe ich die Freude Ihnen mitteilen zu können, daß anläßlich der letzten Prüfung Herr stud bub Martin bestand und zum Buber promoviert werden konnte. Die von demselben nachgesuchte venia lebendi wurde erteilt. – In Jahresfrist beabsichtigt derselbe zu lesen, wochentäglich von 7–8 Uhr früh Martin Buber: Rabindranath Tagore (mit Führungen). Ebenso wurde die Erlaubnis zu Gastvorlesungen Herrn Prof. Scheler von der ganzen Fakultät eingrimmig erteilt. Derselbe kündigt an[:] Prof. Scheler-Köln: Leben und Werke des hl. Johann Maria Farina (publ.): Übungen zum Conklave (für Vorgerückte)[.] Für die Bibliothek wurde neu erworben Arthur Kutscher: Herrschaft und Dienst. Die von Ihnen für die Gemäldesammlung freundlichst übersandte Photographie des Frl. Burchardt folgt mit bestem Dank zurück, da dortselbst alles renoviert wird.« (II,214 f.)

Promotionen, Vorlesungen und Bibliothek blieben die bevorzugten Objekte des Rapports. »In Muri ist eine Dissertation über ›Die Verwandtschaften der Mathematiker‹ angenommen worden. Ferner wurden angekündigt: Prof. Oskar Walzel: (4 Stündig) Die Kunst des Zitierens[;] Prof. Bleuler (Zürich): Der Weinzwang[;] Historisches Seminar (für neuere Geschichte): Die Bonzezeit[;] Dietrich Schäfer, in Verbindung mit Prof Roethe (wochentäglich 6–8) Übungen über das Brandenburger Tor. Angeschafft wurde für die Bibliothek laut Katalog Max Brod: Sämtliche Werke (s.a. unter: Prager Schinken)«. (II,243)

1924 ist das fünfjährige Gründungsjubiläum der Universität Muri zu feiern. Eine Festschrift ist vorzubereiten, für die Beiträge erbeten werden. »Memento Muri« wird ihr Titel lauten. (II,389) Der in Palästina weilende Scholem erhält die neuesten Nachrichten aus dem »geistigen Zentrum« Muri weiterhin getreulich übermittelt. Insonderheit die bibliothekarischen Neueingänge verdienen Beachtung:

»Schriften des Vereins für Berufsberatung Bd I Der deutsche Ehrendoktor in Wort und Bild. – Elisabeth Förster-Nietzsche: Friedrich Nietzsche Bd VI: Bestattung und Grabpflege – Dietrich Schäfer: Die deutsche Frage: Chammer oder Amboß? – Der perfekte Hohenzoller. Alphabetisch in 2 Bändchen I Abdankung bis Krakehl II Lämmergeier bis Zivilliste – Ludwig Ganghofer: Feldrabbiner und Waldteufel (Gesammelte Novellen). Abteilung Dissertationen: Prolegomena zu einer Theorie der Gesichtspunkte – Neues aus der Frühzeit von Frieda Schanz – Die Kirchenmaus seit Luther. – Dogmengeschichtliches Seminar: A. von Harnack: Das Osterei. Seine Vorzüge und seine Gefahren.« (II,467 f.)

Noch Jahre später, im Herbst 1927, kommt Benjamin in seiner Eigenschaft als Rektor der Universität und Präsident der Akademie der Wissenschaften in Muri auf das Spiel zurück. Nicht mehr der Pedell Scholem empfängt oder erteilt Anweisungen, sondern der stets bücherhungrige und Bücher sich einverleibende Freund wird Objekt einer auf eine Visitenkarte Scholems gekritzelten Verfügung: »DR. PHIL. G. SCHOLEM Cand phil (*kand*ierter Biblio*phil*) JERUSALEM ist streng zu überwachen [Auf der Rückseite der Visitenkarte:] hat auf Grund dieses Schreibens das Recht, Büchertitel – bis zur Höchstzahl von 67 pro Stunde – sofern dieselben auf dem Rücken der Bände und ohne dieselben zu berühren, ablesbar sind, zur Kenntnis zu nehmen. Demselben sind, falls er es wünscht unentgeltlich Feder, Papier und Tinte zur Verfügung zu stellen um seine Gedanken über die vorgefundenen Titel zu fixieren, sofern solche Gedanken nicht das indirekte oder direkte Bestreben zeigen, in den Besitz der fraglichen Bücher zu kommen. Die etwa vom Umstehenden berührten Bände sind zwecks Verwendung im öffentlichen Wachdienst dem daktylographischen Institut Berlin einzuliefern. In Form von fälligen Geburtstagsgeschenken ist dem Genannten ein Band bis zur Höchstzahl von 67 Seiten als Gabe des Unterzeichneten unverbindlich in Aussicht zu stellen. Die Aushändigung bleibt dem Unterzeichner selbst vorbehalten. Werke, welche dem Wetterzauber oder der schwarzen Magie dienen könnten, kommen für eine Übereignung nicht in Frage.« (III,289)

Selbst in den geplanten Freitod anläßlich des vierzigsten Geburtstages im Jahr 1932 spielt das unverwüstliche Motiv noch hinein. Die Universität Muri werde sehen müssen, wie sie sich aus der Affäre ziehe. (IV,105)

Academica

Die Briefe Benjamins halten in wünschenswerter Deutlichkeit die Bilder und Begebnisse fest, die schließlich den Anlaß für das fiktive Treiben in Muri abgaben. Die Tragödie um seine Habilitation ist bekannt. Desgleichen Benjamins Antwort auf die Blamage der deutschen Universität in Gestalt des umerzählten Märchens von Dornröschen. Es war ein Glücksfall, daß ihm in Bern mit Richard Herbertz ein Dozent begegnete, der offensichtlich ein Gespür für die inkommensurable Begabung seines Doktoranden besaß. Der freilich wußte schon damals, daß die ihm abverlangte akademische Sprache nicht die seine sei. Benjamin hat es sich gleichwohl nicht nehmen lassen, immer wieder den Hörsaal zu betreten und den Briefen, wiederum vor allem an Scholem, seine Eindrücke gerade auch über die vermeintlich Großen in der akademischen Welt anzuvertrauen. Sie belegen auf andere Weise seine Isoliertheit und seine Rigorosität des Urteils, die es ihm von vornherein als aussichtslos erscheinen lassen mußten, in diesem Milieu Fuß fassen zu können. Für den an Wissenschaftsgeschichte Interessierten gehören diese zumeist knappen Schlaglichter zu den zeitgeschichtlich besonders erhellenden Bestandteilen der Briefe. Es lohnt sich, so denken wir, auch auf diesem Felde neuerlich in Muße Umschau zu halten. Es ist die Spanne zwischen 1912 und 1925, die hier zu durchmessen ist.

Der Briefwechsel aus dem ersten Studienort Freiburg ist zu beschränkt im Blick auf die Überlieferung und zu sehr fixiert auf die Berliner Verhältnisse, die Benjamin nur zeitweilig zurückließ, als daß sich ein detaillierteres Bild einzustellen vermöchte. Immerhin: Die erste Begegnung mit den Fachphilosophen vor Ort auf Einladung des seinerzeitigen Privatdozenten Richard Kroner reicht aus, um ihm das ganz Andere und Isolierte seiner philosophischen Existenz zu bekräftigen, das er zunächst noch auf den ungebrochenen Einfluß Wynekens zurückführt, von dem er sich alsbald lossagen wird. »Ich hielt mich sehr zurück und stütze mich nur auf den Trost: manche unausgedachte Gedanken, immerhin: von denen ich weiß, daß es *Gedanken* sind, habe ich im Hinterhalt.« (I,109). Dieser – immer wieder zu beobachtenden – bescheidenen Selbsteinschätzung steht die Sicherheit und Absolutheit im Urteil gegenüber, die auch vor den hochangesehenen Freiburger Autoritäten nicht verstummt. »In Rickerts Seminar sitze ich auch da und knabbere meine besondere Wurst. Nach dem Seminar gehen dann Keller und ich zusammen ins Marienbad und sind uns einig und glauben mehr einzudringen als Rickert.« (I,112)

Die sich anschließenden drei Berliner Semester haben in bezug auf Personen zunächst nur wenige Spuren in den Briefen hinterlassen. Der Historiker Kurt Breysig und der Sprachwissenschaftler Ernst Lewy finden freundliche Erwähnung. Um so vernichtender das generelle, von Berlin nur seinen Ausgang nehmende und weit darüber hinausreichende Urteil, dem Freund Ernst Schoen gegenüber formuliert. »Es ist nur dies – was Sie tiefer wissen, weil Sie es niemals so erfuhren, wie ich – daß diese Hochschule fähig ist, noch unsere Abkehr zum Geist zu vergiften. Es ist wiederum nur dies: daß ich mich entschloß, die Anschläge der Vorlesungen durchzugehen. Die grelle Brutalität sah, mit der die Forschenden sich vor Hunderten ausstellen, gegenseitig sich nicht scheuen, sondern beneiden, und endlich raffiniert und pedantisch Ehrfurcht Werdender vor sich selbst, in Furcht vor Nun-Gewordnen, Frühreifen und Verfaulten umfälschen. Die unverhüllte Rechnung mit meiner Schüchternheit Furcht Streberei und was viel mehr ist meiner Gleichgültigkeit, meiner Kälte und Unbildung erschrak, entsetzte mich. Kein einzelner von allen hebt sich da heraus, weil er die Gemeinschaft der anderen duldet. An dieser ganzen Universität kenne ich nur einen Forscher, und daß er es dahin gebracht hat, dies wird nur durch seine gänzliche Verborgenheit und seine Verachtung dieser Dinge (vielleicht) entschuldigt [eben Breysig]. Diesem gegenüber stehend ist keiner gewachsen; und ich verstehe die ganze Notwendigkeit; dem eignen Leben muß man die Möglichkeit nehmen, hierauf zu stoßen, denn der Anblick dieser Gemeinheit erniedrigt unsäglich.« (I,257 f.)

In München, wo sich Benjamin seit dem Winter 1915/16 für wiederum drei Semester aufhielt – wohin er nach Weihnachten 1916 aber offensichtlich nicht mehr zurückkehrte –, zieht der Publikumsmagnet Wölfflin Benjamins vernichtende Kritik auf sich, die hier nur in extenso wiedergegeben werden kann. »Die Art seines Vortrages ist [...] von künstlicher manirierter Gehaltenheit; er spricht abgehackt, hölzern, mit verlängerten Pausen und voll von archaisierenden schwerfälligen Wendungen, so daß schon dieses Auftreten den Gedanken mir nahe brachte, daß er in vollem Bewußtsein und nur, um auf diese letzte Weise seinem Ruf zu genügen, eine erdachte Rolle spiele. Sein Colleg ist ein brutaler Affront gegen die Hörer.« »Nicht sogleich bemerkte ich, wie es mit Wölfflin steht. Jetzt bin ich darüber im Klaren, daß hier die unheilvollste Wirksamkeit vorgeht, der ich an deutschen Universitäten begegnet bin. Ein Mensch von keineswegs überwältigender Begabung, der von Natur ebenso wenig Verhältnis zur Kunst hat, wie beliebige andere, der ihr aber mit allen Energien und Vermögen seiner Person, die damit garnichts zu tun haben, beizukommen sucht. [...] Denn ein unfundierter, erschlichener Begriff von Vornehmheit und Distanz, dazu die Brutalität, mit der er über seinen Mangel an (rezeptivem) Genie hinwegtäuscht, ziehen ein Publikum von offenbarer Ratlosigkeit an: sie verschaffen sich hier ein Kunstbewußtsein vom Niveau und von der Reinheit ihres ›sonstigen‹ Kulturbewußtseins; mit einem Worte: die Quellen, die am unzugänglichsten, aber darum wenn auch ungeleitet, so doch ungetrübt geblieben sind, werden verschlammt.« (I,289; I,296 f.)

Auch die literaturwissenschaftlichen Koryphäen Fritz Strich und Friedrich von der Leyen überzeugen nicht. Es sind die Outsider, die den sensiblen und anspruchsvollen Denker anziehen. »Zu den fruchtbaren Vorlesungen gehört noch ein publicum über die Geschichte der altkirchlichen Buße. Der Saal ist leer, bis auf die zweite Bank, in der nebeneinander, dem Katheder visavis, drei oder vier Mönche sitzen, und bis auf die dritte Bank, in der ich allein im Rücken der Mönche Platz nehme.« (I,290) Der Amerikanist Walter Lehmann liest in seiner Privatwohnung über mexikanische Kultur, gleichfalls im kleinsten Kreise, darunter, neben Benjamin, auch Rilke, »der sehr schläfrig und bescheiden schräg vor sich hinsieht, mit traurigen hängenden Schnurrbartspitzen«. (I,291)

Die nächste akademische Station bildete bekanntlich Bern, wo Benjamin seit dem Wintersemester 1917/18 eingeschrieben war. Der Wechsel des Landes zeitigt keine neuen Erfahrungen in academicis. »Ich habe die Universität hier kennen gelernt und denke, da sich zum Wesentlichen meiner Arbeit so ziemlich alle Universitäten gleich verhalten werden an eine Promotion hier, soweit man unter den auch hier täglich schwieriger werdenden Verhältnissen überhaupt etwas voraussehen kann. Ich habe Frl. Dr. Tumarkin besucht und ihr meine Absicht mich mit Kants Geschichtsphilosophie in systematischer Hinsicht versuchsweise zu befassen gesagt. Ich habe ihre, Häberlins und Herbertz Vorlesungen gehört und finde Ihr [i.e. Ernst Schoen] Schweigen über diese Dinge, wie es mir wahrscheinlich war, völlig gerechtfertigt. Meine ganze Hoffnung setze ich auf die eigne Arbeit.« (I,415 f.)

Sie konkretisierte sich bekanntlich in der der frühromantischen Kunstkritik gewidmeten Dissertation, die immerhin ohne Hürden und Hindernisse über die akademische Bühne zu bringen war. Dann sind die Examensvorbereitungen zu treffen. »Ich habe jetzt einfach aufs schulmäßigste zu lernen, weil das Examen, je weniger Beziehungen ich zu den hiesigen Prüfern habe, desto höhere Anforderungen an mich stellt.« (II,25 f.) Es wird dann, einem Spaziergang gleich, mit leichter Hand genommen. »Für mich selbst war der Abschluß des Studiums im Doktor-Examen kein Problem. Die Rücksicht auf meine Familie forderte ihn.« (II,37) Das erst viel später eintreffende Diplom verschafft dem Geehrten in Muri die Würde des »Transzendental-Pedells«. (II,147)

Zurückgekehrt nach Berlin, finden sich gelegentliche Äußerungen über Universitäts- und Akademiemitglieder oder durchreisende Kapazitäten wie Plessner. Die akademische Überlieferung verdichtet sich erst wieder, als Benjamin für längere Zeit in der merklich mit Berlin konkurrierenden akademischen Hochburg Heidelberg weilt. »Gundolf habe ich mir angehört, auch Jaspers – je eine Stunde und will auch noch Rickert und Ehrenberg mir vorführen – Gundolf erschien mir ungeheuer schwächlich und harmlos in seiner persönlichen Wirkung, ganz anders als in seinen Büchern. Jaspers schwächlich und harmlos in seinem Denken aber als Mensch offenbar sehr merkwürdig und fast sympathisch. Das was man ein ›Schaf‹ nennen könnte. Nun ist er Ordinarius und trat gerade als ich ihn hörte, sehr anständig für Russen und Juden ein, was er schon als Privatdozent getan haben soll.« (II,171) Hier gewinnt Benjamin die Sympathie Alfred Webers anläßlich eines spontanen Diskussions-Beitrags gegen die Psychoanalyse. (II,176) Ein Zugang zum Hause Weber eröffnete sich gleichwohl nicht. Der ein Jahr später gehaltene und leider verlorene Vortrag über Lyrik stieß auf allgemeines Unverständnis: Ich »habe im Kreise von Marianne Weber (als sich ganz unerwartet mir die Möglichkeit bot, dort zu sprechen, mich entschließen müssen, das erste beste zu tun und) einen Vortrag über Lyrik gehalten: die Gedanken des Aufsatzes vorgetragen, der mich seit dreiviertel Jahren beschäftigt. Dafür habe ich eine Woche fast Tag und Nacht gearbeitet und die Arbeit im Entwurf zu Ende geführt. Aber der Vortrag prallte ab. Ich mache mir darüber keine Vorwürfe, denn: wollte ich überhaupt hervortreten, so war nichts anderes zu tun. Meiner Arbeit hat es genützt.« (II,299)

War Heidelberg neben dem zu berührenden Zeitschriften-Projekt um Jula Cohn und die Wahlverwandtschaften-Arbeit zentriert, so die letzte akademische Station Frankfurt um das gescheiterte Habilitations-Projekt. Es hat am Rande neuerlich einige denk- und erinnerungswürdige Gelehrten-Ansichten gezeitigt. Das Verfahren – zwischen Cornelius und Schultz hin und her geschoben – lag schließlich in den Händen des Literarhistorikers Franz Schultz, der spätestens seit dem Erscheinen der zweibändigen »Klassik und Romantik« (1935–1940) im Rahmen der Metzlerschen Literaturgeschichte ein bekannter Mann war, der es verstanden hatte, sein Werk ebenbürtig neben Korffs »Geist der Goethezeit« (Band I–V; 1923–1957) zu plazieren. Das von Benjamin überlieferte Porträt ist neuerlich wenig dazu angetan, den ihm später zuwachsenden Nimbus zu bestätigen, geschweige denn zu befördern. »Dieser Professor Schultz, der wissenschaftlich wenig bedeutet, ist ein gewiegter Weltmann, der wahrscheinlich in manchen literarischen Dingen eine bessere Nase hat als junge Caféhaus-Besucher. Aber mit dieser Affiche seiner intellektuellen Talmi-kultur ist auch bereits erschöpfend über ihn gehandelt. In jeder andern Hinsicht ist er mittelmäßig und was an diplomatischem Geschick ihm eignet, wird durch eine Hasenfüßigkeit paralysiert, die sich in korrekten Formalismus kleidet.« (III,25)

Über Cornelius, der das Fach der philosophischen Ästhetik in Frankfurt vertrat und an dem Adorno zunächst scheiterte, ist keine eingehendere Äußerung Benjamins überliefert. Wohl aber darf an eine spätere Frankfurter Figur erinnert werden, der Benjamin nicht selbst begegnete, dessen Barock-Buch er jedoch eine wiederum unvergleichliche Charakteristik angedeihen ließ, die an dieser Stelle ausnahmsweise Platz finden darf, weil sie gleichfalls die Briefe ziert. Gemeint ist Herbert Cysarz »Deutsche Barockdichtung« (1924), die als erste und – von anderen Mängeln abgesehen – eben gänzlich verfrüht eine Synthese nach der Etablierung der neueren Barockforschung versuchte. Das Werk »ist weder in der Dokumentation noch in den einzelnen Perspektiven verfehlt und unterliegt im ganzen doch vollständig der vertiginösen Attraktion den dieser Stoff auf den, der sich beschreibend vor ihm aufpflanzt, ausübt, so daß statt einer Erhellung des Gegenstandes nur wieder ein Stückchen Nachbarock (mit einem r!) herauskommt; oder: ein Versuch dem verkommnen Lümmel des expressionistischen Reporterstils mit dem Kamme der exakten Wissenschaften einen Scheitel zu ziehen! Es ist für den Stil des Barock ganz kennzeichnend, daß, wer einmal während seiner Inspektion aus dem angestrengten Denken herausfällt, sofort seiner hysterischen Nachäffung verfallen ist. Der Kerl ist manchmal sehr glücklich in seinen Beiwörtern und darin muß ich von ihm lernen.« (II,482; vgl. auch II,493)

Das Fazit des zweiten und schon letzten akademischen Anlaufs war formuliert, noch bevor die Ablehnung definitiv erfolgt war und Benjamin sich schweren Herzens zur Rücknahme der Arbeit entschloß; allzugern hätte er der Fakultät die Schmach der Ablehnung zugeschanzt. »Die Angelegenheit von welcher Seite ich sie auch sehe, bleibt dubios selbst vom materiellen Standpunkt aus. Die eigentliche Universitätskarriere einzuschlagen, liegt mir ferner und ferner, aus tausend Gründen.« (III,36) Wenig später, nachdem die Illoyalität Schultzens offenkundig geworden war: »Alles in allem bin ich froh. Die altfränkische Postreise über die Stationen der hiesigen Universität ist nicht mein Weg«. (III,59) Die tiefste und weitreichendste Äußerung war Hofmannsthal vorbehalten. »Gewiß erscheint es wertvoll, liegt es nahe, mit der lebendigen Rede vor Jüngere treten und sie gewinnen zu können: aber der Ort an dem das geschieht und die Auslese der Menschen, die er trifft, ist nicht gleichgültig. Und so gewiß es außerhalb der Hochschule heute noch keinen gibt, der die Fruchtbarkeit des Wirkens gewährleistet, so gewiß scheint mir, daß die Hochschule selber mehr und mehr die Lauterkeit ihrer Lehrquellen trübt.« (III,70) Zu genau diesem Fazit war Benjamin auch gegenüber Schoen gekommen.

Die ihm von der Institution angetane Schmach – nicht in der Sache, wußte er doch, daß sechse sich mit seiner Schrift hätten habilitieren können, sondern in der Form – vergaß und verwandt er nicht. »Immer wieder komme ich auf den Plan einer Vorrede zum Trauerspielbuch zurück, in der ich die Schmach der Art und Weise des Verfahrens, das durch Herrn Schultz in Frankfurt gegen mich beobachtet wurde und das – zum Unterschiede von seinem Ergebnis – mich innerlich betrifft, abzuwaschen hätte.« (III,90) Diese Vorrede wurde geschrieben. Aber nicht in Gestalt einer prosaischen Abrechnung. Dem auf Dauer angelegten rätselhaften Märchenbild schrieb Benjamin seine Rache ein. Und seine Rechnung ging auf. Obwohl zu Lebzeiten nie publiziert, hat das inzwischen ausgegrabene Märchen von Dornröschen im Kontext des vielleicht größten kunstphilosophischen Textes des 20. Jahrhunderts Berühmtheit erlangt; es ist als unpublizierter Eingang zu ihm nicht mehr wegzudenken. Wie immer ist es in seinen beiden Versionen nur in der ›Sammlung Scholem‹ bewahrt und erst jetzt mit den Briefen in dieser doppelten Gestalt zugänglich geworden. »Ich möchte das Märchen von Dornröschen zum zweiten Male erzählen. Es schläft in seiner Dornenhecke. Und dann, nach so und so viel Jahren wird es wach. Aber nicht vom Kuß eines glücklichen Prinzen. Der Koch hat es aufgeweckt, als er dem Küchenjungen die Ohrfeige gab, die schallend von der aufgesparten Kraft so vieler Jahre, durch das Schloß hallte. – Ein schönes Kind schläft hinter der dornigen Hecke der folgenden Seiten. Daß nur kein Glücksprinz im blendenden Rüstzeug der Wissenschaft ihm nahe kommt. Denn im bräutlichen Kuß wird es zubeißen. Vielmehr hat sich der Autor, es zu wecken, als Küchenmeister selber vorbehalten. Zu lange ist schon die Ohrfeige fällig, die schallend durch die Hallen der Wissenschaft gellen soll. Dann wird auch diese arme Wahrheit erwachen, die am altmodischen Spinnrocken sich gestochen hat, als sie, verbotnerweise, in der Rumpelkammer einen Professorentalar sich zu weben gedachte.« (III,164)

Angelologie und Dämonologie nebst einem Aramäischen Fragment

1920 entstand Paul Klees »Angelus Novus«. Ein Jahr später war das kleine Aquarell im Besitz von Benjamin. Es hat sein Sinnen und seine schriftstellerische Inspiration bis in seine letzten Tage hinein begleitet. Freund Scholem hat das bewegte Schicksal des Bildes, das Benjamin auf allen Stationen seines Lebens begleitete, nachgezeichnet. 1921 hing es mehrere Monate in seinen Münchener Wohnungen. Ihm war es im Testament von 1932 zugesprochen. Er war wie niemand sonst berufen und befugt, den vielfach kryptischen Spuren, die es in Benjamins Werk hinterlassen hatte, nachzugehen. Sein Vortrag ›Walter Benjamin und sein Engel‹ mit der Interpretation des ›Agesilaus Santander‹ in der Mitte kam seinerzeit – anläßlich des 80. Geburtstages von Benjamin – einer Sensation gleich.[23] »Vom ersten Moment an faszinierte ihn

---

23 Vgl. Gershom Scholem: Walter Benjamin und sein Engel. Im Zusammenhang mit Benjamins autobiographischer Aufzeichnung ›Agesilaus Santander‹.– In: Walter Benjamin zu Ehren. Sonderausgabe aus Anlaß des 80. Geburtstags von Walter Benjamin am 15. Juli 1972. Hrsg. von Siegfried Unseld.– Frankfurt a.M.: Suhrkamp 1972, S. 77–124; wieder abgedruckt in: Zur Aktualität Walter Benjamins. Aus Anlaß des 80. Geburtstages von Walter Benjamin. Hrsg. von Siegfried Unseld.– Frankfurt a.M. 1972, S. 77–124; aufgenommen in die posthume Sammlung der Scholemschen Arbeiten über Benjamin, die der Abhandlung den Titel verlieh: Gershom Scholem: Walter Benjamin und sein Engel. Vierzehn Aufsätze und kleine Beiträge. Hrsg. von Rolf Tiedemann.– Frankfurt a.M.: Suhrkamp 1983,

Klees Bild aufs höchste und spielte in seinen Betrachtungen zwanzig Jahre lang eine bedeutungsvolle Rolle, wie Friedrich Podszus in seiner biographischen Skizze über Benjamin unter Benutzung einer gesprächsweise von mir geäußerten Formulierung gesagt hat: als Meditationsbild und als Memento einer geistigen Berufung. Freilich stellte der ›Angelus Novus‹ für ihn noch etwas anderes dar: eine Allegorie im Sinne der dialektischen Spannung, die Benjamin in seinem Trauerspielbuch in der Allegorie aufgedeckt hat.«[24] So ist es nicht verwunderlich, daß das Bild immer wieder in Benjamins Briefen präsent ist, dort aber in Formulierungen und in Kontexten, wie sie nur der privaten Äußerung zukamen. Scholem hat es sich nicht nehmen lassen, einige der köstlichen Wendungen in seine Abhandlung einfließen zu lassen. Wir dürfen daran anknüpfen und die kleine Anthologie um einige Fundstücke bereichern.

Im März 1921 berichtete Benjamin dem Freund von einem Ausstellungsbesuch in Berlin. »Hier gibt es jetzt etwas ganz Wunderbares zu sehen: die Gedächtnisausstellung der Bilder des Malers August Macke, der 1914 mit 27 Jahren gefallen ist. Schon früh haben mich die wenigen Bilder, die ich von ihm kennen lernte, angezogen. Nun hat mir die Ausstellung einen wunderbaren Eindruck gegeben. Ich habe einen kleinen Aufsatz über diese Bilder geschrieben. Wenn man einmal in München bei Goltz etwas von Macke zeigt, so gehen Sie vielleicht hin. Ferner gibt es ein neues Bild von Chagall: Sabbath hier zu sehen, was mir auch sehr schön schien. Wiewohl ich mehr und mehr zu der Erkenntnis gelange, daß ich mich gleichsam blind nur auf die Malerei von Klee, Macke und vielleicht auch von Kandinski verlassen kann.« (II,147)[25] Einen Monat später war der »Angelus Novus« möglicherweise auf einer kleinen Klee-Ausstellung am Kurfürstendamm zu besichtigen. Ende Mai, Anfang Juni war er in Benjamins Besitz, verblieb aber zunächst in Scholems Münchener Wohnungen, die er zeitweilig mit seiner späteren ersten Frau Elsa Burchardt teilte.

In Berlin war es zu einer Liaison zwischen Benjamin und Jula Cohn gekommen. Dora Benjamin war mit Ernst Schoen eine Verbindung eingegangen. Freund Scholem war mehr denn je gefragt. In die zweite Aprilhälfte fiel der Übergang vom Sie zum Du. Der Freund wurde für seine Treue mit einem Buch aus Benjamins Bibliothek belohnt, einem »Tafelband zu Dr. Fausts Höllenzwang, der um 1840 in Stuttgart als Lithographie veröffentlicht worden war.«[26] Damit waren Konstellationen

---

S. 35–72. Hier auch Scholems Nachtrag: Die geheimen Namen Walter Benjamins (1978), S. 73–77. Dazu schließlich (und nochmals ergänzend) eine der letzten großen Arbeiten Scholems: Ahnen und Verwandte Walter Benjamins (1981), S. 128–157.

24 Ebd., S. 45 f.

25 Die Arbeit über Macke gehört zu den vermutlich in Berlin zurückgebliebenen Manuskripten und ist verschollen; vgl. GS I,763; VII,527 f.

26 GB II,161. Scholem hat in seiner Abhandlung über ›Walter Benjamin und sein Engel‹ auf eine Beschreibung dieses Buches bei Hugo Ball verwiesen, das dieser anl. eines Besuches bei Benjamin gesehen hatte und in »Flucht aus der Zeit« charakterisierte: »Ein kabbalistisches Zeichenbuch mit dämonologischen Abbildungen. Teufel, die eine absichtliche Banalität zur Schau tragen, um darüber wegzutäuschen, daß sie Teufel sind. Ründlich pausbäckige Bauerndirnen, die in einem Eidechsenleib endigen. Ausgeburten der feurigen Sphäre, von einer

vorgegeben, die die Beteiligten, Benjamin an der Spitze, epistolarisch und kartographisch reichlich ausbeuteten.[27]

Der Spaß setzt gleich im Juni ein, da nun doch Dora und Walter Benjamin in Breitenstein am Semmering weilen, und nicht, wie geplant, Dora und Ernst Schoen, dieser ist vielmehr bei Scholem und Escha Burchardt in der Türkenstraße in München zu Besuch. »Soeben lese ich im Zentralblatt für Angelologie hg. von Rat Noecke: ›Unter dem Einfluß des türkischen Klimas hat das himmlische *Klee*blatt drei neue Blätter angesetzt. Es zählt nunmehr zur Gattung der vierblättrigen (luxerna fortunata). Über die Entwicklung der magischen Pflanze werden wir unsere Abbonenten weiterhin auf dem Laufenden halten. gez. Scholm.‹ Dem widerspricht eine Privatnachricht des ›Zentralorgans für Bücherlein‹: ›Dem Angelus schlägt die liebe kleine Dämonologie schlecht an. Er bittet um Entfernung derselben nach Berlin gez Dr. Delbrück![‹]« Dora selbst ist mit einem Nachtrag aus der »›Kleinen Dämonologie‹, München 1921« zur Stelle, die man kennen muß, um das später fortgesponnene Motiv zu verstehen. Gerhard, Escha und Ernst bilden demnach einen »magischen Drilling«, Elsa und Gerhard »den magischen Zimmer-Zwilling (in der Sklaven-Behausung)«, der »Angelus Novus« den »Neu-erschaffenen Kabbalabeschützer« und Ernst Bloch den »abgeratzten Einling.« (II,160, daselbst die entsprechenden magischen Zeichen aus der ›Dämonologie‹). So ist die Verschränkung von Engel und Satan, die später im ›Agesilaus Santander‹ eine so große Rolle spielen sollte, von Anfang an im Blickfeld.[28]

Auf den 9. Juli 1921 zu Heidelberg, wo die Wahlverwandtschaften-Arbeit konzipiert wird, ist dann das »wohllautende Diplom« für Elsa Burchardt datiert, das der Beamte Benjamin alias Dr. Nebbich die Pflicht hat, Scholem zu überstellen. »Meine persönliche Abneigung gegen Frl. Burchardt bleibt dadurch unberührt.« Es empfiehlt das Logis der Fräulein Burchardt samt »Hausknecht«, der über »ausreichende Kenntnisse im Deutschen« verfüge, ist mit Zeichnungen Benjamins übersät und als solches dem Leser dieses kleinen Beitrags zur Betrachtung empfohlen. Der Engel darf in der Schilderung nicht fehlen, und es zeichnet sich – vermittelt

---

feisten Zudringlichkeit. ›Den hab ich schon gesehen!‹ ruft Emmy aus und zeigt auf einen schielenden Kerl mit Hängebrüsten und Schweinsfüßen. Die Figurinen erinnern an den Buben im Kartenspiel. So sind sie auch gefärbt. Sehr einprägsame Burschen mit grellem Augenring; die Banalität behäbig und drall, unterstrichen, um irrezuführen.« Hugo Ball: Die Flucht aus der Zeit. Hrsg. sowie mit Anm. und Nachwort versehen von Bernhard Echte.– Zürich: Limmat 1992, S. 232 (Eintrag unter dem 1. März 1919).

27 Daß noch die Konzeption der ›Wahlverwandtschaften‹ mit dieser Konfiguration kommunizierte, hat Scholem bekanntlich gezeigt. Vgl. Scholem: Walter Benjamin und sein Engel (Anm. 23), S. 38.

28 Dazu aus der inzwischen reichen Literatur vor allem Giorgio Agamben: Walter Benjamin e il demonico. Felicità e redenzione storica nel pensiero di Benjamin.– In: aut-aut 189/190 (1982), S. 143–163; in deutscher Version: Walter Benjamin und das Dämonische. Glück und geschichtliche Erlösung im Denken Benjamins.– In: Walter Benjamin 1892–1940 (Anm. 11), S. 189–215.

über Anatole France – schon hier blitzartig eine Konfiguration ab, die erst in den geschichtsphilosophischen Thesen aus dem Jahr 1940 zur Darstellung gelangen wird. »Für die Herren Engel Adreßbuch (Angelologie) und politisches Werbematerial (La révolte des anges) stets gern zu Diensten.« (II,163 ff.) »Ausstellungen« der betroffenen Person, die nicht auf sich warten lassen, vermag Dr. Nebbich nicht mehr entgegenzunehmen, da er im Begriffe steht, einem »Ruf als Lektor der Nekromantie nach Muri« Folge zu leisten. (II,170) Alsbald aber ist das Scholemsche Quartier ganz offensichtlich infolge einer Kündigung in Gefahr, und damit die vorläufige Bleibe des Engels, die Scholem zwischenzeitlich zu seinem großen Geburtstagsgedicht für Benjamin, betitelt ›Gruß vom Angelus‹, inspiriert hat. »[...] daß Euer festgefügtes Haus, das für alle frommen Tiere und armen Ekul ein weithinsichtbares Asyl in Deutschland war, bedroht ist, betrübt mich außerordentlich. [...] Bei alle dem fragt man sich doch immer, was der Angelus dazu sagt und wundert sich. Ich weiß garnicht ob ich Dir ein Wort über den ›Gruß von ihm‹ sagte. Die Engelsprache hat bei all ihrer wunderbaren Schönheit den Nachteil, daß man ihr nicht erwidern kann. Und es bleibt mir nichts, als statt des Angelus Dich zu bitten, meinen Dank zu nehmen.« (II,172 f.)

Schon im nächsten Monat gelangt dann der Plan einer Zeitschriften-Gründung auf die Tagesordnung. Scholem ist der erste, der den Namen des esoterischen Organs erfährt: ›Angelus Novus‹. Bei Weißbach in Heidelberg soll sie erscheinen. Und so dürfte es statthaft sein, noch den Ulk des Briefeingangs mit dem Projekt in Verbindung zu bringen. »[...] wenn doch erst überall so klar die Weltzusammenhänge hervorträten, wie in Dr Eschas Lokalchronik in den ›Halberstädter-Nachrichten‹. Noch verfügt Heidelberg über kein derartiges Organ, doch erhofft man einen gewaltigen Treffpunkt der Intelligenzen von dem hierselbst in den nächsten Tagen zu eröffnenden St Burchardts-Bräu (mit dem bekannten Wappenschild, auf dem ein Hausknecht die Kabbala hochhält).« (II,176) Im gleichen Monat ist der Angelus in Gestalt Eschas in Heidelberg zu Gast. »[...] daß der Angelus ausgeflogen ist, wirst Du bemerkt haben. Erschrick nicht, er ist in der Wohlgestalt des Fräulein Burchardt aus Halberstadt hier niedergefahren und hat eine Broche über Weißbach und sein Haus gesprochen. [...] Nun habe ich den Angelus an das erste Café am Platze geführt, wo er umgeben von den Ententediplomaten Neckar und Ambrosia schlürft, den ich ihm vorgesetzt habe. [...] Heute abend findet zur Feier der Ankunft im St Burchardtsbräu eine große Protestversammlung statt, wo der Engel über das Thema sprechen wird ›Vier Wochen unter türkischen Angelologen‹.« (II,180 f.)

Fortan ist der Anspielungen und Verbindungen zwischen dem Kleeschen Bild, seinem interimistischen Verbleib bei den Freunden und der Zeitschrift in den Briefen Benjamins kein Ende mehr. »Dir und Fräulein Burchardt wünsche ich zugleich zum neuen Jahre wie zur neuen Wohnung Glück. [...] Gern wüßte ich wie der Engel sich zum Neujahr verhält. Der Sinn des Patenkindes [Stefan] denkt und frägt | Ob er wohl nickt und mit den Flügeln schlägt? [...] Wir hoffen bald von Dir zu hören, wie es Euch geht. Auch der Redakteur [des ›Angelus Novus‹] läßt um Nachricht bitten und fügt untertänige Grüße an den doctor daemonicus bei.« (II,194 ff.) Scholem hält indessen in München Kontakt zum »Genie«, dem gemeinsamen Freund

Felix Noeggerath, der gleichfalls am ›Angelus Novus‹ mitwirken soll und dem Scholem noch in späten Tagen eine große gedenkende Abhandlung widmete.[29] »Daß Du den verdienten hohen Rang in der Angelokratie bekleidest, will sagen in den geplanten Botschafterposten am Hofe des Genies durch Ernennung rechtskräftig eingesetzt werdest, liegt in Deiner Hand.« Endgültige redaktionelle Entscheidungen können aber nur in Anwesenheit des Kleeschen Bildes zustande kommen. »Ecce Angelus in itinere« lautet die Beischrift zu Benjamins Zeichnung, mit der erwartungsvoll auf sein Eintreffen in Berlin vorgedeutet wird. »Die Redaktion wird sich also nicht vor Ankunft des Titular-Engels selbständig entschließen können. Wir hoffen *sehr* daß er noch zur Zeit ankommt, um ein für Escha Burchardt geplantes Paket hierselbst zu segnen.« (II,203, mit der Zeichnung auf S. 205).

Doch sein Eintreffen nicht anders als der Fortgang der Zeitschrift verzögern sich. Dem ersteren Umstand ist als Antwort auf den Geburtstagsgruß Scholems nun auch von seiten Benjamins ein längeres Gedicht gewidmet, dem letzteren – nicht eingehende Manuskripte – bleibt die prosaische Mitteilung vorbehalten. »Die Poesie ist, wie billig, dem Urbild, einige Prosa aber dem Abbild zu widmen. Der Verleger schwelgt in Vaterfreuden; während ich mich kaum Mutter fühle. Er berechnet den Geburtstag seines Jüngsten auf Januar 1922, während ich aus Mangel an kräftiger Nahrung jeden Geburtstag in Frage ziehe. Kräftige Prosa vor allem fehlt. [...]

Der Scholem schickt den Angelus
Nicht an den Ort wohin er muß
Der Gerhard denkt in seinem Groll
Daß er an diesen Ort nicht soll
Die Escha tut auf sein Geheiß
Als ob auch sie von garnichts weiß
Denn in dem Zimmer dieser Dame
Ist er befestigt als Reklame
Da nennt der Angelus sich Engel
Und flüchtet schnell aus solchem Zwengel
Denn er verweilt nicht in den Buden
Von abgefeimten Zauber-Juden
Zu der Behausung der Stefanze
Verfügt er sich in seinem Glanze
Man bettet ihn auf Rosenzweigen
Doch lieber wird er schwebend bleiben«
(II,207 ff.)

Im November ist das Bild endlich in Berlin eingetroffen. Da aber ist bereits des Scholemschen Geburtstages zu gedenken. »Der Angelus hat hier den Platz über dem Sofa bekommen, alle haben sich sehr mit ihm gefreut. Wie bisher verschmäht er es, Einflüsterungen – nach Art der Orakel – zu geben. Daher sind wir in Betrüb-

---

[29] Vgl. Gershom Scholem: Walter Benjamin und Felix Noeggerath (1980/81).– In: Scholem: Walter Benjamin und sein Engel (Anm. 23), S. 78–127.

nis und Ratlosigkeit wegen des Geburtstagsgeschenks verfallen, da wir seinem Aufenthaltsort nicht Unehre machen dürfen. Vielleicht hat er im Buche Rasiel etwas darüber geschrieben.« (II,211) Wenige Tage später geht der Geburtstagsgruß ab. »[...] vorliegender Glückwunschbrief wird mit dem Segen des Angelus und unter lauter Akklamation der unterworfnen Völkerschaften, die meinen Schreibethron umgeben, begonnen. Dieselben nämlich unterstehen neuerdings meiner Aufsicht, seitdem sie sämtlich in der Garderobe des ethnologischen Instituts zu Muri zu ihrer allgemeinen Zufriedenheit angesiedelt worden sind. (S. Schriften der Akademie Muri ›Ein neues Siedelverfahren‹) Endlich komme auch ich selbst als Gratulant ernsthaft in Frage, was ich durch die Beigaben und herzliche Wünsche auszuweisen hoffe. Diese betreffen zunächst die glückliche Beendigung des Bahir an welchem ich einem freundlich wedelnden Schwänzchen gleich, das Summa cum laude zu sehen hoffe. Ferner glückliches Ergehen, und Gedeihen der dem Angelus als Lehnsherr unterstehenden hebraistischen Saatfelder. Endlich Milderung des gottvergessnen und erbarmungslosen Regimentes über Stadt und Volk von Halberstadt auf daß es nicht eines Tages mit Stumpf und Stil den Tyrannen treffe.« (II,215 f.)

So war das Bild geborgen. Der Zeitschrift aber, der es seinen Namen verleihen sollte, war nur eine seraphische Existenz in Gestalt einer programmatischen Ankündigung und eines Entwurfs des Titelheftes beschieden, nicht aber eine irdische. Gleichwohl geisterte das Bild nebst seinen dämonologischen Annexen noch eine Weile durch den Briefwechsel der Freunde. Wir aber schließen mit einem ›Aramäischen Fragment‹, über das der Helfer zu den so schwierigen Eheleuten nach Berlin gerufen wurde, nachdem der Engel daselbst bereits eingetroffen war und also »nun zwischen München und Berlin kein neuer Engel dahinfährt, sondern neue Schlafwagen, so wirst Du selbst erscheinen müssen: [...].« (II,226)

Von dem Manne Gerschom der da wohnte unter den Töchtern Bileams an den Ufern des Buber.

.... verließ das Haus seiner Väter. Dieses aber sahen die Frommen und sprachen: Wahrlich kein Gras wächst da, wo das neue Grün ist. Denn die Spuren des Mannes sind dort geblieben samt seiner Brüder. Es haschten aber die Philister einen seiner Brüder. Und Gerschom sprach: Bin ich der Hüter meines Bruders Werner? Sie entsetzten sich aber über seine Worte. Und seine Sippschaft verdarb und sein ganzes Haus und der Druck dieses Hauses wurde unerträglich in ganz Israel.

Da erhoben sich die Frommen und sprachen: Sehet doch wer ist dieser? Und lasset uns sehen seine Behausung. Sie fanden ihn aber unter den Assyrern und er lebte unter ihnen und ließ es sich wohl sein. Und die Assyrer verließen ihre Behausung, da der Mann Gerschom gekommen war. Es blieb aber zurück Escha aus Halberstadt im Lande der Gojim. Und der Mann Gerschom führte sie in die Hütte der Knechtschaft und er hörte nicht ihre Klagen bei Tag und Nacht. Die Frommen aber entsetzten sich untereinander und sprachen: Möge doch Gott diesen schlagen wie er Absolon schlug daß er verderbe an der Länge seines Haupthaares.

Der Mann Gerschom aber ratschlagte in seinem Herzen und er gedachte in seiner Bosheit: Siehe es lebt in seinen Zelten ein Mann, Benjamin ist sein Name. Und bei ihm sind sein Weib und sein Kind und niemand sinnet ihnen Böses. Daselbst sind auch Tische und Tafeln bereitet ein fettes Mal und ein Labsal dem Hungrigen. Und er gedachte der Bücher Benjamins ....

... und erwiderte ihm: Wohlan so komme in Frieden und ... Freude meinem Weibe ..... und nächtige unter unserm Dache .... Und kam ....

Der Rest des Blattes durch Salzwasser (lacrimae communes) zerstört.

Komm
Komm
Komm
Platz ist und Willkomm
Kannst auch bei Ernst bleiben
Wenn Dich von hier tut der Angelus vertreiben
(II,230 f.)

Stätten des Schreibens

Genug des Spaßes, des Spottes, der freundschaftlichen Stichelei. Ist beständig vom Tiefsinn im Zusammenhang mit dem Ingenium Benjamins die Rede, so schien es uns statthaft und wohltuend, das Bild eines heiteren, zu Ulk und Travestie aufgelegten Benjamin aus den Briefen zu gewinnen. Das Zentrum aber behaupten selbstverständlich auch in den Briefen das Schreiben, der Gedankenaustausch und das Werk. Beinahe jeder Brief kommt auf diese Trias zurück. Wir wollen die Zonen des Werkes und der es umkreisenden Reflexionen aus gutem Grund nicht betreten, sondern uns ihnen nur wie bislang schon von den Rändern her nähern. Für eine Kulturgeschichte eben nicht nur des Lesens, sondern auch des Schreibens halten die Benjaminschen Briefe wiederum prägnante Bilder und Situationen bereit, wie sie teilweise in anderen Kontexten bereits berührt wurden. Betreffen sie wirklich nur Äußerliches und Ephemeres? Wir wagen es nicht zu behaupten, noch weniger zu entscheiden und neigen mehr zu der Ansicht, auch hier Affinitäten zwischen Milieu und Stil zu vermuten.

Physiognomie und Geschick des Schreibenden in der ersten Hälfte des 20. Jahrhunderts hat auch Benjamin auf seine Weise wenn nicht paradigmatisch, so doch symptomatisch ausgeprägt. Das Kind aus großbürgerlichem Milieu wurde, bis zur Promotion die beruflichen Schritte sicher beschreitend, von den Folgen des Krieges wie alle Intellektuellen eingeholt, den akademischen Weg fortan nur noch dilatorisch verfolgend, nach seinem definitiven Scheitern auf die Existenzform des freien Schriftstellers verwiesen, dem kein Jahrzehnt zur Befestigung von Position und Namen verblieb, bevor das Exil seinen Tribut forderte, welches seinerseits wiederum weniger als ein Jahrzehnt währte. So hat Benjamin sein Werk einer von Unsicherheiten, Abhängigkeiten und schließlich von zunehmender Bedrohung gekennzeichneten Situation abringen müssen. Die Vielfalt seiner Schreibformen steht, wie seit langem bekannt, mit diesen externen Bedingungen in einem unmittelbaren Zusammenhang. Und wenn es immer wieder Anlaß zu Staunen und Bewunderung gab, so eben deshalb, weil die vielfach den tausend Miseren geschuldete Formgebung ungeachtet der vielfach desaströsen Vorgaben zu schriftstellerischen Resultaten geleitete, denen die Größten in der schreibenden Mit- und Nachwelt das Prädikat der Makellosigkeit, der Vollkommenheit, ja der Vollendung immer wieder zuerkannten. Es muß, wie gleichfalls bezeugt, Zonen der Konzentration, der Versunkenheit, der intensivsten Geistigkeit und Inspiration gegeben haben, die unberührt blieben oder abgeschirmt werden konnten von den oftmals jäh und drastisch wechselnden Milieus, Situationen und Lebensbewandtnissen. Einen Einblick in diese vermitteln die Stätten des Schreibens, wie sie die Briefe bezeugen. Für sie erbitten wir im folgenden die Aufmerksamkeit, wiederum für eine nur knapp bemessene Weile.

Die Zeit des Studiums, ob in Freiburg, Berlin oder München, war eine intensivster Versenkung in die Welt der Bücher. Gelegentlich hat sie wie beiläufig ihre räumlichen Spuren in den Briefen hinterlassen. Da ist das Zimmer mit dem Blick auf den Garten in Freiburg, da grüßt die königliche Bibliothek, »ernster beruflicher Arbeit gewidmet«, da ist die Studier-Klause in der Königin-Straße in München. Noch im vorletzten Kriegsjahr, beschäftigt mit Baudelaire-Übersetzungen, schlagen die Konflikte mit den Eltern in Berlin durch. »Meine Existenz ist so eingeschränkt daß ich Ihnen schriftlich davon nicht mehr mitteilen kann. [...] Das Schlimmste ist daß ich zur Zeit der Anwesenheit meiner künftigen Frau bei meinen Eltern wohnen und die täglichen Kämpfe auf mich nehmen muß.« (I,355) Für die Zeit nach dem Krieg erhoffte Benjamin sich eine neue Phase intensiven Schaffens. (I,374 an Schoen) Sie kam während des Krieges, aber fernab von ihm in Bern und Muri mit der Arbeit an der Dissertation, der die diversen unveröffentlichten Studien vorangegangen waren. »Ich muß geduldig warten bis ich wieder einmal einen Schreibtisch und eigne Arbeit vor mir habe. Aber es drängt Vieles nach Ausführung.« (I,387) Die Berner Bibliothek freilich, so klagt Benjamin, sei für seine gegenwärtigen, Goethe und der Romantik zugewandten »Interessengebiete sehr unzulänglich«. (I,468)

Die erste alarmierende Nachricht verlautet gleich nach dem erfolgreichen Abschluß der Dissertation – und das ausgerechnet aus dem Ferienquartier Iseltwald. »Ich selbst bin im Verlauf der letzten sechs Monate lärmkrank geworden und bedürfte zur Arbeit eines Kabinetts mit lederbezognen Wänden und schweren Doppeltüren (eine rabiate Wunschphantasie!) Daher habe ich an wichtige Arbeiten, die ihrer Notwendigkeit und zum Teil auch ihrem Inhalt nach klar vor mir stehen, noch nicht gehen können.« (II,33) Die Klage über Störungen durch unerwünschte Geräusche sollte bis in das Todesjahr hinein nicht wieder verstummen. Böse Vorahnungen erweckt auch der Besuch der Eltern in der Schweiz, wo die Tage gezählt sind, nachdem Benjamin sein bestandenes Examen nicht länger verheimlichen kann. »Es waren *schlimme* Tage, die jetzt hinter uns liegen«. (II.41) »Wir leben in einem Räderwerk von Schwierigkeiten, in dem wir zermalmt zu werden drohen«. (II,42)

Dann versucht sich der Schreibende während des nahenden Winters im Erholungsheim Breitenstein am Semmering zu installieren. »Natürlich fühle ich wenn ich Ihnen schreibe besonders, daß es bei mir im pflanzlichen Sinne winterlich aussieht: im buchstäblichen Sinne bin ich unentfaltet, da ich mich irgendwie verschließen muß, um unter dem Mangel an Arbeitsbedingung und mancherlei Lebensbedingungen nicht zu leiden.« (II,54) Die Bücher aus dem schwiegerelterlichen Hause aus Wien lassen auf sich warten, die eigenen sind zeitweilig im Chaos des Bahntransportes nach Budapest geraten und gelangen erst nach Wochen an den Verzweifelten, darunter der von Scholem geschenkte »Lesabéndio« von Scheerbart, der dann auch sogleich aufgefordert wird, für Ersatz, also für seine »›Auferstehung im Fleische‹« Sorge zu tragen. (ebd.) Von der Gründung eines »Hausstandes«, so verlautet noch aus Breitenstein und vor der Rückkehr nach Berlin, kann bis auf weiteres keine Rede sein, vielmehr sind schon jetzt »dauernde Schwierigkeiten der Lebensführung« vorauszusehen. (II,63) In Wien bei den Schwiegereltern steht »der Kohlennot wegen kein Zimmer in dem ich allein schreiben könnte, zu meiner Verfügung«. (II,65; ähnlich auch II,80) Die Wiener Bibliotheksverhältnisse, so der verwöhnte Berliner, schlössen einen längeren Aufenthalt in Österreich ohnehin aus. (II,69; so auch II,72 und II,80) Aber auch Münchener Pläne zerschlagen sich. Der Unbotmäßige wird mit seiner Familie ins elterliche Haus in die Delbrückstraße zurückbeordert, »da die schlechten Vermögensverhältnisse meines Vaters ihm nicht gestatten uns ausreichend zu unterstützen um außerhalb des Hauses leben zu können.« (II,77)

Damit beginnt die Odyssee durch die Berliner Quartiere der zwanziger Jahre, immer wieder unterbrochen durch ausgiebige Reisen, der wir die schönsten Schilderungen nicht zuletzt der Umgebungen des Schreibenden verdanken. »[...] die ersten Tage unsres hiesigen Aufenthalts vergingen in einem bösen Strudel, der sich nun zu glätten scheint.« (II,83) So lauten die ersten Worte des im Frühjahr 1920 in die Heimatstadt Zurückkehrenden. Und sie setzen sich fort, ohne daß wir unseren kleinen Rapport mit ihnen belasten wollen. In einem Gartenhaus der Gutkinds findet man Unterschlupf, wo eine »wundervolle patriarchalische Gastfreundschaft« die Vagabundierenden erstmals wieder »in menschenwürdigen Verhältnissen« zum Aufatmen kommen läßt. (II,88). »Natürlich [aber] schreit das Provisorische dieser Dinge zum Himmel und was geschehen soll, ist nicht abzusehen.« (ebd.) Vergeblich wehrt man sich gegen den Verbleib im Elternhaus. Ende des Jahres wird es denn doch wieder bezogen. Die Bücherkisten, teils neuerlich vertauscht, werden erwartet und Scholems nimmer versagender Appetit aufgespießt. »Übrigens befinden sich angeblich in dieser Kiste: Sämtliche Werke von Schnorr v. Frechheitsberg, Pontius Pilatus: Hebräisch für Landpfleger, Noeggerath: Münchner Kindllogik und sieben litauische Käs. [...] Ich selbst beginne nach einer langen schlimmen Depressionszeit sehr fleißig zu werden.« (II,107 f.) Im Januar »ist die ganze Bibliothek aufgestellt, da die letzten Regale gestern erst vom Tischler kamen. Es sieht sehr schön aus und nun erwarten nicht nur wir sondern auch unsere Bücher Sie.« (II,130) Für den Zeitraum von zehn Jahren war eine äußerlich stabile Bleibe geschaffen. Das große geräumige Arbeitszimmer mit der eindrucksvollen Bibliothek in der Delbrückstraße hat illustre Gäste gesehen, die von ihm berichteten.

Erste brieflich bezeugte auswärtige Station, der Liaison mit Jula Cohn geschuldet, ist Heidelberg. »Hier habe ich die beiden Zimmer des Herrn Leo Blumenthal, der auf einige Monate verreist ist, inne. Ich fühle mich in ihnen sehr wohl. Sie liegen zu ebner Erde an einer ruhigen Straße (dem Schloßberg) und *verlocken* mit einem höchst angenehmen Schreibtisch geradezu zur Arbeit.« (II,164) Die den »Wahlverwandtschaften« gewidmete Arbeit wird hier konzipiert, in unmittelbarer Nähe jener, der sie schließlich zugeeignet werden sollte. Ihr Abschluß aber erfolgt wie so häufig später in Berlin – unter neuerlichen unsäglichen Qualen. »Ich habe viel gearbeitet, aber dabei, sei es von wirklichem Lärm, sei es von übergroßer Konzentrationsanstrengung wieder einmal meine Lärm-Psychose bekommen, so daß ich völlig herunter bin, jede Stimme, besonders aber die ›Westlichen‹ mich zur Raserei bringt und ich erwägen muß, *nur* nachts zu arbeiten, was auch viel Mißliches mit sich bringt. Haben eigentlich andere Leute Ruhe oder nicht? Das möchte ich gerne wissen. [...] Nun bin ich dabei, die Kritik der Wahlverwandtschaften in absehbarer Zeit zu beenden. Dies ist eine Arbeit von der ich mit Respekt spreche.« (II,235 f.) Ende Februar 1922 kann Vollzug gemeldet werden: »Mir geht es ganz gut, aber an der Wahlverwandtschaften-Arbeit habe ich mich etwas überanstrengt. Immerhin hoffe ich, daß sie was taugt.« (II,243)

Ende 1922 weilte Benjamin neuerlich in Heidelberg. Unter anderem, um seine Habilitationspläne zu befördern. Er nutzte die Zeit, um an der Einleitung in den Heinleschen Nachlaß weiter zu arbeiten. »Von morgen ab werde ich auf dem Arbeitssaal sitzen, von welchem ich mir große Dinge erwarte. Die Einrichtung der Bibliothek, die ich heute kennen lernte, hat mir nicht geringen Eindruck gemacht. Hervorragend ist die Zugänglichkeit des bibliographischen Apparats. Auf meinem Zimmer, welches im Bannkreis eines despotischen Säuglings liegt, der Tag und Nacht schreit, kann ich wenig verweilen.« (II,291) So reiht sich Benjamin ein in die Lobredner der Heidelberger Universitätsbibliothek, die nach ihrer Plünderung zu Beginn des Dreißigjährigen Krieges und ihrer Zerstörung im Pfälzer Krieg unter Ludwig XIV. nochmals einen so respektablen Aufschwung genommen hatte.

Auf langen Umwegen nach Berlin zurückgekehrt, beginnen dann bereits die Nachrichten über die Arbeit am Trauerspielbuch zu fließen, die uns wieder nur in ihren lokalen Aspekten als Chronisten beschäftigen sollen. Man erinnere sich, daß noch die Konvolute zum späten Passagenwerk auf die frühere Arbeit an dem Barockwerk in der Staatsbibliothek zurückweisen. »Und später der gläserne Platz vor meinem Sitz in der Staatsbibliothek; nie betretner Bannkreis, terrain vierge für die Sohlen von mir beschworner Gestalten.« (GS V,571) Das galt für die des Barock wie des 19. Jahrhunderts gleichermaßen. »Die Grundgedanken zur Trauerspiel-Arbeit sind in nuce fixiert. Jetzt kommt die Lektüre, die leider Gottes umfänglich genug ausfällt, so kurz man sie auch halten will.« (II,331) Sie war in der Breite und Tiefe, in der Benjamin sie anlegte, nur auf der Berliner Staatsbibliothek zu absolvieren. Und das nicht nur im Blick auf die Quellen, sondern gleichermaßen im Blick auf ihre Erschließung durch den vielbändigen Realkatalog, den ein versierter Kenner wie Benjamin natürlich immer wieder konsultiert haben dürfte. Jenseits dieser einzigartigen Oase türmten sich die Hindernisse alsbald neuerlich. »Daß ich überhaupt noch hier bin, ist für mich selbst ganz unvorhergesehen gewesen und hängt mit Büchersachen zusammen, die in diesen Zeitläuften einen recht wechselvollen Verlauf nehmen zu wollen scheinen. In anderer Beziehung hat meine Lage sich traurig verändert: uns zu Häupten ist eine große Kinderschar eingezogen; eine andere spielt im Garten vor meinem Zimmer und wenn überhaupt Äußeres mich heute sehr leicht betreffen könnte, dann wäre ich verzweifelt. Jede Möglichkeit ungestörter Tagesarbeit scheint verschwunden. Aber in dem, was man zuletzt zu leisten hat, behält die Devise ›Trotzdem‹ ihre Gültigkeit.« (II,333) Ein großes Buch – es konnte in der vertrauten großen Stadt materialiter vorbereitet werden. Seine Abfassung bedurfte des Abstandes und der ungeteilten Konzentration. Diese Gelegenheit aber kam erst ein Jahr später.

Zu Beginn des neuen Jahres 1924 teilte Benjamin Rang mit: »Was sich in monatelanger Lektüre und immer erneutem Spintisieren angehäuft hat, liegt nun nicht sowohl als eine Masse von Bausteinen bereit, denn als Reisighaufe, an den ich den Funken der ersten Eingebung gewissermaßen umständlich von ganz woanders her heranzutragen habe. Die Arbeit der Niederschrift wird demgemäß, wenn es glücken soll, sehr erheblich sein müssen. Mein Fundament ist merkwürdig – ja, unheimlich – schmal: die Kenntnis einiger weniger Dramen; längst nicht aller, die in Frage kommen. Eine enzyklopädische Lektüre der Werke in dem winzigen Zeitraum, der mir zur Verfügung steht, hätte unfehlbar einen unüberwindlichen dégout in mir erzeugt. Die Betrachtung des Verhältnisses vom Werk und seiner ersten Eingebung, die alle Umstände der gegenwärtigen Arbeit mir nahelegten, führt mich zu der Einsicht: jedes vollkommne Werk ist die Totenmaske seiner Intuition.« (II,406)

Wenig später heißt es gegenüber Salomon-Delatour, der sich für Benjamin in Frankfurt verwendete: »[...] wie erscheine ich vor Ihnen? Untergetaucht in monatelangem Schweigen und auftauchend ohne die köstliche Perle der Arbeit in der Hand!« (II,421) Alles wurde auf eine Zäsur gesetzt. Scholem ist wieder der erste, der vorerst eine noch vage Andeutung erhält. »Anfang April will ich – auf Biegen und Brechen – von hier fort und unter der Erleichterung des Lebens in einer größern und freiern Umwelt diese Sache so weit mir das gegeben ist etwas von oben herab und presto absolvieren. Das wird ermöglicht und andrerseits sogar gefordert durch die exzentrische Akribie, mit der ich die Arbeit vorbereitet habe (ich verfüge allein über ca 600 Zitate, allerdings in bester Ordnung und Übersichtlichkeit). Zuletzt wird sie durch das Tempo ihrer Entstehung und eine *relative* Isoliertheit von frühern Studien von mir, immer etwas von einer tollkühnen Eskapade behalten«. (II,433) Am 25. April ist – unvermittelt unter den Briefen – eine Postkarte aus Capri. Dies also war der Schauplatz, auserkoren zur Niederschrift von Benjamins Chef d'œuvre.

Wir kennen Benjamins Philosophie der das Leben regierenden drei großen Wünsche. Zu ihnen gehörte das Reisen. Capri stellte einen Archetyp in seinen Wachträumen. Überstürzt war er aufgebrochen, um einer jüngst ergangenen Umtausch-Verordnung zuvorzukommen. »Die eigentliche Entscheidung über diese Fahrt aber brachte nicht mein schneller Entschluß, Berlin zu verlassen – denn das gelang schließlich auch meinen Freunden, die sich erst einige Tage später aufmachten – sondern fünf oder sechs Wochen später, als meine Mittel erschöpft waren, die Bereitschaft, alles ohne Ausnahme auf mich zu nehmen, nur um die Insel nicht verlassen zu müssen. Sehr ernstlich habe ich damals den Gedanken, in einer der großen Höhlen zu wohnen, in Frage gezogen und die Bilder, die mir dabei vorschwebten, waren so lebhaft, daß ich heute garnicht mehr genau weiß, ob sie auf bloßen Phantasien beruhten oder eine der Abenteuergeschichten, von denen die Insel ja voll ist, Ähnliches von jemandem aus der Kriegszeit berichtete. So ging dieser Wunsch in Erfüllung, mit dem Aufenthalt auf der Insel und später durch ihn. Denn ich glaube, lange auf Capri gelebt zu haben, ist eine Anwartschaft auf weite Reisen, so sehr glaubt wer dort lange gelebt hat, daß alle Fäden durch seine Hand laufen und daß ihm zu seiner Zeit alles Nötige zufallen wird.« (GS VI,424)

Capri bewirkte bekanntlich eine Wende in Benjamins Leben. Fast ein halbes Jahr klammerte er sich schließlich an die einzigartige Insel – und das neben vielem anderen auch, um das Trauerspielbuch so weit als irgend möglich schreibend zu befördern. Das schmale, fragile und nach wie vor unedierte Heft der Urschrift des großen Textes in der ›Sammlung Scholem‹ legt Zeugnis ab von dieser seiner Bemühung, die schließlich zu dem vielleicht doch bahnbrechendsten kunstphilosophischen Versuch deutscher Sprache im 20. Jahrhundert geriet. Vor der einzigartigen Kulisse Capris und Anacapris vollzog sich die Niederschrift in mönchischer Zurückgezogenheit – zeitweilig auch hier nicht störungsfrei, aber getragen von der »wachsende[n] Gewalt dieses Daseins hier« und eben an einem Platz »von ungeheurer Schönheit« (II,454; II,446). »Wie ich glaube wird es auf Nachtarbeit hinauskommen, die hier ohnedies wegen der Tageshitze nicht unangebracht ist. Leider regt aber ein mich umgebendes Federvieh sich auch in den Nächten. [...] Es tut mir leid, daß Sie meine Wohnung, die von übermorgen ab, da Gutkinds zurückfahren, eine Klause sein wird, nicht gesehen haben. Sie hat viel Schönes, einen herrlichen Südbalkon auf das Meer und vor allem eine ausgedehnte Dachpromenade, die für die Anschauungsweise eines jüdischen Großstädters schon etwas vom Großgrundbesitz hat. Ein kleiner, leider ganz schattenloser Garten ist dabei.« (II,456) Alsbald ist der Verfasser gänzlich absorbiert durch die Anforderungen, die die Arbeit an ihn stellt. »Das Wetter ist fast andauernd sehr schön. Zu Spaziergängen komme ich sowenig als lebte ich im größten städtischen Zentrum. Die heilsame Kraft des Landes aber wirkt auch so.« (II,462)

Doch auch auf Capri bleibt er bis in den räumlichen Wechsel hinein in Bewegung. »Wie lange ich noch hier bleibe, wohin ich eventuell sonst gehe, ist unbestimmt. Seit gestern habe ich ein neues Zimmer, von einer Beschaffenheit, wie ich es zum Arbeiten wohl noch nie gehabt habe: mit allem mönchischen Raffinement der Raumproportionen und einem Blick tief in den schönsten Garten von Capri, der mir zur Verfügung steht. Ein Zimmer, in welchem sich zu Bett zu legen unnatürlich scheint und für das die arbeitsame Nacht selbstverständlich ist. Dazu bin ich – mindesten seit langem, ich glaube: überhaupt – der erste, der es bewohnt. Es war Rumpelkammer oder Waschraum. Geweißte Wände, an denen kein Bild hängt und die so bleiben.« (II,474 f.) In diesen ausschließlich der Arbeit gewidmeten Behausungen kam schließlich nach der erkenntnistheoretischen Vorrede der erste Teil des Werkes zustande, seinerzeit noch zweigeteilt in den ›König im Trauerspiel‹ und ›Trauerspiel und Tragödie‹. Die Theorie der Allegorie, das zeichnete sich dann in der zweiten Septemberhälfte doch ab, mußte in Berlin geschrieben werden. »Mir ist es ganz unvorstellbar – und je mehr mich zur Zeit Beklemmungen fesseln, desto unerfindlicher – daß ich von hier in zwölf Tagen fort will und soll um noch etwas von Italien zu sehen.« (II,486) »[...] einsam aber ungebunden auf einer goldenen Straße« gedenke er sich dieser geheimnisvollen und inzwischen viel besprochenen Formulierung gemäß in Zukunft fortzubewegen. (II,499)

Der erste erhaltene Brief aus Berlin noch im Dezember des Jahres 1924 vermeldet dann bereits den Abschluß der Rohschrift des Trauerspielbuchs. Die »schattigere Ausarbeitung einer Reinschrift« stand nun bevor. (II,482) Ihre Bewertung ist dem Verfasser erst in diesem Stadium möglich – daß sie aber »voll der überraschendsten Lichter auf den Gegenstand steckt«, dieser Gewißheit darf er sich schon jetzt versichert halten. (Ebd.) Schon am Ende der Rohschrift war deutlich, daß die Arbeit sich wider alle Benjaminsche Gewohnheit dieses Mal zweiteilig präsentieren würde – Trauerspiel und Tragödie; Allegorie und Trauerspiel. Dafür war in der Innenarchitektur in beiden Hauptteilen für die heilige Trinität gesorgt. Schaute man freilich weiter, nahm die erkenntnistheoretische Vorrede in ihrem unerhörten Anspruch und Gewicht hinzu, der kein ursprünglich geplantes Nachwort am Schluß mehr hätte Balance halten können, so hatte sich auch im Ganzen die Dreiheit schließlich wieder durchgesetzt. Bis es aber dahin kam, war noch viel Arbeit zu bewerkstelligen. Und das – wie zu Beginn so nun auch zum Abschluß – auf der ihre Dienste nie versagenden Staatsbibliothek. Wiederum nur hier konnte der komplizierte bibliographische Unterbau des Werkes erstellt werden – so weit und in dem Umfang, den Benjamin schließlich eben noch für vertretbar hielt. Man hätte sich, wäre nicht immer noch der Blick auf die akademische Fortune gewesen, wohl auf noch weit Umfassenderes in diesem von Benjamin niemals verachteten und stets hochgehaltenen Metier gefaßt machen dürfen. »Aber jetzt erst sehe ich, mit wie knapper Not das alles unter Dach und Fach gekommen ist und wie die Argo so wird fürchte ich auch dieses Entdeckerschifflein um das goldne Vließ der barocken Allegorese sein Zeichen abbekommen von zwei aneinanderschlagenden Inseln (Zykladen heißen sie wohl) und der kräftig geplante wohl gezimmerte bibliographische Schwanz- und Steuerteil wird dran glauben müssen. Nicht als ob er fortfallen sollte; davon kann natürlich keine Rede sein. Aber ich werde die Sache was Seitenzahlen Buchtitel etc in diesen Verweisen betrifft, etwas auf Exaktheit polieren müssen, sonst werde ich bei der don quichottesken Art wie ich diesem philologischen Teil der Sache die Ehre geben wollte, nie zu ende kommen.« (III,14)

Als sie aber zu Ende gekommen war, begann der Hürdenlauf in Frankfurt. Und als der erfolglos abgebrochen werden mußte, sah sich der verhinderte Privatdozent vor die Notwendigkeit gestellt, langfristig umzudisponieren. Das Zauberwort? »Das Reisegift das ich im vorigen Jahre mir injiziert habe, wirkt nun – ein Jahr nachdem ich sie antrat – aufs neue und ich bin bei weiten Reiseplänen.« (III,27) Sie sollten das Elixier des definitiv auf die freie Schriftstellerei verwiesenen Philosophen und Gelehrten bleiben, der sich nun als unerreichter Meister der kleinen Form herausbildete. Paris trat jetzt neben Berlin als zweite fixe Station zwischen den Reisen in den kommenden Jahren hervor; Benjamin sagte diese »elliptische Lebensweise Berlin-Paris« zutiefst zu. (III,195) »Ich werde nicht nach Fontenay zu

Hessels herausziehen, sondern in einem netten – wenn auch kalten Zimmerchen, mit Confort wohnen bleiben, um einmal endlich das Vergnügen, in einem Hotel zu wohnen, auszukosten.« (III,127) Zwischen Hotels und zeitweilig festen Zimmerwohnungen wird die Pariser Existenz geteilt bleiben, die sich natürlich zu einem Gutteil auch in Cafés vollzieht. Nicht immer hatte er so viel Glück wie im »Hotel du midi« am Parc Montsouris, wo ihn ein »wunderbar reinliche[s] und angenehme[s] Hotelzimmer« zu »einer regelmäßigen, wenn auch subalternen Arbeit« – der Übersetzung von Prousts »Recherche« – erwartete. (III,132 f.)

Paris war der Ort, an dem sich der Wechsel zur kleinen Form unter den Händen des Flaneurs am zwanglosesten vollziehen ließ, der auf Auktionen, Jahrmärkten, Ausstellungen erschien und dem die Bibliothèque Nationale zunächst noch fernab lag, die erst 1927 zeitgleich mit dem Beginn der Arbeit am Passagenwerk aufgesucht wurde. (Vgl. III,292 f.) »Mit dem wärmeren Wetter – wir haben keine Sonne aber nach Wochen eisiger Kälte legt sich nun plötzlich Sommerschwüle über die Straßen – tauche ich ganz allmählich in Stadt und Leben wieder auf. Die letzten Wochen hatte ich unter schrecklichen Depressionen verbracht. [...] Ich denke hier viel an Dich und vor allem wünsche ich Dich oft in mein Zimmer, das ganz gewiß keine Ähnlichkeit hat mit dem in Capri und das Dir doch sehr einleuchten würde – und Du *mir sehr* darinnen. [...] Und dann habe ich, als es mir am schlechtesten ging, den ganzen Proust in die Ecke geworfen und ganz für mich allein gearbeitet und einige Notizen geschrieben, an denen ich sehr hänge: vor allem eine wunderschöne über Matrosen (wie sie die Welt ansehen), eine über Reklame, andere über Zeitungsfrauen, die Todesstrafe, Jahrmärkte, Schießbuden, Karl Kraus – lauter bittere, bittere Kräuter, wie ich sie jetzt in einem *Küchen*garten mit Leidenschaft ziehe.« (III,150 f.) Wann je hätte Benjamin sich nicht nur in gewissem Maße zufrieden, sondern mit einem kleinen Schuß Enthusiasmus über seine Arbeiten geäußert, wie hier gegenüber Jula Cohn, die so Entbehrte? Die kleine Prosa war nicht nur zum materiellen Rettungsanker geworden. Ihre rasche Vollendung gab dem Entwurzelten Halt. Und sie war weitgehend unabhängig von fixen Installationen. Sie blieb in den Phasen, in denen vor allem das Passagenwerk nicht alle Konzentration erforderte, das Mittel der Wahl, das doch zugleich dem Dichter Walter Benjamin endgültig die Zunge löste.

Noch bevor die so lang erwarteten Bücher – zumindest partiell – bei Rowohlt erschienen, setzte die Arbeit an den Pariser Passagen, ursprünglich konzipiert als eine »dialektische Feerie«, ein. Sie vollzog sich in Paris wie selbstverständlich vor allem auf der Bibliothèque Nationale. »In einer der nächsten Nummern des Literaturblatts der ›Frankfurter Zeitung‹ wirst Du wohl meine Anzeige von Gundolfs Buch über Gryphius finden. Im übrigen aber bin ich mit Angst und Bangen an eine neue Arbeit verloren, die sich mit Paris beschäftigt. Und weil ich meine documentation vor der Abfahrt zusammenbringen will, verwende ich jede verfügbare Stunde an die Bibliothèque Nationale. Bin ich einmal hier fort, so ist die Literatur, die ich brauche für mich nicht mehr zugänglich. Abfall aus Studien kommt den Unglücklichen zugute, die meine Radioberichte hören.« (III,292 f.) So war das Nebeneinander der okkasionellen Arbeiten und des Parisbuches im Ursprung des neuen Projekts bereits angelegt, das da in ein paar Wochen bewerkstelligt werden sollte, gleichwohl seine Schatten bereits vorauswarf und schließlich sich zum unvollendbaren Projekt der verbleibenden dreizehn Lebensjahre auswachsen sollte. Gewiß, es war an Paris und seine größte Bibliothek gebunden. Aber es wollte auch in Berlin gefördert sein. Und so begleitete es alsbald auch in der Heimatstadt den zögerlich auf dem neuen ungewohnten Terrain sich Umtuenden durch seine wechselnden Quartiere, immer wieder unterbrochen durch anderweitige Verpflichtungen.

»Es wird bei uns im Hause gebaut und davor bin ich in die Ruhe des Tiergartens geflüchtet, wo ich nun wirklich, und nicht wie bisher metaphorisch, im Grünen lebe. Denn mein Zimmer, wenn auch in manchem frugal, geht mit zwei hohen Fenstern mitten auf das Waldrevier hinaus, das sich, seit 80 Jahren, ziemlich unverändert um die Kroll-Oper herum gehalten hat. Ich erbaue mich an dem Gedanken, daß in Krolls Garten die Berliner ein Diorama bewundert haben und lasse neben manch störendem Geräusch an Sonntagnachmittagen – an denen bekanntlich, wie in Vineta die Glocken, längst verflossene Militärkapellen zu spielen beginnen – im ländlichen Bukett die ineinandergeflochtenen Weisen der Garderegimenter mir ins Zimmer kommen. Unter diesen Umständen sind die Passagen tagaus tagein auf dem Tapet (sur le chantier ... wie ich lieber sage) aber ich kann nicht anders als äußerst behutsam mit ihnen verfahren.« (III,361) War die Trennung von der Pariser Bibliothek um des Projekts willen eben noch gar nicht vorstellbar, so ist es alsbald die von der Berliner Staatsbibliothek auch nicht mehr. In den beiden bibliophilen Kapitalen vermochte sich der Grenzgänger mit Erfolg zu installieren – so lange immer die politischen Verhältnisse das zuließen. »Der wunderbare Frühsommer,« – so 1928 an Hofmannsthal – »den wir jetzt haben, und die Staatsbibliothek halten mich immer noch hier und ich weiß nicht, wann ich dieses Jahr fortkomme.« (III,374)

Alfred Cohn, dem Jugendfreund und Ehemann Julas war es schließlich – natürlich wie durch Zufall – vorbehalten, von den verschlungenen und komplizierten lokalen Verhältnissen, die da am Beginn mit der so schwierigen neuen Aufgabe sich kreuzten, zu vernehmen, in denen Benjamin sich zurechtzufinden suchte. »Die Arbeit über ›Pariser Passagen‹ hat mich ganz in sich hineingezogen und tags verläßt mich die pergamente Hülle in der sie sich befindet, sehr selten, nachts liegt sie neben dem Bett, dabei darf ich nicht sagen, daß ich mit der Abfassung beschäftigt bin. Noch sind es nur Studien und wieder Studien, die freilich den Gedanken bestärken, daß es lohnt, so viel an den Gegenstand zu wenden. Vielleicht weißt Du nicht, daß ich jetzt nicht im Grunewald wohne, sondern ein merkwürdiges Zimmer im ältesten verschlossensten Westen, In den Zelten, bezogen habe, aus dessen Fenstern nichts als Grün mich ansieht. Das Grün des Tiergartens, der in diesem Teil ein Fremdengeheimnis von Berlin ist. Berliner kommen ja da nicht mehr hin, aber kleine Leute aus der entlegensten Provinz, denen es selbstverständlich ist, sich am Anhalter Bahnhof mit ihrer Handtasche in eine Droschke zu setzen, werden von eisgrauen Kutschern an meinen Fenstern vorbeigefahren. Es ist ein gut Teil dessen Schuld, daß ich diesen Sommer den Weg nach Paris noch nicht gefunden habe. Auch liegt es an meiner Arbeit; ist man im Geist vier, fünf Stunden täglich im älteren Paris so bringt man schwer die Phantasie auf, sich ein Billett ins heutige zu lösen. Und doch muß ich mich aus Gründen des schnöden Betriebs damit befassen.« (III,375) Es war also nicht zuletzt der Abstand von Paris, von dem Benjamin sich Förderliches für sein Vorhaben versprach, zumindest zeitweilig und in wohlbedachten Rhythmen.

Eine verwandte und wiederum zugleich in eine andere Richtung führende, nahezu zeitgleiche Miszelle sei noch angefügt, neuerlich die totale Absorbierung bezeugend, die das erste ganz und gar nichtliterarische Projekt seinem Erfinder aufzwang. »[...] ich trenne mich schwer von Berlin. Da ist erstens mein Zimmer – und zwar ein neues, denn ich wohne für den Augenblick nicht im Grunewald sondern im tiefsten verschollensten Tiergarten – In den Zelten – in einem Zimmer, in das durch beide Fenster nichts als Bäume zu mir hereinsehen. Es ist wunderbar und dabei zehn Minuten von der Staatsbibliothek entfernt, dem anderen Brennpunkt der Ellipse, die mich hier bannt. Die Arbeit über Pariser Passagen setzt ein immer rätselhafteres, eindringlicheres Gesicht auf und heult nach Art einer kleinen Bestie in meine Nächte, wenn ich sie tagsüber nicht an den entlegensten Quellen getränkt habe. Weiß Gott, was sie anrichtet, wenn ich sie eines Tages freilasse. Aber daran ist noch längst nicht zu denken und wenn ich schon unablässig in das Gehäuse starre, in dem sie ihr Wesen treibt, so lasse ich doch sonst kaum einen den Blick hineinwerfen.« (III,377 f.) Aber wie rasch setzte die Unterbrechung ein! Der Goethe-Artikel für die »Große Sowjet-Enzyklopädie« war zu verfassen – Gift für die ›Passagen‹. Doch so sollte es bleiben bis zum Schluß.

1929 wurde die Berliner Wohnung im elterlichen Hause aufgegeben. Die literarisch sichtbarste Spur blieb die Übereignung der Trauerspiel-Urschrift an Scholem, die wir bereits berührten. »[...] in Wolken von Staub unter einem Gebirge von Kisten« gab Benjamin seine »zehn- oder selbst zwanzigjährige Seßhaftigkeit« auf. (III,479) Das war nicht nur wörtlich, sondern in jeder Hinsicht auch existentiell zu verstehen. Die Trennung von der Wohnung ging mit der von Dora einher. Grund genug, Rückschau zu halten und vorauszublicken ins Improvisierte und Ungewisse. Nur Scholem konnten die Worte anvertraut werden. »Da ich denn doch einmal auf den herrlichen Grundlagen, die ich in meinem zweiundzwanzigsten Jahr gelegt hatte, das ganze Leben nicht habe aufbauen können habe ich, nach sieben Jahren des Zögerns, dafür zumindest sorgen müssen, den Beginn eines neuen nicht jenseits der vierzig vorzunehmen. In diesem Beginnen stehe ich also nun, durch und durch, angefangen vom Wohnen bis in die Erwerbsarbeit, auf das Provisorium gestellt, seit bald einem Jahr ohne Bibliothek (die gespeichert ist) und bedenkliche Schwierigkeiten vor Augen«. (III,521)

Wir übergehen das eine oder andere, wie tunlich, wenn das Kurzweilige neben dem Informativen sein Recht behaupten soll. Die Reisen, bis 1933 zumeist von Berlin aus unternommen, werden uns noch beschäftigen. Uns geht es um das letzte Berliner Quartier. Schon 1931 mehren sich die Hinweise, daß in Deutschland eigentlich kein Bleiben mehr ist. Bereits ein Jahr vor der Machtübernahme erfolgt die womöglich noch zufällige Inspektion einer Ausweichstation. Und im März 1933 vollzieht sich dann fast von einem Tag auf den anderen der endgültige Abschied. Das Bild der Wohnung in Berlin-Wilmersdorf in der Prinzregentenstraße

66, in der so vieles Kostbare zurückblieb, die Bibliothek, Manuskripte, Briefe, Liebhabereien des passionierten Sammlers, haben uns die Briefe glücklicherweise bewahrt.

Im Oktober 1930 zog Benjamin, sehr vorläufig, wie er meinte und tatsächlich mit vielen Unterbrechungen, in die Atelierwohnung von Eva Boy, im fünften Stock des Hauses in der Prinzregentenstraße. »[...] ein Situationsbericht aus der Stille, nur eben damit Du nicht denkst, es sei die der Vergeßlichkeit. Eher schon die der mancherlei Zurüstungen und Bekümmernisse. Freilich selbst diese letztern spielen vorm Hintergrunde schöner besonnter Wände, wie sie meine neue – nur leider sehr provisorische – Wohnung einschließen. Aus ihr habe ich Dir, glaub ich, noch nicht geschrieben. Es ist das erste Mal, daß das Leben mich in ein Atelier verschlagen hat, das aber klimatisch und optisch ganz von der Kälte frei ist, die mir dergleichen Unterkunft früher suspekt machte. Neben allen erdenklichen Vorzügen, vor allem dem der tiefsten Stille, hat es innen wie außen architektonisch bemerkenswerteste Nachbarschaft. Einerseits, auf der Straße, eine neue Synagoge, die ich bis Rosch ha schanah sie einweihte, für eine Ausgeburt protestantischen Theologengeistes im Kirchenbau hielt; andererseits, auf dem Flur, einen Vetter von mir – Arzt – nebst seiner Frau, mit denen ich erfreuliche Beziehungen unterhalte.« (III,540)

Wie durch einen Zufall sind wir über die bildnerische Ausstattung unterrichtet, die Benjamin seinem letzten Domizil angedeihen ließ und über die er selbst nur mit dem Ausdruck der Verwunderung sprechen konnte. »Da wir einmal bei der Physiognomik sind: ich möchte wohl sehen, was ein Kenner aus der Bildausstattung meiner Wohnung machen würde. Noch hängt nicht alles, aber schon gebe ich mir mit Schrecken Rechenschaft, daß in meiner Kommunistenzelle – wenn ich von einem kleinen Geburtstagsgemälde von Stefan absehe – nur Heiligenbilder hängen! Der alte Dreiköpfige Christus, den Du kennen mußt, eine Nachbildung eines byzantinischen Elfenbeinreliefs, ein Trickbild – drei verschiedene Heiligendarstellungen, je nachdem wie man draufblickt – aus dem bayrischen Wald, ein Sebastian und als einziger Botschafter der Kabbala der Angelus Novus, zu schweigen von der ›Vorführung des Wunders‹, die auch von Klee ist.« (IV,62)

Umgeben von diesen Quellen der Inspiration vollzog sich die Arbeit in einer Wohnung, die Benjamin erst ein Jahr später im Herbst 1931 nach monatelanger Abwesenheit für eine Weile in Besitz nahm, um sie freilich alsbald wieder und für noch längere Zeit und schließlich endgültig zu verlassen. »[...] es ist nun wieder Weihnacht geworden, oder wie wir die Zeit nach jüdischem Kalender bezeichnen mögen und wider meine besten Vorsätze hat sich eine lange Pause in unsern Briefwechsel eingeschoben. Um immerhin auch solche Intermundien zwischen meinen Nachrichten informatorisch urbar zu machen, kannst Du ruhig annehmen, daß sie Schauplätze eines gesteigerten Existenzkampfes sind. In der Tat hat mich ja die Besiedlung einer eignen Wohnung ökonomisch vor schwierige Aufgaben gestellt. Während mein Schlafzimmer noch nicht aussieht, wie ich's mir wünsche – es war vorher als die Boy, von der ich die Wohnung übernahm, noch ihre lichten Möbel drin hatte, schöner als mit den antiken, finsteren zum Teil erborgten, mit denen ich es jetzt ausstatten mußte – also um auf das Arbeitszimmer zu kommen, so ist seine

Einrichtung zwar auch nicht abgeschlossen, aber sehr schön und bewohnbar ist es. Auch stehen nun meine ganzen Bücher und selbst in diesen Zeiten sind sie mit den Jahren von 1200 – die ich doch längst nicht alle behalten habe – auf 2000 angewachsen. Zwei Merkwürdigkeiten hat dies Arbeitszimmer: einmal besitzt es keinen Schreibtisch; im Laufe der Jahre bin ich durch eine Reihe von Umständen, nicht nur durch die Gewohnheit viel im Café zu arbeiten sondern auch durch manche Vorstellungen, die sich an die Erinnerung meines alten Schreibtisch-Schreibens anschließen, dazu gekommen, nur noch liegend zu schreiben. Von meiner Vorgängerin habe ich ein Sofa wundervollster Beschaffenheit zum arbeiten – zum schlafen ist es ziemlich unbrauchbar – übernommen, das, wie ich einmal von ihr hörte, früher für eine alte gelähmte Dame gezimmert worden ist. Dieses also ist die erste Merkwürdigkeit und die zweite ein sehr weiter Blick über das alte zugeschüttete Wilmersdorfer Luch, oder wie es auch hieß, den Schrammschen See – beinahe l'atélier qui chante et qui bavarde – noch dazu jetzt bei der Kälte zwei Eisbahnen und ferner zu allen Jahreszeiten eine Uhr im Blickfeld, besonders diese Uhr wird mit der Zeit ein schwer entbehrlicher Luxus.« (IV,66f.)

Etwas früher war die kleine unvergängliche Miszelle ›Ich packe meine Bibliothek aus‹ entstanden. Ein letztes Mal hatte Benjamin die Sammlung geschlossen um sich. Es war die letzte Momentaufnahme seiner Berliner Existenz aus dem alten Deutschland, das schon erschüttert und zerrissen war und dem Sensiblen zunehmend die Luft zum Atmen nahm. Weilte er schon 1932 weitgehend außer Landes, so kündigte er am 16. März 1933 Jean Selz und Carl Linfert seine Abreise nach Paris an. Am 19. März verließ er Berlin auf immer. Ein Brief an Scholem vom 20. März aus Paris gab den letzten Augen- und Ohrenzeugenbericht aus dem alsbald von Terror überzogenen nationalsozialistischen Deutschland.

Paris war dem Exilanten vertraut. Und doch zeigen die Briefe, wie schwer es auch dem Kenner französischer Literatur und Geistesart wurde, längerfristig Fuß zu fassen. Weit entfernt davon, die materiellen Grundlagen für seine Arbeit gesichert zu sehen, setzte sich die vielfach unfreiwillige Mobilität in noch erhöhtem Maße fort. Benjamin war diese nomadische Existenzweise merkwürdig genug, so daß er sie in einer Notiz eigens festhielt. Wir begleiten ihn keineswegs auf alle Stationen, sondern konzentrieren uns zum Abschluß auf drei Lokalitäten.

In Paris war Benjamin zunächst vor allem auf Hotels verwiesen. Sie sind in seinem Dossier mit Akribie verzeichnet. Legion waren die Versuche, dieser Situation zu entkommen. Gleich in dem ersten Brief an Scholem nach seiner Rückkehr aus Ibiza heißt es: »Ob ich in Paris die ursprünglich von Frau von Goldschmidt-Rothschild mir angetragene Unterkunft werde beziehen können, ist durch eine Reihe von Versehen und Verschiebungen, die darzustellen viel zu umständlich wäre, recht fraglich geworden. Außerdem scheint sich herauszustellen, daß sie keineswegs kostenfrei ist.« (IV,297) Es ist »mir in keiner Weise gelungen, festen Fuß hier zu fassen«, heißt es im nächsten Schreiben, verbunden mit einer ersten von vielen weiteren Umzugsmeldungen. (IV,303) Das war der Hintergrund, vor dem die Produktion zu ihrem Recht kommen sollte. Gab es einen Strahl der Hoffnung, so fiel er jetzt und die folgenden Jahre immer wieder durch das Deckenglas der Bibliothèque

Nationale. »Seit Monaten habe ich nun zum ersten Mal wieder eine Bibliothek zur Verfügung und ich war erstaunt, wie schnell ich mich in den komplizierten Apparat der Bibliothèque Nationale wieder hereingefunden habe.« (IV,316)

Benjamin war alsbald in Paris wieder in die Passagenarbeit vertieft, die eben jetzt im Exil eine entscheidende Transformation durchmachte, an der Adorno nicht unwesentlichen Anteil hatte. An ihn geht daher der erste Situationsbericht aus der so rasch wieder heimisch gewordenen Arbeitsstätte mit ihren (bis heute) so komplizierten Reglements. »Wenn Sie erscheinen, wäre es eines meiner ernsthaftesten Anliegen, Ihnen einige Aspekte der Bibliothèque Nationale zu eröffnen, die niemandem gelegner sein können als Ihnen. In der Tat enthält sie einen der merkwürdigsten Bibliotheksäle der Erde und man arbeitet wie in einer Opernszenerie. Es ist nur zu bedauern, daß um sechs schon geschlossen wird – eine Einrichtung, die noch aus der Zeit stammt als die Theater um sechs begannen. Es ist wieder Leben in die Passagen gekommen und den schwachen Funken – der nicht lebendiger sein konnte als ich selbst – haben Sie angeblasen. Seit ich wieder ausgehe, bin ich eigentlich den ganzen Tag dort im Arbeitssaal und habe es mir endlich auch in dem schikanösen Reglement einigermaßen wohnlich eingerichtet.« (IV,365 f.) Und des Abends? »Abends sitze ich nun immer auf meinem Zimmer und lese: das Tintenfaß hat in meinem Leben Epoche gemacht wie in Luthers (wo es ja auch ein Tintenfaß gab) der Blitz. Am Tage lese ich in der Bibliothèque Nationale: so muß man sich mit bescheidnen Kontrasten zufrieden geben.« (IV,416)

Schon im Dezember 1933 war Benjamin damit befaßt, aus der Ferne seine in Berlin zurückgebliebene Bibliothek zumindest in Teilen nach Dänemark zu lenken. Bestimmungsort: Das Asyl Brechts. (IV,316) In Paris hatten die beiden die Verabredung getroffen. (IV,327) Und trotz mancherlei innerer Widerstände machte Benjamin sich schließlich im Juni des folgenden Jahres ein erstes Mal auf den Weg. Eines der ersten Schreiben aus der unmittelbaren Nachbarschaft Brechts war eine Hilfsadresse an das »Dänische Komitee zur Unterstützung geflüchteter Geistesarbeiter«. »Meine Hoffnung auf Gründung einer selbständigen Existenz in Paris ist leider nicht in Erfüllung gegangen. [...] Ich habe Frankreich verlassen müssen, da der Aufenthalt für mich dort zu teuer war.« (IV,450)

Das Aufatmen ist unüberhörbar, während die Kafka-Reflexionen den Ankömmling weiter beschäftigen, die ›Passagen‹ also neuerlich ferngerückt sind, eine Auftragsarbeit über Bachofen zu erledigen, eine weitere wenig geliebte für das Institut vorzubereiten ist. »Wie Du weißt habe ich einen Teil meiner Bibliothek hier und er ist bei meinem Nachbarn wohl untergebracht; freilich handelt es sich nur um die knappe Hälfte meiner Bücher. Es sind aber nicht sie allein, die mir im Laufe der nächsten Monate die Arbeit erleichtern werden; vielmehr sind durch eben diese Nachbarschaft die unmittelbarsten Sorgen von mir genommen und ich kann wieder Luft schöpfen. Die Weigel, an die ich Dich meine Post zu adressieren bitte, verhält sich denkbar freundlich zu mir; ihr Mann ist leider kurz vor meiner Ankunft ins Krankenhaus gekommen und liegt noch dort. Sehr reizend sind die beiden Kinder von 10 und drei Jahren, mit denen ich große Freundschaft geschlossen habe.« (IV,454)

Ein Bild des Arbeitszimmers vermitteln die Briefe zunächst nicht; das Atmosphärische des Aufenthaltes teilt sich indessen sehr wohl mit. »Der hiesige Sommer hat seine Licht- und seine Schattenseiten. Zu den letzteren gehören die klimatischen Verhältnisse, sowie alles was mit den gewohnten sommerlichen Annehmlichkeiten – als Spazierwegen, Badegelegenheit, Wanderungen – zusammenhängt. Meinen Gastfreunden liegen dergleichen Naturfreuden noch weniger als mir und die, an sich hübsche, Lage ihres Bauernhauses schneidet sie und als ihren Nachbarn auch mich fast gänzlich von solchen Behaglichkeiten ab. Dies macht sich jetzt allmählich in meinem Befinden bemerkbar, das zwar nicht in physischer wohl aber in psychischer Hinsicht zu wünschen übrig läßt. Und dies, obwohl das Einvernehmen und der Umgang mit B's in jeder Weise angenehm ausfällt.« (IV,475) Die Einsamkeit war auf Dauer nicht zu überspielen; »dies Dasein ist nicht nur außen – durch trübes Wetter, wenige Wege, armen und steinigen Strand beschränkt, sondern hat viele Tage an denen ich mich vergeblich nach einer Unterbrechung der Arbeit umsehe.« (IV,481)

Zwei Jahre später weilte Benjamin erneut bei Brecht. Die Reproduktions- und die Erzählerarbeit waren abgeschlossen, die »Briefe deutscher Menschen« gingen in den Druck. Insbesondere die kunstsoziologischen Thesen gaben nun Stoff zur Diskussion mit Brecht, an dem es beim ersten Aufenthalt eher gemangelt hatte. »Die erste Woche meines hiesigen Aufenthalts brachte scheußliches Wetter. Abends mußten wir heizen. Aber auch sonst ließ mich die Aufnahme im Haus viele Unbilden des Draußen vergessen. Die Vormittage galten einer genauen Besprechung meiner Dir in französischer Fassung bekannten Arbeit. Ihre Aufnahme durch Brecht ging nicht ohne Widerstände, ja Zusammenstöße von statten. Das alles aber war sehr fruchtbar und führte, ohne den Kern der Arbeit im geringsten anzutasten, zu mehreren bemerkenswerten Verbesserungen. Der Umfang dürfte um ein viertel größer geworden sein.« (V,349)

Überraschen dürften auch den kundigen Leser die kleinen eingestreuten Lichter aus Skovsbostrand, die weniger bekannte und tief sympathische Züge im Bilde Benjamins beleuchten. »Ich habe viel Freude an dem Aufenthalt. Nicht nur an langen Gesprächen mit Brecht, von denen ich wie gewöhnlich einige aufzeichne sondern auch an seinen beiden Kindern einem Mädchen und einem Jungen von 5 und 11 Jahren. Es gibt weniges, was mir seit meinem Fortgehen aus Deutschland so fehlt wie der Umgang mit Kindern. [...] Seit zwei Wochen bin ich in Dänemark und wohne in nächster Nachbarschaft von Brecht. Eine Ecke seines Gartens habe ich zu meiner Schreibstatt gemacht und die Mußestunden verbringen wir bei Gesprächen und beim Schachspielen. Es ist ein sehr wohltätiges Leben und ein so freundliches, daß man sich täglich die Frage vorlegt, wie lange es das in diesem Europa noch geben wird.« (V,362)

Im Sommer 1938 kam Benjamin ein letztes Mal zu Brecht in den Norden. Eine Abhandlung über Baudelaire war für das Frankfurter Institut in New York zu erstellen. Wie schon gelegentlich in dunklen Ahnungen vorausgesehen, mauserte sie sich vor Ort zu einem Teil eines Buches über Baudelaire, auf das Benjamin schließlich alles setzte, zeichnete sich in ihm doch in Miniatur ein Modell der Passagenarbeit ab. Nicht nur das bekannte Foto des entschlossen und ein wenig grimmig Dreinblickenden, sondern auch die Briefe bewahren das Ambiente für diesen seinen letzten großen Wurf auf das Schönste. Im Haus neben Brecht bei einem Svendborger Polizeioffizier hatte Benjamin Quartier gefunden. »Ich habe einen großen Garten zu ungestörter Verfügung und meinen Schreibtisch an einem Fenster mit freiem Blick über den Sund. Die Schiffchen, die ihn passieren stellen denn auch, von der täglichen Schachpause mit Brecht abgesehen, meine einzige Zerstreuung dar.« (VI,130) Und so noch einmal an Felizitas, der die prekäre Botschaft anzuvertrauen ist, daß der avisierte Abgabetermin angesichts des wachsenden Manuskripts nicht zu halten sein wird. »Ich bewohne ein leidlich stilles Zimmer in der nächsten Nachbarschaft von Brechts Haus. Zum Schreiben habe ich einen großen stabilen Tisch – wie schon seit Jahren keinen – und einen Blick auf den gemächlichen Sund, an dessen Ufern Segelboote und auch kleinere Dampfer vorbeiziehen. So lebe ich in der contemplation opiniâtre de l'œuvre de demain, wie Baudelaire sagt, um den es sich in dem fraglichen œuvre handelt. Ich habe ihm nun einen Monat lang täglich seine acht bis neun Stunden zugewandt und habe vor, das Manuscript in der Rohfassung abzuschließen ehe ich nach Paris zurückkehre.« (VI,136)

Macht sich auch hier ein Mangel bemerkbar, so der, über das tagtägliche Geschäft sich auszutauschen, abzulassen in den Atempausen vom Schreiben und herüberzuwechseln zum Gespräch und seine Möglichkeiten auszuschöpfen, um die Benjamin in besonderer Weise wußte. »Was gäbe ich darum, Dich – und wäre es für nur eine Woche – zu sehen! Da Du mich oft – auf ein halbes Wort schon verstehen würdest, wie würdest Du mir, eben dadurch, erlauben, dessen anderer Hälfte mich zu bemächtigen. Von ähnlichem kann hier nicht die Rede sein. Auf der andern Seite empfinde ich die Einsicht sehr wohltätig, die Brecht der Notwendigkeit meiner Isolierung entgegenbringt. Ohne die würden die Dinge sich weniger angenehm anlassen. Aber eben sie hat es mir ermöglicht, mich in dem Grade auf meine Arbeit zurückzuziehen, daß ich selbst seinen neuen Roman, der zur Hälfte vollendet ist, noch nicht gelesen habe. Natürlich ist es nicht sowohl die Zeit die mir fehlt als die Möglichkeit, in das einzutreten, was meiner Arbeit fern liegt.« (VI,137)

Fügen wir noch ein drittes kleines Genrebild hinzu, nimmt sich doch jedes ein wenig anders aus. Kitty Marx-Steinschneider ist dieses Mal die Empfängerin: Ich »sitze an einem geräumigen, schweren Tisch in einer Dachstube, zur linken Hand das Ufer und den stillen und schmalen Sund, den auf der Gegenseite der Wald begrenzt. Es ist leidlich still; die Motoren der Kutter, die hier vorbeifahren, machen ein Geräusch, das man umso lieber hat, als es einem erlaubt, einmal aufzuschauen und das Schiffchen in Augenschein zu nehmen. Nebenan liegt das Haus von Brecht; da gibt es zwei Kinder, die ich gerne habe; das Radio; das Abendbrot; die freundlichste Aufnahme und nach dem Essen ein oder zwei ausgedehnte Schachpartien. Die Zeitungen kommen hierher mit so großer Verspätung, daß man sich etwas eher das Herz nimmt, sie aufzuschlagen. [...] Ich gäbe Vieles darum, wenn Sie einmal in dieses Zimmer eintreten könnten. Darin hause ich wie in einer Zelle. Es ist nicht das Mobiliar, das es dazu macht sondern die Umstände, unter denen ich es bewohne. Sie nötigen mir eine Art Klausur auf. Bei aller Freundschaft mit

Brecht muß ich dafür sorgen, meine Arbeit in strenger Abgeschiedenheit durchzuführen. Sie enthält ganz bestimmte Momente, die für ihn nicht zu assimilieren sind. Er ist lange genug mit mir befreundet, um das zu wissen und ist einsichtig genug, es zu respektieren. So geht es denn auch sehr gut von statten. Aber nicht immer ist es ganz leicht, das in Gesprächen zurückzustellen was einen tagaus tagein beschäftigt. So gibt es Augenblicke, in denen ich einen Brief wie den Ihren noch einmal lese, um entschlossen zur Arbeit zurückzukehren. Und ich denke, dies müßte mir zu einem neuen verhelfen können.« (VI,142 f.)

Schließlich blieb dem Eremiten freilich auch in Dänemark die so aufreibende unfreiwillige Mobilität nicht erspart. Zu dem Ringen mit dem ausufernden Stoff kam hinzu, »daß ich umziehen muß; Kinderlärm macht das Haus in dem ich bisher logierte unbenutzbar. Ich vertausche es mit einem andern, das von einem Geisteskranken bewohnt wird. Vielleicht erinnert sich Felizitas der schweren Idiosynkrasie, die ich seit jeher gegen diese Kranken habe! – Es gibt hier in Wahrheit keine konvenable Wohnmöglichkeit.« (VI,155)

Wieder, wie schon auf Capri, ging es um das Ganze. Und wieder stellten sich die Bilder mönchischer Abgeschiedenheit ein, in der das säkulare Tagewerk verrichtet wurde. Nun entwickelte sich das Vorhaben zu einem Wettlauf mit dem Krieg. »Die Konjunktion, in die die intensivste Arbeit mit den politischen Ereignissen trat, zwang mich, das letzte aus mir herauszuholen.« (VI,165 f.) »Meine Anspannung in den letzten Wochen war durch die Kollision der geschichtlichen Termine mit den redaktionellen eine äußerste gewesen. [...] Es war ein Wettrennen mit dem Krieg; und ich empfand, aller würgenden Angst zum Trotz, ein Gefühl des Triumphes am Tage da ich den seit fast fünfzehn Jahren geplanten ›flaneur‹ vor dem Weltuntergang unter Dach und Fach (das gebrechliche eines Manuscripts!) gebracht hatte.« (VI,167 f.)

Nimmt es unter diesen Umständen wunder, daß Benjamin voller Erwartung das in Kopenhagen abgeschriebene Manuskript auf den Weg brachte? Er versäumte nicht, nach allen Seiten und immer wieder zu betonen, daß es sich um den Mittelteil eines Buches handele und daß entscheidende Einsichten des ersten wie des dritten Teils von hier aus noch nicht in den Blick träten. Es half nichts. Die fast übermenschliche Anstrengung war neuerlich eine vergebliche. Doch wir wollen nicht vorgreifen und statt dessen für einen Moment die Perspektive wechseln.

Zu den wenigen erfreulichen Aspekten des Benjaminschen Exils darf die Tatsache gerechnet werden, daß er immer wieder bei seiner geschiedenen Frau eine Bleibe für seine Arbeit fand. Sie vermochte ihm hier das Tägliche zu gewähren. Auf die Umstände seiner Arbeit hatte sie keinen Einfluß. Und die waren in der Tat wiederum denkwürdig und verlangen nach Vergegenwärtigung. Vom ersten Aufenthalt in Dänemark nach Paris zurückgekehrt und voller Pläne für den zweiten Anlauf zum Passagenwerk, erlaubte die finanzielle Situation den Verbleib in der Stadt nicht. »Ja, so dringend diese Arbeit Paris verlangt, so glücklich muß ich auf der andern Seite darüber sein, daß sich durch ein kleines Pensionsunternehmen, das meine frühere Frau an der Côte d'azur sich eröffnet hat, mir die Möglichkeit bietet, ein oder zwei Monate dort ein Unterkommen zu finden.« (IV,521) Die erste situative Nachricht?

Neuerlich ist Benjamin dem »Lärm der Maurer und Installateure« ausgesetzt, die »in das Haus ihren Einzug gehalten haben. Manchmal frage ich mich, ob es mir an der Wiege gesungen oder aus den Sternen gelesen wurde, daß meine Tage unter Bauarbeiten dahingehen sollten. [...] Arbeiten muß ich natürlich meist außer dem Hause«. (IV,532) Wie immer in der Not, abgeschnitten von Büchern und Hilfsmitteln, ist es die kleine Prosaminiatur, die den stets regen Schaffenstrieb befriedigt. In San Remo entstehen weitere Stücke der einst auf den Balearen begonnenen ›Berliner Kindheit‹.

»Und wie sieht es mit mir aus? So daß man wirklich Bedenken haben muß, einem lebensklugen Manne wie Dir ein Langes und Breites davon zu erzählen. Wenn mir einer erklärte, ich könne von Glück sagen, in der herrlichsten Gegend – und San Remo ist wirklich besonders schön – ohne tägliche Lebens- und Existenzsorgen, meinen Gedanken promenierend oder schreibend nachgehen zu dürfen – was sollte ich dem Mann erwidern. Und wenn ein anderer sich vor mir aufbaute, um mir ins Gesicht zu sagen, es sei ein Elend und eine Schande, so gleichsam in den Trümmern seiner eignen Vergangenheit sich einzunisten, fern von allen Aufgaben, Freunden und Produktionsmitteln – vor dem Mann würde ich erst recht betreten schweigen. Natürlich bin ich um das tägliche Pensum nicht in Verlegenheit. Aber es wäre an der Zeit, es wieder einmal von Weitem und aus dem Ganzen her zu bestimmen; wie sehr, das erkenne ich, seitdem ich begonnen habe, meine Studien zu den ›Passagen‹ genau und systematisch durchzugehen. Leider besteht nicht die geringste Aussicht, meinen Aufenthaltsort in absehbarer Zeit frei wählen zu können; ich werde froh sein müssen, wenn ich ihn wechseln kann.« (IV,540)

Dazu aber fehlten alle Mittel. Noch über Monate verharrte Benjamin notgedrungen in San Remo, ohne Hoffnung, die so lebensnotwendigen Gesprächspartner aufzutun. Im Gegenteil! »Den Worten, mit denen Dein letzter Brief meine Lage streift, läßt sich ein Irrtum nicht nachsagen. Das Schlimmste ist, daß ich müde werde. Und dies ist weniger eine unmittelbare Einwirkung meiner ungesicherten Existenz als der Isolierung, in die deren Zufälle mich versetzen. Sie war kaum je vollendeter als hier, in einem Bade- und Fremdenpublikum, von dem für mich schwerlich etwas Ersprießliches zu erwarten ist, zu dem ich aber die Distanz, unter den obwaltenden Umständen, täglich von neuem herzustellen habe.« (IV,551) Dazu paßt nur allzu gut ein kleiner, aber vielsagender Ausschnitt aus dem einzigen erhaltenen Brief an Helene Weigel: »Um das Wichtigste voranzuschicken; zum 66 habe ich niemanden. Die Leute sind hier viel zu gebildet zum Kartenspielen. Es ist mir eine Lehre: man soll nicht über seine Kreise hinausstreben!« (V,32) In »hermetische Isolierung« habe er sich »ergeben müssen«, mit der er die »relativ angenehmen Umstände äußern Lebens zur Zeit erkaufe«, sprich eine Bleibe und das täglich Brot zu haben. (V,35)

Diese Isolierung freilich »geht weit über das Maß hinaus, in dem sie etwa meinen Arbeiten förderlich sein könnte und ich beschränke mich darauf halb handwerksmäßig und ohne mich sehr zu beeilen, ein Stück nach dem andern zurechtzuzimmern. Dazu kommt, daß einigermaßen konzentrierte Arbeit teils der Raumverhältnisse, teils der Temperatur wegen überhaupt nur im Bett möglich ist, auf das ich mich gelegentlich in der Tat völlig zurückziehe. Nur so habe ich schließlich den Bachofenessay, meine erste größere Arbeit in französischer Sprache, abschließen können und ähnlich habe ich es mit der Rezension des ›Dreigroschenromans‹ vor, die ich eben für die ›Sammlung‹ unternehme. [...] Ich entwische, so oft ich kann, von hier nach Nizza. Nicht als ob es da viel Leute für mich gäbe, aber doch immerhin ein oder zwei. Und dann vernünftige Cafés, Buchhandlungen, gut versehene Zeitungskioske – kurz alles was hier in keiner Weise zu finden ist. Dort versehe ich mich auch mit Kriminalromanen, von denen ich nicht wenige brauche, da meine Nächte hier um 1/2 9 zu beginnen pflegen.« (V,35 ff.)

Also doch Exkursionen und Cafés, Zeitungen und Bücher? Eine unerwartete Überweisung von Horkheimer nach einem an Beschämendem schwerlich zu überbietenden Brief des Notleidenden hatte den momentanen Luxus ermöglicht. Und doch: »Es sind Stunden und Tage tiefster Verstimmung, wie ich sie seit Jahren nicht glaube gekannt zu haben. Nicht von der Art eines Leidens, das es in erfüllten Lebensperioden gibt, sondern voll einer Bitterkeit, die ins Leere abfließt und von Nichtigkeiten gespeist wird. Ich bin mir gänzlich darüber klar, daß der entscheidende Grund dafür die hiesigen Lebensumstände sind, die unvorstellbare Isoliertheit. Das Abgeschnittensein nicht nur von Menschen sondern dazu von Büchern, schließlich – bei dem ungünstigen Wetter – selbst von der Natur. Jeden Abend vor 9 Uhr zu Bett zu gehen, jeden Tag dieselben wenigen Wege zu machen, auf denen Du vorher schon sicher bist, niemandem zu begegnen, jeden Tag dieselben schalen Überlegungen an die Zukunft zu wenden das sind Umstände, die schließlich auch bei einer sehr robusten innern Verfassung – für die ich die meine eigentlich halte – eine schwere Krisis heraufführen müssen.« (V,42) Nur hinter »den wallenden Schleiern mehr oder weniger nachhaltiger Depressionen« vollzieht sich die Arbeit. (V,47) So also sah es am Mittelmeer nach zwei Jahren der Emigration aus. »Ich habe in den ersten zwei Jahren Emigrationsdasein Beweise von großer Geschicklichkeit abgelegt. Es kann aber leicht der Augenblick kommen, wo diese Beweise keinen mehr interessieren – und mich selbst interessieren sie schon lange nicht mehr.« (V,54)

Am Ende dieser Odysseen war ungeachtet der in Paris zu konstatierenden Veränderungen schließlich doch die Bibliothèque Nationale wieder sein »ersehntester Arbeitsplatz«. (V,65) Aber in Paris am Bahnhof ankommen und nicht wissen wohin? Es blieb in diesem gänzlich unübersehbaren Frühjahr 1935 die entscheidende Wende im Leben desjenigen, der doch mit dem Leben abgeschlossen hatte, daß das Frankfurter Institut in New York ein Salär für feste Mitarbeit zunächst in Aussicht stellte und dann realisierte. Im gleichen Moment hielt das Passagen-Projekt wiederum Einzug, nun erstmals in Gestalt eines »›Hauptplans‹«, wie er dann in dem berühmten Exposé ›Paris die Hauptstadt des neunzehnten Jahrhunderts‹ in kürzester Frist zu Benjamins eigenem Erstaunen zustande kam. Damit war Paris wieder zum festen und unentbehrlichen Mittelpunkt geworden. »Ich muß also« – so im Mai an Brecht – »um jeden Preis – und es ist verteufelt schwierig – versuchen, mich noch in Paris zu halten.« (V,81) Wie immer ist Scholem der erste, der in einem großen Brief die Umrisse des nun unverhofft absehbaren Buchs skizziert erhält, das über die Jahre innerlich herangereift war. »In den unglaublichen Schwierigkeiten, mit denen ich es zu tun habe, verweile ich manchmal mit nachdenklichem Vergnügen auf der Betrachtung, welche dialektische Synthesis aus Misere und Üppigkeit in diesen immer wieder unterbrochenen und durch ein Jahrzehnt immer wieder erneuerten, in die entlegensten Gegenden vorgetriebnen Studien liegt. Sollte die Dialektik des Buchs sich als gleich solide erweisen, so könnte ichs mir gefallen lassen.« (V,84) Es war wiederum eine Arbeit, die ihm alles abverlangte; sie bildete »den eigentlichen, wenn nicht den einzigen Grund, den Mut im Existenzkampf nicht aufzugeben.« (V,99)

Der Stabilität in Gestalt der Bibliothèque Nationale stehen freilich neuerlich die Unsicherheiten der Unterbringung gegenüber. Da ist der Arzt, der ihm seine Wohnung zur Verfügung stellen wollte, an Lungenentzündung erkrankt. (Vgl. IV,381) Dann muß er auf die Schwester zurückgreifen. »Auch das ist mir nicht an der Wiege gesungen worden. Im übrigen wird es auch von dort bald wieder fortgehen, denn das Zimmer, in dem ich bin, ist vermietet.« (IV,387) Später, nach längerer Abwesenheit von Paris, kann er das Hotel verlassen und zur Schwester herüberwechseln, so lange sie abwesend ist. (Vgl. V,125) »Auch ich habe Ferien, auf meine Weise und es ist das Angenehme, daß sie die Arbeit nicht ausschließen. Aber das beste an ihnen – und darum gebe ich ihnen den Namen – ist, mir nach zwei Jahren möblierter Quartiere zum ersten Male wieder das Gefühl des Wohnens in abgeschlossnem Raume zu geben. Wie ich mich dabei erhole, beweist mir, daß ich das wohl noch nötiger habe als mir das Gefühl anzeigte, es zu entbehren.« (V,132) Mit der Rückkehr der Schwester ist diese Epoche des Komforts jedoch wieder vorbei. »Es war um mich zu düster und ungewiß, als daß ich die dürftigen Stunden inneren Gleichgewichts meiner Arbeit zu entziehen gewagt hätte. Ein neuer Umzug, mit allem, was unter solchen Umständen ihm vorangeht und folgt, fiel in die gleiche Epoche.« (V,186)

In einer Emigrantenwohnung findet Benjamin schließlich als Untermieter ein Dach über dem Kopf. Darüber hinaus hat er Anrecht auf einen Mittagstisch erworben, wie er in einem Rapport an den Geldgeber berichten kann. »Aber erstens ist diese Zulassung provisorisch, zweitens kann ich von ihr nur an Tagen, die ich nicht auf der Bibliothek verbringe, Gebrauch machen; denn das Lokal liegt weit von ihr ab.« (V,178) Später entnimmt man einem Gesuch an Pollock, den Kassenwart des Instituts: »Ich wohne möbliert bei deutschen Emigranten. Durch einige Anschaffungen – Vorhänge, Matte, Bettüberwurf – ließe sich das Zimmer so herrichten, daß ich gelegentlich französische Bekannte bei mir sehen könnte.« (V,501) Und doch: Fast ohne eine Spur in den Briefen zu hinterlassen, ist neben der Materialsammlung für die ›Passagen‹ den Sommer über die Arbeit am ›Kunstwerk im Zeitalter seiner technischen Reproduzierbarkeit‹ herangewachsen, die nun als »die erste Kunsttheorie des Materialismus, die diesen Namen verdient«, annonciert werden kann. (V,184)

Zwei Jahre war es Benjamin beschieden, in dem immer noch provisorisch eingerichteten Zimmer in der rue Bénard Unterschlupf zu finden. »Meine Position war in Paris ständig dadurch beeinträchtigt, daß ich nie die Initiative zu einer Begegnung mit französischen Freunden – es wäre denn in einem Café gewesen – ergreifen konnte.« (V,583) Aus dem Sommer im Jahr 1937 nach Paris zurückgekehrt »fand ich durch eine nicht vorherzusehende Machination meiner ehemaligen Wirtsleute mein Zimmer unter fremder Okkupation. Ich hatte alle Hände voll zu tun, meine wichtigsten Papiere in Sicherheit d h in ein provisorisches Quartier überzuführen. Mit meiner Bibliothek konnte ich das noch nicht durchführen«. (V,584) So richtet sich die Hoffnung – schon Horkheimer gegenüber artikuliert – auf ein eigenes Zimmer in der großen Stadt. Aber der Weg dahin ist weit, und die Perspektiven sind schließlich auch nicht die gewinnendsten. »Es sieht in der Welt unerfreulicher als je aus«, heißt es im November 1937 gegenüber Alfred Cohn. Ein »Beruf, der einem das Basteln erlaubt, wie Dir Deiner und mir der meinige, ist unter solchen Umständen nicht der schlechteste. Ich freilich habe es selbst in dieser bescheidnen Tätigkeitsweise in den letzten Wochen nicht weit gebracht. Aus mancherlei Gründen. Erstens wohne ich unter den ungünstigsten Verhältnissen, zu ebner Erde, das Fenster auf eine der großen Verkehrsstraßen blickend, auf denen die Lastwagen von und nach der Stadt vorbeibrausen. Der Lärm beschneidet mir meinen Schlaf aufs schärfste und zwingt mich danach, tagsüber mein Logis zu meiden. Auf unabsehbare Frist wäre dieses Quartier unerträglich. Vom ersten oder fünfzehnten Januar an werde ich, zum ersten Mal in der Emigration, eine eigene Wohnung beziehen. Leider ist sie winzig; das einzige Zimmer, über das sie verfügt, ist von bescheidenster Dimension. Ich bezahle sie hoch: seit den Sozialveränderungen ist die Bautätigkeit fast erstorben und die Kleinwohnungen beginnen, einen Seltenheitswert zu bekommen. Das Gute ist, daß ich einigen Komfort und eine große Terrasse haben werde, auf der man im Sommer die Leute placieren kann.« (V,605)

So taucht die letzte Pariser Wohnung in der rue Dombasle im Blickfeld auf. Vom 19. Dezember 1937 datiert der erste Brief aus ihr. (V,628 f.) Aber erst im Februar des folgenden Jahres – so an Horkheimer – »ist die Installation meines Zimmers ungefähr abgeschlossen. Es liegt im Siebenten Stock und hat einen freien Blick über die Häuserreihen. Daß es nach Norden hinausgeht, ist bei dem oft glühenden pariser Sommer kein Nachteil; ein großer Vorteil ist eine Terrasse, auf der sich später an den Abenden selbst zu mehreren verweilen läßt. In jedem Falle wird sich der Raum, wenn die leeren Regale einmal mit meiner bei Brecht befindlichen Bibliothek bestellt sind, so präsentieren, daß ich auch Einheimische ohne Befangenheit bei mir sehen kann.« (VI,21) Dann ist die Einrichtung der neuen Wohnung erfolgt und Horkheimer wird unterrichtet. Sie hat »ihre Licht-, auch Schattenseiten. Nicht leicht ist es mir bisher gefallen, mich an einen Fahrstuhl zu gewöhnen, der Wand an Wand seine fast ununterbrochene Reise macht. Ich hoffe, daß die Verflechtung seiner Geräusche mit meiner Arbeit eine Frage der Zeit ist. Die Erfahrungen, die Bekannte von mir, die schon seit mehr als einem Vierteljahr eine kleine Wohnung suchen, gemacht haben, zeigt mir, daß ich trotz allem recht gehabt habe, ohne allzu umständliche Bedenken mich zu fixieren. Wenn meine dänischen Bücher einmal hier aufgestellt sein werden – ich bemühe mich eben, den Preis für ihren Frachttransport zu erfahren –, so wird es bei mir so aussehen, daß ich Ihnen, für Ihre nächste Europareise, zum ersten Mal einen Abend in eigenen vier Wänden versprechen kann. Erst jetzt habe ich gemerkt, wiesehr ein Bedürfnis nach ihnen in mir gesteckt hat. Ich verlasse das Haus kaum, und das kommt meinem durch den letzten Monat angespannten Budget zugute.« (VI,38 f.)

Im Dezember 1938 ist dann auch die Bibliothek zur Hand. (Vgl. VI,177) Der Aufzug geistert freilich weiter als Quelle der Störung durch Benjamins Briefe. (Vgl. VI,243) Im Winter erweist sich das Zimmer bald als wenig behaglich. (Vgl. VI,216) Und was die Aussichten auf den Sommer anging, die Benjamin sich so verheißungsvoll ausgemalt hatte, so sah er sich im Sommer 1939 für drei Monate in Nevers interniert, wo er sich nach dem Zeugnis Hans Sahls nochmals einen Freiraum für die Herstellung einer Lagerzeitung erkämpfte. Benjamin hatte einen jungen Helfer gefunden. Es war in der Beziehung des jungen zum alten Mann, in der Fürsorge für den körperlich Gebrechlichen und in praktischen Dingen Hilflosen ein fast biblischer Respekt für das Geistige in einer Zeit der Heimsuchungen und Gefährdungen. »[...] Benjamin hauste in einem Verschlag, am Fuß einer Wendeltreppe, die über seinem Strohlager eine Art Dach bildete. Aus einem Stück alter Sackleinwand hatte ihm sein Jünger einen Vorhang angefertigt, der ihn den Blicken der andern entzog. Ein Heiliger in seiner Höhle, von einem Engel bewacht.«[30] Ein Jahr später mußte er neuerlich seine wichtigste Habe in Gestalt seiner Manuskripte in Paris in Sicherheit bringen, vieles in seiner letzten Wohnung zurücklassen und die Flucht in den Süden des Landes antreten. Verzweifelt an seine Aktentasche sich klammernd, die ihm wichtiger wird als sein Leben, weil sie das letzte Manuskript birgt, sehen wir den seit Jahren Gehetzten auf der Suche nach einem Weg in die Freiheit ein letztes Mal vor uns.

Zerstobene Hoffnungen

Schauen wir nun auf die andere Seite, auf das Schicksal der von Benjamin vielfach unter so desaströsen Bedingungen zum Abschluß gebrachten Werke und kleineren Texte, getreu unserem Vorsatz, an sie selbst und ihr vielfaches Rankenwerk in den Briefen nicht zu rühren, um Bezirke zu umgehen, denen nur einläßlichste Bemühung gerecht werden könnte. Daß Werke – wie Briefe – ihr eigenes Leben entfalten, hat uns niemand eindringlicher gelehrt als Benjamin. So ist es nicht nur wie bei jedem Autor statthaft, sondern gegenüber einem wie Benjamin in besonderer Weise angemessen, einen Blick auf ihren Weg zu werfen, nachdem sie abgeschlossen worden waren. In nicht versiegendem Einfallsreichtum war ihr Autor darum bemüht, sie das Licht der Welt erblicken zu lassen, um sich am Ende doch nur allzu häufig die Vergeblichkeit all seiner Bemühungen eingestehen zu müssen. Sie zu dokumentieren kann auch im folgenden wiederum nur heißen, eine signifikante Auswahl zu treffen. Nichts öder als Vollständigkeit und geboten wie immer Akzentuierung, geleitet nicht zuletzt von dem Wunsch, dem Stil des Briefschreibers in al-

30 Hans Sahl: Walter Benjamin im Lager.– In: Zur Aktualität Walter Benjamins (Anm. 23), S. 74–80, hier S. 79 f.

len denkbaren Facetten auf der Spur zu bleiben. Denn wenn der Gang, den die Werke getan haben, inzwischen zumindest editorisch vielfach zu einem Abschluß gelangt ist, so laden die Worte, die Benjamin ihnen zum Geleit gab, immer neu zum Verweilen ein, bewährt sich doch auch in ihnen der begnadete Briefschreiber, der er nun einmal – auch einmal – war und um den es uns zu tun ist.

Das erste Wort, das wir von dem eben Neunzehnjährigen vernehmen, könnte auch das letzte des Achtundvierzigjährigen sein. Auf »einem baufälligen Stuhl, in Wahrheit jedoch auf einem Trümmerhaufen zerstörter Hoffnungen sitzend«, macht er sich an das »traurige Inventar« seines »Trümmerhaufens«, unter dem als erstes die Hoffnungen begraben liegen, sein Reisetagebuch zum Abschluß bringen zu können. (I,41) Wie ein Motto ließe sich diese Mitteilung über der Eröffnung ungezählter ähnlicher in den sechs Bänden der Briefe denken. Wir versammeln nur eine kleine Blütenlese. Da bietet sich Ernst Schoen an, einem Jugendversuch mit dem anspruchsvollen Titel ›Metaphysik der Jugend‹ zur Publizität zu verhelfen. Benjamin winkt ab. »Das Drucken hat seine großen Schwierigkeiten, ich weiß kaum einen geeigneten Ort, bin ungewiß ob Robert Musil es für die Neue Rundschau annimmt.« (I,231) Natürlich nicht, falls es denn überhaupt dorthin gegangen sein sollte. Der jugendliche, frühreife Autor weiß um den langen Reifeprozeß, den Gedanken, Lektüren, schriftstellerische Bemühungen benötigen. 1917 wird – wieder gegenüber Schoen – ein erstes Fazit gezogen. Es ist eines im Zeichen einer untergegangenen Welt, an der Benjamin so lebhaften Anteil hatte.

»Ich hoffe die beiden Jahre vor dem Kriege als Samen in mich aufgenommen zu haben und von da an bis heute geschah alles zu ihrer Läuterung in meinem Geist. Wenn wir uns wiedersehen werden wir über die Jugendbewegung sprechen deren Sichtbares so vollkommen mit so erschütternder Gewalt untergegangen ist. Alles, außer dem wenigen wodurch ich mein Leben zum leben bestimmen ließ, dem ich in den letzten beiden Jahren mich zu nähern suchte, war Untergang und ich finde mich hier in vielfachem Sinne gerettet: nicht zur Muße Sicherheit Ruhe des Lebens, wohl aber entronnen dämonischen gespenstischen Einwirkungen die wo wir uns hinwenden am Herrschen sind und entronnen der rohen Anarchie, der Gesetzlosigkeit des Leidens. Ich habe zu meinem Geburtstage die Werke des Gryphius in einer schönen alten Ausgabe bekommen. Das Werk dieses Mannes ist ein Wahrzeichen der großen Gefahr die uns auch heute bedroht: die Flamme des Lebens wenn nicht ersticken so doch hoffnungslos verdüstern zu lassen; Licht gibt mir die Besonnenheit im Geist der vergangnen Jahre.« (I,373 f.) Also keineswegs, um dies nur nebenbei zu bemerken, Todesrausch und Untergangsstimmung im Zeichen von Barock und Expressionismus, sondern Gewahrung der Disqualifikation auch des höchsten Lebens – ein tragendes Motiv des Trauerspielbuchs – ist 1917, vermittelt über Gryphius, bereits angeschlagen. Wenig später, im Februar 1918 aus Locarno, wird die Erfahrung gegenüber Scholem als Quintessenz der ersten bewußten Jahre im Leben des Geistes wiederholt. »Die sechs Jahre [die] seit meinem Austritt aus der Schule bis jetzt verflossen sind sind eine einzige in ungeheurem Tempo durchlebte Epoche gewesen die unendlich viel Vergangenheit mit andern Worten: Ewigkeit für mich enthält.« (I,432)

Die Dissertation wurde bekanntlich in der Druckerei von Scholems Vater gedruckt, die Fakultätsexemplare für Bern mit besonderer Titelei. Schon in den Verhandlungen sieht sich Benjamin zeitweilig »mit einem niederschmetternden Resultat« konfrontiert: den unerschwinglichen Druckkosten angesichts des rapiden Preisverfalls. Sie konnten aufgefangen werden, das Werk erschien fristgerecht. Dafür wurde ihm lange vor Beginn des Zweiten Weltkrieges und zudem ausgerechnet in der Schweiz eine vor den vierziger Jahren unseres Katastrophen-Jahrhunderts nicht eben typische Nachgeschichte zuteil. »Im übrigen beginnen libelli mei sua fata zu erfahren. Bei einem großen Brand im Magazin meines Berner Verlegers ist die ganze Auflage meiner Dissertation zugrunde gegangen. Und so habe ich wenigstens hier die Gewähr, daß es nicht verramscht wird!« (II,430) Gegenüber Freund Scholem kam der sammlerische, bibliophile und merkantile Aspekt dieses Ereignisses zum Tragen: »Vor kurzem erhielt ich die Nachricht, daß die gesamte noch vorhandne Auflage meiner Dissertation in Bern verbrannt ist. Ich lasse Dir damit einen unschätzbaren Tip zukommen und anvertraue ferner, daß noch 37 Exemplare auf Lager sind, deren Erwerb Dir eine königliche Position auf dem Antiquariatsmarkt sichern würde. » (II,436) »Arthur Scholems Offizin ist also damit eine weitere Rarität entsprungen.« (II,453)

›Schicksal und Charakter‹ und die Kritik von Dostojevskis »Idiot« vermochte Benjamin in den »Argonauten« bei Weißbach in Heidelberg zu publizieren. Das Ringen um die Publikation der Kritik von Blochs »Geist der Utopie« und damit zusammenhängender Stücke einer »Politik« zog sich über Jahre hin und endete gleich in einer doppelten Katastrophe. Die Texte konnten nicht plaziert werden, befanden sich zeitweilig bei Scholem, wurden zurückerbeten und gingen Benjamin später verloren. Wenn der Auslegung von ›Kritik der Gewalt‹ – 1920/21 im Archiv für Sozialwissenschaft erschienen – nicht anders als der des ›politisch-theologischen Fragments‹ bis heute so große Schwierigkeiten entgegenstehen, so hat dies auch mit dem herben Verlust der zeitnahen Texte aus dem thematischem Umkreis zu tun, an die Benjamin Monate intensivsten Arbeitens wandte.[31]

Ein eigenes Kapitel betrifft den Umgang mit dem Verleger Weißbach in Heidelberg. Schon im August 1920 hebt es an, bezeichnenderweise sogleich über Honorarfragen, die einen festen Platz die Jahre über behaupten. Drei Jahre währte der Kampf um die Publikation der Übersetzung von Baudelaires »Tableaux parisiens«. Und als sie 1923 »nach transzendentalen Zeitmaßen« (II,328) erschienen war, gingen doch die Querelen keineswegs zu Ende. Denn nun sah Benjamin sich weiter über Jahre veranlaßt, den Stand des Absatzes in Erfahrung zu bringen und ausbleibende Honorare anzumahnen, von den erbetenen Vorschüssen, der anderen Seite der Medaille, nicht zu reden. Auch die Freude über das Erscheinen blieb eine ge-

31 Vgl. jetzt vor allem die wichtigen herausgeberischen Notizen GB II,121 und III,11. Zum Kontext zuletzt die große Abhandlung von Uwe Steiner: Der wahre Politiker. Walter Benjamins Begriff des Politischen.– In: Internationales Archiv für Sozialgeschichte der Literatur 25 (2000), H. 2, S. 48–92.

teilte. Maßlos ereiferte sich der Übersetzer, dem mehrfach bescheinigt wurde, sich neben George behaupten zu können, angesichts der Abfuhr, die ihm durch einen anderen Baudelaire-Übersetzer, nämlich keinen geringeren als Stefan Zweig zuteil wurde. »[...] da haben wir also die Sache. Ich ruhe und raste nicht, bis mein Verleger der ›Frankfurter Zeitung‹ ein Exemplar vom Baudelaire schickt, ich sage mir, gerade hier kommt es darauf an, und dann führt das redaktionelle Kraftmeyertum des S.[iegfried] K.[racauer] zu diesem Ende. Eine Kritik wie sie vielleicht schlechter, nicht aber schädlicher hätte verfaßt werden können. Und wer wird hinter der wohlkonfektionierten Objektivität den exasperierten Baudelaire-Übersetzer Zweig ahnen, der ›gleich hinter‹ George kommen möchte. Wer weiß etwas von jenem Bändchen, das Anfang des Jahrhunderts erschien und nur schwer anderswo als im Giftschrank meiner Bibliothek zu finden ist?« (II,459)

Was dem ›Baudelaire‹ schließlich zu guter Letzt beschieden war, blieb dem Zeitschriften-Projekt ›Angelus Novus‹ versagt. Es hat in der Nachfolge der esoterischen und ambitionierten romantischen Organe eine großartige Ankündigung sowie den Entwurf des Titelblatts gezeitigt und darüber hinaus den angelologischen Tief- und Frohsinn der Freunde herausgefordert; materialiter kam es so wenig wie später die mit Brecht geplante Zeitschrift ›Krisis und Kritik‹ zustande. Die Briefe halten das nicht endende Hin und Her minutiös bis hin zu den Benjaminschen Anweisungen für den Umschlag fest.

»Alle Linieneinfassungen des Titels wie mit schwarzer Kohle leicht aufgetragen [...] Alle Buchstaben in *schräger* strenger und einfacher ANTIQUA. Die Buchstaben des Zeitschriftentitels viel größer wie die der Verlagsangabe. Nur Großbuchstaben. Der Titel ANGELUS NOVUS wie mit tiefblauem gesättigten Pastell geschrieben. Die Verlagsangabe wie mit tiefschwarzem gesättigten Pastell.« (II,220; vgl. auch II,232 f.) Gewiß wäre auch äußerlich etwas Ansprechendes zustande gekommen. Die Gelegenheit jedoch, Entwurf und Ausführung zu vergleichen, stellte sich nicht ein. Statt dessen verlautete am 1. Oktober 1922 gegenüber Gerhard Scholem und Escha: »[...] zum neuen Jahre wünsche ich Euch von Herzen Gutes. Das alte ist nicht vorübergegangen ohne die verborgensten Befürchtungen einzulösen. Denn als wollte er ein letztes Mal beweisen, ein wie guter Jude er ist, hat der Angelus mit dem Abschied des gestrigen Tages den seinen verkündet. Er hat sein altes Haus am kleefarbnen Himmel bezogen und der Ehrenthron des Redaktors in meinem Herzen steht leer. [...] Das bischen Flunkerei, unter dem hiermit sein Erdenleben verflackert, verrät, was auch an diesem Wesen unzulänglich.« (II,269)

Dem frühzeitig »in Enttäuschungen Erprobten« (II,306) stand nun als nächstes der Kampf um die Publikation seiner Wahlverwandtschaften-Arbeit bevor. »Cassirer hat jetzt in der Tat nach dreimonatlichem Studium meine Wahlverwandtschaftenarbeit zurückgegeben. Er wird sie – wegen technischer Schwierigkeiten – nicht drucken. Immerhin bin ich noch nicht verzweifelt, sie an den Mann zu bringen.« (II,328) So wandert das Manuskript zu Erich Rothacker, über dessen »Einleitung in die Geisteswissenschaften« Benjamin später seine eigene und sehr dezidierte Meinung haben sollte. Neben den obligatorischen Komplimenten fand vor allem die nachdrückliche Empfehlung für »starke Kürzungen« in dem Antwortschreiben wiederholten Ausdruck. Die Abhandlung könnte um die Hälfte reduziert werden. »Ich weiß daß Sie dazu wenig Lust haben werden, aber in dieser scheinbaren Unkürzbarkeit möchte ich gerade trotz der Reife Ihrer Arbeit eine gewisse Jugendlichkeit erkennen. Junge Autoren sind ihrem Gedankendrang gegenüber leicht wehrlos und halten in dem Gefühl etwas zu sagen zu haben ihre Exkurse meist für wichtiger als den Kern.« (II,331 f.) So die Einlassung des neben Paul Kluckhohn verantwortlichen Herausgebers der eben mit so hohen Ansprüchen gegründeten »Vierteljahrsschrift für Literaturwissenschaft und Geistesgeschichte«. Da regt sich auch nicht die Spur einer Ahnung, einen der bedeutendsten kunsttheoretischen und kritischen Texte in der Hand zu haben, der in den Geisteswissenschaften je zustande gekommen ist. So bedeutete es einen unvergleichlichen Glücksfall, daß über Rang der Kontakt zu Hofmannsthal hergestellt wurde, dessen schlechterdings grandiose Reaktion mit einem Schlag zeigte, daß Sinn für inkommensurables Niveau am Ende allein außerhalb der Pforten der Wissenschaft zu suchen war.

Hofmannsthal veröffentlichte die Arbeit bekanntlich in seinen »Neuen Deutschen Heften«. Das war ein prominenter Ort, gewiß. Benjamin aber war selbstverständlich an einer selbständigen Publikation gelegen. Der Kampf um sie verknüpfte sich mit dem um sein nächstes Sorgenkind, das Trauerspielbuch. »Es ist ja eben so selten wie schön, wenn man eine Arbeit, die man im Stadium des Planens mitgeteilt erhielt, später als wirkliche vor sich sieht. Ich wünschte, mit meiner Arbeit wäre es bereits an dem. Aber erst im Sommersemester werde ich sie abliefern können.« (II,430) Das ist eben geschehen, da drängt auch schon der Verleger mit dem Abgabetermin, obgleich die »letzte[n] bibliographische[n] Ausfeilungen« noch gar nicht erledigt sind. (III,32) Benjamin nimmt das so ernst, daß er auch aus diesem Grund bereit ist, den geplanten Schlußpart zur Idee der Kunstkritik in Entsprechung zur erkenntniskritischen Vorrede fallen zu lassen. (Vgl. III,26) Zweieinhalb Wochen später hat er zu berichten: »[...] seit einigen Tagen liegt das vordem wohlbestellte Feld meiner Hoffnungen wüst: der Verleger ist bankerott, auf die schimpflichste, dümmste Weise gegangen. Es stellte sich ein Zusammenbruch heraus, der für ein noch kaum bestehendes Verlagsunternehmen die beträchtliche Schuldensumme von 55000 Mark aufweist, denen keine Aktiven gegenüberstehen. Jetzt erfahre ich, daß der Mann bereits 20000 Mark private Verpflichtungen hatte, bevor er noch an seinen Verlagsplan gegangen ist. Das Geld ist für Autofahrten, Diners, Trinkgelder, Zinszahlung u.s.w. draufgegangen. Der Mann selber geht nun, wie es sich für feine Leute gehört, ins Sanatorium. Mir hinterbleibt der Nachgeschmack einer unsympathischen Mischung von Wohlleben und Idealismus, die in dem Jüngling sich darstellte. Das ist aber denn auch das einzige, was aus diesem Vertragsverhältnis mir hinterbleibt und der Horizont ist von Sorgen besetzt.« (III,31)[32]

In einem Brief an Scholem, einen Monat später, wiederholt Benjamin die Geschichte. Und in ihm ist nun gleich von einer bevorstehenden Doppelpublikation die Rede. In einem Jahrbuch des Cassirer-Verlages soll zusammen mit einer Bespre-

32 Vgl. dazu die Anmerkung des Herausgebers, S. 32, sowie der Bericht, S. 37.

chung von Blochs »Geist der Utopie« der letzte Teil des Trauerspielbuchs unter dem Titel ›Konstruktion der Trauer‹ erscheinen. (III, 37) Wieder also war an eine Vorauspublikation, nun eines gewichtigen Teilstücks, gedacht. Nichts von dem kam zustande. Und während die Rezension ganz verloren ging, öffnete der neuerlich faszinierte Hofmannsthal wiederum seine »Neuen Deutschen Hefte« für einen Ausschnitt aus dem Barockbuch. Im August 1925 kann Benjamin an Hofmannsthal berichten, daß das Trauerspielbuch inzwischen bei Rowohlt liegt. Der Freund und dortige Lektor Franz Hessel hatte die Vermittlung übernommen. »Bei der Wahl dieses Verlages spielte meinerseits der Gedanke mit, eher einen allgemeiner interessierten als einen geradezu wissenschaftlichen Verlag im engern Sinne zu gewinnen. Denn die ›wissenschaftliche‹ Haltung im heutigen Sinn ist ja nicht das Hervortretende meines Versuches und unter dem Gesichtspunkt des wissenschaftlichen Verlages könnte leicht ebendas den Wert der Schrift drücken, worin für mich ihr Interesse liegt.« (III,70 f.) Benjamin hatte also frühzeitig die Rezeption seines Hauptwerkes in wissenschaftlichen Kreisen abgeschrieben. Ob er den Schritt zu Rowohlt getan hätte, wenn er gewußt hätte, welch eine Wartezeit ihm da abgenötigt wurde?

»Ich bin nicht sicher, vermute aber Ihnen mitgeteilt zu haben, daß, vor allem dank Ihres maßgebenden Urteils das Trauerspielbuch, die Wahlverwandtschaftenarbeit und ein Aphorismenheft von Rowohlt in Verlag übernommen sind. Die beiden ersten sollen planmäßig am 1 März 1926 vorliegen.« So heißt es in einem Brief an Hofmannsthal vom 8. November 1925 aus Riga. (III,97) Nun waren also die frühe Goethe-Studie, das weitgehend auf Capri geschriebene Barockbuch und das auf der gleichen Insel unter dem Eindruck von Asja Lacis empfangene und ihr später zugeeignete Büchlein mit Aphorismen, zunächst unter dem Titel ›Plaquette für Freunde‹ figurierend, unter einem Dach zusammen. Man wird einräumen müssen, daß eine günstigere Konstellation für einen freien Schriftsteller, der nun zeitgleich seinen Weg über die Zeitung und alsbald den Rundfunk in die Öffentlichkeit suchte und soeben mit dem Städtebild ›Neapel‹ in der »Frankfurter Zeitung« hervortrat, kaum denkbar war. Doch das Frühjahr nahte, und es geschah nichts. »Sie scheinen ja mit bedeutender Wucht auf den verschiedensten Gebieten vorzustoßen«, heißt es im April 1926 in einem Brief an Gottfried Salomon-Delatour. »Bei mir sieht es im Augenblick [!] nicht so aus. Die drei Bücher – Trauerspielbuch, Wahlverwandtschaftenarbeit und ein Band Aphorismen – sollen erst im Herbst herauskommen.« (III,130) Und so auch an Scholem, mit einem Zusatz, der zeigt, wie genau Benjamin die Morphologie seines Werkes lange vor seinem Erscheinen zu bestimmen und im gleichen Moment andeutend zu verhüllen wußte. »Rowohlt verschiebt den Erscheinungstermin meiner Sachen in den Herbst, sodaß im Augenblick [!] auf stattlichere Zuwendungen an Deine Bibliothek von mir aus nicht zu rechnen ist. Dafür wirst Du dann im Oktober, wie ich hoffe, den Aphorismenband erhalten, in dem der größte Teil der Bemerkungen Dir Inedita sein werden. In ihm überschneiden sich meine ältere und eine jüngere Physiognomie von mir nicht zum Nutzen seiner weithinwirkenden Evidenz, desto interessanter aber – wenn das nicht zu viel gesagt ist – für Dich, den stillen, gewiegten Beobachter.« (III,133)

Immerhin ließen die langen verlegerischen Fristen Zeit für weitere Erwägungen. So modelte sich der Titel der ›Plaquette für Freunde‹, die »ich nicht gern Aphorismenbuch nenne […]. Der jüngste Titel – es hat schon viele hinter sich – heißt: ›Straße gesperrt!‹« (III,161) Im Juli stand der endgültige Titel fest. Kracauer erfährt ihn bezeichnenderweise als erster, doch nur unter Kautelen. »Ich hoffe den wirklich nahen Anteil, den Sie an meinen neuen Sachen nehmen mit dem neuen Buche nicht zu enttäuschen. Dieses soi-disant ›Aphorismenbuch‹, über dessen besondere und surprisenhafte Einrichtung ich noch nicht alles verraten darf, wird – und selbst das bitte ich Sie als persönliche Information aufzunehmen – ›Einbahnstraße‹ heißen. […] Jedenfalls darf ich zu Ihnen wie zu wenigen, mit der schönen französischen Wendung (die Sie natürlich hier ganz à l'amiable nehmen müssen) hiervon sagen. ›Je vous attends là dessus‹ – ich bin auf Ihre Stellungnahme sehr neugierig. Meine Zeit ist in den letzten Wochen diesem Buche sehr intensiv zugekommen.« (III,181)

Es war also gut, daß sich sein Erscheinen verzögert hatte. »Weihnachten soll mein neues Buch erscheinen, mit dem Titel ›Einbahnstraße‹ – eine höchst komische Hervorbringung, die Dir sofort zugehen wird.« (III,187) »Es ist eine merkwürdige Organisation oder Konstruktion aus meinen ›Aphorismen‹ geworden, eine Straße, die einen Prospekt von so jäher Tiefe – das Wort nicht metaphorisch zu verstehen! – erschließen soll, wie etwa in Vicenza das berühmte Bühnenbild Palladios: Die Straße. Weihnachten soll es vorliegen, hoffentlich kommt es dazu.« (III,197) So im September 1926 an Scholem. Natürlich kam es nicht dazu. Doch nicht nur das. »Den Erscheinungstermin des Barockbuches, dem ich mir allerdings, und ungeduldig, Dich als Leser wünsche, sowie des Wahlverwandtschaftenbuches hat Rowohlt vertragswidrig immer von neuem vertagt. Es soll im Oktober eine definitive Festsetzung erfolgen. Meine Scripta stehen also, wie Du siehst, fast sämmtlich noch aus«. (III,197)

Und so sollte es noch über Jahre weitergehen. Zwischendurch versuchte sich Benjamin mit – natürlich wirkungslosen – Sabotageakten und spielte sogar mit dem Gedanken an eine juristische Verfolgung seiner Interessen. Es lohnte sich nicht, davon im einzelnen Kenntnis zu geben, wenn seine diesbezüglichen Briefe im Umfeld nicht immer wieder die schönsten Formulierungen bereithielten, an denen zumindest wir uns nicht sattlesen können. »Liebe Jula schwieriges Einleben; Probleme; Arbeit, zuviel um fertig zu werden, zu wenig um zu verdienen, kurz: ich schreibe nicht aus überschäumendem und einfallsreichem Tintenfaß, sondern beschmiere nur eine weiße Lockstange mit meinem schwarzen Leim, um ein Brieftäubchen von Dir anzulocken. So ist es. Berlin läßt mich in einer Weise im Stich, die ich – obwohl ich manches von dort gewöhnt bin – denn doch noch nicht erlebt habe. Von meiner Frau bisher noch keine Zeile. Von Rowohlt eine so bösartige und scheinbar planmäßige Sabotage des Drucks der Wahlverwandtschaftenarbeit und des Aphorismenbuches, daß ich als Gegenmaßregel meinerseits jetzt die Korrekturen des Barockbuches zurückbehalte und mit der Möglichkeit eines Prozesses zu rechnen beginne. In allen diesen Dingen niemand in ganz Berlin, an den ich mich wenden könnte. Du siehst vielleicht: keine gute Situation. Soweit Berlin im Ausschnitt meiner Optik erscheint, bist Du der einzige Mensch, mit dem man reden kann (und Du hast auch andere Sorgen).« (III,245f.) So auch – und wiederum aus Paris – an Scholem. »Daß Deine Prognose, Rowohlt betreffend, sich bestätigt und daß jetzt ich selber den Druck des unter der Presse befindlichen Trauerspielbuches verhindere, da er seine Verpflichtung, die beiden andern Bücher (Aphorismenbuch und Wahlverwandtschaftenbuch) zu drucken, nicht innezuhalten scheint. Das ist für mich schlimm. Aber ich werde den Kampf um das Ganze der Bücher aufnehmen.« (III,251)

Hören wir eine letzte an Hofmannsthal gerichtete Äußerung, die nochmals sehr schön den Literaturstrategen, der Benjamin natürlich auch war, in Aktion zeigt. »Ich kann im Augenblick, ohne Rowohlt nochmals gesprochen zu haben, nicht ganz ins Reine kommen. Ein letztes Ultimatum in der Sache schulde ich ihm noch. (Auch spielt mein Wunsch mit, insofern es möglich, meine Sachen alle im gleichen Verlage erscheinen zu sehen: mein neues Notizen- oder Aphorismenbuch fände in einen wissenschaftlichen Verlag nicht leicht Eingang: Rowohlt dagegen hat es übernommen.) Das Entscheidende aber bleibt, daß das Barockbuch in ein paar Monaten unbedingt vorliegen muß.« (III,207) So im Oktober 1926. Benjamin mußte noch bis in das übernächste Jahr hinein warten, bevor das Trauerspielbuch und die »Einbahnstraße« bei Rowohlt erschienen. Die Wahlverwandtschaften-Arbeit aber blieb ganz auf der Strecke. Erst nach dem Krieg erschien sie erstmals separat, um dann freilich eine ganz ungewöhnliche Karriere für eine esoterische philosophisch-kunstkritische Arbeit zu nehmen.

Insbesondere Hofmannsthal gegenüber war wiederholt die Rede gewesen von einem Pendant zur Arbeit über das deutsche Barock in Gestalt einer Studie zur französischen Tragödie des 17. Jahrhunderts. Der Plan ging einher mit dem gegenüber Grete und Alfred Cohn geäußerten Einbekenntnis, »alle moderne Schreiberei so satt bekommen« zu haben, daß sich Verlangen nach Literatur aus älteren Zeiten rege. (III,291) Offensichtlich jedoch nicht nach solcher aus dem Barock. In wenigen Tagen sei vielmehr die zweibändige »Education sentimentale« gelesen worden. Im gleichen, nun an Alfred Cohn gerichteten Brief ist dann auch wieder einmal die Rede davon, daß es Zeit sei, nach Berlin herüberzuwechseln, um »nach meinen Büchern zu sehen. Man verspricht mir, wie gewohnt, alles Gute und Schöne, aber der Druck geht langsam von statten.« Dann aber schließt sich im nächsten Absatz eine Äußerung an, daß der Schreiber der Zeilen »mit Angst und Bangen an eine neue Arbeit verloren [sei], die sich mit Paris beschäftigt.« (III,292)

So waren also die Bücher der ersten Hälfte der zwanziger Jahre noch gar nicht erschienen, als sich schon ein nächstes Vorhaben ankündigte. Gewiß, Benjamin hatte, von ›Neapel‹ angefangen, eifrig die ›kleine Form‹ – so sein eigner Terminus (III,263) – gepflegt, deren Wege zur Publikation und deren Umwege zur Vereitlung wir hier ebensowenig verfolgen wollen, wie die der Essays. Nun aber meldete ein Vorhaben seine Ansprüche an, das vom ersten Moment an seinen Urheber in Kalamitäten versetzte. Dessen ungeachtet heißt es noch in dem gleichen Jahr 1927, da die ersten Verlautbarungen der neuen Arbeit hörbar werden, die alsbald das französische Klassik-Projekt obsolet werden ließ, daß die ›Pariser Passagen‹ – so schon der Titel – von »rechts wegen [...] längst geschrieben sein« müßten. (III,311) Nun, wir wissen, daß auch die dreizehn verbleibenden Jahre nicht ausreichten, um sie zu schreiben. Es waren also ausnahmsweise nicht widerspenstige Verleger, sondern das Übermaß der Aufgabe und die Ungunst der Verhältnisse, die sich einer buchförmigen Ausformung widersetzten. Gleichwohl kam immer noch genügend im Umkreis des Lebenswerkes nach dem Trauerspielbuch zustande, das eine Publikationsgeschichte, und sei es eine solche der Verhinderungen, mit sich führt. Und davon ist abschließend nun das eine oder andere zu berichten, wobei natürlich am Rande auch das Passagenwerk immer wieder in unser Blickfeld treten wird, gab es doch für fast alle Unternehmungen, zumindest seit Beginn der Emigrationsjahre, den Rahmen ab.[33]

Zunächst bleibt denkwürdig, daß die »dialektische Feerie« noch ganz in den vom Scheitern bedrohten Anfängen stand und ihr gleichwohl vom Autor bereits ihre Stellung sowie ihre in gewisser Hinsicht abschließende Rolle im Werk zugewiesen wurde. »Wenn ich die Arbeit, mit der ich augenblicklich, vorsichtig, peripherisch, beschäftigt bin – den sehr merkwürdigen und äußerst prekären Versuch ›Pariser Passagen. Eine dialektische Feerie‹ so oder so (denn nie habe ich mit solchem Risiko des Mißlingens geschrieben) beendet habe, so wird für mich ein Produktionskreis – der der ›Einbahnstraße‹ – in ähnlichem Sinn geschlossen sein wie das Trauerspielbuch den germanistischen abschloß. Die profanen Motive der ›Einbahnstraße‹ werden da in einer höllischen Steigerung vorbeidefilieren. Verraten kann ich im übrigen von dieser Sache noch nichts, habe noch nicht einmal genaue Vorstellungen vom Umfang. Immerhin ist das eine Arbeit von wenigen Wochen.« (III,322 f.)

Mit dieser Illusion sollte es noch im gleichen Jahr ein Ende haben. »Um die Arbeit aus einer allzu ostentativen Nachbarschaft zum mouvement surréaliste, die mir fatal werden könnte, so verständlich und so gegründet sie ist, herauszuheben, habe ich sie in Gedanken immer mehr erweitern und sie, in ihrem eigensten winzigen Rahmen so universal machen müssen, daß sie, schon rein zeitlich, und zwar mit allen Machtvollkommenheiten eines philosophischen Fortinbras die *Erbschaft* des Surrealismus antreten wird. Mit andern Worten: ich schiebe die Abfassungszeit der Sache ganz gewaltig hinaus, auf die Gefahr hin, eine ähnlich pathetische Datierung des Manuscripts wie bei der Trauerspielarbeit zu bekommen. Ich glaube, es ist jetzt

---

33 Es stellte nach Benjamins wunderschöner Formulierung »gleichsam das Wetterdach, unter das ich trete, wenn es draußen zu schlimm wird.« (V,189) Das Werk machte bekanntlich eine Entwicklung hinsichtlich seines Titels durch. Benjamin verabschiedete die ›Pariser Passagen‹ zugunsten einer strengeren Fassung, in der der räumliche und der zeitliche Aspekt in einer metaphorischen Überblendung gleich gewichtig zu ihrem Recht kamen. »Endlich ist der Titel Pariser Passagen verschwunden und der Entwurf heißt ›Paris die Hauptstadt des neunzehnten Jahrhunderts‹ und im stillen nenne ich ihn Paris capitale du XIXe siècle.« (V,83 f.; so auch V,89 und öfter). Die deutschen Herausgeber des Werkes glaubten, sich dieser Benjaminschen Anweisung widersetzen zu dürfen, und hielten an dem überholten Titel fest. Man muß also zu der französischen oder italienischen Ausgabe des Werkes greifen, wenn man es mitsamt seinem vom Autor festgelegten Titel in der Hand halten möchte.

genug und auf genügend unvollkommene Weise da um das große Risiko einer solchen Dehnung des Arbeitstempos und damit des Gegenstandes eingehen zu können.« (III,420) Das war, wie rückblickend leicht festzustellen, das Todesurteil über die ›Passagen‹ als ein einziges und geschlossenes Buchprojekt.

Noch während Benjamin in der ersten Hälfte des Jahres 1928 ständig über das Projekt – und das hieß: über die Schwierigkeiten, die es mit sich führte – berichtete, hatte es sich mit einem anderen Vorhaben gekreuzt und dieses zumindest in finanzieller Hinsicht auch bereits verschlungen. »In der Tat, mit der gegenwärtigen Arbeit hoffe ich, meine eigentliche Produktion vorläufig abzuschließen, um *nur* zu lernen. Eine schmale Anzahlung, die mir Rowohlt auf ein projektiertes Buch über Kafka, Proust etc. gegeben hat, hoffe ich auf die Passagenarbeit verrechnen zu können. Bei dieser Arbeit bin ich übrigens auf meine Weise auf Max Brod gestoßen, der sich mir in Gestalt eines Büchleins von 1913 ›Über die Schönheit häßlicher Bilder‹ präsentierte. Es ist merkwürdig, wie er vor fünfzehn Jahren, zuerst, etwas selbstgefällig auf einer Klaviatur gefingert hat, für die ich mich bemühe, eine Fuge zu schreiben.« (III,379) Da war also ein weiteres Buchvorhaben, eine Sammlung der literarischen Essays, bei Rowohlt fixiert worden, von dem immerhin bemerkenswert ist, daß Benjamin im Frühjahr 1930 bereits von einem Vertragsabschluß berichten konnte, obgleich für den »Essayband« noch mancherlei zu schreiben blieb. (III,522) Ein Jahr später sollte er vorliegen. Doch vorerst konnte Benjamin als Erfolg nur verbuchen, daß es ihm in einem Gespräch mit dem Verleger gelungen sei, »den Erscheinungstermin meiner gesammelten Essays, die im Frühjahr herauskommen sollten, um ein halbes Jahr zu verschieben; dies im Interesse ihrer Ausgestaltung.« (IV,13)

Der Herbst aber war noch gar nicht gekommen, da vermeldete Benjamin an Scholem: »Was meine Arbeiten betrifft so wirst Du noch wohl noch auf recht lange mit der bisherigen Form ihrer Übermittlung in Druckfetzen vorlieb nehmen müssen. Rowohlt hat nämlich bankrott gemacht und dürfte auf absehbare Zeit als Verleger kaum mehr in Frage kommen. Da Kiepenheuer – der mir übrigens als Verlag nicht sympathisch wäre, kaum besser dran ist, so sind die Aussichten für das Erscheinen meines Essaybandes winzig. Du kannst Dir denken, daß [ich] doch nicht unglücklich darüber bin. Ich hoffe, so Zeit zu finden, ihn um einiges zu vermehren.« (IV,45 f.) Es blieb bei der Hoffnung, sowohl hinsichtlich der Vermehrung der Titel wie ihrer Versammlung in einem Buch. Wie so häufig in der Geschichte des Benjaminschen Werkes mußte der Krieg vorübergegangen sein, bevor man sich an seinen Wunsch erinnerte und nun, gestützt auf seine Äußerungen, an eine Zusammenstellung ging – ganz offensichtlich nicht mit übermäßigem Engagement, denn weder zeichnete ein Herausgeber verantwortlich noch verwandte man Sorgfalt auf den Titel: »Über Literatur« lautete er spröde und wenig einladend. Benjamin hatte viel prägnanter von »Gesammelten Essays zur Literatur« gesprochen.

Schließlich war Rowohlt noch für ein weiteres Projekt gewonnen worden: die gemeinsam mit Brecht herauszugebende Zeitschrift ›Krisis und Kritik‹. Natürlich stellte sich die nicht eben ermutigende Erinnerung an den ›Angelus Novus‹ ein, gleichwohl wurde das Projekt gewagt. »Du hast« – so heißt es gegenüber Scholem – »vor vielen Jahren so nahen Anteil an meinem projektierten Angelus Novus genommen, daß ich Dir als einzigem außerhalb ein Wort darüber vertrauen möchte, das vorderhand den Weg zu Deinen Lippen nicht finden möge. Es handelt sich also um eine neue Zeitschrift und zwar die einzige, die meine eingewurzelte Überzeugung, daß ich mir mit dergleichen nicht nochmals könne zu schaffen machen, in der Gestalt zumindest, die sie im Projektenstadium annahm, bezwungen hat. Ich habe diesem Plan zum Verlage Rowohlt den Weg gebahnt, indem ich mich zum Vertreter der organisatorischen und sachlichen Losungen machte, die ich gemeinsam mit Brecht in langen Gesprächen für diese Zeitschrift ausgearbeitet habe.« (III,540 f.) »Mit meiner nächsten Sendung wirst Du Programm und Statut einer neuen Zeitschrift namens ›Krise und Kritik‹ erhalten, die von Ihering im Verlag Rowohlt als Zweimonatsschrift erstmalig am 15 Januar nächsten Jahres herausgegeben werden soll und mich neben Brecht und zwei, drei andern als Mitherausgeber auf dem Titel nennt. Es wird Dich mit zweideutiger Genugtuung erfüllen, mich da als einzigen Juden unter lauter Gojm zeichnen zu sehen.« (III,548) Das Programm, das abzufassen Benjamin neuerlich reizte, kam genau wie für den ›Angelus Novus‹ rasch zustande. Die Zeitschrift werde »die bisher leere Stelle eines Organs einnehmen, in dem die bürgerliche Intelligenz sich Rechenschaft von den Forderungen und den Einsichten gibt, die einzig und allein ihr unter den heutigen Umständen eine eingreifende, von Folgen begleitete Produktion im Gegensatz zu der üblichen willkürlichen und folgenlosen gestatten.« (GS VI,619) Die Stelle blieb leer. Ein weiteres ambitioniertes Vorhaben war aus hier nicht darzulegenden Gründen gescheitert.[34]

Wohin wir auch blicken, immer wieder bezeichnet das Ende des Jahres 1931 wenn nicht im äußeren, so doch im inneren Sinn eine Zäsur. Es ist eine Zeit des Rückblicks, der Rechenschaft, wohl auch schon der Rüstung für einen möglichen Abschied. Bereits das kommende Jahr wird weitgehend entfernt von Berlin verbracht, und die Disposition dafür scheint im Vorjahr zu reifen. Uns interessiert diese Phase im Leben des noch nicht Vierzigjährigen unter den verschiedensten Aspekten. Hier ist von der Geschichte des Werks und dem Blick, den Benjamin auf Zustandegekommenes wie Gescheitertes, Projektiertes wie zögerlich Verfolgtes richtet, zu sprechen. In diesem Sinn bezeichnet der Brief an Scholem vom Oktober 1931 einen Markstein, und zutiefst bleibt zu beklagen, daß der Brief des Freundes, der ein so schönes Echo auf seiten Benjamins auslöste, sich nicht erhalten hat. Wohl nur ein einziges Mal hat Benjamin sich zusammenfassend so einläßlich über seine Produktion und die Merkwürdigkeiten ihres Hervortretens an die Öffentlichkeit geäußert. Ein Höhepunkt im Leben des freien Schriftstellers ist unverkennbar erreicht. Beigesellt aber ist die Ahnung, daß die Zeit befristet sein wird. Der an den verschiedensten Fronten operierende Autor sollte darauf verwiesen bleiben, daß tätige gute Geister an der Archivierung seiner verstreuten Arbeiten mitwirkten. Ihr Urheber vermochte das seinige dazu zu tun. Anfang der dreißiger Jahre zeichnete sich indes schon ab, daß es ihm selbst nicht mehr gelingen würde, die reiche Fracht in die bergende Scheuer der ›Gesammelten Schriften‹ zu bringen.

34 Vgl. dazu die Herausgeber GB V,543 f.

»Dein letzter, vom 20ten datierter Brief, hat mich so stark und freudig betroffen, daß die – in unserer Korrespondenz in der Tat sensationelle – Folge diese postwendende Antwort ist. Du bist ja Kenner meiner Arbeit und vor allem: Bibliograph genug, um, auch ohne daß ich Dir je Andeutungen darüber gemacht hätte, mein Verhältnis zu meinen Sachen und insbesondere zu der Art meiner Publizität vorstellen zu können. Der mir selbst manchmal störenden Bedenklichkeit, mit der ich dem Plan irgendwelcher ›Gesammelten Schriften‹ von mir gegenüberstehe, entspricht die archivalische Exaktheit, mit der ich alles von mir Gedruckte verwahre und katalogisiere und wenn ich von der ökonomischen Seite der Schriftstellerei absehe, darf ich sagen, daß für mich die paar Blätter und Blättchen, in denen sie auftreten mir das anarchische Gebilde einer Privatdruckerei darstellen. Daher ist auch das Hauptobjektiv meiner publizistischen Strategie, alles, was ich verfasse – von einigen Tagebuchnotizen abgesehen – um jeden Preis zum Druck zu befördern und ich darf sagen, daß mir das – unberufen – seit etwa vier oder fünf Jahren gelungen ist. Das Ensemble meiner Schriften dürfte – mit Ausnahme von Ernst Bloch, für den es eine Art Klau-Kammer darstellt – wohl überhaupt nur Dir bekannt sein. Und darum hat die innige Billigung, die Du da in Deinem letzten Briefe für das Unscheinbarste darin – diese paar Briefnotizen – gefunden hast, für mich einen unvergleichlichen Wert der Bestätigung. [...] – ich komme mir zum ersten Mal in meinem Leben erwachsen vor. Nicht nur: nicht jung mehr, sondern erwachsen indem ich eine der vielen in mir angelegten Daseinsformen nahezu realisiert habe; die eigene Wohnung, die ich seit kurzem habe, gehört mit dazu. Ich habe einen der – wahrscheinlich kurzen, vorübergehenden – Augenblicke erreicht, wo ich mich niemandem mehr abzufragen und die Bereitschaft habe, den verschiedensten Mobilisierungsbefehlen zu folgen. Der gegenwärtige Ausdruck davon ist nichts anderes als die lächerliche Vielgestaltigkeit meiner simultan unternommenen Arbeiten.« (IV,60 f.)

Noch das Unscheinbarste hatte der Freund wahrgenommen. Seit dem Ende des Jahres 1931 war Scholem regelmäßig mit kleinen »Briefnotizen« bedacht worden. Sie gehörten zu den »Druckfetzen« aus der »Frankfurter Zeitung«, wo Benjamin in lockerer Folge Briefe aus dem späten 18. und frühen 19. Jahrhundert mit einer kurzen Einleitung versehen zum Abdruck bringen konnte. »Wenn man mich machen ließe, hätte ich in einem Jahr ungefähr 100 derartige Dokumente beisammen. Aber die Frankfurter Zeitung läßt den neueren gegenüber schon Zeichen journalistischer Ermüdung erkennen; andererseits scheint sie vorzuhaben, die vorliegenden zwanzig in Form eines Büchleins herauszugeben, ein ebenso ungereimtes wie prätentiöses würde daraus werden. Hundert freilich wären schon präsentabel.« (IV,68 f.) Das klang nach Reserve gegenüber einem Buch – zumindest im erreichten Stadium. Tatsächlich aber war Benjamin auch seinerseits alsbald auf der Suche nach einem Verleger – einer vergeblichen. »Dieser Tage lasse ich in der Hoffnung, daß Dich das irgendwo schon erreichen wird, ein paar Ausschnitte an Dich abgehen. Wenn in diesem Lande noch irgendetwas außer 25 oder 50 Pfennig-Artikeln sich verkaufen ließe, hätte das Buch, das diese Briefe zu bilden im Begriff stehen, natürlich längst einen Verleger. So aber verhandle ich nach dieser und jener Seite ohne mir nach irgendeiner Illusionen zu machen.« (IV,77)

Nun, hundert sollten es nicht werden. Und doch: Hier einmal, wo Benjamin selbst dem Buchplan gegenüber in einer so frühen Phase Reserve und Skepsis walten ließ, kam am Ende, nämlich fünf Jahre später, doch ein respektables und überdies vergleichsweise bibliophiles Resultat zustande. Fünfundzwanzig Stücke nebst einem Prodromus vereinigten die 1936 in der Schweiz im Vita Nova Verlag zu Luzern auf Vermittlung Karl Thiemes erschienenen »Deutschen Menschen«. Benjamin war auf den Vorschlag des Verlegers Rudolf Roessler eingegangen und hatte um der Verbreitung des Buches in Deutschland wegen einer Verwendung seines Pseudonyms Detlef Holz zugestimmt. »Ich glaube, daß das Buch in Deutschland einen weiten Kreis von Lesern aus denjenigen Schichten gewinnen kann, die sich von der gegenwärtig dort verbreiteten Produktion fern halten. Ihnen könnte das Buch hochwillkommen sein, ihnen es erreichbar zu machen, wäre mir durch ein Pseudonym nicht zu teuer erkauft.« (V,343 f.) Und tatsächlich wähnte zumindest Benjamin, wie ein späteres Schreiben an Thieme ausweist, mit dieser Strategie nicht ganz erfolglos zu sein. »Dank für Ihre Nachfrage nach den ›Deutschen Menschen‹. Es scheint, daß sie ihren Weg machen. Je verschlungner der sich durchs deutsche Land windet, je weniger er sich mit den Landstraßen überschneidet, desto besser!« (V,586)

Tatsächlich war den »Deutschen Menschen« als einzigem Buch zu Benjamins Lebzeiten zumindest titularisch gleich im kommenden Jahr eine zweite Auflage beschert, die dem Autor wie dem Protektor manches Rätsel aufgab und mehrfach Gelegenheit zu Nachfragen beim Verleger bot. Das Kuriose aber, das an Benjamins Buchpublikationen haftete, blieb bekanntlich auch in diesem Fall nicht aus. Scholem berichtete darüber später. Der »Band verdankte seine völlige Anonymität, in der sein Glanz nach innen strahlte und nie in die Öffentlichkeit drang, den grotesken Umständen seiner Publikation in einem verschollenen Schweizer Verlag, der kurz darauf verkrachte. Jahrelang wurden im Antiquariatshandel für das verschollene Buch von den Liebhabern hohe Preise gezahlt, bis sich – für das Schicksal der Benjaminschen Produktion nicht uncharakteristisch – nach der Neuveröffentlichung des Buches in Deutschland 1962 herausstellte, daß in einer Luzerner Buchhandlung (Josef Stocker) der größte Teil der Auflage im Keller lagerte.«[35] In der Tat tauchten noch bis in jüngste Zeit immer wieder Exemplare der sogenannten »zweiten Auflage« zu günstigen Preisen auf, wo doch Sammler und Liebhaber Benjaminscher Erstausgaben inzwischen lange phantastische Preise zu zahlen hatten – wenn sie denn nicht das Glück hatten, im fernen Moskau aus der Hand eines Alexander Michailow ein Exemplar der Dissertation geschenkt zu erhalten oder aus der Bibliothek des verehrten Lehrers Richard Alewyn das Rezensions-Exemplar des Trauerspielbuchs entnehmen zu dürfen ...

Von dem späten und womöglich seinem Urheber nicht genügenden Erfolg konnte Benjamin im Jahr 1932, dem eigentlichen Krisenjahr in seinem Leben, nichts wissen, als er nun daran ging, gegenüber Scholem noch einmal Bilanz zu ziehen. Wie anders aber nahm diese sich in der Einsamkeit Ibizas ein halbes Jahr spä-

35 Scholem: Walter Benjamin und sein Engel (Anm. 23), S. 20.

ter aus. Drei Bücher, die an uns vorbeigezogen sind, und ein viertes, das in den Briefen als solches bislang keine Spuren hinterlassen hatte, warteten auf ihre Vollendung und ihren Übertritt in das literarische Leben. Das Vorhaben einer monographischen Publikation der Wahlverwandtschaften-Arbeit war lange abgeschrieben und fand keine Erwähnung mehr. Erwähnung aber fand auch nicht, daß 1932 das hundertste Todesjahr Goethes gefeiert wurde, schon vielfach überschattet von den nationalsozialistischen Fanalen. Benjamin hatte sich vergeblich um einen Auftrag für ein Buch über Goethe bei Kiepenheuer bemüht.[36] Statt dessen brachte das Jubiläum Rezensionspflichten für die Zeitung und die Erinnerung an einen restlos verstümmelten Goethe-Artikel in der »Großen Sowjet-Enzyklopädie«.[37] So zeitigte die Mitte des Jahres 1932, das nach dem vorangehenden Schwellenjahr nun endgültig eine Scheide bezeichnete, ein Fazit im Blick auf die publizistischen Bemühungen Benjamins, wie es deprimierender schwerlich hätte ausfallen können.

Die »Chancen für die Erfüllung dessen«, was Scholem dem Freund wie alljährlich zum 15. Juli glückwünschend zugesprochen hatte, seien »die denkbar geringsten [...]. Es ziemt uns beiden, diesem Tatbestand [...] ins Auge zu sehen. Und wenn ich meinerseits mit einem Ernste, der nah an Hoffnungslosigkeit ist, dieses tue, so ganz gewiß nicht darum, weil ich nicht immer noch Vertrauen zu meiner Findigkeit besäße, die mir Auskunftsmittel und Subsidien verschaffte. Es ist vielmehr die Ausbildung dieser Findigkeit und einer ihr entsprechenden Produktion, die jede menschenwürdige Arbeit aufs schwerste gefährdet. Die literarischen Ausdrucksformen, die mein Denken in den letzten zehn Jahren sich geschaffen hat, sind restlos bestimmt durch die Präventivmaßnahmen und Gegengifte, mit welchen ich der Zersetzung, die mich, infolge jener Kontingenzen, in meinem Denken fortgesetzt bedroht, entgegentreten mußte. So sind zwar viele, oder manche, meiner Arbeiten Siege im Kleinen gewesen, aber ihnen entsprechen die Niederlagen im Großen. Ich will nicht von den Plänen reden, die unausgeführt, unangerührt bleiben mußten, aber doch an dieser Stelle jedenfalls die vier Bücher aufzählen, die die eigentliche Trümmer- oder Katastrophenstätte bezeichnen, von der ich keine Grenze absehen kann, wenn ich das Auge über meine nächsten Jahre schweifen lasse. Es sind die ›Pariser Passagen‹, die ›Gesammelten Essays zur Literatur‹, die ›Briefe‹ und ein höchst bedeutsames Buch über das Haschisch. Von diesem letztern Thema weiß niemand und es soll vorläufig unter uns bleiben.« (IV,112 f.)

Mit dieser Erbschaft und diesen Perspektiven also trat Benjamin die Emigration an. Der zuvor zitierte Brief an Scholem barg aber noch eine weitere Nachricht, und zwar in unmittelbarer Nachbarschaft zu dem Briefprojekt. Unscheinbar nahm sie sich aus und sollte doch gleichfalls über Jahre in die Briefe der Emigration hineinspielen. »Manchmal kommt es mir vor, als ob auch sonst noch etwas hinter meinem Rücken entstünde in Form von einigen Niederschriften, die ich bei gelegener, vielmehr meist ungelegener Zeit seit einigen Wochen mache und die die Geschich-

36 Vgl. GB IV,79.
37 Vgl. GB IV,100.

te meines Verhältnisses zu Berlin betreffen.« (IV,77 f.) Da meldeten sich – noch verpuppt in die prosaisch-chronikalische Form – erstmals die Miniaturen zur ›Berliner Kindheit um 1900‹ an, auch sie wie alles seit 1925 Geschriebene in kleiner Stückform zunächst für die Zeitung bestimmt, ihrer Anlage und inneren Organisation nach aber natürlich gleichfalls zur Vereinigung in einem Buch hinstrebend. »C'est un travail qui me prend presque complètement de façon que je ne lis presque plus rien.« (IV,132)

Wieder hatte die Not die kaum faßliche Konzentration auf die gediegene schriftstellerische Miniatur zur Folge, in der am ehesten der ja zu keinem Zeitpunkt erlahmende Anspruch auf Vollkommenheit sich verwirklichen konnte. Gar nicht viel später, und Benjamin kann nicht nur den Titel, sondern auch schon die Absolvierung eines respektablen Pensums vermelden. Unterwegs mit Speyer in Italien schreibe er »den ganzen Tag und manchmal auch noch nachts. Wenn Du Dir danach aber ein umfängliches Manuscript vorstellen solltest, wärest Du im Irrtum. Es ist nicht nur ein schmales sondern noch dazu eines in kleinen Stücken: eine Form, zu der mich erstens der materiell gefährdete, prekäre Charakter meiner Produktion, zweitens die Rücksicht auf ihre marktmäßige Verwertbarkeit immer wieder führt. In dem gegebnen Falle scheint mir freilich diese Form auch gegenständlich unbedingt erfordert. Kurz, es handelt sich um eine Folge von Aufzeichnungen, der ich den Titel geben werde ›Berliner Kindheit um 1900‹. Dir will ich auch das Motto zum Besten geben: ›O braungebackne Siegessäule / Mit Winterzucker aus den Kindertagen‹. Woher dieser Vers stammt, das hoffe ich Dir doch einmal erzählen zu können. [...] Im übrigen hoffe ich aber, von diesen Kindheitserinnerungen – von denen Du soviel gemerkt haben wirst, daß sie keineswegs chronistisch erzählen sondern einzeln Expeditionen in die Tiefe der Erinnerung darstellen – daß sie als Buch, vielleicht bei Rowohlt, werden erscheinen können. Da dieser übrigens in letzter Zeit wieder sehr auf den Essayband drängt, so könnten wenn alles sich sehr glatt und glücklich fügt, in absehbarer Zeit vielleicht wieder einmal zwei Bücher von mir erscheinen, die in einem ähnlich windschiefen Verhältnis stehen wie Barockbuch und Einbahnstraße.« (IV,134 f.)

Sie traten zu Benjamins Lebzeiten in gar kein Verhältnis, da sie beide nicht erschienen. Was die ›Berliner Kindheit‹ anging, so mußte Benjamin schon wenig später einräumen, daß er nicht mehr wisse, ob »Aussicht auf eine Edition als Buch« bestehe. Soweit er aus der Ferne Italiens sich informieren könne, »sind meine Arbeiten zur Zeit in Deutschland Gegenstand eines Boykotts, der nicht besser organisiert sein könnte, wenn ich ein kleiner jüdischer Kleiderhändler in Neu-Stettin wäre.« (IV,139) Das Werk war noch gar nicht bei der ihm vorbestimmten Zahl der dreißig Stücke angekommen, da setzte bereits »eingreifende Arbeit« ein. (IV,145) Scholem war wieder der erste, dem eine noch unfertige Folge zuging. »Ich sende Dir es, weil mir daran liegt nun, da wir uns so lange nicht gesehen haben und sehen werden, Dir möglichst nahe die – relativ – besonnteste Seite meines augenblicklichen Daseins zu rücken. Und ich möchte hoffen, daß diese in den Blättern der ›Berliner Kindheit um neunzehnhundert‹ zu finden ist, so wenig das Epitheton ›besonnt‹ im engern Sinne auf ihren Inhalt zu beziehen ist. [...] Ich glaube nicht, daß ich dem Manuscript zu Dir viel Worte mitgeben muß. Wenn ich einige Hoffnung für sein äußeres Schicksal hege, so darum, weil es von allem, was ich bisher machte, vielleicht sich Mißverständnissen am leichtesten bietet. Bei Dir brauche ich damit nicht zu rechnen.« (IV,149 f.) In der Tat war die Aufnahme durch Scholem nicht anders als die auf seiten Adornos und Gretels, später Hesses und vieler anderer enthusiastisch. Seiner Publikation kam dieser Enthusiasmus nicht zugute.

Das der Berliner Kindheit gewidmete Buch hat Benjamin bis in das letzte Lebensjahr begleitet. Es konnte nicht anders sein, stellte es doch das Komplement zu dem ins Riesenhafte sich auswachsenden Pariswerk dar. Mußte er einsehen, daß letzteres nicht in einem Wurf zu bewältigen war, so schmerzte ihn das Nichterscheinen der Berliner Miniaturen tief. Er kompensierte den neuerlichen Mißerfolg, indem er die kleinen Stücke immer wieder vornahm und an ihnen weiterarbeitete. »Ich schreibe weiter an meinem neuen, eigentlich aber schon geendigten Buch ›Berliner Kindheit um neunzehnhundert‹. Die Umstände, die ihm einen Verleger zu versagen scheinen, bescheeren ihm eine, mir nicht unliebe, Nachreife.« (IV,204) Und diese hielt an und währte zunächst die ganze Zeit auf Ibiza über. Unter dem Pseudonym »Detlef Holz« gelang sogar noch für eine Weile die Plazierung in den ehemals von Benjamin so lebhaft belieferten Blättern. »Entstanden sind unter dem Titel ›Loggien‹ einige Seiten, von denen ich nichts als sehr Gutes ankündigen kann und dazu, daß sie das genaueste Porträt enthalten, das mir von mir selbst zu machen gegeben ist. Ich hoffe, Du wirst in einiger Zeit dieses Stück gedruckt sehen. Mit diesem wird dann freilich das Detlefsche Holz, das ich in meine Lebensflamme geworfen habe, zum – mehr oder minder – letzten Mal aufflackern, denn schon zeichnen die neuen Preßgesetze sich ab, nach deren Inkrafttreten mein Erscheinen in der deutschen Presse noch um vieles undurchdringlicher werden wird als bisher.« (IV,267)

Eines der Manuskripte war inzwischen mitsamt den »Briefen deutscher Menschen« – ungeachtet aller Vorbehalte Benjamins gegen den Verlag – zu Kiepenheuer gewandert. »Sehr herzlichen Dank« – so an Gretel Karplus – »für die Mühe, mit der es Dir gelang, mir Dublikate für einige der ›Briefe‹ zu verschaffen. Ich bin froh, wenigstens diese zu haben. Eine komplette Folge der ganzen Reihe befindet sich – mit der ›Berliner Kindheit‹ bei Kiepenheuer, dessen Gewissenlosigkeit in der Behandlung dieser Sachen beispiellos ist.« (IV,276) Und wenig später: »Die Aktivität der deutschen Verleger hat sich, was mich betrifft, im letzten Winter damit begnügt, mich um sämtliche Exemplare meiner ›Berliner Kindheit‹ zu bringen, die ich mir nun mit großen Kosten in Paris neu werde herstellen lassen müssen.« (IV,290) Die Arbeit hielt auch nach Rückkehr in die Großstadt an, die Benjamin liebte, auch wenn er sich die Weiterarbeit, wie es an Gretel Karplus und Scholem hieß, dort wegen anderweitiger literarischer Verpflichtungen nicht mehr leisten könne.[38] Ins Französische, alsbald auch ins Italienische, so verkündete Benjamin wohlgemut, wurde die ›Kindheit‹ bereits übersetzt, ohne daß der Text auf dem We-

38 Vgl. IV,325; IV,327.

ge zu einem deutschsprachigen Buch Fortschritte gemacht hätte. (IV,281 f.) Immer wieder schaltete er Personen ein und ersuchte sie um Beistand. Das Manuskript wanderte die Jahre über von Verleger zu Verleger, und die Briefe erlauben es, die stets im Vergeblichen endende Spur genau zu verfolgen. Selbst die Möglichkeit eines Privatdrucks wurde erwogen.[39] Nur eines kam nicht in Frage, einen Zuschuß-Verlag zu bemühen. Diese Schmach, die Benjamin da hinter vorgehaltener Hand mit Blick auf einen ihm nahestehenden großen Autor kolportierte, wollte er selbst nicht erleben.[40]

Benjamin wußte, daß die einzelnen Stücke erst in einem Buch voll zur Wirkung gelangen würden. Noch Hesse in der Schweiz wurde bemüht. Natürlich war er empfänglich für diese Prosa. »Meine Frau hat mir Ihr Manuskript vorgelesen und als wir am Schluß waren, sagte sie bedauernd: ›Schade, davon hätte ich gern noch viel gelesen!‹ Ich hatte große Freude an diesen zarten, genauen, straff formulierten Zeichnungen, besonders gern habe ich den Fischotter und das bucklige Männlein.«[41] Ausrichten aus der Ferne konnte auch Hesse nichts. Es zirkulierten Abschriften unter den Freunden in verschiedenen Stadien der Ausarbeitung. Wie an keinem anderen Werk läßt sich der Prozeß des Wiederaufgreifens, Weiterfeilens, Umdisponierens – der ein freiwilliger, kein aufgezwungener war – an der ›Berliner Kindheit‹ verfolgen. Und wenn es ihrem Verfasser nicht vergönnt war, sich an dem fertigen Buch zu erfreuen, so ist der Leserschaft Benjamins das Glück zuteil geworden, inzwischen in drei Versionen sich umtun und zugleich die verschiedenen Formen der Ausstattung bewundern zu dürfen. Ob der Tag kommen wird, da alle Fassungen und Sequenzen in einem großen und würdig gestalteten Buch vereinigt sind?

Die ›Berliner Kindheit‹ war auf lange Zeit das letzte Buchprojekt, das Benjamin neben dem Pariswerk verfolgte, welches alsbald wieder seine mehr oder weniger ungeteilte Aufmerksamkeit auf sich zog und dessen Wachstum hier im einzelnen nicht zu verfolgen ist. Wir geraten, indem wir in seinen Umkreis zurückkehren, in Bezirke, die einst zu den am lebhaftesten umkämpften in der posthumen Editionsgeschichte des Benjaminschen Werkes gehörten. Die Auseinandersetzungen waren wenig erquicklich und doch unumgänglich. Sie sollen hier nicht wieder aufgerollt werden, wo es darum geht, dem Briefschreiber Benjamin das Wort zu geben. Waren es bislang widerspenstige Verleger, mit denen Benjamin um die Publikation seiner Bücher zu kämpfen hatte, so alsbald die Mitglieder des emigrierten Frankfurter Instituts für Sozialforschung, mit deren Wünschen und Ansprüchen an seine Texte er sich auseinandersetzen mußte. Die Situation war deshalb eine so komplizierte, weil das Institut ihm vor allem auf lebhafte Intervention Adornos hin jenen Freiraum eröffnet hatte, der ihn von der fortwährenden Produktion kleiner marktkonformer Artikel entband und ihn in den Stand setzte, größere Vorhaben über längere Fristen und also vor allem das Passagenwerk ins Auge zu fassen. Zudem hatte er

39 Vgl. VI,84.
40 Vgl. V,161.
41 »was noch begraben lag« (Anm. 10), S. 205.

in Gestalt Adornos einen Gesprächspartner und Kritiker, der die Statur für einen intellektuellen Austausch besaß, nach dem Benjamin sich in Phasen zunehmender Vereinsamung immer wieder so lebhaft gesehnt hatte.

Das Problem, so wird man rückblickend feststellen dürfen, lag darin, daß Adorno – nicht anders als Scholem – sehr genaue Vorstellungen von dem, was er von Benjamin erwartete, im Kopf hatte. Sie liefen darauf hinaus, daß die Fortentwicklung seiner Schriftstellerei gleichbedeutend sei mit einer Anknüpfung an die bis zum Trauerspielbuch verfolgten Motive und Bewährung an den neuen Stoffen und Problemkreisen, die sich mit dem Paris-Projekt aufgetan hatten. Daß eben mit ihnen Herausforderungen verbunden waren, die eine Reprise nicht umstandslos zuließen, vielmehr ganz neue und vielfach auf den ersten Blick nicht nur ungewöhnliche, sondern auch befremdliche Wege beschritten werden mußten, um ihnen gerecht zu werden, dürfte der eigentliche Grund für die sich alsbald auftuenden Schwierigkeiten und nur so mühsam zu schlichtenden Differenzen gewesen sein, die einen neuerlichen Schatten über die letzten Schaffensjahre Benjamins warfen. Sie nochmals zu beschwören, würde vor allem bedeuten, den Adorno-Benjaminschen Briefwechsel beizuziehen und ihm die Horkheimerschen Briefe zur Seite zu stellen, die inzwischen auch alle vorliegen. Sie waren jedoch den Herausgebern der »Gesammelten Schriften« seinerzeit schon zugänglich, fanden in deren extensiven Kommentaren im Anhang zu den »Gesammelten Schriften« Verwendung und erlaubten also schon damals Einblicke, die eben die Grundlage für die daran sich entzündenden Kontroversen bildeten. Statt sie zu rekapitulieren, verbleiben wir noch einen kurzen Moment bei dem ›späten‹ Walter Benjamin im Zeugnis seiner dem Schicksal seiner letzten größeren Arbeiten zugewandten Briefe. Und diese sind durchaus gezählt und übersehbar, wenn wir denn unserem Vorsatz treu bleiben, die unvergleichlich ausführlicheren Werkkommentare auch von seiten Benjamins (und nicht nur von seiten seiner Herausgeber) auszusparen.

Nach der Haussmann-Arbeit für »Le Monde« (die dort freilich nicht erschien) und dem Vortrag über den ›Autor als Produzent‹ im Institut zur Erforschung des Faschismus war der Kunstwerk-Aufsatz das erste größere schriftstellerische Resultat aus dem Umkreis der ›Passagen‹. Die erhaltenen Briefe hatten so gut wie nichts über die Entstehung verlauten lassen. Plötzlich, in einem Brief an Gretel Adorno, betrat er die Szene.[42] Dann aber macht sich in der Phase der Herstellung für die »Zeitschrift für Sozialforschung« nicht nur für den Autor, sondern für den Leser der Briefe eine Irritation geltend. Man muß sich nur in den Benjaminschen Briefen die beiden, oder vielleicht auch die vier an Horkheimer gerichteten vom 29. Februar und 29. März 1936 und – wenn man dann will, ergänzend – diejenigen vom 14. und 30. März anschauen, um sich vor ein Rätsel gestellt zu sehen. Da beklagt sich Benjamin gegenüber Horkheimer, daß der Redaktions-Sekretär der Zeitschrift entgegen vorherigen Absprachen »in der Druckvorlage *hinter meinem Rücken* Streichungen vorgenommen« habe, die er nicht »hin[zu]nehmen« bereit sei. (V,250 f.)

42 Vgl. V,171; sodann V,179 die Erwähnung gegenüber Horkheimer.

Da ist von einem »Ausmaß der Eingriffe« die Rede, die das »Maß seiner [des Sekretärs] Illoyalität« vor Augen führe, werde doch durch Streichungen wie die zum Eingang der Abhandlung »die gesamte Arbeit um ihre Ausrichtung gebracht.« (V, 260) Keine zwei Wochen später, Benjamin hat bereits nach New York gekabelt, da jagt er von einem Tag auf den anderen zwei Briefe hinterher, um den Empfang »Ihre[r] freundlichen Zeilen« zu bestätigen, zu versichern, daß »Ihre Hinweise [...] für mich natürlich maßgebend« seien und er »demnach mit Ihren sämtlichen Änderungen einverstanden« sei. (V,263) Alles werde er tun, so einen Tag später, »was in meinen Kräften steht, um das alte Vertrauen des Instituts zu mir wieder herzustellen. [...] Lassen Sie mich mit der Hoffnung schließen, das treue Bild, das Sie von meiner Beziehung zu Ihnen und von meinem Verhältnis zum Institut bisher hatten, möchte aus diesen Vorgängen ohne Trübung wieder zu Tage treten.« (V,267 f.)

Man mache sich die Mühe und vergleiche Horkheimers Briefe vom 18. und 19. März d.J., um sich ein authentisches Bild und ein darauf gegründetes Urteil von den obwaltenden Verkehrsformen zwischen dem Direktor des Instituts und seinem gewiß originellsten und zugleich gefährdetsten Mitarbeiter zu machen.[43] Benjamin hat weder das Erscheinen einer unverstümmelten französischen Fassung, noch gar die Veröffentlichung einer deutschen Fassung erlebt. Was letztere anging, so sah er, inzwischen illusionslos, keine Chancen für eine entsprechende Publikation. Der Text, der ihn später berühmt machte wie keiner sonst, blieb in dem so gefährdeten ›Archiv‹ seiner Inedita verwahrt. Es währte auch später lange, und es waren viele tausend Exemplare des Textes verkauft, bis er in der vom Autor intendierten Fassung an das deutschsprachige Publikum gelangte.

Als nächstes kam der Fuchs-Aufsatz zum Zuge. Man kennt die Widerstände, die Benjamin diesem Vorhaben gegenüber nicht verließen. Er wurde durch diese Aufgabe, an deren Absolvierung insbesondere Horkheimer lag, mehr als sonst von seinem Hauptwerk abgelenkt. »Mit recht bewölktem Gemüt sehe ich den Augenblick herankommen, da ich – nach einer zweijährigen Spanne listen- und sinnreichen Aufschubs – der vom Institut dringlich angeforderten größern Darstellung der Studien und Sammlungen von Eduard Fuchs nicht mehr werde entgehen können. Über die letztern, wären sie nicht unzugänglich oder wohl eher zerstört, ließe sich reden; es aber über die ersten mit Anstand zu tun, ist für mich eine harte Nuß, wie Du unschwer begreifen wirst. Hoffentlich muß ich sie nicht gar zwischen die Zähne nehmen, sondern kann mir, indem ich sie auf der Bibliothèque Nationale behandle, einen nußknackerartigen Behelf schaffen.« (V,48) So im Februar 1935, als also schon zwei Jahre verstrichen waren. Auch Monate später war immer noch nichts geschehen, galt doch alle Zeit und Konzentration den ›Passagen‹. »Ich habe einige Wochen intensiver Arbeit auf der Bibliothek hinter mir. Sie haben die Dokumentation für mein Buch sehr gefördert. Nun aber werde ich sie – ohne ihren

43 Vgl. Horkheimer: Gesammelte Schriften. Bd. 15 (Anm. 18), S. 488 ff. Vgl. auch die Briefe an Brill und Aron daselbst, S. 493 ff., S. 502 f., sowie Brills Antwort, S. 503 ff., und Arons Antwort, S. 508 ff.

Abschluß erreicht zu haben – für eine Zeit unterbrechen müssen. Mich rettet vor der Arbeit über Fuchs kein Gott mehr. Ja, ich habe mehr denn je Grund, mich den Anregungen des Instituts gegenüber gefügig zu zeigen. Denn das Entgegenkommen, das ich bei meinen Verhandlungen im Mai gefunden habe, kam nicht zustande, ohne daß ich die Aussicht, einige Monate in Palästina zu verschwinden und seiner Fürsorge enthoben zu sein, meinem Partner eröffnet hatte. Ihm, wie Du Dir denken kannst, eine lockende Perspektive, die ihm nunmehr zerstreuen zu müssen mich vor eine bedenkliche Aufgabe stellt. Ich habe, wie gesagt, allen Grund, mich sehr gefügig zu zeigen.« (V,136 f.)

Zwei Jahre nach dem ersten Brief an Scholem war das mühselige Pensum absolviert und der Autor konnte seinem Auftraggeber geziemend, dem Freund aber mit einem geradezu enthusiastischen Stoßseufzer der Erleichterung Vollzug melden. »Mit gleicher Post sende ich Ihnen die Arbeit über Fuchs. Sie wissen am besten, wieviel Welt- und Privatgeschichte sich ereignet hat, seit der Plan der Arbeit zum ersten Mal auftauchte. Daß er auch innere Schwierigkeiten hatte, haben wir im Gespräch berührt. Sie haben dem durch die Zeit, die Sie mir gewährten, im weitesten Sinne Rechnung getragen, und ich ergreife die Gelegenheit, um Ihnen, mit endlich etwas erleichtertem Gewissen, dafür zu danken.« (V,463) Und dem Freund gegenüber: »Schmücke mich nunmehr vor Deinem geistigen Auge mit einer Heroldsrüstung und versetze mich an den Bug eines die Mittelmeerbrandung pfeilschnell durchschneidenden Viermasters, denn nur so kann die große Kunde gebührend zu Dir getragen werden: der ›Fuchs‹ ist beendet. Sein fertiger Text hat nicht ganz den Charakter der Penitenz, als die Dir die Arbeit an ihm, mit großem Anschein des Rechts, erschienen ist. Er enthält vielmehr in seinem ersten Viertel eine Anzahl von wichtigen Überlegungen zum dialektischen Materialismus, die provisorisch auf mein Buch abgestimmt sind. Meine folgenden Arbeiten werden sich auf dieses Buch nun wohl unmittelbarer zu bewegen. Der ›Fuchs‹ hat großen Beifall gefunden. Ich habe keinen Grund zu verschweigen, daß der mit ihm geleistete tour de force ebenso beträchtlich wie unbeträchtlich sein Anlaß ist.« (V,506)

Benjamin ahnte nicht, als er so freudig bewegt den Abschluß seiner Arbeit verkündete, daß ihm der schwierigere und schmerzlichere Schritt auf dem Wege zur Publikation noch bevorstand. Der ›Fuchs‹ hatte freundliche Aufnahme gefunden, gewiß. Aber ohne erhebliche Kürzungen und Umformulierungen ging es auch dieses Mal nicht ab. In zwei Phasen wurden sie ihm abgerungen. Zunächst wandte sich Horkheimer an den Autor.[44] Dem aufrichtigen Glückwunsch schloß sich eine seitenlange Liste mit Ausstellungen an. Sie beträfen »fast ausschließlich Kleinigkeiten«.[45] Und doch ging es immerhin um die Gewährung der Erlaubnis, wiederum in den grundsätzlichen und eigentlich schlechterdings unverzichtbaren Eröffnungs-Passagen, in denen es auf jedes Wort ankam, Streichungen vorzunehmen. Benjamin aber hatte die Lektion aus dem ›Kunstwerk‹-Desaster verstanden. [...]

---

44 Vgl. Horkheimer: Gesammelte Schriften. Bd. 16 (Anm. 18), S. 81 ff.
45 Ebd., S. 81.

über Ihren Brief vom 16. März habe ich mich außerordentlich gefreut. Darf ich Ihnen, was ich letzthin angedeutet hatte, wiederholen? Die Arbeit hätte ohne das gelassene Vertrauen, das Sie mir während ihrer Anlaufszeit entgegengebracht haben, nicht leicht eine befriedigende Gestalt angenommen. [...] Mit fast sämtlichen Vorschlägen, die Sie machen, bin ich einverstanden«. (V,486 f.)

Indem Benjamin nun Stück für Stück die fraglichen Stellen durchging, war es damit doch beileibe nicht getan. In einer zweiten Phase wurde Leo Löwenthal von Horkheimer eingeschaltet. Hatte Benjamin Horkheimer schon das Zugeständnis gemacht, auf die Kapitelüberschriften zu verzichten und statt dessen sich mit Ziffern zu begnügen wie schon im Kunstwerk-Aufsatz, so war auch dieser Kompromiß zwischenzeitlich wieder gefährdet. Vor allem aber hatte Benjamin um die Rettung des ersten Absatzes und damit um die Perspektivierung des gesamten Vorhabens zu kämpfen. Man werfe einen Blick in den sechsten Band der »Zeitschrift für Sozialforschung« aus dem Jahr 1937, um sich zu überzeugen, daß sein Kampf – fast wäre man geneigt zu sagen: selbstverständlich – wiederum ein vergeblicher blieb. Und wieder dauerte es Jahrzehnte, bis in den späteren Auflagen der Nachkriegszeit die Intention des Autors verwirklicht und die unentstellte ursprüngliche Fassung einer breiten Leserschar dargeboten wurde. Ob wir aber den Fuchs-Aufsatz auch noch einmal mit den ihm vom Autor zugedachten Kapitelüberschriften zu lesen bekommen, die doch in seinen letzten Arbeiten so gerne verwendet werden, um den Text aufzulockern und also seine Aufnahme zu erleichtern?

Im Grunde genommen hätte Benjamin darauf vorbereitet sein müssen, daß es seinem nächsten Vorhaben kaum anders ergehen würde. Nach mancherlei Hin und Her hatte sich schließlich zu seiner Genugtuung doch der ›Baudelaire‹ als das zunächst in Angriff zu nehmende Projekt durchgesetzt. Es stand dem Passagen-Projekt besonders nahe und wurde deshalb dankbar als nächste Arbeit für das Institut und seine Zeitschrift vorbereitet. »Es hat sich [...] bei ihr ergeben, daß diese Darstellung zu einer umfangreicheren wird, in der wesentlichste Motive der ›Passagen‹ konvergieren. Das liegt ebensowohl am Sujet wie daran, daß dieser als ein zentraler Abschnitt des Buchs geplante als erster geschrieben wird. Diese Tendenz des ›Baudelaire‹, sich zu dessen Miniaturmodell zu entwickeln, hatte ich in den Gesprächen mit Teddie vorausgesehen.« (VI,64) Wir haben den einsamen Arbeiter in Skovsbostrand in der unmittelbaren Nähe Brechts am Werk gesehen. Als das Manuskript wiederum in einer tour de force beendet war, stand nicht nur fest, daß es Bestandteil eines Buches über Baudelaire sein würde. Vielmehr war Benjamin klar geworden, daß das Passagen-Projekt sich überhaupt in einzelne Bücher auflösen würde, weil anderweitig gar nichts Praktikables absehbar war. »Die Entwicklung, die das Baudelaire-Kapitel der ›Passagen‹ durchzumachen im Begriff ist, würde ich in fernerer Zeit noch zwei andern Kapiteln der ›Passagen‹ vorbehalten sehen: dem über Grandville und dem über Haussmann.« (VI,163) Das also wären die nächsten Bücher nach dem Abschluß des ›Baudelaire‹ gewesen.

So Benjamin Ende September aus Kopenhagen an Horkheimer. Er wähnte für alles Vorsorge getroffen zu haben, hatte sogar vorab die Bereitschaft signalisiert, den Text partienweise publiziert zu sehen. »Für den Fall, daß eine Montage aus kleineren Abschnitten Sie redaktionell interessieren sollte, habe ich das Thema für jeden von ihnen am Rand bezeichnet. Als Titel käme in solchem Falle in Frage: Sozialwissenschaftliche Studien zu Baudelaire.« (VI,163) Mehr Entgegenkommen war schwerlich aufzubringen. Scholem, Adorno, Felizitas wurden freudig von der Fertigstellung des so lange Erwarteten unterrichtet. Insgeheim aber und je länger eine Antwort ausblieb, begann eine von nicht mehr zu verscheuchenden bösen Ahnungen beherrschte und quälend sich hinziehende Wartezeit. Benjamin hatte Horkheimer stets als ersten und wichtigsten Adressaten angesehen. Er hatte sich getäuscht. Wo es um die ›Passagen‹ ging, war Adorno wie niemand sonst involviert, genauer der Adorno der Passagen-Gespräche aus den späten zwanziger Jahren. Der ließ sich Zeit und holte dann in einer inzwischen berühmten epistolarischen Abhandlung aus.[46] Sie traf Benjamin unvorbereitet und versetzte dem Cheftheoretiker des Chocs, der seinen Helden Baudelaire als einen Meister im Parieren derselben porträtiert hatte, einen derartigen, daß er noch viele Briefe hindurch vernehmbar blieb.

Einen Monat nahm er sich Zeit, um seine Antwort zu überdenken. Was hatte er ehemals nicht angestellt, um den großen, seiner Produktion zugewandten Briefen Adornos auszuweichen, auf das Gespräch zu verweisen, Felizitas einzuschalten, Antworten auf die fernere Zukunft zu vertagen. Damit war es jetzt vorbei. Ein einziges Mal hat Benjamin in der letzten Phase seines Schaffens den Angriff pariert. Sein Brief vom 9. Dezember 1938 ist eines der ergiebigsten Zeugnisse seiner schriftstellerischen Verfahrensweisen, in dem sich in nun nicht länger zu kaschierender Manier die Differenzen zu seinem Schüler in der Insistenz auf engster Fühlung mit den Stoffen und dem Verzicht auf ihre vorschnelle begriffliche Vereinnahmung klar abzeichnete. »Lieber Teddie, Es hat Sie gewiß nicht verwundert, wahrzunehmen, daß die Abfassung meiner Antwort auf Ihren Brief vom 10. November nicht im Handumdrehen erfolgt ist. Wenn das lange Ausbleiben Ihres Briefes seinen Inhalt ins Bereich des Vermutbaren fallen ließ, so hindert das nicht, daß er mir einen Stoß versetzte. Es kam hinzu, daß ich die von Ihnen angekündigten Fahnen abwarten wollte, erst am 6. Dezember erhielt ich sie. Die gewonnene Frist gab mir die Möglichkeit, so besonnen als angängig Ihre Kritik abzuwägen. Ich bin weit entfernt, sie für unfruchtbar, geschweige für unverständlich zu halten. Ich will versuchen mich grundsätzlich zu ihr zu äußern.« (VI,181) Wir können die Gedankenführung nicht nachzeichnen und brauchen es nicht, denn das ist inzwischen mehr als einmal geschehen. Es geht um das Fazit und die Folgen – und mit ihnen natürlich immer auch um die Befindlichkeit des Briefschreibers.

»Die Ankunft Ihres Briefes, dessen Ausbleiben mich, wie Sie sich denken können, mit der Zeit sehr beschäftigt hatte, stand bevor, als mein Blick eines Tages auf ein Kapitel im Regius fiel. Unter der Überschrift ›Warten‹ steht darin: ›Die meisten Menschen warten jeden Morgen auf einen Brief. Daß er nicht eintrifft, oder eine Absage enthält, gilt in der Regel für die, welche ohnehin traurig sind‹. Ich war, als

46 Vgl. Adorno – Benjamin: Briefwechsel (Anm. 17), S. 364 ff.

ich die Stelle aufschlug, traurig genug, um einen Wink und eine Voranzeige Ihres Briefes darin zu finden. Wenn dann in seinem Inhalt – denn ich spreche von seiner unveränderten Haltung nicht – etwas ermutigend für mich war, so ist es, daß Ihre Einwendungen, wie immer solidarisch die der Freunde mit ihnen sein mögen, nicht als Ablehnung gelten sollen. Lassen Sie mich ein offenes Wort anschließen. Ich glaube, daß es den ›Baudelaire‹ eher ungünstig präjudizieren würde, wenn dieser – einer Anspannung, der ich nicht leicht eine frühere literarische bei mir vergleichen könnte, entsprungene – Text an keinem seiner Teile Zugang zur Zeitschrift fände. Einmal hat die Druckgestalt, die dem Autor vom Text Abstand gibt, darin einen mit nichts zu vergleichenden Wert. Hinzukommt, daß der Text in solcher Gestalt der Aussprache zugeführt werden könnte, die – wie unzulänglich ihre hiesigen Partner immer sein mögen – in etwas die Isolierung, in der ich arbeite, kompensieren könnte.« (VI,186 f.)

Nur in einer Prognose hatte Benjamin recht, nämlich der, daß ein Verzicht auf den Druck oder Teildruck dem ›Baudelaire‹ als Buch nicht zum Vorteil gereichen würde. Dessen ungeachtet kam der Text weder als ganzer noch in vorsorglich von Benjamins bereits eingerichteten einzelnen Abschnitten sukzessive zum Abdruck. Er erschien überhaupt nicht in der »Zeitschrift für Sozialforschung«. Und das »präjudizierte« den ›Baudelaire‹ nicht nur »ungünstig«, es verhinderte, oder – noch deutlicher – es zerstörte ihn. Benjamin erhielt keine Chance, an seinem Buch weiterzuarbeiten und es als ganzes in der vom ihm geplanten Gestalt zur Diskussion zu stellen. Er hatte unentwegt schon während der Entstehung des Textes betont, daß insbesondere die theoretischen Grundlagen des Buches von diesem seinem zweiten Teil aus noch nicht übersehbar seien. Er wiederholte diese Argumente Adorno gegenüber. Aufgabe sensibler weitsichtiger Herausgeber und freundschaftlich verbundener engagierter Gesprächspartner wäre es also gewesen, die Erstellung der fehlenden Teile mit allen erdenklichen Mitteln zu befördern. Gefordert waren die Tugenden des Abwartens und Gewährenlassens, wie sie einem Autor vom Range Benjamins gegenüber ohnehin hätten beobachtet werden müssen, wenn anders sie in seiner besonderen und prekären Lage nicht ein selbstverständliches Gebot der Solidarität gewesen wären. Konkret ging es schlicht um ein Einlenken in der Frage der Publikation des vorliegenden Textes. Auch hier hatte Benjamin seinerseits bereits Signale gegeben. »Ich spreche durchaus nicht von einem unveränderten Text.« (VI,187)

Es kam nicht zum Kompromiß. Die Umarbeitung, die erforderlich wurde, führte zu einem Text, der mit seinem Vorgänger keine Gemeinsamkeiten mehr hatte. Und das nicht, weil dieser preisgegeben worden wäre, sondern weil Benjamin nur mit einem durch und durch anders organisierten, nämlich explizit und dezidiert philosophisch angelegten glaubte, eine Chance zu haben. Die Briefe zeigen ihn mehrfach während des Prozesses der Neubearbeitung. Sie lassen an Deutlichkeit nichts zu wünschen übrig. Scholem ist wie immer der erste, dem sich der Einsame öffnet. »Wäre mein Schweigen Dir transparent gewesen, so wären Deine Blicke in medias res gedrungen. Den Eingang des Winters begleitete eine Periode nachhaltiger Depression, von welcher letzteren ich sagen kann, je ne l'ai pas volé. Es kam Mehreres zusammen. Zunächst sah ich mich der Tatsache gegenüber, daß mein

Zimmer im Winter zum Arbeiten nahezu unbrauchbar ist; im Sommer habe ich die Möglichkeit, bei geöffneten Fenstern die Geräusche des Fahrstuhls durch die der pariser Straße in Schach zu halten; an den kalten Wintertagen nicht. Diese Sachlage kombinierte sich aufs glücklichste mit einer Entfremdung vom gegenwärtigen Sujet meiner Arbeit. – Wie ich Dir wohl schrieb, habe ich im Sommer mit Rücksicht auf die redaktionellen Anforderungen der Zeitschrift für Sozialforschung vorgreifend einen Teil, und zwar den zweiten, meines Buches über Baudelaire fertiggestellt. Dieser zweite Teil präsentiert sich in drei von einander relativ abgehobenen Abhandlungen. Eine oder die andere davon hoffte ich im letzten Heft der Zeitschrift, das eben herauskommt, gedruckt zu sehen. Anfang November aber kam, und zwar von Wiesengrunds Seite, die ausführlich begründete Ablehnung, wenn nicht der Arbeit so doch ihrer Drucklegung.« (VI,216 f.)

Fortsetzung der Arbeit am Baudelaire-Buch hieß bis auf weiteres Umarbeitung. »Es fällt mir nicht leicht. Die Isolierung, in der ich hier lebe, zumal arbeite, schafft eine anormale Abhängigkeit von der Aufnahme, die das, was ich mache, findet.« (VI,217) War nicht auch sie in den Stellungnahmen zu berücksichtigen? Zwei Monate später hatte sich an der Situation noch nichts Wesentliches geändert. »Du wirst vielleicht verstehen, daß mir gegenwärtig Arbeiten, die auf das Institut ausgerichtet sind, schwer fallen. Wenn Du dazu nimmst, daß Umarbeitungen ohnehin einen geringern Reiz haben als das neu in Angriff genommene, wirst Du begreifen, daß die Umformulierung des Flaneur-Kapitels langsam vom Fleck rückt. Ich hoffe, daß es sich als glücklich erweisen wird, wenn der geplante Text eingreifende Veränderungen aufweist.« (VI,253) Weitere zwei Monate später ließ er gegenüber der Steffin keinen Zweifel, vor welche Lage er sich gestellt sah. »Vom Baudelaire ist derzeit leider nichts zu berichten. Die Newyorker haben eine Umarbeitung verlangt.« (VI,293) Die eigene Einschätzung traf sich also mit dem Willen seiner Auftraggeber.

Gretel Adorno wird dann bezeichnenderweise wieder die Vorankündigung des Abschlusses anvertraut und die Intention des Textes erläutert, um Aufmerksamkeit und Blick bei dem gestrengen Zensor in die richtige Richtung zu lenken. »Ich habe es mir nicht zweimal sagen lassen, daß Ihr es auch mit den extremsten meiner dem alten Fonds entstammenden Überlegungen zu versuchen entschlossen seid.« (VI,308) Er hatte auf die ältesten Schichten zurückgegriffen, weil er wußte, daß sie sich Adorno am nachhaltigsten eingeprägt hatten. Er setzte noch einmal ganz neu an, indem er sich in die Rolle seines ersten und wichtigsten Lesers versetzte. Gleichwohl stellte sich ungeachtet aller erdenklichen Manöver die alte Sicherheit nicht wieder ein. »Mein Baudelaire-Kapitel ist abgeschlossen, und ich harre nun *der* Gewitterwolken, die *dieser* Text über meinem Haupte zusammenziehen wird. Übrigens muß ich mit dergleichen metaphorischen Gewittern vorliebnehmen, denn der Sommer ist unerträglich regnerisch und kalt. Das Pariser Klima ist ungesünder denn je. Ich bin selber regnerisch, müde, traurig und überarbeitet. Zur Erholung lese ich Gespenstergeschichten. Es schlägt mir aber nicht an.« (VI,327)

Wieder hatte er sich getäuscht. Dieses Mal aber zu seinen alsbaldigen Gunsten. Im Internierungslager zu Nevers erreichte den Gehetzten das Kabel mit der Bestätigung des Empfangs und der enthusiastischen Aufnahme. »Über die Aussicht, den

Text im nächsten Heft zu finden, bin ich sehr froh. [...] Zum Schluß will ich Ihnen, lieber Teddie, dafür danken, daß Sie zu dem festlichen Heft, dem wir entgegengehen, meinen Jochmann eingeladen haben.« (VI,316 f.) Das war vor dem Gang in die Internierung geschrieben. Wie es tatsächlich im Innern Benjamins aussah, zeigte erst der Brief nach der Rückkehr, Monate später. »Natürlich war (und bin) ich sehr glücklich über Ihre Stellung zu meinem ›Baudelaire‹. Sie wissen vielleicht, daß das Telegramm, das Sie mit Felizitas und Max gemeinsam an mich gesandt hatten, mir erst im Lager zukam, und welche Bedeutung es dort, monatelang in meinem psychischen Haushalt gehabt hat, ermessen Sie.« (VI,444 f.)

So im Mai 1940 aus Paris. Zwei Jahre waren seit der Aufnahme der Arbeit am ›Baudelaire‹ vergangen. Sie hätten ausgereicht, um einem im Spätsommer 1938 freudig begrüßten zweiten Teil des Buches den Schwung zu verleihen, der vonnöten gewesen wäre, um die ausstehenden Teile zu Anfang und Ende zu verfassen. Daran war jetzt nach Beginn des Krieges und dem bevorstehenden Einmarsch in Frankreich nicht mehr zu denken. Der ›Baudelaire‹ blieb ein grandioses Fragment. Und wenn wir uns auch für ihn noch eine weitere editorische Bemühung erwünschen, so betrifft sie die Erwartung, alle vorhandenen und vielfach ja erst im Laufe der Zeit wiederaufgefundenen Textzeugen in einem Buch ›Charles Baudelaire, ein Lyriker im Zeitalter des Hochkapitalismus‹ versammelt zu sehen.[47]

Die Zeit in Frankreich lief ab. Benjamin wußte es und richtete sich entsprechend ein. Etwa zeitgleich mit der Dankesadresse an Adorno erfuhren zunächst Horkheimer, dann Felizitas von Aufzeichnungen, die nun keinen unmittelbaren Bezug mehr zum ›Baudelaire‹ hatten. »Was Deine Frage nach Aufzeichnungen betrifft, die etwa auf das Gespräch unter den Bäumen der marronniers zurückgehen möchten, so fiel ihr Eingang in eine Zeit, da solche Aufzeichnungen mich beschäftigt haben. Der Krieg und die Konstellation, die ihn mit sich brachte, hat mich dazu geführt, einige Gedanken niederzulegen, von denen ich sagen kann, daß ich sie an die zwanzig Jahre bei mir verwahrt, ja, verwahrt vor mir selber gehalten habe. [...] Das Gespräch unter den marronniers war eine Bresche in diesen zwanzig Jahren. Noch heute händige ich sie Dir mehr als einen auf nachdenklichen Spaziergängen eingesammelten Strauß flüsternder Gräser denn als eine Sammlung von Thesen aus. [...] Daß mir nichts ferner liegt als der Gedanke an eine Publikation dieser Aufzeichnungen (nicht zu reden von einer in der Dir vorliegenden Form) brauche ich Dir nicht zu sagen. Sie würde dem enthusiastischen Mißverständnis Tor und Tür öffnen.« (VI,435f.)

Da wurde im Wissen um eine bevorstehende neuerliche Vertreibung ein Fazit gezogen, Ältestes mit Jüngstem zusammengeschmolzen. Benjamin war im Begriff, sein denkerisches, schriftstellerisches Vermächtnis zu stiften. Das wurde der Freundin gegenüber so wenig ausgesprochen wie es den Aufzeichnungen selbst anzumerken gewesen wäre. Es waren wieder die kleinen Signale in den Briefen, die unüberhörbar anzeigten, was die Stunde geschlagen hatte. »Dies alles soll Dir, so hoffe ich,

---

47 Ein solches ist von Giorgio Agamben vorbereitet.

in den nächsten Tagen zukommen. Wir müssen sehen, unser Bestes in die Briefe zu legen; denn nichts deutet darauf hin, daß der Augenblick unseres Wiedersehens nahe ist. Dein alter, auch alternder Detlef.« Und dann als Postscriptum: »Es geht Euch dieser Tage das Manuscript der ›Berliner Kindheit um neunzehnhundert‹ zu. Verwahrt es bitte. Und vertröstet Euch nach Möglichkeit mit ihm, wenn ich die angekündigten Thesen noch etwas hintanhalte.« (VI,437)

Benjamin ging dazu über, seine Manuskripte in Paris in Sicherheit zu bringen, ausgewählte und besonders gefährdete kleine unpublizierte Stücke wie die ›Berliner Kindheit‹ neuerlich in Umlauf zu bringen und sich für den Aufbruch zu rüsten. Den Text, den er erstmals in seinem Leben, seitdem er publizistisch hervorgetreten war, nicht für die Veröffentlichung bestimmte, ließ er gleichfalls auf den Weg zu den Freunden gehen, arbeitete weiter an ihm und trug ihn fortan bei sich. Auch noch in seinem leichtesten Gepäck, der Aktentasche auf der Flucht über die Pyrenäen nach Spanien, die er über alles hütete, dürfte er sich befunden haben. Er war dazu bestimmt, sein Vermächtnis zu bilden. Und das nicht im Sinne des Autors, sondern im Gefolge der Aneignung, die ihm zuteil wurde. In Konfrontation mit ›Über den Begriff der Geschichte‹ wurde einer jungen Generation in den sechziger Jahren schlagartig bewußt, was ein Umgang mit Geschichte bedeuten könnte, der auch nur ein weniges von dem wahr zu machen vermöchte, was da in den ›Thesen‹ als ein Versprechen aufgeblitzt war.

Drei Freunde und ihr Werk im Spiegel der Briefe

So wie die Briefe Benjamins durchzogen sind von begleitenden Äußerungen und dichten Reflexionen zum eigenen Werk, so antworten sie auf das Werk von Freunden, Bekannten und Kollegen. Begierig zog er von der Jugend auf Personen aus seiner Umgebung ins Gespräch zum Vernehmen und Entwickeln von Gedanken. Diese Seite seines Wesens ist verloren – es sei denn, sie wurde ausnahmsweise bezeugt. Seine Briefe bergen in der Schrift den schier unerschöpflichen Einfallsreichtum, der sich im Gespräch mit seinen besonderen Chancen der versuchsweisen Artikulation noch nie gedachter Gedanken womöglich noch fulminanter Bahn brach. Anlaß dazu im Brief bot auch und gerade, was immer ihm an Arbeiten Dritter zu Gesicht kam. Mehrere Schichten sind dabei zu scheiden. An erster Stelle stehen selbstverständlich die Autoren, deren Werken Benjamin größere eigene Arbeiten widmete, ohne daß sie ihm in der Regel bekannt waren, über die er jedoch mit seinen Briefpartnern im Austausch stand. So gut wie völlig ausgeblendet bleibt hingegen das tagtägliche Schreibpensum, das Benjamin ab der Mitte der zwanziger Jahre für die Zeitung und gelegentlich für den Rundfunk verrichtete. Er hat diese Produktion bekanntlich stets als Bagatelle abgetan. Wie unrecht er damit seinen Versuchen tat, ist bekannt und wird auch in diesem Buch an einem Exempel, seinen Barock-Rezensionen, erneut unter Beweis gestellt. Die in der Tagesschriftstellerei besprochene Literatur ist mit anderen Worten in den Briefen nur ausnahmsweise über Namen von Autoren und Titeln hinaus präsent.

Anders steht es um die Arbeiten von Personen, mit denen Benjamin persönlich verkehrte. Sie lösten selbstverständlich Reaktionen aus, und wo sich entsprechende Briefe erhalten haben, bilden sie die primäre Fundgrube. Doch auch hier ist wieder zu differenzieren. Wir haben die vielen diesbezüglichen Äußerungen Benjamins gegenüber den vergleichsweise wenigen Briefpartnern, die er als Empfänger seiner Lektüreeindrücke würdigte. Und wir haben die wiederum vergleichsweise wenigen Briefpartner, mit denen er in einem direkten Austausch über ihre wie seine Arbeiten stand. War hier stets Rücksicht zu nehmen auf den Autor als Adressaten, so fiel diese Rücksichtnahme fort, eben wo es um Dritte ging. Natürlich wäre es reizvoll, die Äußerungen Benjamins über befreundete oder bekannte Personen in toto einzusammeln, bergen sie doch allemal Ergiebiges. Unser kleiner Querschnitt aber setzt überall auf den Ausschnitt, damit auf Vorlieben und Gewichtungen. An drei durch Reichtum der Überlieferung und Bedeutung der Personen ausgezeichneten Beispielen soll Benjamins persönlicher Umgang mit dem Werk ihm Nahestehender ein wenig in Augenschein genommen werden.

Ernst Bloch

Benjamin am nächsten, so immer wieder zu hören und durch das schöne posthume Porträt der Erinnerung nahegelegt, stehe das Werk Ernst Blochs.[48] Benjamin sah das selbst so, freilich auf eine hintergründig-ironische Weise. Kein Autor in den Briefen wird so häufig des geistigen Diebstahls bezichtigt wie eben der Freund schon aus frühen Berliner Tagen. Was immer daran wahr sein mag – Diebstahl unter Autoren macht nur Sinn, wo diese sich nahestehen. Benjamin fühlte sich von den Blochschen Themen sogleich affiziert, wußte und bekannte, daß sie ihm zentral waren. Zugleich aber ereiferte er sich in seltener Deutlichkeit und Ungeschütztheit über ihre philosophische Behandlung und sprachliche Verarbeitung. Die eingestandene Nähe zeitigte im gleichen Atemzug eine massive Distanzierung. Daß gleichwohl der freundschaftliche Umgang die Jahre über möglich blieb, gehört zu den Geheimnissen gerade auch dieser Freundschaft. Benjamin hat Person und Werk auch im Falle Blochs sorgfältig auseinandergehalten und die Vorzüge des Mannes gegenüber seinen zu Beanstandungen wieder und wieder Anlaß gebenden Schriften stets unterstrichen. Das böse Erwachen kam für den Freund erst spät mit der Veröffentlichung der Benjaminschen Briefe. Ein zweites Mal sei ihm da der Freund gestorben, bekannte Bloch in tiefer Trauer und Resignation. Um so dankbarer sind wir, daß wir seine vorher gesprochene und alsdann niedergelegte noch ungetrübte Erinnerung an den schwierigen Freund und eine schwierige Freundschaft besitzen.

Über Scholem bestellte Benjamin Blochs erste große Arbeit, die diesen schlagartig berühmt machte, das 1919 erstmals erschienene Werk »Geist der Utopie«, welches schon 1923 in einer erweiterten Neuauflage wieder vorlag. Es sollte ihn nach-

48 Vgl. den Beitrag Blochs in: Über Walter Benjamin.– Frankfurt a.M.: Suhrkamp 1968 (= edition suhrkamp; 250), S. 16–23.

haltig über Monate beschäftigen. Der Verlust gerade dieses Manuskripts hat eine nicht zu schließende Lücke im theologisch-politischen Denken des jungen Benjamin hinterlassen, die sich auch auf Deutung und kontextuelle Situierung verwandter Arbeiten dieses Zeitraums negativ ausgewirkt und eine Reihe offensichtlich nicht zu behebender Unsicherheiten im Gefolge gehabt hat. »Ich lese seit einer Woche intensiv das Buch von Bloch und werde vielleicht, was daran zu loben ist, ihm (dem Manne, nicht dem Buche) zulieb öffentlich hervorheben. Leider ist durchaus nicht alles zu billigen, ja es kommt manchmal Ungeduld über mich.« (II,44 f.) Die ausführlichste und insgesamt doch wohl ausgewogenste Äußerung über Bloch erfolgte gleichfalls noch im Erscheinungsjahr des ersten Blochschen opus magnum gegenüber Ernst Schoen. »Ich habe viel für mich nachgedacht und dabei Gedanken gefaßt, die so klar sind, daß ich hoffe sie bald niederlegen zu können. Sie betreffen Politik. In vieler Beziehung – nicht allein in dieser – kommt mir dabei das Buch eines Bekannten zu statten, welcher der einzige Mensch von Bedeutung ist, den ich in der Schweiz bisher kennen lernte. Mehr als sein Buch noch sein Umgang, da seine Gespräche so oft gegen meine Ablehnung *jeder* heutigen politischen Tendenz sich richteten, daß sie mich endlich zur Vertiefung in diese Sache nötigten, die sich wie ich hoffe belohnt hat. Von meinen Gedanken kann ich noch nichts verlauten lassen. Das Buch heißt ›Geist der Utopie‹ von Ernst Bloch. Ungeheure Mängel liegen zu Tage. Dennoch verdanke ich dem Buch Wesentliches und zehnfach besser als sein Buch ist der Verfasser. Es mag Ihnen genügen, zu hören, daß dies doch das einzige Buch ist, an dem ich mich als an einer wahrhaft gleichzeitigen und zeitgenössischen Äußerung messen kann. *Denn*: der Verfasser steht allein und steht philosophisch für diese Sache ein, während fast alles, was wir, von Gleichzeitigen, heute, philosophisch Gedachtes, lesen[,] sich anlehnt, sich vermischt und nirgends an dem Punkte seiner Verantwortung zu fassen ist, sondern höchstens auf den Ursprung des Übels hin führt, das es selbst repräsentiert.« (II,46 f.)

Der Plan, über das Buch ausführlicher zu schreiben, kam zunächst ins Stocken, »da das Buch mit allen vorbereitenden Glossen verloren ist.« (II,57) Erst als es wieder auftauchte, konnte an die Realisierung des Planes gegangen werden. Wie auf ganz andere Weise in der späteren Produktion bis in das Trauerspielbuch hinein, ging es bereits in der Bloch-Rezension auch um eine Auseinandersetzung mit dem Expressionismus, der nur vermittelt in der Benjaminschen kritischen Arbeit seine Spuren hinterlassen hat. Die Besprechung des Werkes »wird das viele Gute und Vorzügliche für sich sprechen lassen, die konstitutionellen Fehler und Schwächen aber in einer durchaus esotherischen Sprache diagnostizieren; das Ganze der Form nach akademisch, weil so allein man dem Buch gerecht wird. Da es dabei zu einer Auseinandersetzung über Expressionismus kommen dürfte, so las ich mit Hinblick darauf ›Über das Geistige in der Kunst‹ von Kandinski. Dies Buch erfüllt mich vor seinem Autor mit höchster Achtung, wie dessen Bilder meine Bewunderung wecken. Es ist wohl das einzige Buch über den Expressionismus sonder Geschwätz; freilich nicht vom Standpunkt einer Philosophie –, sondern einer Lehre-von-der-Malerei.« (II,67 f.) Anfang 1920 konnte Benjamin an Schoen Vollzug melden. Drei Monate habe ihn die Arbeit befaßt. »So schwer fiel es mir, die Sache völlig zu durchdringen.« (II,73)

Um so tiefer der Schmerz über den Verlust der Studie, die nicht zügig genug zur Publikation gebracht werden konnte, so daß der Essay ›Zur Kritik der Gewalt‹ nun vor allem für den hier ganz offensichtlich zur Sprache gelangten Gedankenkreis einstehen muß. Es waren die »Fülle«, die »Mühelosigkeit« der Darlegungen, die Benjamins Mißtrauen hervorgerufen hatten. Die Arbeit war dem Freunde zu Gefallen und auf dessen Bitten hin unternommen worden. »Ich tat es weil mich mit ihm eine Neigung verbindet deren Grund ich auch in einigen zentralen Gedanken seines Buches wiederfinde, so wenig es auch ein reines Medium unserer Beziehung ist. Denn meinen eignen Überzeugungen entspricht es zwar in einigen wichtigen Darlegungen, wie gesagt, nirgends aber meiner Idee der Philosophie. Zu ihr verhält es [sich] diametral entgegengesetzt. Aber der Autor steht, mehr als er es weiß, über dem Buch. Ob es ihm gelingen wird, in diesem Sinne sich philosophisch auszusprechen, ist die entscheidende Frage für ihn.« (II,72 f.)

Als nächstes Werk aus der Feder Blochs war der 1922 erschienene »Thomas Müntzer als Theologe der Revolution« zu rezipieren. »Der Umgang mit Bloch ist, sehr vorsichtig, wieder aufgenommen worden. Natürlich macchiavellinisch. Die vollständige Korrektur vom ›Münzer‹ wurde mir neulich bei seinem ersten Besuch hier überreicht und ich habe zu lesen begonnen.« (II,212 f.) »Weit betrübender noch [als mit der Zeitschriftengründung] scheint es mit Blochs neuem Buche zu stehen, das ich bisher zu drei Vierteln gelesen habe und dem ich nur wenige belehrende Stellen abgewinnen kann, wogegen man Seite für Seite das Unleidlichste schlucken muß (dies ganz unter Discretion) Im großen und ganzen regiert in den theologischen Erörterungen ein subalterner expressionistischer Reportergeist.« (II,216 f.) Die Kritik radikalisierte sich nach Kenntnisnahme des gesamten Textes noch. »Das neue Buch von Bloch, der ›Münzer‹ ist einfach furchtbar, ein in sternheimsches Idiom eingedeutschter Max Weber.« (II,226)

Benjamin blieb ein getreuer Beobachter der Blochschen Produktion. Als nächstes war eine Sammlung von Aufsätzen, betitelt »Durch die Wüste«, zu registrieren. »Von Bloch gibt es ein neues Buch, im Wesentlichen früher Gedrucktes unter dem schönen Karl Mayschen Titel ›Durch die Wüste‹ zusammenfassend. Inhaltlich ist dazu nichts zu sagen. Spaßig ist etwa eine auffallend blutige Hinrichtung aller opponierenden Rezensenten. Sonst gibt es dies und das aus Muri (aus dessen Vorlesungsverzeichnis übrigens Bloch im neuen Buch Kants Vorlesung über Erdmann glatt gestohlen hat!).« (II,438) Da war er erstmals, der Vorwurf des geistigen Diebstahls, der sich fortan wie ein roter Faden durch die Bloch gewidmete Blütenlese ziehen wird und die Präsenz Blochs im Kontext der ›Pariser Passagen‹ so gut wie regelmäßig begleitete. Nur Sternberger war, wenn wir recht sehen, ähnlichen Vorwürfen ausgesetzt. »Im letzten Heft der Musikzeitschrift ›Der Anbruch‹ erschien von Ernst Bloch ein Aufsatz ›Rettung Wagners durch Karl May‹, der nicht nur von Entlehnungen meiner Gedanken voll war sondern zudem sich durch Entstellungen auszeichnete, wie die unschöne Hast im Klauen sie mit sich brachte.« (III,439 f.)

Diese Fährte steuerte nun zunehmend die weiteren Erkundungen. »Demnächst erscheinen zwei neue Bücher von Bloch ›Spuren‹ und ›Essays‹, in denen ein nicht geringer Teil meiner unsterblichen Werke, z.T. etwas ramponiert, der Nachwelt überkommt.« (III,469) Ein Vierteljahr später waren die »Spuren« da. Sind sie schon nach »Erez Isroel« vorgedrungen, fragt Benjamin Scholem im Oktober 1930. »Mich setzt das Buch in die tötlichste Verlegenheit. Mein Verhältnis zu ihm ist gerade augenblicklich das denkbar beste; und nun ereignet sich dies: Spuren des Eingriffs in meine Gedankenwelt mehr als von irgendwas anderm und dazu so verwischt, daß man alle Neigung unterdrückt, sie in Anspruch zu nehmen. Noch bin ich in Nachforschungen darüber begriffen, ob sich der ganzen Sache der Öffentlichkeit gegenüber nicht eine glimpfliche Seite abgewinnen läßt.« (III,541 f.)

Vier Jahre liegen zwischen den »Spuren« und den erwähnten Essays, hinter denen sich Blochs »Erbschaft dieser Zeit« verbirgt. Vielleicht würde Scholem interessieren, »daß ein neuer Band der Arsène Lupin-Serie – des berühmten gentlemen-cambrioleurs – in Gestalt einer neuen Schrift von Ernst Bloch erscheint. ›Erbschaft dieser Zeit‹ – ich bin sehr gespannt, erstens überhaupt, zweitens auf das, was ich von dem Meinigen als Zeitkind hier erben werde.« (IV,515) Benjamin hat das Buch noch nicht gesehen, da ist die Kunde bereits bei ihm, daß es »peinliche und bösartige Auseinandersetzungen mit mir enthalten« soll. (IV,541) »Unruhe und Gezänk« bereite sich über das Buch »im Schoße der Getreuen« vor, »indem ich teils zu den im Text mir erwiesenen Ehren beglückwünscht, teils gegen die – angeblich in denselben Stellen enthaltenen – Schmähungen in Schutz genommen werde.« (IV,550) Nach so viel Vorgeplänkel blieb die erste überlieferte Reaktion – Horkheimer gegenüber zum Ausdruck gebracht – erstaunlich knapp und moderat. »Ich bin da mehrfach ins Spiel gemischt; nicht immer auf die Art, die mir lieb wäre.« (V,9)

Gegenüber Kracauer erfolgt dann – kombiniert mit der Bitte, Verschwiegenheit zu wahren – die erste substantielle Stellungnahme. »Blochs Buch ist gekommen, dem majestätischen Donner ähnlich, dem kurze Nachrichten blitzhaft voraneilten. [...] Aber, auf den Donner zurückzukommen: wie sich dieser sein eignes Echo zu machen pflegt, so scheint mir dieses Buch es zu halten; und leider ist es öfters ein echtes Echo, nämlich eines aus Hohlräumen. Sie entstehen durch den Mangel an Konzentration. Anstatt den Gegenstand, um den es geht, klar heraustreten zu lassen, ist es wieder das alte Verfahren der philosophischen ›Stellungnahme‹ zu allem und jedem, das beherrschend gewesen ist. Der Gegenstand lag auf der Hand und ist in den Kapiteln über die Ungleichzeitigkeit gelegentlich sehr genau formuliert. Leider machen sie einen ›Übergang‹ statt jenes methodische Zentrum abzugeben, von dem allein aus auch der Partner dieser Rede unzweideutig aufzurufen gewesen wäre: ich meine das Kulturbüro der K.P. So hat sich das, was eine Klage und Anklage von Haus aus gewesen ist, in eine Reihe von Beschwerden verzettelt. Die Dinge, um die es hier geht, lassen sich nicht im leeren Raum richtigstellen; sie verlangen ein Forum. Darin, daß dieses Forum und damit auch die forensischen Beweismittel, deren vornehmstes das corpus delicti der entmannten deutschen Intelligenz ist, umgangen sind, sehe ich die große Schwäche des Buches. Wäre es geglückt, so wäre es eines der wichtigsten Bücher der letzten dreißig oder auch hundert Jahre geworden.« (V,27 f.)

In ein herrliches Bild gefaßt und deshalb noch einmal zitiert, kehrte die Distanzierung gegenüber Alfred Cohn wieder. »Der schwere Vorwurf, den ich dem Buch mache (wenn auch nicht dem Verfasser machen werde) ist daß es den Umständen, unter denen es erscheint, in garkeiner Weise entspricht sondern so deplaziert auftritt wie ein großer Herr, der, zur Inspektion einer vom Erdbeben verwüsteten Gegend eingetroffen, zunächst nichts eiligeres zu tun hätte als von seinen Dienern die mitgebrachten – übrigens teils schon etwas vermotteten – Perserteppiche ausbreiten, die – teils schon etwas angelaufnen – Gold- und Silbergefäße aufstellen, die – teils schon etwas verschossenen – Brokat- und Damastgewänder sich umlegen zu lassen. Selbstverständlich hat Bloch ausgezeichnete Intentionen und erhebliche Einsichten. Aber er versteht es nicht, sie denkend ins Werk zu setzen. Seine übertriebnen Ansprüche hindern ihn daran. In solcher Lage – in einem Elendsgebiet – bleibt einem großen Herrn nichts übrig als seine Perserteppiche als Bettdecken wegzugeben und seine Brokatstoffe zu Mänteln zu verschneiden und seine Prachtgefäße einschmelzen zu lassen.« (V,38) Es war die Einsicht aus ›Armut und Erfahrung‹ und verwandten Stücken, die hier gegenüber dem politischen Essayisten mobilisiert wurde. Nur Scholem aber durfte bedeutet werden, er werde sich selbst ein Bild davon zu verschaffen wissen, »inwieweit seine Einbruchsversuche bei mir geglückt sind.«(V,85) Es galt also fortan, zumal die Passagenarbeit im geheimen fortzuführen. »Sie ist in einem Stadium, in dem sie allen denkbaren Unbilden, nicht zum wenigsten denen des Diebstahls, besonders ausgesetzt wäre. Daß mich Blochs ›Hieroglyphen des 19ten Jahrhunderts‹ etwas scheu gemacht haben, wirst Du begreifen.« (V,129) Es gelang den beiden, nachdem Benjamin seine Kritik mündlich so schonend wie möglich artikuliert hatte, die nicht ausbleibenden Irritationen im persönlichen Umgang zu mildern und ihre Freundschaft durch die Fährnisse der Jahre zu steuern; die letzte persönliche Begegnung erfolgte 1935.

Gershom Scholem

Mit Bloch selbst also wurde die Auseinandersetzung persönlich ausgetragen. Die schriftliche Stellungnahme jenseits der Briefe wußte Benjamin zu umgehen. Der regelmäßige persönliche Umgang ermöglichte dies Ausweichmanöver. Scholem war hingegen seit 1923 fast nur noch brieflich erreichbar. Daher sind Benjamins Reaktionen auf sein Werk so gut wie ausschließlich brieflich bezeugt, nun aber nicht mehr gegenüber Dritten, sondern gegenüber dem Autor selbst. Sie sind naturgemäß schmal an der Zahl, denn das Scholemsche Werk trat ja erst nach Benjamins Tod in seinen zunehmend imposanteren Ausmaßen ans Tageslicht. Auf das Frühjahr des Jahres 1941 ist das Vorwort zur englischen Ausgabe von Scholems erstem opus magnum »Major Trends in Jewish Mysticism« datiert, das dann erst 1957 in deutscher Version vorlag. Dem Werk ist bekanntlich eine Widmung vorangestellt, deren eindringliche Formulierung sich jedem Leser des Scholemschen Werkes unvergeßlich eingeprägt haben wird. Es dürfte eine der frühesten Äußerungen über den im Vorjahr verstorbenen Freund darstellen: »Dem Andenken an WALTER BENJAMIN (1892–1940) Dem Freunde, in dessen Genius die Tiefe des Metaphysikers, das Eindringen des Kritikers und das Wissen des Gelehrten sich trafen. Gestorben in Port Bou in Spanien auf dem Weg in die Freiheit.«

Benjamin hat die Entstehung des fundamentalen Werkes noch mit seinem Interesse begleiten können. »Von der Bitte, mir das Manuscript [der ersten Fassung des ›Baudelaire‹] sobald als möglich zurückzusenden, könnte ich nur dann absehen, wenn Du mich mit dem deutschen oder französischen Manuscript Deiner Abhandlung über jüdische Mystik entschädigen würdest. Du kannst Dir denken, wie sehr mir am Studium dieses Textes gelegen wäre.« (VI,254) War diese im April 1939 vorgetragene Bitte schon bezogen auf ein Manuskript aus dem Umkreis des Buches? Der Kommentar versagt ausnahmsweise an dieser Stelle. Erst im Juni 1939 teilt Scholem dem Freund mit, daß er die Arbeit an der Buchfassung seiner englischsprachigen Vorlesungen aufgenommen habe, die dann 1941 abgeschlossen wurde. Ein letztes Mal hat Benjamin im Todesjahr 1940 im letzten Brief, der Scholem von ihm erreichte, darauf reagieren und die großen Hoffnungen, die er auch auf dieses Werk setzte, artikulieren können. Der Brief nahm ganz unversehens den Charakter einer bewegenden Abschiedsbotschaft an. »Es war stärkend und erfreulich für mich zu vernehmen, daß Du so unabgelenkt wie die Umstände es zulassen, Deinem Handwerk nachgehst. Ich hoffe, daß Du insbesondere die Redaktion Deiner newyorker Vorlesungen nicht fürder mehr auf die lange Bank schiebst. Jede Zeile, die wir heute können erscheinen lassen, ist – so ungewiß die Zukunft, der wir sie überantworten – ein Sieg, der den Mächten der Finsternis abgerungen. [...] Was ›die Bewahrung des uns Gemeinsamen‹, der Du Deine Wünsche zuwendest, angeht, so ist, soweit ich sehen kann, für diese noch bessere Vorsorge getroffen als vor fünfundzwanzig Jahren. Ich denke dabei nicht an uns sondern an die Veranstaltungen des Zeitgeistes, der die Wüstenlandschaft dieser Tage mit Markierungen versehen hat, die für alte Beduinen wie wir unverkennbar sind. So trist es ist, nicht mit einander konversieren zu können, so habe ich doch das Gefühl, daß die Umstände mich dabei keinesfalls so feuriger Disputationen berauben, wie sie hin und wieder zwischen uns statt hatten. Heute ist dazu kein Anlaß mehr. Und vielleicht ist es sogar schicklich, ein kleines Weltmeer zwischen sich zu haben, wenn der Moment eingetreten ist, einander spiritualiter in die Arme zu fallen.« (VI,378 f.)

Vorangegangen waren fast 25 Jahre zunächst mündlichen, sodann schriftlichen Austausches über die beiderseitigen Arbeiten. Was Benjamin an jüdischem Gedankengut seinem Denken zuführte, kam ihm in erster Linie über Scholem zu. Er hat den Freund immer wieder um Auskünfte und wo immer möglich um seine Arbeiten zumal in den westeuropäischen Sprachen gebeten und auf beides reagiert, wo immer er Zugänge gewahrte. Das war vorzugsweise auf dem Gebiet der Übersetzung der Fall. Scholem hatte eine Übersetzung des ›Hohen Liedes‹ angefertigt und zwei Versionen davon zu Benjamin auf den Weg gebracht, der sich nach dem Studium in München weiterhin im Süden aufhielt. Es war ihm nach Benjamin nicht gelungen, der deutschen Sprache jene Läuterung angedeihen zu lassen, so daß sie ihrerseits der hebräischen als kongenial sich erwiesen, der unvergängliche Sprachgeist des hebräischen Originals sich ihr also mitgeteilt hätte. »Ihre Liebe zur hebräischen Sprache kann sich im Medium der deutschen nur als Ehrfurcht vor dem Wesen der Sprache und dem Worte überhaupt darstellen, nur in der Anwendung einer guten und reinen Methode. Das heißt aber: Ihre Arbeit bleibt eine apologetische, weil sie die Liebe und Verehrung eines Gegenstandes nicht in seiner Sphäre ausdrückt. Es wäre nun prinzipiell nicht unmöglich daß zwei Sprachen in eine Sphäre eingehen: im Gegenteil das konstituiert alle große Übersetzung und bildet die Grundlage der ganz wenigen großen Übersetzungswerke die wir haben. Im Geiste Pindars erschloß sich Hölderlin die gleiche Sphäre der deutschen und der griechischen Sprache: seine Liebe zu beiden wurde *eine*. (Ungewiß bin ich mir halte es aber fast für möglich daß man über Georges Dante-Übersetzung gleich Großes sagen kann) Ihnen jedoch ist deutsche Sprache nicht gleich nahe wie die hebräische und darum sind Sie nicht der *berufene* Übersetzer des hohen Liedes, während Sie es eben dem Geiste der Ehrfurcht und der Kritik verdanken daß Sie kein unberufner geworden sind. Ich glaube letzten Endes werden Sie selbst dieser Arbeit mehr zu danken haben als jeder andern.« (I,370 f.)

Eine unerhört dichte, auf Grundprobleme der Erziehung führende Antwort aus St. Moritz war dann einem Aufsatz Scholems aus den »Blau-Weiß-Blättern« des Jahres 1917 gewidmet, der in die Sammlung seiner Schriften nicht einging, weil sie noch dem Fragenkreis aus der Jugendbewegung angehörte. Wohl aber hätte man erwartet, daß ein Text dieses Kalibers, der Benjamins ausführlichste und exponierteste Äußerung zum Begriff ›Tradition‹ barg, in der Sammlung kleiner Texte zum Thema »Über Kinder, Jugend und Erziehung« in der ›edition suhrkamp‹ Eingang gefunden hätte, emanzipierte er sich doch von der brieflichen Fassung und nahm traktatförmige Züge an. Benjamin wandte sich gegen die Hochschätzung des Beispiels in der erziehungswissenschaftlichen Theorie, wie sie auch Scholem vorgenommen hatte.

»Der Lehrer lehrt nicht eigentlich indem er ›vor-lernt‹, beispielhaft lernt, sondern sein Lernen ist teilweise allmählich und ganz aus sich selbst zum Lehren übergegangen. Wenn man also sagt der Lehrer gibt das ›Beispiel‹ zum Lernen so verdeckt man durch den Begriff Beispiel das Eigentümliche, Autonome im Begriff solchen Lernens: nämlich das Lehren. In einem gewissen Stadium werden bei dem rechten Menschen alle Dinge beispielhaft aber sie verwandeln sich damit in sich selbst und werden neu. Dieses neue schöpferische in den Lebensformen des Mannes sich entfalten zu sehen eröffnet in die Erziehung den Einblick. / Ich wünschte mir daß Sie in der Ausarbeitung Ihres Aufsatzes den Begriff des Beispiels dergestalt eliminierten und zwar in dem der Tradition aufheben möchten. In [!] bin überzeugt: die Tradition ist das Medium in dem sich *kontinuierlich* der Lernende in den Lehrenden verwandelt und das im ganzen Umfang der Erziehung. In der Tradition sind alle Erziehende und zu Erziehende und alles ist Erziehung. Symbolisiert und zusammengefaßt werden diese Verhältnisse in der Entwicklung der Lehre. // Wer nicht gelernt hat kann nicht erziehen denn er sieht nicht an welcher Stelle er einsam ist, wo er also auf seine Weise die Tradition umfaßt und lehrend mitteilbar macht. Wer sein Wissen als überliefertes begriffen hat in dem allein wird es überlieferbar, er wird in unerhörter Weise frei. Hier denke ich mir den metaphysischen Ursprung des talmudischen Witzes. Die Lehre ist wie ein wogendes Meer, für die Welle aber (wenn wir sie als Bild des Menschen nehmen) kommt alles darauf an sich seiner Bewegung so hinzugeben, daß sie bis zum Kamm wächst und überstürzt mit Schäumen. Diese ungeheure Freiheit des Übersturzes ist die Erziehung, im eigentlichen: Der Unterricht, das Sichtbar- und *frei* werden der Tradition: ihr Überstürzen aus lebendiger Fülle. Es ist so schwer über Erziehung zu reden weil deren Ordnung mit der Religiösen Ordnung der Tradition ganz zusammenfällt. Erziehen ist nur (im Geiste) die Lehre bereichern; nur wer gelernt hat kann das: darum ist es unmöglich für die Kommenden anders als Lernend zu leben. Die Nachkommen sind aus dem Geist Gottes (Menschen), sie steigen aus der Bewegung des Geistes wie Wellen auf. Unterricht ist der eine einzige Punkt der freien Vereinigung der ältern mit der jüngern Generation, wie Wellen die im Ineinandergehen den Schaumkamm werfen.« (I,382 f.)

Die Jahre vor Scholems Übersiedlung nach Palästina haben keine weiteren eingehenden brieflichen Reaktionen auf dessen Arbeiten gezeitigt. Das Erscheinen seiner Übersetzung und Kommentierung des »Buchs Bahir« im Jahr 1923 fiel unmittelbar vor seine Abreise. Als der Freund sich dann in Palästina etabliert hatte, war es immer wieder an Benjamin, ihn um seine Arbeiten zu bitten. Besorgt klang die Frage durch, ob in Zukunft überhaupt noch mit deutschsprachigen Arbeiten zu rechnen sei; Benjamin war sich natürlich im klaren darüber, daß ihm ein eindringlicheres Studium der auf hebräisch verfaßten Texte verwehrt war. Kaum ein längerer Brief in den folgenden Jahren, der nicht nach dem Stand der Scholemschen Arbeiten Erkundigungen einzöge und – häufig über Monate, gelegentlich über Jahre hinweg – jeden ihm bekannt gewordenen Titel einforderte. Stets reagierte Benjamin, fast immer um eine Anknüpfung bemüht. *»Enthalte mir bitte die Glossen zu ›Rabbi Gadiel das Kind‹ nicht vor.* Ist der Schluß von ›Alchemie und Kabbala‹ schon heraus, so veranlasse bitte die Sendung an mich. Den ersten Teil las ich aufmerksam; da die Arbeit philologisch ist, entnehme ich ihr natürlich nicht allzu viel; ihr Wesentliches liegt außerhalb meines Bildungskreises. Besitzen aber möchte ich sie. Die (sozusagen ›synthetischen‹) Reflexionen zum Bahir, aus denen Du eine Einleitung des Buches zu bilden gedachtest, haben sich vorerst wohl in die unter ›hörbarem Seufzen‹ angelegte Mappe verkrochen?« (III,40) So der geläufige Tenor in einer vergleichsweise schon ausführlicheren Äußerung. Ungehalten aber reagierte Benjamin, wo Scholem durchblicken ließ, daß die Kost ohnehin für den Freund nicht die geeignete sei. »Halbwegs bitter ist im Berichte von Deinen Arbeiten die Bemerkung ›nichts von allgemeinem Interesse‹. Wenn mein Interesse schon ein gänzlich unzuständiges und hilfloses ist, so ist es eben als ein solches an *Deinen* Arbeiten, denn doch kein allgemeines. Vielleicht berichtest Du mich also bei Gelegenheit doch näher.« (III,162)

Ein Ereignis in der Buchkunde der Judaistik, würdig der großen Tradition der Steinschneider und Fürst, um von den Koryphäen des 18. Jahrhunderts gar nicht zu reden, stellte dann das Erscheinen von Scholems »Bibliographia Kabbalistica« dar, die 1927 nochmals bei Drugulin in Leipzig herauskam. »Hast Du mir Deine Kabbalabibliographie nach Berlin gesandt? Jedenfalls hoffe ich bald ein Exemplar zu erhalten. In diesem Buche ist doch mit wunderbarer Schnelligkeit ein Jugendtraum von Dir erfüllt worden, nicht wahr? Du hast Dich des Steinschneiderschen Handexemplars (des Oxforder Handschriftenkatalogs der Judaica, wenn ich nicht irre) würdig erwiesen. Aus der bibliographischen Rubrik der Literarischen Welt ersah ich den erheblichen Umfang der Arbeit.« (III,250)

Wenig später aber hatte Benjamin erneut Anlaß, Klage zu führen. »[...] heute liegen Deine Briefe vom 22ten März und 12ten April vor mir. Außerdem aber das Sonderheft des ›Juden‹, das ich, kaum war es in Deinem Schreiben angekündigt, schon bei der Ewerbuchhandlung subscribierte. Nicht vor mir liegt die Jüdische Rundschau mit Deiner Notiz über Agnon, die ich möglichst ungesäumt von Dir erbitte. Hier kann man sie im Straßenhandel schon nicht mehr haben. Warum nimmst Du Dir nicht mein gutes Beispiel zu Herzen, der ich Dir niemals eine Zeile von mir in der Literarischen Welt bibliographisch ›nachweise‹ sondern Dich, mit allem halbwegs Erheblichen, in natura bediene.« (III,366 f.)

Dann kommt Scholems Aufsatz zur ›Entstehung der Kabbala‹ und wie fast immer versieht Benjamin sein Urteil mit dem Hinweis auf seine nach wie vor obwaltende Inkompetenz, nun jedoch mit Seitenblick auf die angekündigten, aber immer wieder aufgeschobenen Hebräisch-Studien. »Die ›Entstehung der Kabbala‹ habe ich mit höchstem Interesse (o dürfte ich auch sagen mit Nutzen – aber das darf ich heute weiß Gott noch nicht) gelesen. Was Du geleistet hast ergibt zugleich den Begriff des Tohu wa Bohu aus dem Deine Programmschrift sich erhebt.« (III,437) Später empfängt Benjamin Scholems großen Kabbala-Artikel aus der »Encyclopaedia Judaica«, eine der letzten größeren in Deutschland erschienenen Arbeiten Scholems. »Wenn aus dem Abgrunde des Nichtwissens, den ich auf jenem Erdstrich besiedelt habe, auch kein Urteil erscheinen kann, so sollst Du doch wissen, daß die Strahlen dieser Darlegungen selbst in ihn hinabdringen konnten.« (IV,158)

Vergegenwärtigen wir uns schließlich noch eines Zeugnisses aus der Emigration, erneut dazu angetan, die so wohltuende und freundschaftliche Aufnahme, die Benjamin Scholems Arbeiten zuteil werden ließ und die eine lebenslängliche blieb, zu dokumentieren. 1935 erschien – nochmals in Berlin! – Scholems »Die Geheimnisse der Schöpfung, ein Kapitel aus dem Sohar«, wieder zusammengesetzt aus Übersetzung, Kommentar und Vorrede – eine Trias, die Benjamin so nahestand und ihm uneingeschränkte Bewunderung entlockte.[49] Zugleich besaß er derart die Möglichkeit eines mehrfachen Zugangs und nutzte sie intensiv – auch im Blick auf eigene Überlegungen und Arbeiten. »Der unmittelbare Anlaß, Dir heute zu schreiben ist, Dir für den Empfang des Soharkapitels zu danken. Es kann keine Rede davon sein, daß ich das Buch – von Deiner Vorrede abgesehen – von Anfang bis zu Ende gelesen hätte. Wohl aber habe ich genug darinnen gelesen, um Dich zu dem, was Du zustande gebracht hast, aufs höchste beglückwünschen zu können. Und zwar kann ich das, ohne die – zweifellos immense – technische Kunstleistung, die diese Übersetzung darstellt, im geringsten beurteilen zu können. Denn neben ihr besteht unverkennbar die eminente Humanität, die aus dem erfolgreichen Vorsatz spricht, einen derart hermetischen Text dem ungeschulten, auf nichts als seine Aufmerksamkeit gestellten Verstande in die zweckdienlichste und zugleich überra-

---

49 Das Werk wurde 1971 in Frankfurt als Insel-Buch Nr. 949 wieder vorgelegt.

schendste Nähe zu rücken. Die Übersetzung des Dir vorliegenden Textes war bestimmt nicht leichter als die eines vollkommnen Gedichts. Nur verfügen die Übersetzer von Dichtung für gewöhnlich nicht über die Entsagung, die hier Bedingung des Gelingens ist und zugleich die methodische Weisung gibt, mit der Übersetzung den Kommentar zu verbinden. Insofern halte ich Deine Leistung für vorbildlich über die Grenzen der Materie hinaus. Es wird Dich hoffentlich nicht überraschen von mir zu hören, daß diese Materie mir noch immer sehr nahe steht, wenn Du auch wohl das kleine Programm, in dem dieser Umstand in Ibiza seinen Niederschlag fand – ›Über das mimetische Vermögen‹ – nicht in diesem Sinne verstanden hast. Wie dem auch sei: der dort entwickelte Begriff der unsinnlichen Ähnlichkeit, findet vielfache Illustration in der Art wie der Soharautor die Lautbildungen, und mehr wohl noch die Schriftzeichen als Depositen von Weltzusammenhängen auffaßt. Freilich scheint er an eine Entsprechung zu denken, die auf keinerlei mimetischen Ursprung zurückführt. Das dürfte mit seiner Bindung an die Emanationslehre zusammenhängen, zu der in der Tat meine Mimesistheorie den stärksten Antagonismus darstellt.« (V,187)

Scholem hat seinerseits frühzeitig die Möglichkeit eingeräumt erhalten, sich über Benjamin zu äußern – und offensichtlich im Blick auf Benjamins Zögern, nach Palästina herüberzuwechseln, abgewinkt. »Was wünscht die ›Jüdische Rundschau‹ über mich zu erfahren? Und warum entziehst Du Dich solcher Aufgabe? – Aber ich weiß es recht gut und der Himmel möge Dich dafür segnen.« (III,438) Nie vergessen werden darf eben, in welchem Rahmen die Debatten über die Schriften der beiden Freunde und die Übersiedlung Benjamins nach Palästina stattfanden. Was Scholem angeht, so stehen neben den Briefen die in bezug auf Benjamin (und Dora!) schlechterdings atemberaubenden Tagebücher und sodann seine Erinnerungen zur Verfügung. Nicht so für Benjamin. Hier bleiben wir auf die Briefe verwiesen. Und so mag, um die Reihe der Benjaminschen Empfangsadressen und Danksagungen nicht einfach fortzusetzen, zum Abschluß das berühmte briefliche Zeugnis aus dem Jahre 1930 noch einmal herangezogen werden, als sich endgültig abzeichnete, daß der Jerusalem-Exodus ein Phantasma bleiben würde und Scholem dies in der ihm eigenen Deutlichkeit ausgesprochen hatte. »Lebendiges Judentum habe ich in durchaus keiner andern Gestalt kennen gelernt als in Dir. Die Frage, wie ich zum Judentum stehe, ist immer die Frage wie ich – ich will nicht sagen zu Dir (denn meine Freundschaft wird hier von keiner Entscheidung mehr abhängen) – zu den Kräften, die Du in mir berührt hast, mich verhalte.« (III,520) Scholems Widmung nach Benjamins Tod stellte die erste öffentlich vernehmbare Antwort auf diese in gewisser Hinsicht einzig dastehende Freundschaftserfahrung dar, die beiden Männern zuteil wurde und sich auch im Umgang mit ihren Arbeiten bewährte.

Theodor W. Adorno

Adorno schließlich, um uns dem dritten Partner zuzuwenden, trat in dem Jahr in die – erhaltene (so müssen wir vorsichtig hinzufügen) – Korrespondenz ein, da Benjamins Trauerspielbuch erschien. Liebhaber und Sympathisanten von sprechenden Daten mögen darin einen symbolischen Wink erblicken. Das Trauerspielbuch hat in Adornos intellektueller Biographie Epoche gemacht wie kein anderes Werk sonst. Der noch jugendliche, frühreife Autor – er ist schließlich zehn Jahre jünger als Benjamin – hat sich das Werk in einer Intensität angeeignet, die es für ihn alsbald in den Rang eines kanonischen Textes erhob. Es spricht ungemein für den Musik, Philosophie und Gesellschaft in seinem Denken integrierenden Autor, daß er die Inkommensurabilität des Benjaminschen Chef d'œuvre sogleich erkannte und ihm sofort nach seiner Ernennung zum Privatdozenten kolloquiale Veranstaltungen an der Frankfurter Universität widmete. Adorno hat das Benjaminsche Werk wie kein anderer zeitgenössischer Denker assimiliert. Er wäre ohne den Benjaminschen Impuls nicht der, als welcher er vom Kierkegaard-Buch angefangen bis hin zu seinem letzten posthumen Werk der »Ästhetischen Theorie« vor uns steht. In diesem Sinne hatte Hannah Arendt recht, als sie von Adorno als dem einzigen rechtmäßigen Schüler Benjamins in dem prinzipiell unverächtlichen Sinne sprach, den dieser Titel im akademischem Raum gerade in Deutschland mit seiner Prävalenz der akademischen Kultur im geistigen Haushalt der Nation bis an die Schwelle der Nazi-Ära behauptete, die alle Werte und Ordnungen verkehrte. Adorno hat sich in dieser für ihn schlechterdings entscheidenden Begegnung bewährt, indem er zu Lebzeiten Benjamins mit diesem in einen Dialog eintrat, der fraglos auf beiden Seiten keine Parallele kannte, und indem er sich nach seiner Rückkehr aus der Emigration um die posthume Wiedereinbürgerung Benjamins inmitten der Adenauer-Restauration mühte.

In Adorno hatte Benjamin ein Gegenüber, das ihm nicht nur intellektuell gewachsen war, sondern auch mit den Motiven des Benjaminschen Denkens vertraut war wie niemand sonst. Er nutzte diese ihm schwerlich verborgene Sonderstellung zur Auseinandersetzung mit Benjamin in einer Extensität und Radikalität, die einzigartig in Benjamins Leben blieb, vielleicht in dieser Gestalt überhaupt singulär im 20. Jahrhundert dasteht. Denn anders als Scholem, der aus einem ganz anderen Lebensentwurf und Lebenswerk heraus zunehmend kritisch intervenierte, arbeitete Adorno ja vielfach auf unmittelbar benachbarten Gebieten. Die Markierung alternativer Positionen betraf also immer zugleich das eigene Werk. Wenn es in dieser Konstellation zunehmend eine Schieflage gab, so eben die, daß der eindeutig in dem besten Sinn des Wortes als Schüler agierende Gesprächspartner aus einer gesicherten Position heraus operieren konnte, während der freie Schriftsteller 1933 alle seine Organe und Wirkungsmöglichkeiten verlor und alsbald auf eine weisungsgebundene freie Mitarbeiterstelle zurückgeworfen wurde, die ihm gewiß sein Überleben für die wenigen verbleibenden Jahre sicherte, zugleich aber in eine Abhängigkeit geraten ließ, die er sein Leben lang wie nichts anderes sonst gefürchtet hatte. Es sind diese hier nur eben angedeuteten vertrackten Verhältnisse, die von Anfang an in den Beziehungen der beiden intellektuell inkommensurablen Personen obwalteten, die auch das Gespräch über ihr Werk zu einem so delikaten und schwierigen machen mußten. Adornos Ausstellungen gegenüber den Benjaminschen Arbeiten der dreißiger Jahre sind inzwischen viele Male erörtert worden. Hier soll der umgekehrte Weg eingeschlagen und das Benjaminsche Briefkorpus einmal auf Spuren der Reaktion auf Adornos Arbeiten hin gemustert werden. Und das wiederum weniger im Blick auf die schon viele Male herangezogenen der späteren Zeit, sondern eben die frühen, in denen sich Benjamins Einfluß erstmals kundgab.

Auszugehen ist selbstverständlich von dem 1930/31 als Habilitationsschrift eingereichten, sodann umgearbeiteten und 1933 publizierten Kierkegaard-Buch. Es war mit einer Widmung versehen, erstaunlicherweise jedoch nicht für den geistigen Mentor, sondern für den Frankfurter Freund Siegfried Kracauer. Man weiß, daß Benjamin ungeachtet der prekären Konstellation selbst zur Feder griff, um es in der »Vossischen Zeitung« zu annoncieren. Er habe dort, so betonte er in einem Brief an Adorno, noch nie Rezensionen publiziert. »Da ich aber mit der ›Literarischen Welt‹ vorderhand nichts zu schaffen haben möchte, mir auch bei ihr das Referat in keinem Fall entgeht (denn wenn ich das Buch dort nicht anzeige bleibt es unbesprochen), schien es mir bei weitem wichtiger, den Posten dort, wo er an einen Schädling fallen konnte, zu besetzen. [...] So schlagen wir nun einmal mit vereinten Kräften und wollen uns dessen freuen.« (IV,154) Der Autor des Buches hätte sich keine noblere und kompetentere Adresse wünschen können. Nur in Erwähnung der im Buch Revue passierenden Bilder und Themen vermochte der Kenner Benjaminsche Motive und Gedankensplitter wiederzuerkennen, lauteten sie nun Allegorienhölle oder Trauer, bürgerliches Interieur oder Innerlichkeit – sie alle durchwirkt vom Mythischen als der Zentralkategorie, mittels derer dem Idealismus in seiner letzten Ausformung so zu Leibe gerückt wurde wie vordem durch den Lehrer in dem Wahlverwandtschaften-Essay und zukünftig dann im Passagenwerk, von dem der junge Adorno schon Kunde besaß. Nicht die leiseste Anspielung verriet, daß hier zwischen dem Rezensenten und dem Autor ein anderer denn zufälliger, nämlich schlechterdings fundamentaler Zusammenhang obwaltete. Das Buch gehöre »zu der Klasse jener seltenen Erstlingswerke, in denen ein beflügelter Gedanke in der Verpuppung der Kritik erscheint.« (GS III,383).

Nun, ein Erstlingswerk war es denn nicht. Vorausgegangen waren immerhin eine Dissertation über die ›Transzendenz des Dinglichen und Noematischen in Husserls Phänomenologie‹ (1924) und eine als Habilitationsschrift geplante, dann aber zurückgezogene große und abgeschlossene Untersuchung ›Der Begriff des Unbewußten in der transzendentalen Seelenlehre‹. Sie waren beide von Adornos akademischem Frankfurter Lehrer Cornelius angeregt, blieben beide unpubliziert und wurden erst aus dem Nachlaß von Adornos getreuestem Schüler Rolf Tiedemann herausgegeben. Der hatte denn auch nicht unerhebliche Mühe, den Adorno vor dem »Kierkegaard« und den Adorno seit dem »Kierkegaard« unter einen geistigen Hut zu bringen.[50] Der Einsatz der Hegel-Beschäftigung wurde bemüht, die unterschwellige Wandlung angesichts des heraufziehenden Nationalsozialismus über ein entsprechendes Zeugnis Adornos in Anschlag gebracht, das Philosophem vom dia-

50 Theodor W. Adorno: Philosophische Frühschriften. Hrsg. von Rolf Tiedemann.– Frankfurt a.M.: Suhrkamp 1973 (= Gesammelte Schriften; 1). Hier die ›Editorische Nachbemerkung‹, S. 379 ff., die wieder zugleich eine interpretatorische wurde.

lektischen Umschlag der Extreme strapaziert. Die schlichte und lautere Wahrheit war eine einzige und nicht, wie es im Nachwort zur Erstpublikation erscheinen mochte, eine unter anderen. Die akademischen Qualifikationsschriften repräsentierten einen Adorno vor der nicht faktischen, sondern inneren Begegnung mit Walter Benjamin, die über Adornos geistigen Weg entschied. Nur in diesem Sinne war die Rede von einem Erstling statthaft und in der Tat nur allzu berechtigt. Mit ihm, der Arbeit des Sechsundzwanzigjährigen, setzte das Werk nach der über alles Folgende entscheidenden Kehre ein, die da die ›Notiz‹ zur späteren Wiederauflage des Kierkegaard-Werkes als Verhaltensmuster philosophischer Existenz so geflissentlich widerrief. Sie war vielmehr auch Adorno nicht unbekannt, um nicht zu sagen: nicht erspart geblieben, und dies gewiß zum allerbesten seines Werkes. Erst mit dem »Kierkegaard« und einigen Ablegern am Rande, von denen gleich noch die Rede zu sein hat, gewann er das ihm eigene Profil, in das die Züge Benjamins bis hin zur letzten Arbeit, eben der »Ästhetischen Theorie«, über der auch ihn der allzu frühe Tod erreichte, eingeschrieben blieben.

Der Rezension Benjamins war eine eingehende briefliche Äußerung vorausgegangen, denn Benjamin hatte sich frühzeitig die Fahnen des Werkes verschafft; er wußte, warum. Hier im Brief war es statthaft, in der Benjamin eigenen Kryptik und Enigmatik den Bogen zum eigenen Denken zu schlagen; es waren schließlich und wahrlich die »eigensten Felder«, die da im »Kierkegaard« bestellt wurden. In Benjamins Worten nahm sich das so aus. »Ob ich auf die Darstellung der barocken Motive bei Kierkegaard, auf die epochale Analyse des Interieurs, auf die wundervollen Zitate, die Sie aus dem technischen Allegorienschatz des Philosophen, geben, auf die Darlegung von Kierkegaards ökonomischer Situation, auf die Auslegung der Innerlichkeit als Burg oder des Spiritualismus als Grenzwert des Spiritismus stoße – der Reichtum Ihrer Einsicht aber auch die Schärfe Ihrer Verwertung betrifft mich immer. Seit den letzten Versen Bretons (der ›Union libre‹) hat mich nichts mehr sosehr in meine eigensten Felder gezogen, als Ihre Wegkarte durch das Land der Innerlichkeit, aus deß Bezirk Ihr Held nicht wiederkehrte. Es gibt also doch noch etwas wie Zusammenarbeit; und Sätze, die dem einen es möglich machen für den andern einzustehen.« (IV,145) Das war als Feststellung gesagt und als Hoffnung gemeint, der eine Vorgeschichte vorausging, die uns sogleich darüber belehren wird, was Benjamin im Auge hatte. Zunächst aber muß ein neuerlicher Schwenk nach Jerusalem bzw. New York vollzogen werden.

Zu dem Umgang mit Adornos »Kierkegaard«, der ein Drahtseilakt blieb, gehörte die hartnäckige Einschaltung Scholems von seiten Benjamins. Hier wurde sogleich der offiziös abgeblendete Bezug zum Trauerspielbuch hergestellt. Es »sollen mich einige reservierte Bemerkungen, die ich über Wiesengrund von Dir hörte, nicht abhalten, Dich auf seinen soeben erschienenen ›Kierkegaard‹ hinzuweisen. Noch kenne ich das Buch erst auszugsweise, habe aber sehr Gutes darin gefunden. Im übrigen ist der Fall des Verfassers so kompliziert, daß er brieflicher Darstellung sich entzieht. Wenn ich Dir mitteile, daß er schon im zweiten Semester, in Fortsetzung des vorhergehenden, Seminar über das Trauerspielbuch liest, ohne dies aber im Vorlesungsverzeichnis kenntlich zu machen, so hast Du eine kleine Miniatüre, die bis auf weiteres ihre Dienste tun mag. Unabhängig davon solltest Du sein Buch unbedingt zur Kenntnis nehmen.« (IV,157 f.)

Solch eine Unabhängigkeit konnte es nicht für Benjamin und schon gar nicht für Scholem geben. Der kam in der ihm eigenen Deutlichkeit denn auch gegenüber Adorno zur Sache, und es gehörte eine gute Portion Selbstbewußtsein oder auch Unbekümmertheit dazu, die entsprechenden Sätze offensichtlich unbeschadet zu verwinden. Adorno hatte das Werk erst 1938 anläßlich des legendären Besuchs Scholems im New Yorker Institut für Sozialforschung, auf den wir zurückkommen, überreicht: »Möchte dies Büchlein dazu helfen, daß Sie, lieber Gerhard Scholem, zur rechten Zeit an der rechten Stelle ein Wort einlegen für Ihren / Th. Wiesengrund-Adorno.«[51] Darauf Scholem nun ein Jahr später: »Entschuldigen Sie, daß ich heute nichts von Ihrem Kierkegaard-Buch spreche, und zwar aus dem einfachen Grunde, weil ich es bisher noch nicht verstanden habe. Sie werden das vielleicht lächerlich finden, dass gerade ich bei der Lektüre eines Buches, das Sie wahrscheinlich am Sohar gemessen, für harmlos erklären werden, soviel Schwierigkeiten finde. Aber dennoch ist es so. Ich habe nur Stücke verstanden, die mich noch nicht in den Stand setzen, mir ein exaktes Bild Ihrer Position zu machen. Es mag auch sein, daß die Art der Betrachtungsweise für mich besonders unerwartet war, auf Kierkegaard angewandt. Und so bin ich bisher nicht viel anders als mit aufgerissenen Augen, Mund und Ohren durch Ihr Buch spaziert und habe Sie viel eher bewundert als verstanden.«[52] Nun, das war schlicht eine Lese-Verweigerung angesichts ungeklärter »Position[en]«, die Scholem sich da gestattete. Und das aus mehr als einem nur allzu naheliegenden Grund.

Der gleiche Verfasser, der da im »Kierkegaard« auf jeder Seite von Benjamin lebte, hatte, wie ausgeführt, die Ablehnung der ersten Fassung des ›Baudelaire‹ für die Zeitschrift des Instituts zu verantworten. Sie wurde von Scholem im gleichen Brief angesprochen. »Ich bekam einen großen Schreck, als ich hörte, daß die Baudelaire-Arbeit nicht gedruckt werden sollte [...]. Aber wie es so ist, bleibt allmählich schlechterdings überhaupt kein Ort auf der weiten Welt, wo ein Mann wie dieser publizieren kann. Diese trübselige Perspektive lastet mir sehr auf der Seele.«[53] So kam es überraschend zu einem denkwürdigen Kontakt zwischen der Erweckung des Schülers am Anfang des Jahrzehnts und seiner Rolle als Zensor dem Lehrer gegenüber an seinem Ende. Derart hatten sich die Dinge binnen weniger Jahre verkehrt. Einem so hellsichtigen Beobachter der Szene wie Scholem, der wußte, wie es nach der Ablehnung des ›Baudelaire‹ um Benjamins seelischen Haushalt bestellt war, waren diese Konstellationen natürlich präsent. Sie dürften die ihm abverlangte Lesebereitschaft nicht eben befördert haben.

Daß Scholem aber auch anders reagieren konnte, ließ er noch Jahre später erkennen – und wieder hätte es einem selbstkritischen Autor die Sprache verschlagen

---

51 Scholem: Briefe (Anm. 1), Bd. I, S. 429.

52 Ebd., S. 275 f.

53 Ebd., S. 276.

müssen. Viel später als erwünscht hatte Scholem die kleine Gedenkschrift für Benjamin erhalten, die das Institut 1942 für seinen großen Autor veranstaltet hatte und in der er den großen an ihn gerichteten Kafka-Brief so gerne plaziert gesehen hätte. Er war ungehalten, daß sie so spät kam und keine Begleitzeilen von Adorno enthielt, der sich jahrelang nach Benjamins Tod brieflich nicht mehr hatte vernehmen lassen. In dieser kleinen hektographierten Memorialschrift war auch die Besprechung des Briefwechsels zwischen Hofmannsthal und George aus der Feder Adornos zu lesen. Dazu nun Scholem in seinem Brief vom 4. Juli 1945, gerichtet an »meinen lieben Herrn Adorno« und endend mit dem unmißverständlichen Wink »darüber hinaus dürften Sie eigentlich schon einmal selber schreiben.« Zur Sache selbst aber: »[...] nachdem ich wohl an die drei Jahre nichts von Ihnen gehört habe, erhielt ich heute früh zu meiner großen Freude die, mir vor kurzem übrigens von Hanna Arendt in Aussicht gestellte, Nummer der ›Zeitschrift‹ zu Walter Benjamins Gedächtnis. Ich deute den kargen beiliegenden Zettel mit Grüßen von A. als von Ihnen herrührend und möchte keine Zeit verstreichen lassen, ohne Ihnen meinen Dank für die Sendung zu sagen. Ich habe daraus Ihren (jedenfalls von mir Ihnen sofort zugeschriebenen) Aufsatz über George und Hofmannsthal schon mit großer Beteiligung gelesen, und würde mich gern darüber auslassen. Ihr Aufsatz hat großen Eindruck auf mich gemacht und wenn Sie durch seine Aufnahme in dieses Heft, wie ich vermute, Ihre Verpflichtung an Benjamins Betrachtungsweise an einem produktiven Exempel dokumentieren wollten, scheint mir das sehr gelungen.«[54] Das nämliche im Blick auf Verpflichtungen galt für den »Kierkegaard« und so viele andere Arbeiten Adornos in der Folgezeit.

Mit dem Kierkegaard-Buch gelang Adorno – via Tillich – anders als seinem geistigen Mentor die Habilitation, kurz bevor es zu spät war. Sie zog die obligatorische Antrittsvorlesung nach sich. Auch sie hat ihre mehr als aufschlußreichen Spuren in den Briefen Benjamins hinterlassen. Und neuerlich bleibt zu beklagen, daß wie im Falle Blochs und Scholems so eben auch hier die Gegenbriefe Adornos bis in das Frühjahr 1934 hinein sich nicht erhalten haben. Denn wie parierte Adorno die Benjaminsche »Anregung«, von der er schließlich buchstäblich sich überzeugen wollte, ob sie denn auf fruchtbaren Boden gefallen war, nachdem der Vorgang selbst und an sich durch Peinlichkeit kaum noch zu überbieten war. Im Mai 1931 hatte Adorno seine Antrittsvorlesung unter dem programmatischen Titel ›Die Aktualität der Philosophie‹ gehalten.[55] Der Durchbruch zu einer auf einen Zeitkern verpflichteten, geschichtsphilosophisch fundamentierten Philosophie war erfolgt. Einen solchen Text konnte Adorno in Umlauf setzen. Er ging an Benjamin, an Kracauer, an Bloch. Von letzterem muß die Anregung gekommen sein, doch Benjamins Namen zu erwähnen, ob in Gestalt einer Widmung, ob in Form eines Hinweises an einer in der Tat besonders auffälligen Stelle, ist nicht klar zu ersehen, vermutlich aber war letzteres intendiert.

54 Ebd., S. 299 f.

55 Vgl. Adorno: Philosophische Frühschriften (Anm. 50), S. 325–344.

»[...] nachdem die ersten berliner Dispositionen tant bien que mal getroffen sind, komme ich nun dazu, Ihnen Nachricht zu geben. Vorbedingung war, daß ich Ihre Antrittsvorlesung zusammenhängend gelesen und im einzelnen studiert habe. Ich habe auch mit Ernst Bloch über sie gesprochen und er hat mir auch Ihren Brief zu lesen gegeben. Um zu mir zu kommen: außer Zweifel steht mir, daß diese Arbeit als ganze geglückt, daß sie gerade in ihrer Kürze eine sehr eindringliche Fixierung wesentlichster Gedanken aus unserm Kreis darstellt und daß sie alle Qualitäten besitzt pour faire date wie Apollinaire sagte. [...] Nun ein Wort zu der von Ernst Bloch aufgeworfnen Frage der Nennung oder Nicht-Erwähnung meines Namens. Ohne jede Empfindlichkeit von meiner Seite – und hoffentlich auch ohne irgend eine bei Ihnen zu verletzen – muß ich nun nach dem genauen Studium dieser Arbeit, deren Bedeutung mir auch solchen, sonst subalternen Urheberfragen einiges Recht zu geben scheint, meine frankfurter Äußerungen zurücknehmen. Der Satz, der die Positionen, welche Sie der Schulphilosophie gegenüber behaupten, entscheidend umreißt, lautet: ›Aufgabe der Wissenschaft ist es nicht, verborgene und vorhandene Intentionen der Wirklichkeit zu erforschen, sondern die intentionslose Wirklichkeit zu deuten, indem sie kraft der Konstruktion von Figuren, von Bildern aus den isolierten Elementen der Wirklichkeit die Fragen aufhebt, deren prägnante Fassung Aufgabe der Wissenschaft ist.‹ Diesen Satz unterschreibe ich. Schreiben aber hätte ich ihn nicht können, ohne in ihm auf die Einleitung zum Barockbuche hinzuweisen, in dem dieser – völlig unverwechselbare und in dem relativen und bescheidnen Sinne, in dem so etwas ausgesprochen werden darf – neue Gedanke ausgesprochen worden ist. Ich an meiner Stelle hätte hier den Hinweis auf das Barockbuch nicht unterlassen können. Muß ich nun nicht hinzufügen: ich an Ihrer Stelle noch weniger. Lesen Sie bitte auch hieraus die große Teilnahme die dieser, meines Erachtens außerordentlich wichtige Vortrag in mir hervorruft zugleich aber auch den Wunsch unsere philosophische Kameradschaft blank und schlagfertig zu erhalten, wie sie es bisher gewesen ist. Ich weiß nicht, ob ich die Bitte aussprechen darf, Sie möchten, falls der Vortrag gedruckt wird und Sie in ihm, wie Sie es mir andeuteten, mich erwähnen wollen, über diese Erwähnung mich verständigen.« (IV,37 ff.)

Hier also war ein Freund zur Stelle gewesen, der seinen Finger auf eine wunde Stelle gelegt hatte. Das brauchte nicht immer zu sein. Wenigstens war niemand da, um nur dieses eine Beispiel zu geben, der da eine Erinnerung anmahnte, als die »Noten zur Literatur« mit einem programmatischen Auftakt ›Der Essay als Kunstform‹ erstmals erklangen. Im Vernehmen von Anklängen geschulte Ohren wurden auf Schritt und Tritt neuerlich zur erkenntniskritischen Vorrede des Trauerspielbuchs zurückgeleitet. Ein Hinweis, und sei es auch nur ein pauschaler, fehlte in dem doch mit Verweisen durchaus ausgestatteten Essay, den Adorno selbst, einem Zeugnis Tiedemanns zufolge, als wichtigste methodologische Äußerung von seiner Seite aus bezeichnete.

Doch zurück zur Sache selbst. Eine Woche später bereits konnte Benjamin auf die Angelegenheit zurückkommen. »Ich glaube wir sehen nun Land. Daß Ihre Arbeit erscheint, ist mein aufrichtiger, sogar dringender Wunsch. Wie könnte ich mich der programmatischen Bekundung einer Ansicht in den Weg stellen, die so sehr die meine ist. Wenn ich einer Widmung vor einem Motto den Vorzug gäbe, so ist Ihnen das hoffentlich willkommen. Über ihre Formulierung miteinander zu sprechen, können wir wohl bis zum Zeitpunkte der Drucklegung verschieben. Dagegen habe ich mich nach den Zitaten schon jetzt umgesehen und finde, daß Sie da die Wahl zwischen den Seiten 21 und 33 [des Trauerspielbuchs] hätten; die zweite ist vielleicht die wichtigere.« (IV,48) So hatte Adorno also auch die Widmung angeboten, die wir so gerne auf dem Kierkegaard-Buch gesehen hätten. Dort wäre sie wie in Scholems Hauptwerk für alle Zeiten zur Geltung gekommen. Die Antrittsvorlesung kam nie zum Druck – genauso wenig wie das Schlußstück zur ›Naturgeschichte des Theaters‹, das wiederum Benjamin zugedacht war und überhaupt verschollen blieb. (IV,127) So kam es in dem posthumen Abdruck der Antrittsvorlesung nur zu einem Verweis an eben jener Stelle, auf die Benjamin zunächst den Finger gelegt und seinem Schüler dann auch noch die entsprechenden Nachweise geliefert hatte. »Und nun bleibt mir nur noch, Ihnen zu sagen, daß von einem Ressentiment oder was Sie sonst Ähnliches befürchten, nichts in mir bleibt und mit Ihrem letzten Briefe die Dinge für [mich] persönlich und sachlich aufs reinste klargestellt sind.« (IV,49) Das war das noble Schlußwort am Eingang zu einer Kooperation, über der für einen Kundigen das ›bucklige Männlein‹ nur allzu oft seinen Einfluß walten ließ.

Wir müssen und dürfen uns für das Folgende kurz fassen. Denn weit überwiegen in der Korrespondenz der beiden die Adornoschen Expektorationen zu Benjamins Arbeiten diejenigen Benjamins zu den Adornoschen. Die vielfältigen Strategien, die Benjamin beobachtete, um Adornos weitausholende briefliche Abhandlungen zu parieren, sind bekannt. Benjamin umgekehrt mühte sich, wo immer ihm möglich, Adornos Arbeiten freundlich zu würdigen. Und wo Adorno jede seiner Äußerungen zu Benjamins Werk mit Verweisen auf die gleichartigen von ihm bereits zum Ausdruck gebrachten Gedanken garnierte, da konnte sich Benjamin besonders freuen, wo er Neues vernahm, wie natürlich vor allem in den musikalischen Arbeiten Adornos, in denen er seine stärkste Seite besaß. Auch hier freilich ging es wiederum am Beginn nicht problemlos an. Der »Schatz des Indianer Joe«, der Benjamin schon im Sommer 1933 zuging, befriedigte Benjamin im Libretto-Part gar nicht, und er wand sich um die Stellungnahme, die ihm da abverlangt wurde. »Wenn ich mich trotzdem zu ihr entschlossen habe, so werden Sie – indem Sie das *daß* mehr als das *wie* in die Wagschale werfen, auch darin ein unverstelltes Bild unserer Beziehung erkennen. Viel lieber hätte ich Ihnen ausführlicher zu der schönen Kinderaufzeichnung ›Vierhändig noch einmal‹ Glück gewünscht – dem Letzten, was ich von Ihnen gelesen habe. Sie steht mir näher als die Atmosphäre, in die Ihr Singspiel die Kindheit hineingestellt hat. Was Sie im Sinne gehabt haben, glaube ich zu erkennen. Und trügt mich meine Ahnung nicht, so konnte das, nach Cocteau, kaum mehr ganz gelingen. Da geht es in den ›Enfants Terribles‹ *gefährlicher* zu. Und die Gefahr ist nun einmal der Gradmesser für die Gestaltung dessen, was Sie mir – im höchsten Sinne – intendiert zu haben scheinen. Sie werden mir glauben, daß ich Dinge von großer Schönheit in dem Spiel nicht übersehe. So vor allem die Höhlenwanderung. Aber es ist die Reduktion aufs

Idyllische, wie ebensowohl die Songs als der Ablauf der Handlung sie zum Ausdruck bringen, die mit den Gehalten, um die es Ihnen geht, meiner Ansicht nach, unverträglich ist. So unmittelbar ließe sich die Kindheit denn in der Tat nur um eine Grube mit Opferblut beschwören. Bei Cocteau fließt es reichlich. Bei Ihnen steht der tüchtige, rustikale Ton der Dialoge dem entgegen. Ohne diesen Zeilen einen andern Anspruch als er in meinem *persönlichsten* Urteile liegen kann, mitzugeben, bitte ich Sie doch, in ihnen nicht weniger Verbundenheit zu sehen als ich seinerzeit in meinem *öffentlichen* Urteil über Ihren ›Kierkegaard‹ zum Ausdruck bringen konnte.« (IV,349 f.)

Es war das erste und das letzte Mal, daß Benjamin, zunehmend selbst Adressat radikaler Kritik, sich seinerseits distanzierend vernehmen ließ. Zu Anfang des Jahres 1936 ging der Kunstwerk-Aufsatz zu Adorno auf den Weg. So als ahnte er, was als Antwort ihn erwarten würde, begleitete er ihn mit einer besonders schönen Würdigung der Adornoschen Gedenkblätter für Alban Berg, um deren enge Verbindung er selbstverständlich wußte. Vor allem Adornos ›Erinnerung an den Lebenden‹ beschäftigte ihn, »und in der Tat scheint sie mir von außerordentlicher Schönheit zu sein. Sie tritt mir an vielen einzelnen Stellen gesammelt entgegen. So gleich am Anfang in der Beschreibung der ›steinern zarten‹ Züge, die so wunderbar der Totenmaske entspricht und dann der wirklich erstaunliche ja mich geradezu betreffende Satz: ›Er hat die Negativität der Welt mit der Hoffnungslosigkeit seiner Phantasie unterboten‹ – eine Perspektive in der mir die Begegnung mit der Musik des ›Wozzeck‹ von neuem ganz gegenwärtig geworden ist. Über anderen Sätzen lasse ich mich so weit gehen, mir einzubilden Sie könnten bei Ihnen vaguement an mich gedacht haben; und vor allem natürlich beim Hinweis auf die ›Freundlichkeit des Menschenfressers‹. Ungemein habe ich mich auch an dem Zusammenhang gefreut, in dem Sie Bergs Satz über den Blechbläseraccord citieren.« So verschlangen sich also auch hier neuerlich Benjaminsche Einschläge mit der Adornoschen Textur. Entsprechend ließ es sich Benjamin nicht nehmen, auf sie auch explizit zu verweisen, indem er am Schluß des Briefes auf den Kunstwerk-Aufsatz zurückkam. In ihm habe er »menschenfresserische Urbanität« walten lassen – »eine Umsicht und Behutsamkeit in der Destruktion, die wie ich hoffe etwas von der Liebe zu den, Ihnen vertrautesten, Dingen verrät, die sie freilegt.« (V,248) Wiederkennung der Motive, Grundbedingung musikalischen Genusses, ließ sich also neuerlich mit Gewinn praktizieren.

Dem Dank für die Berg-Arbeiten folgte der für einen Schönberg-Aufsatz. Und wieder gelang es Benjamin, fachlich-sachlich nicht zuständig, durch einen persönlichen Schwenk, eine freundlich gemeinte und nachdenkenswerte Anknüpfung herzustellen. »Er ist mir nicht nur in Ihrer Betrachtung der Schönbergschen Technik wichtig; er betrifft mich noch persönlicher in Ihrer erstaunlichen Kennzeichnung der Abfolge Schönbergscher Arbeiten und Ihr Wort, daß keiner von deren Keimen sich zur Blüte entwickle, lädt zum Nachdenken ein. – Ich freue mich auf die Berg-Analysen und auf den Mahler-Text.« (V,307) Die Betrachtungen zur Schönbergschen Technik? »Keine Regung der Phantasie, kein Anspruch des Gegebenen, der nicht sein entscheidbares technisches Korrelat gewonnen hätte. Indem aber im Umkreis technischer Stimmigkeit Subjekt und Objekt derart konfrontiert, gerade in ihrer Verschränkung der Kontrolle unterworfen sind, hat ihre Dialektik selber gleichsam aus ihrem blinden Naturstande sich gelöst und ist praktikabel geworden: die höchste Strenge, nämlich die lückenlose der Technik, enthüllt sich in letzter Instanz tatsächlich als höchste Freiheit, nämlich als die zur Verfügung des Menschen über seine Musik, die einmal mythisch begann, zur Versöhnung sich sänftigte, als Gestalt ihm sich gegenübersetzte und endlich ihm zugehört kraft einer Verhaltensweise, die sie in Besitz nimmt, indem sie völlig ihr zugehört.«[56] Schwerlich dürfte verwundern, daß Benjamin just an dieser Stelle den Einsatz fand.

Adornos Arbeit über Jazz wurde und wird in der Literatur stets zusammengebracht mit Benjamins Kunstwerk-Aufsatz, und zwar genauer als dessen vielfach kritische Revision. Anders Benjamin. Er verbuchte sie unter dem Posten ›Gemeinsames‹. »Ich habe Ihren Jazz-Aufsatz in den Fahnen gelesen. Überrascht es Sie, wenn ich Ihnen sage, daß ich ungeheuer erfreut über eine so tiefgehende und so spontane Kommunikation unserer Gedanken bin? Einer Kommunikation, von der Sie mir nicht zu versichern brauchten, daß sie bestanden hat ehe meine Arbeit über den Film Ihnen vorlag. Ihre Betrachtungsweise hat eine Durchschlagskraft und Ursprünglichkeit wie sie nur die vollkommene Freiheit im produktiven Prozeß mit sich bringt – eine Freiheit, deren Praxis bei Ihnen sowohl wie bei mir die tiefgehenden Übereinstimmungen unserer Anschauungsweise geradezu zum sachlichen Beweisstücke macht.« (V,323) Später in den ›Nachträgen‹ kam Adorno auf das Thema zurück und Benjamin replizierte getreulich und anerkennend. »Ihre Bemerkung, daß ›das Jazzsubjekt aus dem Salon in den Marsch übergeht‹ scheint mir die politische Symptomatik des Jazz glänzend zu resümieren: setzen Sie für das Jazzsubjekt den Budiker, so verhielt sich dieser der Formel gemäß, indem er sich in die Uniform der SA warf.« (V,532)

Dann war, wenn wir bei den Musikalia verweilen, um Benjamins Umgang mit ihm fremden Sujets in Adornos Optik zu verfolgen, der Empfang einer Ravel-Studie zu bestätigen. Und wieder gelang es Benjamin, den Faden zur Literatur herüber zu spinnen. »Besonders geprägt ist die Stelle, an der Sie den Kontrast gegen Strawinski aufrufen. Und die Worte von der Treue zum Bild ›noch da es mir aus den Händen fällt‹ erinnern mich an eine bemerkenswerte Passage in einem Seumeschen Brief – demjenigen, dem Sie bald in meinem Briefband begegnen werden.« (V,409) Als dann Adornos Berg-Monographie eintraf, konnte Benjamin anknüpfen an ein musikalisches Erlebnis, das ihm mit Adorno zuteil wurde und das nur hier in seinen Briefen einmal laut wird. »Das Erste, woran ich nach meiner Ankunft ging, war Ihr ›Berg‹. Es wird mir leicht, meine entscheidende Erfahrung mit ihm auszusprechen: Sie haben mir die Ahnung verdeutlicht, daß der überwältigende Eindruck, kraft dessen mich der ›Wozzeck‹ an jenem berliner Abend gefangen nahm, das Signal eines mir unbewußten aber bis ins einzelne nennbaren Betroffenseins ge-

56 Theodor W. Adorno: Impromptus. Zweite Folge neu gedruckter musikalischer Aufsätze.– Frankfurt a.M.: Suhrkamp 1968 (= edition suhrkamp; 267), S.43 f.

wesen ist. [...] Die Grundkonzeption: wie die gleichsam namenlose technische Arbeit des Schülers Schönbergs die Tradition des 19ten Jahrhunderts im Namen des Musikers zur Ruhe geleitet und sie ihren eignen Klagegesang anstimmen läßt, ist mir so überzeugend wie es mir, der doch allen vermittelnden Zugangs entbehrte, Bergs Musik selber gewesen ist. Ich formuliere so gut ich kann; und ich denke, daß Ihnen dieses Wenige in seiner Unbeholfenheit mehr sagen mag als eine prägnantere Zustimmung, die nichts von der eigentümlichen Beschleunigung verriete, mit der allein ich diese Bezirke, in denen mir zu verweilen versagt ist, durchmessen kann. Sie aber dringen im Labyrinth des Werkes ins Innerste, den roten Faden des fremden Lebens abrollend, den Sie als Vermächtnis erhalten haben.« (V,565 f.)

In Benjamins Reaktion auf Adornos erste größere Rundfunk-Arbeit, die ihm in einem Typoskript vorlag, spannte er zur Abwechslung den Bogen zur Malerei. »Es gehört zunächst zu dem Erhellendsten, was ich von Ihnen kenne. Dazu kommt, daß eine wahrhaft erheiternde Unterstimme darin zur Geltung kommt; ein wie leise doch obstinat mitgesummtes ›bange machen gilt nicht‹. Ungewöhnlichen Spaß habe ich an der Beschreibung der ›Haltung‹ des Radio-Hörers gehabt (bestochen vielleicht dadurch, daß ich endlich als Raucher in der Theorie zu meinem Recht gekommen bin). Im übrigen verdecken mir diese Stellen nicht die gewiß weitertragenden über ›stehende‹ und ›überlaufende‹ Musik. Das Ganze hat eine schöne und transparente Exzentrizität und wenn es Sie in ein asile d'aliénés bringt, so können Sie mit Fug und Recht den Pavillon neben Paul Klee beanspruchen.« (VI,32)

Zu einem großen Brief kam es dann über Adornos »Versuch über Wagner«, in dem Benjamin ein einziges Mal so ins Detail der Kritik ging, wie er es inzwischen von Adorno gewohnt war. »[...] es ist soweit; ich setze mich zum Brief über Ihren ›Wagner‹ hin; und ich gehe in medias res, annehmend, daß, was diesen Brief verzögert hat, Ihnen weniger drängend zu erfahren ist als was er etwa zur Sache selber sagt.« (VI,119) Diesen Brief muß der interessierte Leser an Ort und Stelle selbst nachlesen. Er ist in seiner Dichte und philosophischen Komplexität nicht zu resümieren. Ein einziges Mal erlaubt sich Benjamin, den ureigensten und bei Adorno nun neuerlich wiederkehrenden Begriff der »Rettung« zum Leitfaden seiner Ausstellungen zu nehmen.

Erst ganz am Schluß tritt die Literatur wieder in ihre Rechte ein. Benjamin hat die Adornosche Rezension des George-Hofmannsthalschen Briefwechsels noch zu Lebzeiten zu Gesicht bekommen, tief betrübt darüber, daß ihm das rezensierte Werk selbst im Mai 1940 in Paris nicht zur Verfügung stand. Auch dieser große Brief soll hier nicht mehr durchgegangen werden. Er ist voll des Lobes, insbesondere hinsichtlich des George-Porträts, und voll von anregenden weiterführenden Gedanken – das Denkmal und Vermächtnis einer singulären intellektuellen Begegnung. »Die beiden letzten Seiten Ihres Essays [...] waren mir ein Geburtstagstisch, auf dem die Stelle über das ›nicht disziplinierte Glück‹ das Lebenslicht darstellt. Übrigens hat die Arbeit auch sonst etwas vom Gabentisch; die terminologische Marke haftet so wenig mehr an den Gedanken wie die Preisauszeichnung an einem Geschenk.« (VI,451 f.) Konnte dezenter auf ein Grundproblem des großen Schriftstellers und Essayisten Theodor W. Adorno hingewiesen werden, das da für einen Moment lang außer Kraft gesetzt war?

Noch ein Brief folgte nach. Er war in Lourdes geschrieben. Das Gespräch über das Werk, das die Briefe wie nichts sonst geprägt hatte, mußte zurückstehen. Der nackte Kampf um das Überleben war zu bestehen. »Ich hoffe, daß ich Ihnen bisher den Eindruck gegeben habe, auch in schwierigen Augenblicken gefaßt zu bleiben. Glauben Sie nicht, daß sich das geändert hat. Aber ich kann mich dem gefährlichen Charakter der Lage nicht verschließen. Ich fürchte, die, die sich aus ihr haben retten können, werden eines Tages zu zählen sein.« (VI,476)

Städte und Landschaften

Der Hinwendung zur kleinen Form, wie sie ab 1925 gezielt einsetzte, verdanken wir Porträts von Städten und Landschaften, die in dieser Form einzigartig in der deutschen Literatur des 20. Jahrhunderts dastehen. Von höchster Anschaulichkeit und Präzision konnten sie doch zugleich unter der Kategorie ›Denkbilder‹ mit anderen verwandten Arbeiten zusammengeführt werden, die alle den unverwechselbaren Dichter und Denker bezeugen. Erst spät traten zu diesen Miniaturen die nicht für die Publikation bestimmten mehr oder weniger autobiographisch angelegten Aufzeichnungen. Sie bargen noch einmal in erheblichem Umfang Schilderungen von Reisen und damit Bilder von Städten und Landschaften. Zwischen diesen beiden literarischen Erscheinungsformen wahren die Briefe und in ihnen die lokalen Skizzen eine recht genau zu bezeichnende Mitte. Sie sind nicht angelegt als selbständige, restlos durchgestaltete Texte wie die zur Publikation bestimmten. Sie verharren aber auch nicht im Status der privaten Notiz, sind sie doch einem Gegenüber zugedacht. Dieser schlichte Umstand lädt dazu ein, während wir uns dem Abschluß unserer kleinen Revue nähern, auch noch einen Blick auf die Schilderungen zu werfen, die die Briefe von einzelnen Stationen auf Benjamins Lebensweg festhalten. Wir haben gelegentlich bereits eine erste Anschauung vermittelt erhalten, als wir bei den Stätten seiner Arbeit verweilten. Auch Ein- und Ausgänge seiner Briefe fixieren nicht selten die Örtlichkeiten seines jeweiligen Aufenthalts. Hier soll es uns um einige ausgewählte Stücke gehen, denen wir neuerlich Schönheit, bildnerische Gestaltungskraft und Prägnanz gemäß den besonderen Regularien des Briefes zuerkennen und als solche der genuß- und sinnreichen Betrachtung anheimstellen möchten. Auswahl und nochmals Auswahl aus einem reichen Repertoire muß dabei wiederum die als Kunst zu handhabende Maxime lauten.

1913 weilte Benjamin erstmals in der Stadt, die neben Berlin seine zweite Heimat werden sollte, über viele Jahre die immer wieder freiwillig aufgesuchte inspirierende Stätte des Schaffens, später die eine Weile Schutz und relative Geborgenheit gewährende Stätte des Exils, in der sich doch gegenüber den zwanziger Jahren so vieles verändert hatte, wie Benjamin mehr als einmal konstatierte. Er hat Paris aber auch noch in der allerletzten Stunde der Belle Époque erlebt. Ein Brief an Carla Seligson hat den unvergänglichen Eindruck festgehalten, den der erste Aufenthalt hinterließ. Er reiht sich ein in die nicht endende Folge der Huldigungen an die Stadt, die Benjamin auch seinerseits später öffentlich bezeugen sollte. Manche der späteren Motive klingen in dem frühen Brief bereits an. »Ja, ich bin Pfingsten 14 Tage nach Paris hinübergefahren; an diese Stadt habe ich wenige einzelne Erinnerungen, von denen ich sagen könnte, sondern nur das Bewußtsein 14 Tage so intensiv gelebt zu haben, wie man nur als Kind lebt. Ich war den ganzen Tag unterwegs, ging fast nie vor 2 Uhr zu Bett. Die Vormittage im Louvre, in Versailles, Fontainebleau oder im Bois de Boulogne, nachmittags in den Straßen, in einer Kirche – im Café. Abends mit Bekannten oder in irgend einem Theater: vor allem dann jeden Abend auf dem Grand Boulevard, das man ein wenig mit den Linden vergleichen könnte, wenn es nicht weniger breit (gemütlicher!) wäre und wenn nicht durch die ganze innere Stadt diese Straßen sich ziehen würden, deren Häuser nicht zum Wohnen zu sein scheinen, sondern steinerne Coulissen zwischen denen man geht. Im Louvre und im Grand Boulevard bin ich heimischer fast geworden als im Kaiser-Friedrich-Museum oder in Berliner Straßen. Ich ging zuletzt (ich war sehr oft im Louvre) nur noch spazierend durch die Sammlungen und blieb immer wieder vor denselben Bildern stehen, die ich schon kannte und die ich mir sehr eingeprägt habe, indem ich sie jeden Tag schöner sah. Ich habe niemals so leicht Kunst verstehen können. [...] Als ich dann wieder in Freiburg war, glaubte ich ein viertel Jahr fort gewesen zu sein – aber Paris liegt so wundervoll abgeschlossen hinter mir, daß ich keine Unzufriedenheit fühlte, vielmehr die Freude, daß sich trotz unangenehmer Reisebegleitung alles so gut beendete. Im Brand [Ibsens] steht das sehr wahre Wort, das Sie natürlich hier nicht so feierlich verstehen dürfen: Glück wird aus Verlust geboren | ewig bleibt nur, was verloren.« (I,105 f.)

Schon die frühesten Briefe enthalten Schilderungen der Reisen, zumal in die Schweiz. Auch von den Studienorten aus brachen die Freunde immer wieder in die Umgebung auf, von Freiburg aus mit Heinle in den Schwarzwald, von München und später von Bern, aber auch von Berlin aus in die Seen- und Berglandschaft. So im November 1915 mit Grete Radt an den Tegernsee. »Am schwarzwolkigen Abend bei Wind und wenigen Sternen, als kein Regen mehr fiel, gingen wir lange am See. Heute brach nun am Mittag weiße Sonne aus den Wolken und wir stiegen den Abhang gegen den blauen Himmel gerade empor. Vor uns standen Bäume voll gelben Laubs und die schwach beschneiten Berge dahinter. Schnell verwandelte sich die klare Bläue zu glanzlosen Schneewolken die überall matt übers Gebirge zogen.« (I,287).

Sodann hat sich Seeshaupt wiederholt den Briefen eingeprägt. So in einem an Ernst Schoen vom Juli 1916. »Dieser Sommer ist ohne Sonne. Im Traum erscheint mir abwechselnd die Hölle und der Teufel. (Im Traum) Heute nacht träumte ich manches von ihm, so, daß [ich] ihn am gleichen Orte wie vor Jahren die Brüder Schlegel gesehen hätte. Immerhin gibt nichts Ihnen vom Grau der Wiesen und Wälder des Sees und der Atmosphäre einen Begriff[;] das ganze Land ist wie ein ohnmächtiges Gewitter. Der tiefe Trost ist das Gleichmaß allen Wachstums, die Einsicht in das Wesen des Glücks als welches ist: alles im Leben so zu tun und zu fühlen, daß es auf unser Geborensein zurückgeht. Nur so denke ich an mein späteres Leben und so hoffe ich, daß wir alle einmal Gleichaltrige sein und finden werden.« (I,329)

Wie in den Tagebüchern halten auch die Briefe die im Engadin und der südlichen Schweiz zusammen mit Dora empfangenen Eindrücke fest, die Scholem übermittelt werden, während eben jetzt im Sommer 1917 der Übergang zum Vornamen statthat. »Das Wetter ist leider sehr wechselnd und wenn es trübe ist, kalt. Wir haben aber einige herrliche Ausflüge gemacht; besonders sind wir bis zur schweizer Grenze gegen Italien in dem Südalpental des Bergell gekommen und haben eine wundervolle Luft geatmet und einen ganz reinen Himmel gesehen. Hier oben im Engadin gibt es die schönsten Blumen und auf der Höhe haben sie einen wundervoll zarten Duft.« (I,378) »Hier arbeite ich augenblicklich nicht sondern denke nur bei Gelegenheit über manches nach. Es ist hier zu anderm nicht der Ort und für diese Sommerwochen habe ich ihn auch recht gewählt. Es ist hier eine große anspannende und den Geist stählende Landschaft, die mit heilender Gewalt verhindert daß die innere Erlösung die wir gefunden haben uns innerlich bis zur Vernichtung erschüttern könnte. Meiner Frau lese ich ›Cardenio und Celinde‹ von Gryphius vor, ich selbst lese es dabei zum zweiten mal. Es ist ein *sehr* schönes Drama.« (I,380)

Und schließlich nach einem neuerlichen Rückblick auf das Engadin, das seit der Schulzeit dem Reisenden so viel bedeutete, der Vorstoß nach Locarno. »Die Sonne nach der wir uns unbeschreiblich sehnten hat uns auch der vergangne Sommer nicht gebracht; das Engadin liegt zu hoch um heiß sein zu können. Damals bedurften wir aber der Anspannung die von dieser erhabnen Landschaft ausgeht mehr als alles andere; nur um unter dem Eindruck einer unendlichen Befreiung nicht zusammenzubrechen mußten wir uns einer neuen Spannung unterwerfen. [...] Ich kehre jetzt der sommerlichen Natur mein Gesicht zu wie seit dieser letzten Schulzeit [...] ich es nicht getan habe. [...] Das Wetter hier war erst kühl und ist jetzt heiß und sommerlich. Die Kultur und Sprache der Gegend ist italienisch. Es wachsen Palmen und Lorbeer in den Gärten. Auf den hohen Bergen in der Nähe liegt noch Schnee der aber wohl täglich abschmilzt. Oberhalb Lokarno auf einem steilen Felsen liegt ein berühmter Wallfahrtsort: die Klosterkirche Madonna del Sasso (auf dem Felsen). Die Kirche ein zierliches Stück italienischen Barocks deren Fassade spielerisch bunt und perspektivisch bemalt ist enthält ganz außerordentliche Votivbildchen wie sie von Bauern der Gegend im Auftrage Geheilter und Geretteter gemalt sein mögen und die zu den schönsten Stücken jener religiös oder kultisch determinierten Volkskunst gehören die jetzt in Europa von den neuen Malern entdeckt wird. Vor allem fällt ein merkwürdiger Madonnentypus auf der ganz stetig ist und einen unheimlichen Eindruck erweckt: Die Mutter neigt zum Beleibten; ihr Ausdruck ist ganz verschlafen und seellos; sie wird gleichsam wider Willen sichtbar und trägt die Merkmale eines physischen Schmerzes. Ich vermute daß dies mit dem uralten, prähistorischen Schönheitsideal der beleibten, fetten Frau zusammenhängt das auf eine mir unbekannte Weise mythisch bedingt sein muß.« (I,432 ff.)

Auch die Studienorte aber, von denen so manche der Exkursionen ihren Ausgang nahmen, haben sich, wie zart gestrichelt zuweilen auch immer, in den Briefen bewahrt. So Freiburg. »Jetzt bin ich hier in einem wundervollen Sommer zur Ruhe gekommen; und wenn ich auf den Kirchplatz vor meinem Fenster sehe, ein alter Brunnen, eine einzige ganz hohe Pappel in der Sonne, dahinter Häuser wie aus dem goetheschen Weimar (ganz klein) – kann ich mir kaum mehr das Ungeheuerliche vorstellen, daß ich fast [...] in Berlin geblieben wäre.« (I,93; vgl. auch I,159) So in ganz anderer Weise München. »Das Wetter bleibt bei so mannigfachen Tätigkeiten eintönig unerträglich; entweder ein dünner Schneeregen und wochenlanger Schnupfen oder eine Malarialuft, in der man nicht wachen und schlafen kann. So ist es heute unglaublich schwül. Gestern waren wir in einer Aufführung des ›Rosenkavalier‹, unglänzend im ersten Akt, aber von immer steigender stimmlicher und orchestraler Schönheit. Die Ausstattung, mit Berlin verglichen, schäbig; das Publikum ebenso. Eine mondäne Atmosphäre kann in München nirgends aufkommen, in Bars Cafés Restaurants sucht man sie vergebens.« (I,302) Und doch, welch ein Kontrast zu dem Bild der Stadt in der Nachkriegszeit acht Jahre später! »[...] ein erstaunliches Wiedersehen mit der Stadt nach acht Jahren – eine schauerlich schöne Leiche, so schön, daß man ihre Leblosigkeit nicht mehr wahr haben will.« (III,402) Schließlich und nicht zuletzt Bern. »Bern ist eine herrliche Stadt wenn es auch vielleicht unmöglich sein mag allein in ihr zu leben.« (I,387) Beenden wir unsere erste Erkundung deshalb mit einem Gedicht, das Benjamin im September 1917 von Bern aus an Ernst Schoen auf den Weg brachte. Es erscheint getragen von der Erfahrung der Gebirgslandschaft, wie sie ihm im zweiten Lebensjahrzehnt immer wieder zuteil wurde.

Beim Anblick des Morgenlichtes

Taucht doch der Mensch aus blinden Wehn empor
Wie könnte sich Erwachen selbst ermessen?
Der Seele Flut erfüllet noch das Ohr
Bis ihre Ebbe sich im Tag verlor
Und Traum der wahrgesagt sein selbst vergessen

Vor allem aber wird zuerst Gestalt
Dem eine Hand ins Stammgehege greift
Der Hort der Traurigkeit der hohe Wald
In seinen Wipfeln ist ein Licht gereift
Das müde blicket und von Nächten kalt

Wie bald bin ich auf dieser Welt allein
Die schaffend ausgreift meine Hand hält ein
Und fühlt erschauernd ihre eigne Blöße
Ist dieser Raum dem Herzen denn zu klein
Wo atmet er aus seiner rechten Größe?

Wo sich das Wachen nicht vom Schlafe scheidet
Hebt Leuchten an das ist wie Mond umkleidet
Und dennoch droht ihm keine Helle Spott
Des Menschen Wiese wo er schlummernd weidet
In Traumes altem Dunkel nicht mehr leidet
In alten Traumes Lichte wachet: Gott
(I,387)

Die zwanziger Jahre standen während und nach der desolaten Frankfurter Erfahrung (die sich auch dem Bild der Stadt mitteilte) reisend im Zeichen Italiens. Capri berührten wir bereits. Natürlich nutzte Benjamin die Gelegenheit zur Erkundung der unvergleichlichen Kulturlandschaft um den Golf von Sorent. »Nirgends war der Eindruck an Gewalt dem vergleichbar, den die Tempelruinen von Pästum, die ich einsam an einem Augusttage in der Malariazeit, wo die Gegend gemieden wird, sah, mir machten. Er wird von dem Klischee das ich beim Worte ›griechischer Tempel‹ ja, auf Grund der Abbildungen, assoziierte nicht einmal berührt. Die Gegend [...] ist so großartig in ihrer landschaftlichen wie öde in ihrer zivilisatorischen Gestalt. Man sieht, nicht allzuweit von den Tempeln das schmale brennend blaue Band des Meeres. Die Tempel gelten für die gewaltigsten, die außerhalb von Athen zu sehen wären. Sie gehören alle drei – aber nur zwei sind sehr wichtig – ungefähr dem gleichen Stil und der gleichen Zeit an und sind von einer noch heute vor Leben fast lauten, vernehmlichen Verschiedenheit. Da sie dicht neben einanderstehen ist die Auseinandersetzung erschütternd. [...] Pozzuoli, Amalfi, Ravello sah ich. Die Feuerwerke, eines das andere überholend und immer neue Farben und Formen enthaltend brennen den Sommer lang nachtaus nachtein an diesen Küsten. [...] Ein anderes sind die Weingärten, die auch zu den Wundererscheinungen dieser Nächte gehören. Du wirst das gewiß kennen gelernt haben, wenn Frucht und Blatt in der Schwärze der Nacht untertauchen und man vorsichtig – um nicht gehört und verjagt zu werden – nach den großen Trauben tastet. Aber es liegt noch viel mehr darin, worüber vielleicht die Kommentare des hohen Liedes Aufschluß geben.« (II,486)

Im nächsten Jahr schiffte sich Benjamin in Hamburg auf einem Frachtdampfer ein, um nach Spanien und Italien zu gelangen. Benjamin beließ es weitgehend bei Kartengrüßen an die Freunde. Erst aus Neapel – die »Stadt hat den ganzen Platz in meinem Herz, den sie vom vorigen Jahr einnimmt wieder ganz gefüllt« – wurde er ein wenig ausführlicher. (III,85) »Meine Karte aus Cordoba oder Sevilla wirst Du erhalten haben. Dort habe ich an südspanischer Baukunst, Landschaft und Sitte in den wenigen Tagen aus ganzer Kraft [mich] vollgesogen. In Sevilla habe ich einen gewaltigen Barockmaler gefunden, an dem die Widmungen der ›Fleurs du mal‹ nicht vorübergegangen wären, wenn Baudelaire ihn gekannt hätte! Juan Valdez Leal, der die Kraft von Goya, die Gesinnung von Rops, den Stoff von Wiertz hat. [...] Wir fuhren dicht an Gibraltar vorbei und sahen Afrika liegen. Nach drei Tagen haben wir Barcelona, eine wilde Hafenstadt, die auf kleinem Raume den Pariser Boulevard mit großem Glück nachbildet, angelaufen. Überall habe ich Cafés und Volksquartiere in sehr versteckten Winkeln zu sehen bekommen, teils indem ich mich meinen standhaften Irrgängen überließ, teils in enger Fraternität mit dem Kapitän und den ›Offizieren‹. (So heißen bei der Handelsmarine die oberen Chargen.) Diese Leute waren die einzigen mit denen ich reden konnte. Sie sind ungebildet, aber nicht ohne Freiheit im Urteil. Und dann haben sie – was auf dem Festland so leicht nicht gefunden wird – für den Unterschied von Erzognen und Unerzogenen Sinn. In Neapel wollte der Kapitän mich nicht weglassen und ich bilde mir etwas darauf ein, daß der Mann, der natürlich keinen Begriff von meiner Schreiberei hat, solche zu erhalten begehrte.« (III,83 f.)

So fand die Frachterfahrt auf »Nordischer See« ihr Gegenstück, und wieder verband freundschaftliche Verständigung den einsam Reisenden mit dem Schiffspersonal und zumal dem Kapitän. Der Norden spielte im gleichen Jahr über Riga in Benjamins verschlungene Wege hinein – eine »traurige[...] Stadt« in ihrer »harte[n] Novembermelancholie«, die »jemanden der zuletzt römische Straßen durchschritten hat freilich mit großer Gewalt anfassen kann.« (III,96; 93) Im Juli 1928 endlich brütete Benjamin, »ein Pinguin auf dem kahlen Felsen meines siebenunddreißigsten Jahrs über einer einsamen Nordlandreise. Aber vielleicht ist es schon zu spät im Jahr.« (III,399) Es war zu spät, nicht für Lugano, wohl aber für Norwegen. Erst ein Jahr später weilte Benjamin im hohen Norden. Von Trondheim ging ein Gruß an Fräulein Karplus. »[...] einmal fort von Berlin wird die Welt schön und geräumig und hat sogar auf einem 2000 to – Dampfer neben mancherlei Reisepöbel Platz für Ihren schweigsam vergnügten Diener. Gerade jetzt gebe ich ihr das Schauspiel einer schnurrbärtig schnurrigen Alten, die ihre Kaffeetasse neben sich in einem Lehnstuhl auf der Schiffsterrasse – Terrasse muß es nun einmal sein ob auf dem Boulevard oder im Fjord – sich sonnt und dabei ihre Handarbeiten herunterkritzelt. So nehmen Sie denn auch dieses schlichte, als Freundschaftsschoner uns zugedachte Gehäkelte als Zeichen alter Zugehörigkeit entgegen von dem unverdrossnen Reisenden, Nachfahre *Schelmuffskys* W.B.« (III,534 f.) »Es ist frühmorgens, die See lärmt vor meinem Fenster. Ich habe die letzte oder vorletzte Station meiner Reise erreicht – das ist Zoppot. So schön die große Reise war, die ich hinter mir habe – bis über den Polarkreis und in das nördliche Finnland hinein – so war sie doch zu einsam, um ganz zu einer Erholung zu werden; ich habe auch auf dem Schiff zuviel gearbeitet.« (III,536) ›Nordische See‹, man weiß es, war die unvergängliche Frucht dieser Reise.

Wohltuend beim Blättern in den Briefen bleibt die immer wiederholte Präsenz von Paris die zwanziger Jahre über, und gelegentlich stellt sich auch ein Bild ein, zu dem dann fast immer auch schon der Vorklang zu den ›Passagen‹ gehört. »Aber nichts geht über die Jahrmärkte und das schönste an aller Kunst und allem Betrieb dieser Stadt ist, daß sie dem wenigen, was noch als Rest von dem Ursprünglichen, Natürlichen sich hält, seinen Glanz läßt. Diese Märkte fallen wie Bomben in dieses oder in jenes Stadtviertel: jede Woche wird man, wenn man es darauf anlegt, irgend einen Boulevard finden, wo Schießbuden, Seidenzelte, Fleischbänke, Antiquare, Bilderhändler, Waffelstände hintereinander aufgereiht sind. Drei wundervolle Glaskugeln, in denen dichter Schnee fällt, habe ich auf der foire aux jambons et aux ferrailles (Schinken- und Alteisenmarkt) gekauft und diese Woche gehe ich irgendwann auf die foire aux pains-d'épice (Pfefferkuchen-Markt).« (III,139) Und gegenüber Hofmannsthal: »Paris macht mich sehr glücklich; mir scheint manchmal es sei hier ein Ort, der zur Einsamkeit aufruft wie sonst nur die Landschaft.« (III,175) Die »Dorfenklaven« in der Metropole sind es, die ihn anziehen. (III,179) Daß in diesem Bild Frankreichs Süden nicht fehlt, ist selbstverständlich, das »schön entschlummerte« Aix (III,199) und immer wieder Marseille, vom Schreibenden ganz besonders umworben. »[...] ich hoffe eine kleine Trophäe in Gestalt einer Skizzenfolge ›Marseille‹ heimgebracht zu haben. Aber wer weiß, ob die Spuren eines erbitterten Kampfes nicht in dem gefleckten Raubtierfell zurückgeblieben sind. Mir stecken jedenfalls die Haare dieser Bestie noch zwischen den Zähnen. Ich weiß jetzt, daß es schwerer ist, über Marseille drei Seiten zu schreiben als über Florenz ein Buch.« (III,417 f.)

Ibiza haben wir berührt, die Insel, die mit dem Schriftsteller Walter Benjamin für immer mit seiner Hinwendung zur Kindheit und den tastenden Versuchen im Genre autobiographischer Prosa verbunden sein wird. Die Stadt, den Raum seiner Herkunft, mußte er preisgeben, und so beschwor er die Zeit des Heranwachsens im verlorenen Milieu. Ibiza bot auf langen Wanderungen eine Stätte der Resonanz für die Schwingungen der erinnerten Zeit. Und Benjamin dankte den Gaben der Insel, auf der er mittellos verweilen durfte, nicht nur in vielen Bildern einer stetig fortgesponnenen »Ibizenkischen Folge«, sondern auch mit farbigen Schilderungen in »unbegrenzten« Briefen an die ihm nahen Menschen. Wohne er in einem Haus, wo er inklusive dreier Mahlzeiten 1,80 Mark täglich zahle, so begreife sich von selbst, »daß die Insel wirklich seitab des Weltverkehrs und auch der Zivilisation liegt, so daß man auf jede Art von Komfort verzichten muß. Man kann es mit Leichtigkeit, nicht nur der inneren Ruhe wegen, die die ökonomische Unabhängigkeit sondern auch der Verfassung wegen, die diese Landschaft einem mit gibt; die unberührteste, die ich jemals gefunden habe. Wie Ackerbau und Viehzucht hier noch archaisch betrieben werden, nicht mehr als vier Kühe auf der Insel sich finden, weil die Bauern an der überkommenen Wirtschaft mit Ziegen festhalten, keinerlei landwirtschaftliche Maschinen zu sehen sind und die Bewässerung der Felder wie vor Jahrhunderten durch Schöpfräder geschieht, die von Maultieren in Betrieb gesetzt werden, so sind auch die Interieurs archaisch: drei Stühle an der Zimmerwand gegenüber dem Eingang treten dem Fremden sicher und gewichtig entgegen als seien es drei Cranachs oder Gauguins an der Wand; ein Sombrero über einer Stuhllehne macht sich großartiger als eine Draperie kostbarer Gobelins. Endlich die Gelassenheit und Schönheit der Menschen – nicht nur der Kinder – und dazu das fast gänzliche Freisein von Fremden, das man durch sparsamste Informationen über die Insel zu wahren hat.« (IV,84)

Gelegentlich auf Ibiza – und natürlich Felizitas anvertraut – zeichnet sich in den Briefen sogar der Tagesablauf Benjamins ab; Zeichen dafür, daß der Tag als ganzer mit Behagen wahrgenommen und beglückend erfahren wird. Konnte es eine idealere Szenerie für das tägliche Handwerk des Schreibens geben? »Ich führe ein Leben wie die Hundertjährigen es als Geheimnis den Reportern anvertrauen: aufstehn um sieben Uhr und im Meer baden, wo weit und breit kein Mensch am Ufer zu sehen ist und allenfalls nur in der Höhe meiner Stirn ein Segler am Horizont, darauf, gegen einen gefügigen Stamm im Walde gelehnt, ein Sonnenbad, dessen heilsame Kräfte durch das Prisma einer gideschen Satire (Paludes) auf den Kopf übergreifen und dann ein langer Tag der Enthaltung von zahllosen Dingen – weniger weil sie das Leben verkürzen als weil es sie garnicht gibt oder so schlecht, daß man sie gerne beiseite läßt – elektrisches Licht und Butter, Schnäpse und fließendes Wasser, Flirt und Zeitungslektüre. [...] Sehr lange bin ich bei Büchern und Schreibereien seßhaft gewesen; erst in den letzten Tagen habe ich mich von meinem Uferstreifen emanzipiert und einige große einsame Märsche in die noch größere, noch einsamere Gegend gemacht. Auf ihnen erst bin ich zum deutlichen Bewußtsein gekommen in Spanien zu sein. Diese Landschaften sind, von allen bewohnbaren, bestimmt die sprödesten, unberührtesten, die ich gesehen habe. Einen deutlichen Begriff von ihnen zu geben ist schwer, sollte es mir am Ende gelingen, so wird es Ihnen nicht verborgen bleiben.« (IV,95 f.; vgl. IV,207 f.)

Im darauffolgenden Jahr nimmt sich der »Schicksalspark« auf der Insel gewiß verändert aus, nicht so der Lebensrhythmus und natürlich die Landschaft, die noch einmal ihre gewaltigen, heilenden Kräfte im Dasein des Emigrierten entfaltet. (IV,176) Wann immer möglich, sucht er sich von den Menschen zu lösen. »Das hat mir neulich einen der schönsten und entlegensten Teile der Insel erschlossen. Ich war nämlich gerade fertig zu einer einsamen Mondscheinwanderung auf den Gipfel der Insel, die Atalaya von San Jose, gerüstet, als ein flüchtiger Bekannter des Hauses auftauchte, ein skandinavischer Bursche, der sich in den Gegenden, wo es Fremde gibt, nur selten sehen läßt und in einem vergrabnen Gebirgsdorf wohnt. Er ist im übrigen ein Enkel des Malers Paul Gauguin und heißt genau wie sein Großvater. Am andern Tage machte ich die genauere Bekanntschaft dieser Figur und sie war bestimmt ebenso faszinierend wie die seines Gebirgsdorfs, in dem er der einzige Fremde ist. Früh um fünf fuhren wir mit einem Langustenfischer hinaus und trieben uns erst drei Stunden auf dem Meere herum, wo wir den Langustenfang gründlich kennen lernten. Es war freilich ein vorwiegend melancholisches Schauspiel, indem mit sechzig Reusen alles in allem drei Tiere eingebracht wurden. Freilich riesige und freilich an anderen Tagen oft viel mehr. Dann setzte man uns in einer versteckten Bucht ab. Und dort bot sich ein Bild von derart unverrückbarer Vollkommenheit, daß etwas Seltsames, aber nicht unbegreifliches in mir sich ereignete: ich sah es nämlich eigentlich garnicht; es fiel mir nicht auf; es war vor Vollkommenheit am Rande des Unsichtbaren. [...] Im Innern des Gebirges trifft man auf eine der kultiviertesten, fruchtbarsten Landschaften der Insel. Der Boden ist von ganz tief eingeschnittnen Kanälen durchzogen, so schmalen aber, daß sie oft auf weite Strecken unsichtbar unterm hohen Grase fließen, das vom tiefsten Grün ist. Das Rauschen dieser Wasserläufe gibt ein beinah saugendes Geräusch. Johannisbrotbäume, Mandeln, Ölbäume und Nadelholz stehen an den Abhängen und der Talgrund ist von Mais und Bohnenpflanzen bedeckt. Gegen die Felsen stehen überall blühende Oleanderbüsche. Es ist eine Landschaft, wie ich sie früher einmal im ›Jahr der Seele‹ geliebt habe, heute drang sie vertrauter mit dem reinen flüchtigen Geschmack der grünen Mandeln in mich ein, die ich am andern Morgen um sechs Uhr von den Bäumen stahl.« (IV,230 ff.; vgl. auch IV,235 f.)

Die späteren und wiederholten längeren Exkursionen in den verbleibenden Lebensjahren nach Dänemark und an die Mittelmeerküste an der Grenze zwischen Frankreich und Italien waren der Verarmung geschuldet, die den Aufenthalt in Paris auf Dauer nicht gestattete, und sie waren ganz der Arbeit zumal im Umkreis des Parisbuchs gewidmet. Wir haben die situativen Eindrücke in ausgewählten Passagen vergegenwärtigt und verzichten darauf, das Bild um die eine oder andere mögliche Variante im jetzigen Zusammenhang zu bereichern. Statt dessen soll der verbleibende Platz im ohnehin überschrittenen Rahmen genutzt werden, um neben dem erlebten Raum auch der erlittenen Zeit ihr Recht einzuräumen, ist sie doch verantwortlich für die Erfahrung und den Begriff von Geschichte, wie sie für Benjamin eigentümlich blieben und in den späten Studien ihre definitive Fassung erhielten.

Zeitgeschehen

Es ist immer bemerkt worden, daß die politischen Ereignisse, deren Zeuge Benjamin wurde, in seinem Werk direkte Spuren kaum je hinterlassen haben. Gleiches gilt für seine Briefe. Sie enthalten so gut wie keine Schilderungen von Ereignissen des Tages und sind insgesamt arm an Anspielungen auf sie. Dem korrespondiert die Mitteilung von Gesprächspartnern wie Scholem, daß Politika nur selten in ihren Unterredungen berührt wurden. Wie im Werk, so zeichnen sie sich in den Briefen aus der Distanz ab – einer Distanz, die sie zu Allegorien der Erfahrung des Zeitgenossen umformte, in denen sich die Nachtseite der Geschichte zu erkennen gab. Versuchen wir, einige Streiflichter dieser erfahrungsprägenden Ereignisse angesichts einer zunehmend sich verdüsternden Szenerie aufzufangen, auch hier nur darauf bedacht, sie in den Blick treten zu lassen, nicht aber kommentierend an ihrer Erschließung zu arbeiten.

Der Erste Weltkrieg ist in den Briefen auf drei Ebenen gegenwärtig: In der perfekt durchgeführten Ischias-Simulation, um der Einberufung zu entgehen, auf die Benjamin auch später wiederholt zurückkam; in der Absage an Wyneken als einen der Kriegseuphorie Verfallenen und – sehr vermittelt – im Andenken an Heinle, der sich dem Grauen des Krieges durch Selbstmord entzog. In der Aufkündigung aller aus der Vorkriegszeit herrührenden geistigen Gemeinsamkeiten, die der Erfahrung des Krieges nicht standgehalten hatten und der Destruktion verfielen, verlief die eigentliche Zäsur, die der Krieg markierte.

Schwerlich wird man das Bild wieder aus dem Gedächtnis verlieren, das Benjamin von dem Besuch bei den Eltern eines an den Kriegsfolgen gestorbenen Freundes zeichnet. »Beim Hinausgehen führte mich die Mutter in sein Zimmer das – vielleicht nach jüdischer Sitte – ganz unberührt lag daß ich im aufgedeckten Bett den Abdruck seines Körpers zu sehen meinte. Seine Uniform und Militärmütze lag auf einem Sessel. [...] Ich kann – nicht aus Überlegung sondern aus Anschauung – nicht unglücklichere Menschen denken als sie da ich nie ein Zusammenleben kannte das so sehr von dem einzigen Sohne Licht und Entfaltung empfing.« (I,265) Denkwürdig auch, daß Berlin, selbstverständlicher Lebensraum in den Briefen während des Krieges, ausdrücklich aus der Ferne wahrgenommen und in geradezu expressionistischer Manier tituliert wird. »Nach allem was wir aus Berlin hören, ist dort nicht gut sein. Es scheint eine furchtbare Erschwerung und Beklemmung über den einfachsten Lebensverrichtungen zu liegen, wenigstens für die Menschen die in Familien leben [...]. Außer Dir und dem Wiedersehen einiger Menschen, die mir in den letzten Wochen, ohne ihr Wissen vielleicht, nähergetreten sind, habe ich in dieser Stadt der Verdammten nichts zu erwarten. »(I,317 f.)

Wie später in der Zeit des Nationalsozialismus ist es insbesondere das Schicksal der nächsten Angehörigen, das in den Briefen ein teilnehmendes und tiefbesorgtes Echo findet. »Ich bin auch in Sorge um meinen Bruder der in schrecklicher Stellung in Rußland ist.« (I,324) Notiert ist der Tod Norbert von Hellingraths, dessen Hölderlin gewidmete Arbeiten Benjamin hochschätzte. (Vgl. I, 355) Und so überraschend wie bemerkenswert bleibt die fürsorgliche Bemühung um einen jungen Menschen, die Benjamin 1917 Schoen gegenüber erwähnt. »Zu den wenigen ständig erfreulichen Dingen gehört ein Briefwechsel den ich seit mehr als einem Jahre fast ununterbrochen mit einem um mehrere Jahre jüngeren Menschen führe, der in einer Stellung in einem Lazarett sich befindet die ihm Denken und Schreiben erlaubt. Ich habe ihn im Frühjahr des vorigen Jahres einmal besucht. Für vieles ist der Briefwechsel kraft seiner anderen Voraussetzungen die immer in einem gewissen Grade das Leiden und παϑος des Schreibers zulassen und gewähren die einzig mögliche Form der Äußerung.« (I,355)

Persönlich wurde Benjamin von den Folgen des Krieges in der Schweiz eingeholt, als die ihm von Herbertz angebotene Habilitation an den nicht mehr gegebenen finanziellen Möglichkeiten der Eltern scheiterte. Die »Ausrufung der bayerischen Republik« erreichte ihn noch in der Schweiz und löste neben dem Wunsch nach Zeitungen vor allem den Gedanken an eine nun in München vermutlich nicht mehr zustande gekommene Buchauktion aus. (I,487) Diese Kontamination mit Persönlichstem bleibt ein Kennzeichen der vereinzelt eingestreuten zeitbezogenen Bemerkungen. So wird Weißbach zu Anfang 1922 in Berlin erwartet. »Zwar ist gerade in diesen Tagen kein sicherer Ausblick auf die nächstfolgenden möglich – da anstatt der proklamierten Absage des Berliner Streiks ganz im Gegenteil hier im Grunewald zum ersten Mal in diesen Tagen das Versagen auch der Beleuchtung sich bemerkbar macht, so daß ich bei Kerzenlicht schreibe – aber man darf wohl hoffen, daß in einer Woche die Streikbewegung beigelegt ist.« (II,237) Im Sommer 1923 berichtet Benjamin aus Berlin nach einer friedlich verlaufenen antifaschistischen Demonstration der Kommunisten mit erkennbarem Abstand: »Hier macht alles einen elenden Eindruck. Die Nahrungsmittelnot kann mit der aus Kriegszeiten wetteifern und das Publikum ist bekümmert weil die Sensation des Sonntagsputschs ausgeblieben ist.« (II,346) »Äußere Verhältnisse« würden »andauernd schwieriger«. (II,350) Das »Abbröckeln aller Lebenskräfte und Lebensgüter« sei unverkennbar. »In der Großstadt zumal sieht man es tagtäglich zunehmen.« (II,352) »Hier sah es gestern besonders böse aus. Daß es im Zentrum antisemitische Unruhen gab, werden Sie gelesen haben.« (II,364)

Schon machen sich erste Anzeichen für einen Überdruß an dem Leben in Deutschland bemerkbar. »Ich selber bin gerade jetzt mit weniger als halbem Herzen in Deutschland; eine Loslösung, ein Elan von außen her tut mir not. Andrerseits ist unsere Finanzlage in den letzten Monaten durch die öffentlichen Umstände so trostlos geworden, daß ein Auslandsaufenthalt mich in wenigen Wochen mittellos heimkehren sähe – aber doch vielleicht nicht mutlos.« (II,386) Auch von Capri aus wurde die deutsche Misere kommentiert – aus großem Abstand und keinesfalls so, daß man aus dieser Notiz einen bevorstehenden Parteieintritt voraussagen würde, wie er am

25. Mai 1925 – und sei es aus taktischen Gründen, um nach Moskau zu kommen – Scholem in Aussicht gestellt wird. (II,460; vgl. III,39) Von Capri stammt auch – wiederum in einer Äußerung an Salomon-Delatour, den wichtigsten Adressaten in dieser Zeit für Benjamins sporadische politische Äußerungen – eine frühzeitig geäußerte doppelte Befürchtung, die ihn in dieser Kombination nicht wieder verlassen sollte. »Meine Furcht vor einem neuen Kriege in absehbarer Zeit ist sprunghaft erwacht. Haben Sie das Gutachten des Völkerbundes (von 6 internationalen Autoritäten) über den Gaskrieg und seine Möglichkeiten gelesen?« (II,494)

Es wäre manches Weitere und Gelegentliche aus der Weimarer Republik in einer Phase relativer Intaktheit und Stabilität anzuführen. Wir verzichten darauf, um statt dessen einige der Äußerungen zu präsentieren, in denen sich das kommende Unheil ankündigt und zunehmend verdichtet. »Könnte ich Deutschland verlassen, so wäre es, meiner Meinung nach, höchste Zeit. Ich halte es nach allem was ich erfahre – und meine Informationen sind gewöhnlich sehr gut – für überaus fraglich, ob der Beginn des Bürgerkrieges länger als bis zum Herbst auf sich warten läßt. [...] Ob Deutschland jetzt eine Anleihe von zwei Milliarden bekommt oder nicht, dürfte deswegen an der Sache nur wenig ändern, weil die Summe viel zu gering ist. Sie reicht aus, die Finanzschwierigkeiten zu erleichtern, nicht aber die Wirtschaft wieder in Gang zu bringen.« »Kämst Du in absehbarer Zeit auf zehn bis zwölf Tage nach Berlin, so würdest Du vielleicht auf nicht weniger Merkwürdigkeiten stoßen als andere Leute in Moskau. Aber sie sind trüber, sowohl im Gesamtaspekt als von mir privat her gesehen. Die Wirtschaftsordnung Deutschlands bietet genau soviel festen Grund wie die hohe See und die Notverordnungen überschneiden sich wie die Wellenkämme. Die Arbeitslosigkeit ist im Begriff, die revolutionären Programme genau so antiquiert zu machen, wie es mit den wirtschaftspolitischen bereits geschehen ist. Denn allem Anschein nach sind die faktisch von den Massen der Arbeitslosen delegierten bei uns die Nationalsozialisten; die Kommunisten haben bisher den notwendigen Kontakt mit diesen Massen und damit die Möglichkeiten einer revolutionären Aktion nicht gefunden, indem die Vertretung der Arbeiterinteressen in jedem konkreten Sinne durch das phantastische Heer der Reservearmee immer mehr eine reformistische Aufgabe wird und vermutlich auch von den Kommunisten kaum anders besorgt werden könnte als die Sozialdemokraten es tun. Jeder, der noch im Betrieb steht, ist heute durch diese bloße Tatsache schon einer Arbeiteraristokratie zugehörig, indessen bei den Arbeitslosen offenbar ein riesiger Rentnerstand, natürlich mikroskopischen Formats, im Entstehen ist; ein untätiges Kleinbürgertum, dessen Lebenselement Hasard und Nichtstun ist und dessen Tag mit der philiströsen Genauigkeit abläuft, mit der bescheidne Spieler in den Badeorten den ihren verleben. Demgegenüber hat mein eigner Beruf den Nachteil, daß man auch bei fehlender Entlohnung immer noch vollauf beschäftigt ist.« (IV,47; IV,53)

Alsbald ist die Heraufkunft des Dritten Reichs zur Gewißheit geworden. Von Ibiza aus schreibt Benjamin im Mai 1932 an Scholem: »Auf der einen Seite sind meine Mittel sehr klein, auf der andern steht das Gebot der Vernunft, die Eröffnungsfeierlichkeiten des Dritten Reichs durch Abwesenheit zu ehren. Über deren Termin scheint man sich allerdings nirgends im klaren. Im übrigen will ich eine kleine Bemerkung zur Sache hierhersetzen, die ich neulich machte und die, wie ich dann erfuhr, von hier schon nach Deutschland gedrungen ist. Vielleicht hörst Du sie immer noch besser aus erster Hand als aus zweitem Mund. Das Dritte Reich sei ein Zug, der nicht eher abfährt, bis alle eingestiegen sind.« (IV,91) Dann ist die Übernahme der Macht erfolgt. »Das bischen Fassung, das man in meinen Kreisen dem neuen Regime entgegengebracht hat, ist rasch verbraucht und man gibt sich Rechenschaft, daß die Luft kaum mehr zu atmen ist; ein Umstand, der freilich dadurch an Tragweite verliert, daß einem die Kehle zugeschnürt wird.« (IV,162) So im Februar 1933.

Am 20. März geht der erste Brief aus dem Paris der Emigration an Scholem. »Ob Du schon Leute gesprochen hast, die Deutschland nach dem 15ten März etwa verlassen haben, bezweifle ich. Brieflich könntest Du nur durch besonders tollkühne Individuen informiert sein. Denn es kann sehr gefährlich werden, von dort ohne sorgfältige Tarnung zu schreiben. Ich darf mich, im Besitz der Freiheit, deutlich und umso kürzer fassen. Einen Begriff von der Lage gibt weniger der individuelle Terror, als die kulturelle Gesamtsituation. Über den erstern ist schwer, absolut Zuverlässiges in Erfahrung zu bringen. Unbezweifelt sind die zahlreichen Fälle, in denen Leute nachts aus ihren Betten geholt und mißhandelt oder ermordet werden. Wichtiger vielleicht noch, aber schwerer zu durchleuchten ist das Schicksal der Gefangenen. Von diesen laufen die furchtbarsten Gerüchte um, zu denen man nur sagen kann, daß einige von ihnen sich als unwahr herausgestellt haben. Sonst liegt es wie immer in solchen Zeiten: den wenigen Fällen, die übertrieben werden, mögen viele gegenüberstehen, von denen man überhaupt nichts erfährt. Was mich betrifft, so sind es nicht diese – seit langem mehr oder minder absehbaren – Verhältnisse gewesen, die in mir, und zwar erst vor einer Woche, in unbestimmten Formen, die Entschließung, Deutschland zu verlassen zur schleunigsten Entfaltung gebracht haben. Es war vielmehr die fast mathematische Gleichzeitigkeit, mit der von allen überhaupt in frage kommenden Stellen Manuscripte zurückgereicht, schwebende, beziehungsweise abschlußreife Verhandlungen abgebrochen, Anfragen unbeantwortet gelassen wurden. Der Terror gegen jede Haltung oder Ausdrucksweise, die sich der offiziellen nicht restlos angleicht, hat ein kaum zu überbietendes Maß angenommen. Unter diesen Umständen kann die äußerste politische Zurückhaltung, die ich seit jeher und mit gutem Grunde geübt hatte, den Betreffenden zwar vor planmäßiger Verfolgung, nicht aber vor dem Verhungern schützen.« (IV,169 f.)

Seit dem Mai werden zwischen Scholem und Benjamin die ersten Nachrichten über die in Deutschland zurückgebliebenen Angehörigen ausgetauscht bzw. brieflich faßbar. »Meine letzte Anfrage lag Dir am 4ten Mai noch nicht vor. Dafür hattest Du die traurigen Nachrichten über Deinen Bruder. Du schreibst, daß Du Dir von seinem Verhalten kein Bild machen kannst. Von dem des meinigen kann ich das ebensowenig. Vor meiner Abreise sprach [ich] ihn telefonisch. Da war am Wedding, wo er wohnt, schon zweimal das Gerücht aufgekommen, daß er tot sei. Inzwischen haben sich diejenigen, derentwegen ich Dich anfragte, in ihren Grundlagen bestätigt. Er ist den SA vor fünf Wochen in die Hände gefallen und liegt seitdem als Gefangner im Staatskrankenhaus. Über die Art der Verletzungen weiß ich nichts ...« (IV,211 f.) Im Juni: »Mein Bruder ist in einem Konzentrationslager. Gott mag wissen, was er da durchzumachen hat. Aber die Gerüchte über seine Verwundungen sind jedenfalls in einem Punkt übertrieben gewesen. Er hat kein Auge verloren. Ich habe das kürzlich von meiner Schwester erfahren.« (IV,238) Und nochmals im gleichen Monat: »Mein Bruder ist in Haft. Die Meldung einer Augenverletzung aber hat sich gottseidank nicht bestätigt. Der Faschismus macht reißende Fortschritte auch außerhalb Deutschlands. Wie es in der Schweiz steht erkenne ich leider nicht allein an Korrodi sondern auch an gewissen redaktionellen Emendationen, die mir die ›Zeitschrift für Sozialforschung‹ zu meinem Aufsatz über ›Die gegenwärtige gesellschaftliche Lage des französischen Schriftstellers‹ vorschlägt. Dieser Aufsatz dürfte mit so erheblichen Entstellungen und Lücken erscheinen, daß ich Dir ein Originalexemplar für das Archiv reserviert habe.« (IV,254) Anfang Januar 1934 konnte Benjamin Scholem mitteilen, daß sein Bruder zu Weihnachten aus dem Konzentrationslager Sonnenburg entlassen worden sei, vermutlich aber noch ein Hochverratsverfahren gegen ihn schwebe. (Vgl. IV,345) Später, 1936, muß er übermitteln, daß sein Bruder zu sechs Jahren Zuchthaus verurteilt worden sei. (V,402) Und Dora, Stefan? »Deine Prognosen, das Schicksal der deutschen Juden betreffend, wurden gerade eingelöst, als sie hier ankamen. Unnötig zu sagen, daß sie sich mit den meinigen decken. Schon vor drei Wochen [Ende März 1933] bat ich Dora, Stefan wenn irgend möglich zu ihrem Bruder nach Palästina zu schicken. Im Augenblick aber scheint sie diesen Weg noch nicht ins Auge zu fassen.« (IV,182)

Benjamins Lage hing immer noch mit einigen Fäden an Deutschland, war aber natürlich auch durch die Situation in Frankreich bestimmt. Was Deutschland anging, so wiederholen wir seine Bemerkung gegenüber Scholem vom Dezember 1933. »[...] es kommt jener 15te Dezember heran, nach dem auch mir altem Fuchs die Preßtrauben höher gehängt werden und was über die scherbenbesäten Mauern des Dritten Reichs noch herüberwinkt, muß mit sehr flinker Schnauze abgerupft werden.« (IV,315) In Paris hatte er traurige Erfahrungen mit seinesgleichen gemacht, wie zunächst aus einem Brief an Kitty Marx-Steinschneider hervorgeht. »Was von Juden und für Juden hier geschieht, kann man vielleicht am besten als fahrlässige Wohltätigkeit bezeichnen. Es verbindet mit der Perspektive auf Almosen – die selten eingelöst werden – das Höchstmaß an Demütigungen und es bleibt für ehemalige Angehörige der Bürgerklasse ewig denkwürdig, deren mit Juden befaßten Außenforts zu studieren. Das ist denn auch die zur Zeit handgreiflichste Beschäftigung Ihres ergebenen Dieners, der im übrigen – trotz vielversprechender Korrespondenz mit der jüdischen Hochfinanz – weder einen Pfennig, noch eine Matratze, noch einen Scheit Holz von dieser bis dato bezogen hat.« (IV,300) Und so später gegenüber Alfred Cohn: »Auch diesen Winter sind mir Begegnungen mit Wohlfahrtseinrichtungen der Juden nicht erspart geblieben und ich möchte – nach dem bisher völlig negativen Ergebnis meiner Bemühungen, meinen Eindruck in die Worte zusammenfassen, daß diese eine Fortsetzung der Streicherschen Politik mit andern Mitteln darstellen. Sollten die Juden nur auf ihresgleichen und die Antisemiten angewiesen sein, so mag nicht viel von ihnen übrig bleiben.« (V,103)

In den Träumen schlugen sich die Erfahrungen nieder. Und ganz gelegentlich fanden sie den Weg in die Briefe. »In dieser Zeit, die tagsüber meine Phantasie mit den entwürdigendsten Problemen beschäftigt, erlebe ich nachts, öfter und öfter, ihre Emanzipation in Träumen, die fast immer einen politischen Gegenstand haben. Ich wünschte sehr, einmal in die Lage zu kommen, sie Dir zu erzählen. Sie stellen einen Bilderatlas zur geheimen Geschichte des Nationalsozialismus dar.« (IV,359)

Auch in Benjamins Korrespondenz gibt es ganz gelegentliche Spuren eines Fünkchens Hoffnung auf Besserung. Sie verlieren sich jedoch zumeist schon während der Niederschrift wieder. So im August 1934 aus der dänischen Abgeschiedenheit. »Vielleicht hat an meinem gegenwärtigen Mißmut auch die Gestaltung der politischen Verhältnisse Anteil, indem der sehr bescheidne Optimismus, zu dem ich gelegentlich im Laufe der letzten Woche die Möglichkeit zu haben glaubte, einer weniger zuversichtlichen Beurteilung der heimischen Verhältnisse gewichen ist.« (IV,475 f.) Im Mai 1935 taucht in einem Brief an Kraft überraschend eine Streikmeldung auf. 6000 Arbeiter streikten in den Chemnitzer Wandererwerken. (Vgl. V,91) Sie findet bezeichnenderweise keine Wiederholung. Dagegen steht eine im Februar 1935 ausgesprochene Prognose, die angesichts der erfolgreichen Installation des Regimes eine erneuerte Ära Brüning im nationalsozialistischen Staat ins Auge faßt. »Indessen hat, wie es scheint, die Stabilisierung in Deutschland ungeheure Fortschritte gemacht; und ich würde mich nicht wundern, wenn es dort bald zu einer Art – von den Quengeleien der Sozialdemokratie unbehelligten und der Reichswehr hörigen – Brüningregimes kommen würde. Das düsterste, und doch wohl das angemessenste Zukunftsbild.« (V,36) Die Konsequenz: »Die Zerstörungen, die das nun allmählich in sein Bündnis mit der Zeit tretende Elend anrichtet, beginnen greifbar, auch in meiner nächsten Nähe, zu werden.« (V,103)

Die politischen Aktivitäten in Frankreich, von denen Benjamin Kenntnis erhielt und an denen er sich beteiligte, bleiben hier außen vor; sie haben ihre gründliche Darstellung schon vor längerer Zeit erfahren. Kurzfristig hinterläßt auch Spanien einen Reflex in den Briefen, wieder vom Dänemark des Jahres 1936 aus und eingerahmt von einer Reflexion, die Benjamins Ahnung belegt, die Tage in Europa seien gezählt. Der Adressat ist Kraft. »Im übrigen wird niemandem klarer als Ihnen sein, daß gerade heute die Aufrechterhaltung einer selbst bescheidensten Arbeitsdisposition verlangt, gewissen subjektivsten Reaktionen Raum zu gewähren. Wir alle können uns fragen, wie lange wir uns der Hälfte der Erdkugel, auf welcher wir uns befinden, selbst unter Aufbietung äußersten Leichtsinns – wie gegenwärtig – noch werden anvertrauen können. Und ob wir nach Ablauf einer gewissen Frist noch Zeit haben werden, diese Hälfte mit der anderen zu vertauschen. Ich weiß nicht, ob die palästinensischen Vorgänge Ihnen ermöglichen, den spanischen eine erhebliche Aufmerksamkeit zuzuwenden. Immerhin werden Sie darin mit mir einig sein, daß der dortige Kampf von großer Bedeutung auch für uns werden kann. (Es war übrigens ein sonderbares Gefühl, das mich gestern bei der Nachricht überkam, daß auch Ibiza Schauplatz des Bürgerkrieges geworden ist.)« (V,357) Und nicht anders, was die generelle Einschätzung anging, fast zeitgleich an Scholem: »Die europäische Lage sehe ich, ihrer latenten Struktur nach, nicht zuversichtlicher als die palästinensische an. Sie drängt, wie es scheint, auf eine Entwicklung hin, der man selbst im Besitze der französischen Staatsbürgerschaft fast wehrlos ausgeliefert wäre.« (V,317)

Auch die russischen Entwicklungen fanden in Benjamin einen engagierten Beobachter. Es ist bekannt, daß von ihnen sein letzter geschichtsphilosophischer Text unmittelbar berührt wurde. Im August 1936 an Horkheimer: »Es ist im übrigen, darin werden wir gewiß gleich empfinden, ein düsterer Sommer. Ich verfolge die Ereignisse in Rußland natürlich sehr aufmerksam. Und mir scheint, ich bin nicht der einzige, der mit seinem Latein zuende ist.« (V,373) Ein Jahr später an Lieb: »Die zerstörende Wirkung der russischen Ereignisse wird notwendig immer weiter um sich greifen. Und dabei ist das Schlimme nicht die schnellfertige Entrüstung der unentwegten Kämpfer für die ›Gedankenfreiheit‹; viel trauriger und viel notwendiger zugleich scheint mir das Verstummen der Denkenden, die sich, eben als Denkende, schwerlich für Wissende halten können. Das ist mein Fall, auch wohl der Deine.« (V,550)

Zu Anfang des Jahres 1937 thematisierte Benjamin in einem Schreiben an Scholem die weltpolitische Lage in ihren Konsequenzen für eine Begegnung zwischen den beiden Freunden. Die Spielräume waren noch enger geworden. »[...] kein Mann von kurzem Atem kenne ich doch Stunden, in denen es mir recht ungewiß wird, ob wir noch einmal einander begegnen werden. Eine Weltstadt wie Paris ist ein sehr gebrechliches Ding geworden und wenn zutrifft, was ich über Palästina vernehme, so weht ein Wind dort, in dem selbst Jerusalem zu schwanken beginnen könnte gleich einem Rohr. (Von England habe ich die Meinung, daß seit einigen Jahren seine Politik ausschließlich von der Gewißheit determiniert wird, das common-wealth werde nach den ersten achtundvierzig Stunden eines Krieges zu existieren aufgehört haben.) Um auf das Wiedersehen zurückzukommen, so stelle ich es mir – um nur an seinem Bilde festhalten zu können – bisweilen vor, wie im Sturm das der Blätter von Bäumen, die weit entfernt standen.« (V,461)

Im Frühjahr 1938 galt es, den Anschluß Österreichs zu bewältigen. »Für meine Person weiß ich, rund gesagt, kaum woher noch einen Begriff *sinnvollen* Leidens und Sterbens nehmen. Das Furchtbare scheint mir im Falle Österreich nicht minder wie im Falle Spanien, daß das Martyrium nicht im Namen der eigenen Sache, sondern vielmehr im Namen eines Kompromißvorschlages erlitten wird: sei es der Kompromiß der kostbaren österreichischen Stammeskultur mit einem verruchten Wirtschafts- und Staatsbetrieb, sei es der Kompromiß des revolutionären Gedankens in Spanien mit dem Machiavellismus der russischen und dem Mammonismus der einheimischen Führerschaft. Kurz ich mag mein Blickfeld soweit ausspannen wie ich will: ich finde den Horizont ebenso verhangen wie die mir vor Augen liegenden Existenzen. Bei alledem muß ich selbst noch von Glück sagen, daß mein Sohn, der bis vor kurzem in Wien war, inzwischen bei seiner Mutter in Italien ist.« (VI,49 f.) Dazu gesellten sich die Nachrichten von der einsetzenden Flucht aus Prag. (Vgl. VI,53)

Im Herbst des gleichen Jahres, wir haben es gehört, war die schriftstellerische Produktion, zentriert um den ›Baudelaire‹, zu einem Wettrennen mit dem Krieg geworden. (Vgl. VI,164) Paris aber, wohin Benjamin noch einmal zurückkehrte, war für ihn wie für seine Bücher nur noch als »Umladestation« anzusprechen. »Wie lange die Luft in Europa materialiter noch zu atmen sein wird, weiß ich nicht; spiritualiter ist es nach den Vorgängen der letzten Wochen schon jetzt der Fall nicht mehr. Leicht kommt die Feststellung mich nicht an; aber sie läßt sich wohl nicht mehr umgehen. Soviel dürfte sich unwidersprüchlich herausgestellt haben: daß Rußland sich die Extremität Europa hat amputieren lassen. Was Hitlers Zusage: die europäischen Territorialansprüche seien bereinigt und die kolonialen könnten keinerlei Kriegsfall bedingen, angeht, so deute ich so sie, daß die kolonialen den Kriegsfall für Mussolini bedeuten werden.« (VI,167)

Dann brach die ›Reichskristallnacht‹ über die zurückgebliebenen Juden herein. Die Trauer, seit eh und je im Zentrum des Benjaminschen Denkens beheimatet, wurde derart unablässig geschürt. »Es ist einmal die Lage der Juden in Deutschland, gegen die sich keiner von uns abdichten kann.« (VI,188) Und es waren zum anderen die persönlichen Schläge; die Sorge um die Schwester, die von einer schweren Krankheit betroffen war; die Sorge um den Bruder. »Was meinen Bruder angeht, so kann ich nur die Hoffnung hegen, daß das, was sich in Deutschland jetzt abspielt, vor den Toren der Zuchthäuser halt macht. Aber wer kann das wissen?« (VI,179) Die Todesnachrichten aus dem Kollegenkreis – Joseph Roth, Ernst Toller – mehrten sich. Wir schließen den Bericht über die Präsenz der Zeit in Benjamins Briefen mit einer Notiz, von der neuerlich ein direkter Weg zur »Katastrophenstätte« der geschichtsphilosophischen Thesen führt. »Eine Historie, die ihren wahren Chronisten in Karl Kraus besessen hätte, kommt aus Wien: man hat dort den jüdischen Haushaltungen, zumindest vorübergehend, das Gas gesperrt. Es wurde für die Gasgesellschaft zu teuer, jüdische Abbonenten zu beliefern. Sie verbrauchten zu große Mengen. Und da dies zum Zweck des Selbstmords geschah, so blieb die Gasrechnung nachher in vielen Fällen unbeglichen.« (VI,288)

Abschiede

Noch vielerlei wäre aufzurufen, wenn anders denn die Briefe in ihren vielen Facetten vergegenwärtigt werden sollten: die Geschenke, deren Empfang die Briefe durchzieht; die Lektüren, von denen beinahe jeder längere Brief berichtet; die Benjaminschen Bilder, die eine synoptische Präsentation erheischten, während sie ungezählte Male in unserer Briefschau en passant einflossen; die Werkkommentare; die Reflexionen und Ideen. Der Radius der Benjaminschen Briefe ist in einem Rundgang nicht auszuschreiten. Und wäre es wünschenswert? Wir würden uns freuen, wenn unsere kleine Montage dazu anregte, den Weg zu ihnen selbst anzutreten; dem Empfänglichen stünde ein so schnell nicht endendes Abenteuer des Lesens und Sinnens bevor, wie deutlich geworden sein dürfte. Wir nehmen Abschied von unserem Versuch, indem wir die Stationen des Benjaminschen Abschieds in nun zwingend gebotener Knappheit vergegenwärtigen.

Vom 13. Mai 1938 datiert ein Brief Benjamins an Ferdinand Lion. In ihm kommt Benjamin neuerlich auf seine Arbeit an der ›Berliner Kindheit‹ zurück.

»Die Arbeit ist während des Exils gereift; von den letzten 5 Jahren ist keins vergangen, ohne daß ich ihr einen oder zwei Monate zugewandt hätte. Einige wenige Fragmente von ihr sind vor Hitler in der Frankfurter Zeitung erschienen. Der Plan der Arbeit stammt aus dem Jahre 1932. Damals, in Italien, begann mir klar zu werden, daß ich in Bälde einen längeren, vielleicht einen dauernden Abschied von der Stadt, in der ich geboren bin, würde nehmen müssen. Ich hatte das Verfahren der Impfung mehrmals in meinem inneren Leben als heilsam erfahren; ich hielt mich auch in dieser Lage daran und rief die Bilder, die im Exil das Heimweh am stärksten zu wecken pflegen – die der Kindheit – mit Absicht in mir hervor. Das Gefühl der Sehnsucht durfte dabei über den Geist ebensowenig Herr werden, wie der Impfstoff über einen gesunden Körper. Ich suchte es durch die Einsicht, nicht in die zufällige biographische, sondern in die notwendige gesellschaftliche Unwiederbringlichkeit des Vergangenen in Schranken zu halten. Das hat es mit sich gebracht, daß die biographischen Züge, die eher in der Kontinuität als in der Tiefe der Erfahrung sich abzeichnen, in diesen Versuchen ganz zurücktreten. Mit ihnen die Physiognomien – die meiner Familie wie die meiner Kameraden. Dagegen habe ich mich bemüht, der *Bilder* habhaft zu werden, denen die Erfahrung der Großstadt in einem Kinde der wilhelminischen Epoche sich niederschlug.« (VI,79 f.)

Das sind Zeilen, die Benjamin auch seiner letzten Fassung der ›Berliner Kindheit‹ voranstellte. Abschiednehmend suchte er Erfahrung, wie sie ihm zugewachsen war, in Bildern der Erinnerung zu fassen. Eine definitiv abgeschlossene und nicht wiederkehrende Zeit verwandelte sich in einem Akt der Transfiguration in Schrift.

Das Jahr 1932 zeitigte in dem vorausgeahnten Abschied von Berlin und Deutschland auch eine andersgeartete unliterarische existentielle Konsequenz. Im 40. Lebensjahr stehend, gedachte Benjamin seinem Leben ein Ende zu setzen. Die Briefe bergen die letzten Botschaften des zum Tod Bereiten. Scholem war diese Bereitschaft in einer rätselhaften Andeutung noch aus Ibiza angesichts des nahenden 40. Geburtstages zugekommen, verhüllt in den Scherz zwischen den Freunden. »Ich denke ich werde an diesem Tage in Nizza sein, wo ich einen ziemlich skurrilen Burschen kenne, dem ich bei meinen Kreuz- und Querzügen schon öfters begegnet bin und den ich zu einem Glase Festwein einladen werde, wenn ich das Alleinsein nicht vorziehen sollte.« (IV,106)

Aus Nizza stammt dann in der Tat die dichte Folge der Briefe und Botschaften vom 26. und 27. Juli. Dem Brief vom 26. Juli an Scholem ist der große Rückblick anvertraut, gipfelnd in dem Blick auf die »Trümmer- oder Katastrophenstätte«, den wir zitierten. (IV,111 ff.) Franz Hessel, Jula Cohn und Ernst Schoen werden jeweils mit einer Abschieds-Adresse bedacht, deren Lakonik im Zitat festgehalten werden darf.

»Lieber Hessel ein impasse mit vue sur le parc – was könnte zauberhafter das emplacement eines Sterbezimmers umschreiben? Mir hat ein wohlwollender Herr gelegentlich das Kompliment gemacht, ich sei ein Lebenskünstler. In der Wahl dieser Abschiedskammer hoffe ich ihm Ehre gemacht zu haben. Zu denen, die diesen Abschied schwer machen könnten – wenn nicht das Herz dem Nichts so schnell entgegenschlüge – gehören Sie. Möge alles Glück, das dieser schöne morgendliche Raum verspricht, indem ich schreibe, sich auf Ihr Zimmer mit der grünen Wiese übertragen, unter der es sich so sanft ruhen lassen muß wie ich nun bald zu ruhen hoffe.« (IV,115 f.)

»Liebe Jula Du weißt, daß ich Dich einmal sehr geliebt habe. Und selbst im Begriffe zu sterben verfügt das Leben nicht über größere Gaben als die Augenblicke des Leidens um Dich ihm verliehen haben. Darum soll es mit diesem Gruße genug sein. Dein Walter«. (IV,116)

»Lieber Ernst, ich weiß, Du wirst freundlich und nicht ganz selten an mich zurückdenken. Dafür danke ich Dir. Dein Walter«. (IV,117)

An Egon und Gertrud (Gert) Wissing ging am gleichen Tag, dem 27. Juli, ein längerer Brief aus Nizza, der als einziger Beweggründe und Befindlichkeiten offenlegte. »Mein sehr Lieber, Du, und Gert, Ihr seid die einzigen, denen ich ausführlich schreiben will. Vielleicht ist es gut, daß ich im Augenblick, da ich diese Zeilen beginne, noch nicht unbezweifelbar weiß, ob ich meinen Vorsatz ins Werk setze. Aber die Wahrscheinlichkeit und vor allem die Ruhe, die mein Vorsatz mir mitteilt, ist groß genug, um, eines nach dem andern, alles niederzuschreiben, was Ihr wissen sollt und so gut verstehen werdet. Dieses Hotel in Nizza, in welchem ich mein Sterbezimmerchen bezogen habe, ist eine Entdeckung von mir, auf welche ich stolz bin. [...] Dieses Zimmer ist der bescheidne, vertrauenerweckende Warteraum, aus dem nun, wie ich denke, der große Arzt mich in das Parloir des Nichts hinüberbitten wird. [...] Es liegt ein wundervoller Nachmittag hinter mir: dieses helle blendende Leben hebt sich so wunderbar von dem dunklen Horizont meiner Entschließung ab. Und daß er bewölkt ist – also durchaus nicht klar und durchaus nicht unerschütterlich – macht ihn nur desto besser geeignet, dieses flutende, wolkenhaft wechselnde Leben zum Vordergrunde zu haben. Wie geborgen ist einer, der mit dem Tod seinen Frieden gemacht hat. Das ganze Leben nimmt ihn in seinen Schoß und eine Mahlzeit in einer billigen kleinen Kneipe kann an ihm gut machen, was seine Mutter jahrelang an ihm versäumte. [...] Im übrigen sieht es fast pflanzenhaft in mir aus: kommt der Morgen so denke ich dran zu leben, kommt der Abend, so denke ich an das Sterben. Mein Vorrat an Kräften reicht wohl nur immer noch auf einen Tag aber diese Kräfte sind die besten, die ich besessen habe.« (IV,117 ff.)

Der Nachlaß, so die testamentarische Verfügung, sollte nach Jerusalem gehen, Scholem die eventuell zustande kommende Herausgabe der ›Ausgewählten Schriften‹ betreuen. Im übrigen aber war es das Werk, das den Todesbereiten ins Leben zurückkehren ließ. Als jemand, der mit dem Leben abgeschlossen hatte, war er bereit, um des Werkes willen die unsäglichen Erniedrigungen auf sich zu nehmen, von denen die Briefe seit 1932 Kunde geben. Am Schluß galt es noch einmal Abschied zunehmen. Nun von Paris. Der Weg nach Kriegsausbruch führte zunächst in die Internierung. Das erste Wort aus dem Lager in Nevers galt Adrienne Monnier. »Nous tous, nous nous trouvons frappés avec la même vigueur par l'horrible catastrophe. Espérons que les témoins et les témoignages de la civilisation européenne et de l'esprit français survivent à la fureur sanglante d'Hitler.« (VI,333 f.)

Und an Gretel Adorno: »Toi qui as eu maintes preuves de la stabilité fonciere de mon moral, je te prie de ne pas t'inquiéter outre mesure de mon sort. Espérons surtout que nous vivrons, moins éloignés l'un de l'autre, un temps où le monde soit libéré du cauchemar hitlérien.« (VI,335 f.) Schließlich an Sylvia Beach: »Ce n'est pas que je sois comblé dans ma vie actuelle. Mais la certitude de ne pas être absent du souvenir des amis n'en a que plus de prix. Ces temps ne demandent pas mal de philosophie et la conviction bien assise que la défaite de Hitler ne sera pas acquise pour rien.« (VI,346) Zurückgekehrt nach Paris, stellte er fest, daß die Stadt sich verwandelt hatte. »Paris a un visage inaccoutumé. Le soir venu, tout est obscur; les vehicules vont au ralenti; les gens restent chez eux. La fin de Hitler, ici, ne fait doute à personne. Ce qui importe c'est de ne pas la faire coincider avec celle de trop d'humains.« (VI,358)

Ein Jahr später erfolgte der endgültige Abschied. Dieses Mal war es Adorno, nun mit der treuhänderischen Sorge für den Nachlaß betraut, dem eine letzte große Grußbotschaft galt. »Über Ihren Brief vom 15 Juli habe ich mich aus mehreren Gründen sehr gefreut. Einmal war es Ihr freundliches Gedenken des Tags; dann das Verständnis, das aus Ihren Zeilen hervorging. Nein, es ist wirklich nicht leicht, einen Brief zu schreiben. Ich sprach zu Felizitas von der völligen Ungewißheit, in der ich mich über meine Schriften befinde. (Für die den ›Passagen‹ gewidmeten Papiere ist relativ etwas weniger zu fürchten als für die andern.) Es steht aber, wie Sie wissen, so, daß ich meinen Schriften gegenüber nichts voraushabe. Von einem Tag auf den andern können die Maßnahmen, die im September [vergangenen Jahres anläßlich der Internierung] über mich hereinbrachen, sich wiederholen, nun aber mit ganz anderm Vorzeichen. Ich habe in den letzten Monaten eine Anzahl von Existenzen von dem bürgerlichen Dasein nicht etwa absinken sondern von einem Tag auf den andern *abstürzen* sehen; so daß jede Sicherung mir, neben dem problematischen äußern einen minder problematischen innern Halt gibt. [...] Die völlige Ungewißheit über das, was der nächste Tag, was die nächste Stunde bringt, beherrscht seit vielen Wochen meine Existenz. Ich bin verurteilt, jede Zeitung (sie erscheinen hier nur noch auf einem Blatt) wie eine an mich ergangne Zustellung zu lesen und aus jeder Radiosendung die Stimme des Unglücksboten herauszuhören.« (VI,474 f.)

Dann trat Benjamin den Weg über die Pyrenäen an, der nicht in die Freiheit, sondern in neuerliche Ausweglosigkeit führte. Die letzten Zeilen Benjamins entstammen seinem Sterbeort. »Dans une situation sans issue, je n'ai d'autre choix que d'en finir. C'est dans un petit village dans les Pyrénées où personne ne me connaît ma vie va s'achever. Je vous prie de transmettre mes pensées à mon ami Adorno et de lui expliquer la situation où je me suis vu placé. Il ne me reste pas assez de temps pour écrire toutes ces lettres que j'eusse voulu écrire.« (VI,483)

Wir sollten sie nicht vernehmen, ohne der Worte von Friedrich Podzsus zu gedenken, mit denen er vor nunmehr bald fünfzig Jahren seine Benjamin gewidmete biographische Notiz beschloß. Sie scheinen uns geziemender als so vieles, das sich seither um sein Ende gerankt hat. »Sein Tod bewirkte, daß man die Reisenden passieren ließ, er hat sie gleichsam durch sein Opfer gerettet.«

Ästhetische Theorie

Antiklassische Ästhetik aus antiempfindsamen Geist*

Benjamins Kunsttheorie zwischen Symbolismus und Allegorismus

Benjamin gilt neben Brecht als bedeutendster Kritiker der klassischen bzw. klassizistischen Ästhetik. Das im Titel des Beitrags aufgeworfene Problem ist also kein neues. Neu können folglich nur die Wege seiner Behandlung sein. Sie sollen im folgenden nur in aller Kürze beschritten werden. Fraglich allerdings ist zunächst und vorab, ob denn der einleitende Satz selbst noch Geltung beanspruchen kann. Und zwar nicht hinsichtlich seines Wahrheitsanspruchs, sondern hinsichtlich seiner intendierten Allgemeinheit. Muß nicht schon wieder befürchtet werden, daß Benjamins Werk dem Bewußtsein der Jüngeren entgleitet? Dann wären generelle Aussagen über sein Werk, bezogen auf ein – wie selbstverständlich vorauszusetzendes – Kollektiv von Kennern, das mit seinem Namen feste Vorstellungen verbindet, eigentlich gar nicht länger statthaft. Zumindest in Deutschland, das keine Gedächtniskultur auszubilden vermag, scheint die Gefahr nicht von der Hand zu weisen zu sein. Doch ist das ein anderes Thema.[1]

Gilt Benjamin als maßgeblicher Kritiker der klassizistischen Ästhetik neben Brecht, so ist zunächst festzustellen, daß Benjamin nicht durch Brecht zu dieser seiner Rolle gelangt ist. Sie ist im Frühwerk vorgezeichnet, kulminiert im Trauerspielbuch und erfährt im Spätwerk wie alle Themen bis zur Schwelle des Trauerspielbuchs die einschlägigen Metamorphosen. Das zur Rede stehende Problem soll denn auch prononciert aus dem Frühwerk heraus entfaltet werden. Doch gehört es zu den Paradoxa, um nicht zu sagen zu den Geheimnissen des Benjaminschen Wer-

---

* Vortrag auf Einladung des Centro Interdisciplinare di Studi Romantici der Universität Bologna. Italienische Fassung in der Übersetzung von Davide Messina unter dem Titel: Elementi di un'estetica anticlassicistica nelle prime opere di Benjamin.– In: Walter Benjamin tra critica romantica e critica del Romanticismo. A cura di Barnaba Maj e Davide Messina. Revisione editoriale di Gianluca Corrado.– Firenze: Aletheia 2000 (= Scaffale romantico/Saggi; 5), S. 169–181. Erstdruck der deutschen Version in: Passagen. Literatur – Theorie – Medien. Festschrift für Peter Uwe Hohendahl. Hrsg. von Manuel Köppen, Rüdiger Steinlein.– Berlin: Weidler 2001, S. 245–256. Hier die im Jahre 2002 überarbeitete und um Anmerkungen und Nachweise erweiterte Fassung.

1 Die vor einigen Jahren formulierte düstere Prognose hat sich nicht erfüllt. Das Werk Benjamins erfährt gegenwärtig eine neuerliche intensive Reformulierung. Sie stützt sich weniger auf die inzwischen kanonischen Texte als vielmehr auf erst aus dem Nachlaß publizierte und vielfach fragmentarische. Eine summarische Charakteristik ist nicht möglich und verbietet sich ohnehin; ein schwerpunktmäßiges Interesse an anthropologischen und im weiteren Sinn sprach- und kulturtheoretischen Problemen dürfte sich abzeichnen. Vgl. etwa unter den jüngsten Sammelband-Publikationen: Übersetzung und Dekonstruktion. Hrsg. von Alfred Hirsch.– Frankfurt a.M.: Suhrkamp 1997 (= edition suhrkamp; 1897); Walter Benjamin. Ästhetik und Geschichtsphilosophie. Hrsg. von Gérard Raulet, Uwe Steiner.– Bern: Lang 1998; zuletzt überaus prägnant: Übersetzen: Walter Benjamin. Hrsg. von Christiaan L. Hart Nibbrig.– Frankfurt a.M.: Suhrkamp 2001 (= edition suhrkamp; 2041). Dazu der Sammelband: Benjamins Begriffe. Hrsg. von Michael Opitz, Erdmut Wizisla. Bd. I–II.–

kes, daß alle Motive des Frühwerks im späteren nicht preisgegeben werden, sondern eben nur eine Verwandlung erfahren. Deshalb bleibt es allemal geboten, den Bogen zu schlagen. Das aber soll hier nicht exegetisch, sondern ausschließlich problemorientiert geschehen. Eine weite Abstandnahme ist intendiert, wenn das Pensum in dem vorgegebenen Rahmen absolviert werden soll.[2]

Man wird nicht erwarten, daß einleitend eine wie auch immer geartete Definition von Klassik oder Klassizismus, klassischer oder klassizistischer Ästhetik geboten wird, um davon absetzend Benjamins Ästhetik zu profilieren. Sprachliche, philosophische Sachverhalte, das haben wir von Benjamin gelernt, sind nicht definierend, sondern darstellend zu traktieren. Genau so gedenken wir zu verfahren, gewiß, daß im Gang der Verhandlung genügend kritische Masse erzeugt wird, die hinreicht,

---

Frankfurt a.M.: Suhrkamp 2000 (= edition suhrkamp; 2048). Das weite Spektrum der Zugänge zu Benjamin jetzt vielleicht doch am ehesten manifest in: global benjamin. Internationaler Walter-Benjamin-Kongreß 1992. Hrsg. von Klaus Garber, Ludger Rehm. Bd. I–III.– München: Fink 1999.– Unter den jüngeren Monographien seien hervorgehoben: Alfred Hirsch: Der Dialog der Sprachen. Studien zum Sprach- und Übersetzungsdenken Walter Benjamins und Jacques Derridas.– München: Fink 1995 (= Phänomenologische Untersuchungen; 4); Sigrid Weigel: Entstellte Ähnlichkeit. Walter Benjamins theoretische Schreibweise.– Frankfurt a.M.: Fischer 1997 (= fischer taschenbuch; 12964); Patrick Primavesi: Kommentar, Übersetzung, Theater in Walter Benjamins frühen Schriften.– Frankfurt a.M., Basel: Stroemfeld 1998 (= Nexus; 42); Nicolas Pethes: Mnemographie. Poetiken der Erinnerung und Destruktion nach Walter Benjamin.– Tübingen: Niemeyer 1999 (= Communicatio; 21); Detlev Schöttker: Konstruktiver Fragmentarismus. Form und Rezeption der Schriften Walter Benjamins.– Frankfurt a.M.: Suhrkamp 1999 (= suhrkamp taschenbuch wissenschaft; 1428); Wolfgang Bock: Walter Benjamin – Die Rettung der Nacht. Sterne, Melancholie und Messianismus.– Bielefeld: Aisthesis 2000.

2 Wir beziehen uns in diesem kleinen resümierenden Artikel neben den in Anm. 1 zitierten Werken vor allem auf die folgenden Arbeiten: Klaus Garber: Benjamins ästhetische Theorie der Rezeption.– In: ders.: Rezeption und Rettung. Drei Studien zu Walter Benjamin.– Tübingen: Niemeyer 1987 (= Studien und Texte zur Sozialgeschichte der Literatur; 22), S. 3–58; Heinrich Kaulen: Rettung und Destruktion. Untersuchungen zur Hermeneutik Walter Benjamins.– Tübingen: Niemeyer 1987 (= Studien zur deutschen Literatur; 94); Uwe Steiner: Die Geburt der Kritik aus dem Geiste der Kunst. Untersuchungen zum Begriff der Kritik in den frühen Schriften Walter Benjamins.– Würzburg: Königshausen & Neumann 1989 (= Epistemata; 57); Bettine Menke: Sprachfiguren. Name – Allegorie – Bild nach Benjamin.– München: Fink 1991 (= Theorie und Geschichte der Literatur und der Schönen Künste; 81); Rudolf Speth: Wahrheit und Ästhetik. Untersuchungen zum Frühwerk Walter Benjamins.– Würzburg: Königshausen & Neumann 1991 (= Epistemata; 64); Klaus Garber: Der Einbruch des Wahren in das Schöne. Grundzüge der ästhetischen Theorie Benjamins.– In: ders.: Zum Bilde Walter Benjamins. Studien – Porträts – Kritiken.– München: Fink 1992, S. 13–66; Winfried Menninghaus: Das Ausdruckslose: Walter Benjamins Kritik des Schönen durch das Erhabene.– In: Walter Benjamin 1892–1940 zum 100. Geburtstag. Hrsg. von Uwe Steiner.– Bern etc.: Lang 1992 (= Memoria), S. 33–76; Rainer Rochlitz: Le désenchantement de l'art. La philosophie de Walter Benjamin.– Paris: Gallimard 1992; Gérard Raulet: Le caractère destructeur. Esthétique, théologie et politique chez Walter Benjamin.– Paris: Aubier 1997. Dazu die einschlägigen Artikel in: Benjamins Begriffe (Anm. 1).

ein genaues und, wie wir hoffen, zugleich auch ein streckenweise neues Bild des viel behandelten Sujets en passant mitzuliefern. ›Ansichseiende‹ Definitionen, das wußte Benjamin nun doch mit Hegel, sind leer. Begriffe konstituieren sich erst über Durchdringung des Anderen, Gegenteiligen, eben Unbegriffenen. So dürfen wir hoffen, bei unserem Gang durch den antiklassischen bzw. antiklassizistischen Ästhetiker Benjamin genügend Profundes zur klassischen Ästhetik in verfremdeter Optik zu vernehmen.

Benjamins eingestandener philosophisch-terminologischer Konservativismus erstreckt sich auch auf den hier zur Rede stehenden Titel des Ästhetischen.[3] Er hat ihn verwendet und bewahrt, weil er eine große Tradition umschloß und weil sein Denken lebenslänglich um das in ihm transportierte Problem kreiste. Ästhetische Sprache stellt einen Sonderfall von Sprache dar. Benjamin verbleibt mit ihr im Feld der das Frühwerk dominierenden Sprachphilosophie, um später sodann wie überall den theologisch vorgegebenen Problemhorizont geschichtsphilosophisch, politisch, politisch-theologisch zu vertiefen. Das mit dem ästhetischen Redemodus vorgegebene Problem ist insofern a priori ein in Benjamins sprachphilosophischen Kategorien verpupptes, als es wie diese Unsagbarkeit zum geheimen, alles organisierenden Vorwurf hat. Materialisiert sich ästhetische Rede, ästhetische Sprache als zweite Natur in Stoffen, Handlungen, Motiven, Bildern, so transportieren diese einen über sie hinausweisenden Index an Bedeutungen mit sich, die sich nicht in einem Unendlichen verlieren, sondern auf ein Unsagbares verweisen. Insoweit scheint Benjamin konform mit der klassischen Symboltheorie. Benjamins ästhetische Theorie zu verstehen, heißt daher nichts anderes, als diese Nähe als eine scheinbare zu erweisen, ohne dabei umstandslos auf seinen expliziten Allegorismus zu rekurrieren. Die Aufgabe lautet vielmehr, seinen Antiklassizismus so zu entfalten, daß in und mit der allegorischen Kehre zugleich ein Drittes jenseits von Symbolismus und Allegorismus anvisiert wird, das seinen genuinen Ort in Benjamins Sprach- und Geschichtsphilosophie als ästhetischer bewahrt.[4]

Benjamins Hölderlin-Arbeit hatte die Theorie des Ausdruckslosen entwickelt. Sein Romantikbuch spezifiziert diesen Gedanken in einer Theorie der Ansiedlung von Reflexion, von Wissen im Werk. Der Wahlverwandtschaften-Essay wird der Kritik die Rolle zuweisen, den im Werk angesiedelten Reflexionsprozeß zu vollen-

3 Zur Kategorie zuletzt Chryssoula Kambas: Esthétique et interprétation chez Walter Benjamin.– In: Revue germanique international 8 (1997), S. 71–84; dies.: Kunstwerk.– In: Benjamins Begriffe (Anm. 1), Bd. II, S. 524–551.

4 Verwiesen sei – im Anschluß an Michael Bröcker: Die Grundlosigkeit der Wahrheit. Zum Verhältnis von Sprache, Geschichte und Theologie bei Walter Benjamin.– Würzburg: Königshausen & Neumann 1993 (= Epistemata; 132) – auf den Artikel von Michael Bröcker: Sprache.– In: Benjamins Begriffe (Anm. 1), Bd. II, S. 740–773, mit der weiteren Literatur. Sehr instruktiv jetzt die entsprechenden Beiträge in dem Sammelband »Übersetzen« (Anm. 1), mit denen die vielerörterte Sprachphilosophie Benjamins auf ein bislang in der wissenschaftlichen Literatur nicht erreichtes Reflexionsniveau gehoben wird.

den. Vollendung meint auch hier nicht ein Letztes. Die Flamme der Kritik, in der das Werk versinkt, wahrt im leuchtenden Schein das unsagbare Geheimnis des Lebendigen. Und im Trauerspielbuch selbst, diesem opus maximum und modernen Organon jedweden Antiklassizismus? Kein barocker Text, dessen Physiognomie nicht zerfurcht wäre von Grübelei, dessen Bilder nicht emblematisch zugerüstet, das heißt mit Schrift bedeutend ausgestattet wären, dessen fiktionaler Gestus nicht geschichtsphilosophisch, metaphysisch, theologisch unterfangen, paralysiert, transzendiert wäre. Auch dem exzessivsten Wissen aber bleibt seine Grenze bezeichnet. In der letzten aller allegorischen Volten findet sich der Allegoriker nicht anders als die von Bedeutungen überfrachtete Welt wieder vor den Augen Gottes. Im göttlichen Namen, im namensuchenden und namengebenden Sprachhandeln ist noch einmal das Geheimnis von Mensch und Welt beschlossen.

Soweit der knappen Erinnerungen.[5] Woher also rührt Benjamins lebenswährender Kampf gegen die Absolutierung des schönen Scheins, die ihn zur Ausarbeitung einer ästhetischen Theorie von antiklassizistischer Statur geleitete? Diese Frage, so unsere These, kann nicht beantwortet werden, wenn sie nicht zurückgeführt wird auf ihren historischen Ursprungsort, dort aufgesucht, dort konkretisiert, dort entfaltet wird, um sie erst in einem zweiten und eigentlich erst dann erlaubten Schritt erneut, in gewisser Weise enthistorisiert und in ihren vom Ursprung sich lösenden allgemeinen Implikationen zu behandeln. Benjamins beide Hauptwerke der Frühzeit gelten der Romantik und dem Barock. Dazwischen erstreckt sich das lange 18. Jahrhundert. Wir wissen um seine Verschlingungen. Das höfische Barock ragt tief in das Jahrhundert der Aufklärung hinein. Die antihöfische, wie auch immer ›bürgerlich‹ zu spezifizierende Aufklärung reicht tief in das 17. Jahrhundert und über dieses in den europäischen Humanismus zurück.[6]

Das hat die Literatur- und Geistesgeschichte zu beschäftigen. Das 18. Jahrhundert ist die Geburtsstunde einer neuen Kunstauffassung, wie es sie so vorher in der europäischen Kunstgeschichte nicht gegeben hat.[7] Wir sprechen von der Geburt

---

5 Sie scheinen statthaft im Blick auf die in Anm. 2 erwähnte Literatur, in der diese gedankliche Bewegung des Frühwerks bis an die Schwelle des Trauerspielbuchs bereits mehrfach nachgezeichnet wurde.

6 Es sei an dieser Stelle erlaubt, auf drei aufeinander bezogene Arbeiten des Verfassers (mit weiterer reichhaltiger Literatur) zu verweisen, in denen diese Zusammenhänge näher erläutert werden. Vgl. die Einträge ›Renaissance/Humanismus‹ und ›Barock‹.– In: Das Fischer Lexikon. Literatur. Hrsg. von Ulfert Ricklefs. Bd. I–III.– Frankfurt a.M.: Fischer 1996 (= fischer taschenbuch; 4565–4567), Bd. I, S. 1606–1646 und S. 190–249, sowie den Aufsatz: Aufklärung. Umrisse eines Epochen-Profils im Kontext der Frühen Neuzeit.– In: Literatur – Sprache – Kultur. Studien zu Ehren von Lothar Knapp. Hrsg. von Wolfgang Asholt, Siegfried Kanngießer.– Osnabrück: secolo 1996, S. 41–68.

7 Vgl. beispielsweise aus der jüngeren Literatur: Von der Rhetorik zur Ästhetik. Studien zur Entstehung der modernen Ästhetik im 18. Jahrhundert. Hrsg. von Gérard Raulet.– Rennes: Philia 1992; Hans Reiss: Die Einbürgerung der Ästhetik in der deutschen Sprache des 18. Jahrhunderts oder Baumgarten und seine Wirkung.– In: Jahrbuch der Deutschen Schillergesellschaft 37 (1993), S. 109–138.

der Kunst aus dem Geist der Empfindsamkeit. Die Kulturgeschichtsschreibung des 18. Jahrhunderts hat bislang keine Theorie und historisch plausible Darstellung dieses erstaunlichsten Phänomens der neueren Zeit hervorgebracht.[8] Dieser überraschende Satz gilt wenigstens dann, wenn man das Vorliegende mißt an dem nur mündlich Überlieferten, nicht schriftlich Kodifizierten, das uns der beste Kenner der Empfindsamkeit hinterlassen hat. Wir sprechen von Richard Alewyn, erster Kenner des Barock, des 18. Jahrhunderts, der Romantik gleichermaßen – und zudem ein Verwandter Benjamins im Geiste, wie hier nicht zu zeigen. Indem einige wenige für den vorliegenden Zusammenhang unumgängliche Sätze zur empfindsamen Ästhetik formuliert werden, geschieht dies im Gedenken an das Empfindsamkeits-Projekt Alewyns.[9]

---

8 Das auf drei Bände angelegte Epochenporträt von Gerhard Sauder ist bislang nicht abgeschlossen. Vgl. Gerhard Sauder: Empfindsamkeit. Band I: Voraussetzungen und Elemente, Band III: Quellen und Dokumente.– Stuttgart: Metzler 1974–1980 (dazu die Besprechung von Richard Alewyn in der FAZ vom 12. November 1974). Zusammenfassend Sauder: Spielarten der Empfindsamkeit in England, Frankreich und Deutschland.– In: Europäische Aufklärung(en). Einheit und nationale Vielfalt. Hrsg. von Siegfried Jüttner, Jochen Schlobach.– Hamburg: Meiner 1992 (= Studien zum achtzehnten Jahrhundert; 14), S. 106–116. Vgl. auch: Renate Krüger: Das Zeitalter der Empfindsamkeit. Kunst und Kultur des späten 18. Jahrhunderts in Deutschland.– Leipzig: Koehler & Amelang 1972 (dazu die Besprechung von Rainer Guenter in der FAZ vom 26. Oktober 1974). Im übrigen sei verwiesen (in strenger Auswahl) auf drei Sammelbände: Das weinende Saeculum.– Heidelberg: Winter 1983 (= Beiträge zur Geschichte der Literatur und Kunst des 18. Jahrhunderts; 7); Empfindsamkeiten. Hrsg. von Klaus P. Hansen.– Passau: Rothe 1990 (= Passauer Interdisziplinäre Kolloquien; 2); Die Kehrseite des Schönen. Hrsg. von Karl Eibl.– Hamburg: Meiner 1993 (= Aufklärung 8 (1993), H. 1), sowie auf die Monographien von Lothar Pikulik: Leistungsethik contra Gefühlskult. Über das Verhältnis von Bürgerlichkeit und Empfindsamkeit in Deutschland.– Göttingen: Vandenhoeck & Ruprecht 1984; Carsten Zelle: ›Angenehmes Grauen‹. Literarhistorische Beiträge zur Ästhetik des Schrecklichen im achtzehnten Jahrhundert.– Hamburg: Meiner 1987 (= Studien zum achtzehnten Jahrhundert; 10); Frank Baasner: Der Begriff ›sensibilité‹ im 18. Jahrhundert. Aufstieg und Niedergang eines Ideals.– Heidelberg: Winter 1988; Nikolaus Wegmann: Diskurse der Empfindsamkeit. Zur Geschichte eines Gefühls in der Literatur des 18. Jahrhunderts.– Stuttgart: Metzler 1988; Georg Stanitzek: Blödigkeit. Beschreibungen des Individuums im 18. Jahrhundert.– Tübingen: Niemeyer 1989 (= Hermaea; N.F. 60); Dazu die Forschungsberichte von Klaus P. Hansen: Neue Literatur zur Empfindsamkeit.– In: Deutsche Vierteljahrsschrift für Literaturwissenschaft und Geistesgeschichte 64 (1990), S. 514–528, sowie von Friedrich Vollhardt: Die Entdeckung der ›Empfindsamkeit‹ in der germanistischen Aufklärungsforschung nach 1960.– In: International Congress on the Enlightenment. Transactions of the ninth International Congress on the Enlightenment. Münster 1995. Bd. I–III.– Oxford: The Voltaire Foundation 1996 (= Studies on Voltaire and the eighteenth century; 346–348), Bd. III, S. 1536–1539; ders.: Aspekte der germanistischen Wissenschaftsentwicklung am Beispiel der neueren Forschung zur ›Empfindsamkeit‹.– In: Aufklärungsforschung in Deutschland. Hrsg. von Holger Dainat, Wilhelm Voßkamp.– Heidelberg: Winter 1999 (= Euphorion; Beiheft 32), S. 49–77.

9 Das Alewynsche Empfindsamkeits-Projekt ist als ganzes nur in Gestalt von Projekt-Beschreibungen zugänglich. Vgl. dazu Richard Alewyn: From Sentimentalism to Romanticism.– In:

Empfindsame Kunstanschauung konstituiert sich im nach wie vor tonangebenden höfischen Kulturraum. Das ist ihr als ursprüngliche Signatur eingeschrieben: höfische Kultur ist repräsentative Kultur. Sie umspielt monarchische Herrschaft in tausend Gestaltungen. Ihr panegyrischer Gestus erheischt ein Maximum an sensuellem und zugleich an sinnbildlichem Aufwand. Die unaufhörliche Produktion von Mythologie verlängert den momentanen Anlaß ins Zeitlose und Paradigmatische. Es reicht, die Umkehrungen vorzunehmen, um zu den empfindsamen ästhetischen Prämissen zu gelangen: Kunst kennt keinen äußeren Anlaß oder Fixpunkt. Die Verpflichtung von Kunst auf äußere gesellschaftliche Anlässe ist gleichbedeutend mit dem Verrat an ihrem Wesen. Kunst kennt nur einen Raum, in dem sie beheimatet ist: den der reinen Innerlichkeit. Ihm entspringt sie, an ihn appelliert sie. Verstehen heißt nichts anderes, als die zufälligen materiellen Manifestationen für ein ihnen inhärentes Immaterielles transparent zu machen. Verstehen ist damit wenn nicht wichtiger, so doch wenigstens genauso wichtig wie das Werk selbst. Dieses bleibt ein unzulängliches, weil an Stofflichkeit, Sprache, Ton, Farbe, Stein gefesseltes. Innerlichkeit versagt sich der Realisation im Werk. So wie der große Künstler um das Unzulängliche seiner Schöpfung weiß, so der Aufnehmende um das Unzulängliche seiner um Dolmetscherdienste bemühten Wiedergabe der empfangenen Eindrücke. Kunst wie Kunstkritik, besser: Sprechen über Kunst resigniert angesichts eines Unsagbaren, angesichts reiner immaterieller, form- und gestaltloser Innerlichkeit. Das Pathos der Unsagbarkeit, der Rekurs auf das Stammeln oder das Weinen oder das Verstummen gehört zur empfindsamen Äußerung in Kunstdingen wie das Gleißen, Scheinen, Mythologisieren in der höfischen – oder, um eine weitere Volte zu nehmen, wie das wortlose Anbeten, das ekstatische Stammeln, das im heiligen Schauer Verstummen im Umkreis der Theologie. Als Ästhetisierung der Theologie, als Usurpation der in der Theologie über Jahrhunderte tradier-

---

Richard Alewyn. Mit unveröffentlichten Dokumenten und Fragmenten aus dem Nachlaß und einem Beitrag von Klaus Garber.– Berlin 1982 (= Ausstellungsführer der Universitätsbibliothek der Freien Universität; 6), S. 40–44, Nachauflage des gleichen Jahres, S. 33–36; ders.: The changing concepts of the arts and the artist in the years between 1750 and 1850. Abgedruckt aus dem Viëtor-Nachlaß und kommentiert von Carsten Zelle: Von der Empfindsamkeit zum l'art pour l'art. Zu Richard Alewyns geplantem Sentimentalismus-Buch.– In: Euphorion 87 (1993), S. 90–105. Alewyn hatte das Projekt noch selbst vor seiner Emigration in einem Berliner Vortrag vorgestellt. Erhalten hat sich leider nur ein Abstract in: Zeitschrift für Aesthetik und Allgemeine Kunstwissenschaft 26 (1932), S. 394 f. Die gedruckten Arbeiten aus dem Umkreis des Vorhabens vermögen keine Vorstellung von seinen Dimensionen zu vermitteln, die nur in den dem 18. Jahrhundert gewidmeten großen Vorlesungen sichtbar wurden. Vgl. Alewyn: Wackenroders Anteil [an den ›Herzensergießungen eines Kunstliebenden Klosterbruders‹ und den ›Phantasien über die Kunst‹].– In: The Germanic Review 19 (1944), S. 48–58; ders.: Klopstocks Leser.– In: Festschrift für Rainer Gruenter. Hrsg. von Bernhard Fabian.– Heidelberg: Winter 1978, S. 100–121; ders.: »Klopstock!«.– In: Euphorion 73 (1979), S. 357–364. Vergegenwärtigung des Projekts in dem erwähnten Artikel von Carsten Zelle sowie in dem oben zitierten Berliner Ausstellungs-Beitrag von Klaus Garber.

ten Erfahrungen, als Kunstreligion muß die empfindsame Revolutionierung der abendländischen Kunstpraxis und -theorie entziffert und begriffen werden. Als solche bildet sie den Nährboden und das wichtigste Ferment der so drastisch verspäteten Klassik in Deutschland.[10]

Benjamins antiklassische Volte ist also eine antiempfindsame, ist eine Destruktion der neueren im 18. Jahrhundert sich formierenden Kunstanschauung, die bis tief in das 20. Jahrhundert hinein als nun ersichtlich antimoderne virulent blieb. Sie wird – epochal gesprochen – vom Barock wie von der Romantik kritisch begrenzt und von Benjamin in einer ganz eigenen und eigentlich keinen Vergleich duldenden, gleichermaßen politisch-geschichtsphilosophisch wie theologisch-messianisch inspirierten Kunsttheorie aufgespießt und rettend destruiert. Die schwierigste Operation unseres kleinen Beitrags besteht folglich in dem Nachvollzug dieses Manövers aus dem ureigensten Geist Benjaminscher Kritik. Und dies ohne Zitationen, Differenzierungen, Schattierungen. Die Prämisse lautet: Kunst hat keinen angebbaren Ursprung. Sie hat entgegen einer mit der Empfindsamkeit in die Welt kommenden und allseits sanktionierten Rede keinen geschöpflichen Status; entsprechend ist der Künstler entgegen allen emphatischen, mit der Empfindsamkeit eröffneten Verlautbarungen nicht als Schöpfer zu titulieren. Die Verlegung von Kunst in die reine Innerlichkeit des Subjekts – begabt mit Qualitäten eines ›zweiten Schöpfers‹ – ist gleichbedeutend mit ihrer Preisgabe an Nichtigkeit, ihrer Überantwortung an ein Nirgendwo und Nirgendwann, eben an ein Nichts. Benjamin hat die Genese der modernen Version von Innerlichkeit mit Troeltsch, mit Weber, mit Simmel und anderen sehr genau bezeichnet. Sie hat in der Lutherischen Theologie ihren locus classicus. Auf hier nicht zu schildernden Wegen verwandelt sich das vor Gott unvertretbare Luthersche Ich zum autonomen, nur dem inneren Imperativ gehorchenden moralischen Subjekt der Aufklärung, bzw. genauer und historisch triftiger: der Empfindsamkeit. Kunst, erstmals in der abendländischen Kunstgeschichte im Singular gedacht und in einer bis dato unbekannten Disziplin – der Ästhetik – entfaltet, wird in der angedeuteten Weise mit der Aufgabe befrachtet – und hoffnungslos überfrachtet –, dem aufgeklärt-empfindsamen Heroismus absoluter Subjektivität körperhafte Konturen in den Signaturen von Raum und Zeit zu verleihen. Die Lyrik hier, das Drama dort bleiben die favorisierten Medien dieser

10 Und sie ist zugleich Nährboden wie Ausdruck einer gänzlich neuen, erstmals in der abendländischen Mentalitätsgeschichte sich formierenden Anthropologie aus der Erfahrung unendlicher Innerlichkeit. Dazu der äußerst gehaltreiche, auch für die Empfindsamkeits-Debatte vielfach einschlägige Sammelband: Der ganze Mensch. Anthropologie und Literatur im 18. Jahrhundert. Hrsg. von Hans-Jürgen Schings.– Stuttgart, Weimar: Metzler 1994 (= Germanistische Symposien [der DFG]. Berichtsbände; 15). Vgl. von Schings auch in diesem Zusammenhang: Der mitleidigste Mensch ist der beste Mensch. Poetik des Mitleids von Lessing bis Büchner.– München: Beck 1980. Vgl. auch: Leib-Zeichen. Körperbilder, Rhetorik und Anthropologie im 18. Jahrhundert. Hrsg. von Rudolf Behrens, Roland Galle.– Würzburg: Königshausen & Neumann 1993.

Transaktion von Innerlichkeit in Welthaftigkeit, wohingegen der Roman, seinem ganzen Wesen nach auf Weltläufigkeit kapriziert, seinen aus dem Barock ererbten öffentlichen Aktions- und Wirkungsraum nur in der Kritik empfindsamer Prädispositionen zu behaupten vermag – das Geheimnis zumal des Wielandschen Genius.

Benjamin hat die Auseinandersetzung mit diesem Kunstphilosophem an keiner Stelle an einem einzigen Werk aus dem Umkreis dieser Doktrin vorgenommen. Er hat sie vielmehr seinem Trauerspielbuch einverleibt, sie in seinem Wahlverwandtschaften-Essay auf der Metaebene in der Destruktion Gundolfs vollzogen und im übrigen sein reiches Rezensions-Werk genutzt, um die Einfühlungs- und Erlebnis-Ästhetik immer wieder in Frage zu stellen – Themen für jeweils eigene Abhandlungen.[11] Dem Bild, symbolische Agentur par excellence im Umkreis der empfindsamen Kunstanschauung, bleibt die Aufgabe überantwortet, den Transport gestaltloser Innerlichkeit ins Medium der Anschauung zu bewerkstelligen. Es ist dies eine aporetische Operation, weil ihr in einem und zugleich aufgebürdet ist, Raum und Zeit abzustreifen und zu repräsentieren. Das Symbol, so Benjamin in den zentralen und hier einschlägigen Passagen im Eingang zum zweiten Teil des Trauerspielbuchs, ist abgestellt auf das mystische Nu. Blitzhaft soll sich das Wahre im Schönen in eins mit dessen Transfiguration zu erkennen geben. Reine Innerlichkeit, das unvertretbare moralische Ich, die Heiligkeit des reinen Gefühls, ursprünglich und zeitwie raumlos gedacht, finden ihr Refugium in der an Zeiten und Räumen haftenden Kunst und durchwirken in den großen Werken das hinc et nunc der vergänglichen Szenerie. Als ein der Sprache entzogenes Unsagbares birgt sich ein Absolutum im Stofflichen von Raum und Zeit und mutiert zum Symbol. Das Symbol bleibt ein Letztes, von Geheimnis Umgebenes, der Versprachlichung sich Entziehendes, allein einfühlender Teilnahme und Identifizierung Zugängliches.[12]

Dem setzt Benjamin seine lebenslänglich nicht preisgegebene Theorie einer Überführung des schönen Scheins in Wahrheit per Kritik entgegen. Das ist bekannt und bedarf hier nicht der Ausführung. Wichtig sind die Konsequenzen hinsichtlich der zur Rede stehenden symbolischen Kunstpraxis und ihrer Kodifizierung in einer klassizistischen Ästhetik. Ihrer beider Verfehltes besteht in der Eskamotierung von Zeit, der Entwertung von Geschichte und damit der Depravation von messianischer Theologie. Der Implantation von Kritik in das Werk, wie sie das barocke und das romantische Kunstwerk je auf ihre Weise unternehmen – von den modernen Praktiken seit Baudelaire gar nicht zu reden – versagt sich das klassi-

---

11 Das Problem ist – über das Einfühlungs-Theorem – verschränkt mit der Historismus-Problematik und in dieser Gestalt dem Benjaminschen Werk geläufig. Das wurde zu zeigen versucht bei Garber: Rezeption und Rettung (Anm. 2), S. 20–29: Aufklärung und Historismus; S. 29–37: Destruktion des Historismus.

12 Zur Benjaminschen Rekonstruktion der Symbolanschauungen des 18. Jahrhunderts und der Romantik fehlt leider ein eigener Eintrag in dem Sammelwerk »Benjamins Begriffe« (Anm. 1). Desgleichen existiert bislang keine eigens der Problematik des Symbols in Benjamins Werk gewidmete Monographie.

sche Werk und die auf ihr basierende Ästhetik. Sie tun dies im Namen von Geschlossenheit, von Organizität, von immanenter, dem Subjekt und ihm allein geschuldeter Totalität. Das ist die Konsequenz der aus der Theologie in die Kunst hinübergewechselten Absolutheits-Ideologie in ihrer zeitspezifischen, aus der Empfindsamkeit herrührenden und in der Klassik sich vollendenden Gestalt. Kunst wird Organon der schönen Seele, nicht anders als der ungeachtet von Widerständen frei ausschreitenden Person, die scheitern mag an den Zwängen der Realität, ihr Inneres und Ursprüngliches, ihren heiligen Funken jedoch allemal herüberrettet in die Unschuld der Kunst, der das Vermächtnis des Lebens überantwortet bleibt. Sie, die Kunst, ist Statthalterin des unverstellten Lebens, das – so bekanntlich das Schillersche Konzept – eines fernen nachrevolutionären Tages eingeholt zu werden bestimmt ist von einer Realität, in der die Menschheit dem in der Kunst entworfenen Bild entgegengereift ist und den in der Kunst entworfenen Vorschein der Gesellschaft zu assimilieren weiß.

Benjamin hat gegen diese Konstruktion an bislang wenig beachteter Stelle im Trauerspielbuch Einspruch erhoben: in der Kritik des historischen Dramas der Klassik und also zumal Schillers. Sein Einwand im Kern lautet, daß Geschichte reduziert wird zur letztlich beliebigen Bühne für den Auftritt des weltlosen, geschichtsverlorenen Subjekts. Tragik erscheint sublimiert zum Scheitern absoluter Subjektivität in den letztlich beliebigen Koordinaten von Raum und Zeit – das empfindsame Urszenario. Klassische Kunst und ihre empfindsamen Vorläufer, neben trivialen Ablegern tausendfacher Observanz im nachhinein, scheitern an der Geschichte. Sie ist weniger in der ohnehin der Geschichte abgewandten Goetheschen, als vielmehr auch und gerade in der Schillerschen Version an Geschichte nur als einem dem Heroismus des rein innerlichen Subjekts Widerstand entgegensetzenden Medium interessiert. Was als Aporie in der Geschichte erfahren wird – Paradigma Französische Revolution – wandert als Antagonismus in die Kunst ein, einzig dazu bestimmt, dem in Raum und Zeit zwangsläufig scheiternden Individuum einen effektvollen Auftritt zu verschaffen. In der Symbolik bzw. der symbolischen Kunsttheorie kehrt diese Aporie in der Eskamotierung von Zeit wieder. Die klassische Kunsttheorie vermag Geschichte und Kunst über ihre Symbollehre nicht zu vermitteln. Erst die Romantik wird Zeit in die Semiotik gleichermaßen des Symbols wie der Allegorie hereintragen – wieder hereintragen, wie wir mit Benjamin sagen dürfen. Denn in der vorempfindsamen Ästhetik ist sie ja allgegenwärtig.

Damit stehen wir am Eingang der Benjaminschen Philosophie der Allegorie.[13] Sie muß an dieser Stelle zwangsläufig gestreift werden, resümiert sich in ihr doch bekanntlich Benjamins Antiklassizismus, und zwar gleichermaßen in seiner barocken wie seiner modernen, auf Baudelaire zurückgehenden Ausprägung. Die Allegorie, um nur diesen einen, weniger beachteten Aspekt in dem zur Rede stehen-

13 Die einschlägige Literatur zum Benjaminschen Allegorie-Begriff findet man versammelt in dem besonders reichhaltigen Artikel ›Allegorie‹ von Burkhardt Lindner, in: Benjamins Begriffe (Anm. 1), Bd. I, S. 50–94.

den Gedankengang zu erinnern, ist nicht nur fähig, sondern geradezu bestimmt zum Transport von Geschichte. Und das, negativ gesprochen, vermöge ihres Nichtaffiziertseins durch Subjektivität, positiv gesprochen, vermöge ihrer schier unbegrenzten Befähigung zur Repräsentation von Zeiten und Räumen. Allegorie ist das Vehikel, vom mittelalterlichen Totentanz und Mysterienspiel über das Trauerspiel des Barock bis hin zur Parabel von Brecht, um Geschichte auf die Bühne zu befördern. Daher sind die beiden größten Zeit- und Geschichts-Gedichte der europäischen Literatur, Dantes »Comedia« und Goethes »Faust«, ihrer innersten Statur nach nur als allegorische zu begreifen. Doch hier geht es nicht um literaturgeschichtliche Befunde, sondern um theoretische Expositionen. Allegorie ist ein genuines Medium der vor- wie auf andere Weise der nachempfindsamen Kunst, weil in ihr der Radius empfindsamer Innerlichkeit ausgespart bleibt, der Humus schöner und geschlossener Individualität keine Früchte zeitigt.

Wo Benjamin im deutschsprachigen Drama des protestantischen Barock Geschichte entwertet sieht zugunsten einer absoluten Setzung der Innerlichkeit des Glaubens, da erkundet er im katholischen Raum eine Alternative in Gestalt des Calderónschen Theaters, wohingegen das französische Drama der Klassik und zumal Racines in dieser Konstruktion keinen Platz findet, kündigt sich in ihm doch schon jene antihöfische wie antibarocke Verlegung des Dramas in die Innerlichkeit des Subjekts an, die es wiederum bezeichnenderweise für Goethe so attraktiv machen sollte. In Calderóns Drama ist bekanntlich die dramatische Zauberformel schlechthin gefunden worden, der zufolge Leben, Geschichte, die Gesamtheit menschlicher Äußerungen als ein einziges theatralisches Spiel erscheint, ausgerichtet von Schauspielern, die sich auf einer Bühne wissen oder doch wissen sollten, und durchgeführt zum Ergötzen wie zur höheren Ehre Gottes, der Anfang wie Ende des grandiosen Spiels als allmächtiger Regisseur in seinen Händen hält. Großartiger, so Richard Alewyn in einer klassischen Äußerung, mag man vielleicht von der Welt, schwerlich aber vom Theater denken. In Calderón erfüllt sich daher das barocke Theater, weil es Weltgeschichte und Weltgeschehen in der Figur des Theaters faßt. Im barocken Drama dieses Typs erblickt Benjamin daher die über Allegorie vermittelte reinste Ausprägung des antiklassizistischen Kunstwerks. An ihm sind vermöge einer Philosophie der Allegorie die Signaturen einer von der Geschichte statt vom Subjekt kommenden Kunst abzulesen. Noch einmal ist Geschichte in einem vom Konfessionalismus nicht zerrissenen Land, in seinem nebst Cervantes größten Dichter als Heilsgeschichte konzipiert und auf die Bühne gebracht. Diese Konzeption, und nur sie, verhält das Leben statt zum Erweis schrankenloser Mächtigkeit des Subjekts zum gelösten Spiel der Kreatur. Es ist ein Spiel vor den Augen des Allgegenwärtigen, der – Zuschauer und oberster Spieler zugleich – den Zauberstab in der Hand hält, nach dessen Takt weltliche Zeit verläuft, und zwar von ihrem Einsatz an bis hin zu ihrer Aufhebung. Wie dreidimensional im barocken Kunstwerk der Raum sich entfaltet in Erde, Himmel und Hölle, so dreigestuft die Zeit in paradiesische, irdische und himmlische. Raum und Zeit gehorchen dem Wink des Höchsten, und ihrer beider Repräsentation erfolgt in einem schier unerschöpflichen Reigen der Allegorien. Sie in freiem Spiel aufrufen zu können, ist auf der anderen Seite das vielleicht tiefgründigste Vermögen der erstmals auf die absolute Subjektivität zurückgeworfenen Gestalt Hamlets.

Benjamin also zu guter Letzt als antiklassizistischer Ästhetiker in der Rolle des Propagators vormoderner künstlerischer Praxis nebst entsprechender Konzeption von Mensch und Welt? Die Frage stellen heißt, ihr Absurdes zu vernehmen. Benjamin denkt in der Philosophie der Allegorie die Prinzipien der antiempfindsamen, der antiklassischen und damit zugleich der nachempfindsamen, der nachklassischen modernen Kunst. Die Entthronung des autonomen Subjekts ist in ihr so manifest, daß sie keines Kommentars, auch nicht von seiten Benjamins bedarf. Die Frage ist, welche formalen Konsequenzen daraus für die Kunst und ihre Theorie zu ziehen sind. Selbstverständlich keine restaurativen. Benjamin hat das barocke Verfahren künstlerischer Praxis im Prinzip der Montage, in der Implantation von Lehre, in der Überführung von Kunst in Praxis und also in der Wiederauferstehung von Allegorie identifiziert. Die Heroen der Moderne standen ihm noch einmal antipodisch vor Augen, Baudelaire und Proust dort, Brecht und Kafka hier. Dieser Sachverhalt will gleichermaßen ernst genommen sein für Signatur und Philosophie der Kunst in der Moderne, wie im Blick auf Symbolismus und Allegorismus als den beiden Kürzeln für das klassisch-empfindsame und das barock-moderne Projekt von Kunst.

Hat Benjamin seine Moderne-Studien aus dem Passagenwerk schließlich im ›Baudelaire‹ zusammenschießen lassen, so doch wohl auch, weil an seinem Werk paradigmatisch die Introversion verabschiedet erscheint zugunsten einer Extroversion, die sich schutzlos und radikal den Sensationen der Moderne aussetzt, um nicht zu sagen: verschreibt. Subjektivität wird ausgestellt, um die Narben vorzuzeigen, die die Moderne hinterläßt – das genaue Gegenteil jener emphatischen Behauptung unverschandelter Innerlichkeit inmitten der Wirren der Welt, welche der Klassizismus propagiert. Gerade die Weigerung, hinabzusteigen in die Tiefen des Ich, geleitet zu Allegorien, denen die Signaturen der Geschichte – das Paris des 19. Jahrhunderts als Hauptstadt des Hochkapitalismus – eingeschrieben sind. Umgekehrt hat Benjamin sich bekanntlich nicht abhalten lassen, die penelopeische Arbeit einer erinnernden Restitution gelebten Lebens im gigantischen Unterfangen Prousts kritisch nachzuvollziehen und in der »Berliner Kindheit« produktiv so zu assimilieren, daß deren Fragmente blitzhaft Figuren einer großbürgerlichen Welt freigaben, die zum Bilde sedimentiert der Bildung geschichtlicher Erfahrung zugute kommen sollten.

Und so nicht anders in der Konfiguration Brecht-Kafka. Wo Brecht ein Laboratorium errichtet, in dem Versuchsanordnungen vorgenommen werden, um gesellschaftliche Antagonismen zu analysieren, Politik auf die Bühne zu bringen, da sind nicht nur der Komfort der Subjektivität und die Kulinarität der Kunst verbannt, sondern mit ihnen auch Einfühlung und Identifikation als die Kardinaltugenden empfindsamer Einstimmung auf das heilige Werk und seine humanen Manifestationen, an deren Stelle die nüchterne Trias Erkennen, Beurteilen, Kritisieren rückt. In Kafka aber hat Benjamin den parabolischen Protokollanten der Verfassung der

Moderne verehrt und gedeutet, der gleichwohl nicht abließ, nach den Ritzen und Spalten zu fahnden, in denen blitzhaft ein Anderes, Unverstelltes sich zu zeigen vermochte.

Was aber tragen diese in äußerster Verknappung suggerierten Erinnerungen bei zur abschließenden Lösung des Rätsels, wo und wie Benjamin letzten Endes denn doch auch Elemente seiner Klassizismus-Kritik produktiv assimiliert. Wie alle seine Konzeptionen ist auch die der Ästhetik über vermittlungslose Extreme organisiert. Zwischen Symbolismus und Allegorismus in der scharfen, erst von Benjamin der Kunsttheorie zugeführten Antithetik ist kein wie auch immer gearteter Ausgleich denkbar. Gleichwohl wäre Benjamin mißverstanden, wo sein Antiklassizismus umstandslos seiner Philosophie der Allegorie zugerechnet würde. Über das schlecht Subjektivistische in ihr, das Willkürliche, Veranstaltete, ja Treulose den Dingen gegenüber hat er im Trauerspielbuch keinen Zweifel gelassen. Am Ende bedarf der Allegoriker selbst der Intervention, um sich gerettet vor den Augen des Höchsten wiederzufinden. So endet auch das Trauerspielbuch in einer ponderación misteriosa, ohne welche Geschichte und ihr künstlerisches Vehikel – die Allegorie – nicht zu denken sind.

Sind es am Ende also doch Potentiale und Energien des Symbols, die der allegorischen Exposition von Geschichte zugeführt werden müssen? Gewiß nicht des Symbols in der Façon, die Klassik und auf andere Weise auch Romantik ihm hatten angedeihen lassen, von den auf ihnen basierenden Abziehbildern in der sog. kunstphilosophischen Literatur des 19. und 20. Jahrhunderts ganz zu schweigen. Als usurpatorische Überführung einer in den Gefilden der Theologie beheimateten Gestaltung in die Sphäre der Kunstlehre hatte Benjamin die klassizistische Symbolanschauung qualifiziert. Die echte, eben die theologische, hätte nie und nimmer jenen gemütvollen Schein zu verbreiten vermocht, der der trüben Gestaltung aus zweiter Hand nun einmal anhaftet. Also geht es mit der Kritik und Revision der klassizistischen Kunstlehre auch und noch einmal um die Integration von Theologie in die ästhetische Theorie. Ist das Werk von der gemüthaften Dämmerung des empfindsamen Symbolismus gereinigt und befreit, ist es zugerüstet via Allegorie für den Transfer von Geschichte, so gehorcht es deren Rhythmen und Regularien.

So tritt am Ende wie in jeder Arbeit Benjamins neben der Sprach- die Geschichtsphilosophie bestimmend in ihre Rechte, um den gordischen Knoten der Ästhetik zu lösen. Wir wissen, daß es gerade diese Seite der Benjaminschen Philosophie ist, die sie gegenwärtig in besonderen Mißkredit gebracht hat, so daß es wieder einmal opportun zu sein scheint, in verlegenes, in mitwissendes, eben opportunes Schweigen zu verfallen. Sie gilt gerade auch in ihrer späten Ausarbeitung als spontaneistisch, voluntaristisch, dezisionistisch und damit in allen wesentlichen Schichten als ebenso antihegelianisch wie antimarxistisch. Das wollen wir auf sich beruhen lassen und statt dessen gerade nach den ästhetischen Anschlüssen einer so gearteten Konzeption von Geschichte fragen. Ist Allegorie Bürge für die Offenheit des Werks, greift Kritik befugt ein, um symbolisch erzeugten totalitären Schein zu zerstreuen, das gefügte Schöne geschichtsphilosophisch anschlußfähig zu machen, so hat allemal eine Rückführung des Werkes in den Raum von Geschichte statt –

innerer und naturgeschichtlicher bis hin zum Trauerspielbuch, gesellschaftlicher und antagonistischer seit der gleichzeitigen »Einbahnstraße«.

Benjamin hat wie niemand sonst das Geschick der Werke der Geschichte anheimgestellt. Sie sorgt dafür, daß die Sachgehalte, an denen der schöne Schein haftet, porös und kahl werden, daß sie sukzessive absterben. Allegorisches Zitieren, Ansiedlung von Wissen im Werk, reflexive Momente des Innehaltens nehmen diesen Prozeß der Mortifikation, den das Werk in der Geschichte erleidet, am Leibe des Werkes selbst bereits vorweg. Rezeptionsgeschichte des Werkes ist eine Geschichte unaufhörlicher und prinzipiell unabgeschlossener Sinnschöpfung, eine unendliche Geschichte der Freilegung semantischer Potentiale. Ist aber Geschichte, wie Benjamin bis zum Schluß festgehalten hat, von ursprünglichen Impulsen durchwaltet, muß Kunstphilosophie, muß Kritik gerichtet sein auf die Extrapolation höchsten Lebens in einem jeden authentischen Werk. Daß eine solche sich in den vormodernen explizit theologischen Formen nicht mehr ausprägen kann, ist selbstverständlich. Benjamins Geschichtsphilosophie antwortet auf diesen unrevozierbaren Status der Moderne mit einer Theorie der messianischen Splitter, die ja nur die andere, die theologische Seite seines angesprochenen, nämlich grundsätzlich offenen Bildes von Geschichte ist.

Wandert Geschichte authentisch und nicht idealistisch reduziert in das Werk ein, erhält auch die Theologie eine mögliche Chance, denn in ihr, in der Welt des Handelns, nicht in der der Kunst, wie es der Klassizismus wollte, ist sie beheimatet. Gibt es auratische Momente im Leben wie in der Begegnung mit der Kunst, so vermöge der Erfahrung von Glück. Auch Glück ist eine Kategorie der Geschichte. In der Zurechtrückung im Winzigkleinen, in dem offenen Tor, durch das der Messias jederzeit eintreten kann, und in ähnlichen Bildern hat Benjamin sich des Wahrheitsgehalts dieser Vorstellung unter den Bedingungen der Moderne versichert. Kunst, befreit von den Fängen und Schlingen des Subjektivismus, kennt auch eine Restitution des Symbols. Dann ist es nicht länger Bild der schönen Individualität, sondern Refugium von Hoffnung. Sie gilt den Enterbten, Entrechteten, Entwürdigten, eben den Opfern der Geschichte. Solange es Bettler gibt, gibt es Mythos, lautet ein bekanntes Diktum aus seinem Mund. Auch daran hat Benjamin zum Ärgernis der ewig Gegenwärtigen und also der stets und flugs Verwandelten festgehalten. Bricht ein Strahl von Hoffnung ein, nimmt die Welt blitz- und womöglich chochaft die Züge einer nicht länger entstellten Ordnung an. Dann mag auch das ästhetische Symbol in seine ursprünglichen Rechte eintreten, figuriert es nun doch als Transmundanum, nämlich als Chiffre von Erlösung. Und so gut benjaminisch geschichtsphilosophisch-theologisch zugerüstet zwischen den Polen von Paradies und Himmel, Urzeit und messianischer Zeit, vermögen ästhetische Theorie nicht anders als werkverzehrende kritische Praxis selbst noch das denaturierte klassische Werk und sein Marken- und Gütezeichen, das Symbol, in ihre rettenden Arme zu schließen.

Denkbild ›Weimar‹

*Ästhetik, Sprachtheorie und Geschichtsphilosophie in einer Nußschale**

I.

In deutschen Kleinstädten kann man sich die Zimmer ohne Fensterbretter gar nicht vorstellen. Selten aber habe ich so breite gesehen wie am Weimarer Marktplatz, im ›Elefanten‹, wo sie das Zimmer zur Loge machten, aus der mir der Ausblick auf ein Ballett wurde, wie es selbst Ludwig dem Zweiten die Bühnen von Neuschwanstein und Herrenchiemsee nicht bieten konnten. Denn es war ein Ballett in der Frühe. Gegen halb sieben begann man zu stimmen: balkene Bässe, schattende Violinschirme, Blumenflöten und Fruchtpauken. Die Bühne noch fast leer; Marktweiber, keine Käufer. Ich schlief wieder ein. Gegen neun Uhr, als ich erwachte, war's eine Orgie: Märkte sind die Orgien der Morgenstunden, und Hunger läutet, würde Jean Paul gesagt haben, den Tag ein wie Liebe ihn aus. Münzen fuhren synkopierend darein, und langsam schoben und stießen sich Mädchen mit Netzen, die schwellend von allen Seiten zum Genusse ihrer Rundungen luden. Kaum aber fand ich mich angekleidet zu ebener Erde und wollte die Bühne betreten, waren Glanz und Frische dahin. Ich begriff, daß alle Gaben des Morgens wie Sonnenaufgang auf Höhen empfangen sein wollen. Und war nicht, was dies zart gewürfelte Pflaster noch eben beglänzte, ein merkantiles Frührot gewesen? Nun lag es unter Papier und Abfall begraben. Statt Tanz und Musik nur Tausch und Betrieb. Nichts kann so unwiederbringlich wie ein Morgen dahin sein.

II.

Im Goethe-Schiller-Archiv sind Treppenhaus, Säle, Schaukästen, Bibliotheken weiß. Das Auge trifft nicht einen Zoll, wo es ausruhen könnte. Wie Kranke in Hospitälern liegen die Handschriften hingebettet. Aber je länger man diesem barschen Lichte sich aussetzt, desto mehr glaubt man, eine ihrer selbst unbewußte Vernunft auf dem Grunde dieser Anstalten zu erkennen. Wenn langes Krankenla-

---

* Der kleine Text bildet den Eingang zu einer größeren Abhandlung über das Benjamin-Archiv der Sammlung Scholem in der Jüdischen National- und Universitätsbibliothek zu Jerusalem. Vgl. Klaus Garber: Zum Bilde Walter Benjamins. Studien, Porträts, Kritiken.– München: Fink 1992, S. 137–179: Jüdischer Astralleib, das Benjamin-Archiv der Sammlung Scholem zu Jerusalem, editorische Versäumnisse in Frankfurt. Hier S. 137 auch ein Teilabdruck der Erstfassung des Denkbildes ›Weimar‹, die bislang nicht publiziert ist. Wiederabdruck des kleinen Porträts in: »Nicht allein mit den Worten«. Festschrift für Joachim Dyck zum 60. Geburtstag. Hrsg. von Thomas Müller, Johannes G. Pankau, Gert Ueding.– Stuttgart-Bad Cannstatt: frommann-holzboog 1995, S. 169–175. – Der Abdruck des Denkbildes ›Weimar‹ nach: Walter Benjamin: Gesammelte Schriften. Hrsg. von Tillman Rexroth. Bd. IV/1. Frankfurt a.M.: Suhrkamp 1972, S. 353–355. Das Schlußzitat GS II,738 f. Zu den in der Frankfurter Edition des Weimar- und Goethe-Textes nicht beachteten Jerusalemer Handschriften bzw. Typoskripten vgl. Garber: Zum Bilde Walter Benjamins, S. 170 ff.

ger die Mienen geräumig und still macht und sie zum Spiegel von Regungen werden läßt, die ein gesunder Körper in Entschlüssen, in tausend Arten auszugreifen, zu befehlen zum Ausdruck bringt, kurz, wenn ein Krankenlager den ganzen Menschen in Mimik zurückverwandelt, so liegen diese Blätter nicht umsonst wie Leidende auf ihren Repositorien. Daß alles, was uns heut bewußt und stämmig als Goethes ›Werke‹ in ungezählten Buch-Gestalten entgegentritt, einmal in dieser einzigen, gebrechlichsten, der Schrift, bestanden hat, und daß, was von ihr ausging, nur das Strenge, Läuternde kann gewesen sein, was um Genesende oder Sterbende für die wenigen, die ihnen nahe sind, waltet – wir denken nicht gerne daran. Aber standen nicht auch diese Blätter in einer Krisis? Lief nicht ein Schauer über sie hin, und niemand wußte, ob vom Nahen der Vernichtung oder des Nachruhms? Und sind nicht sie die Einsamkeit der Dichtung? Und das Lager, auf dem sie Einkehr hielt? Sind unter ihren Blättern nicht manche, deren unnennbarer Text nur als Blick oder Hauch aus den stummen, erschütterten Zügen aufsteigt?

III.
Man weiß, wie primitiv das Arbeitszimmer Goethes gewesen ist. Es ist niedrig, es hat keinen Teppich, keine Doppelfenster. Die Möbel sind unansehnlich. Leicht hätte er es anders haben können. Lederne Sessel und Polster gab es auch damals. Dies Zimmer ist in nichts seiner Zeit voraus. Ein Wille hat Figur und Formen in Schranken gehalten; keine sollte des Kerzenlichtes sich schämen müssen, bei dem der alte Mann abends im Schlafrock, die Arme auf ein mißfarbenes Kissen gebreitet, am mittleren Tische saß und studierte. Zu denken, daß die Stille solcher Stunden sich heute nur in den Nächten wiederversammelt. Dürfte man ihr aber lauschen, man verstände die Lebensführung, bestimmt und geschaffen, die nie wiederkehrende Gunst, das gereifteste Gut dieser letzten Jahrzehnte zu ernten, in denen auch der Reiche die Härte des Lebens noch am eigenen Leibe zu spüren hatte. Hier hat der Greis mit der Sorge, der Schuld, der Not die ungeheuren Nächte gefeiert, ehe das höllische Frührot des bürgerlichen Komforts zum Fenster hineinschien. Noch warten wir auf eine Philologie, die diese nächste, bestimmendste Umwelt – die wahrhafte Antike des Dichters – vor uns eröffne. Dies Arbeitszimmer war die cella des kleinen Baus, den Goethe zwei Dingen ganz ausschließlich bestimmt hatte: dem Schlaf und der Arbeit. Man kann gar nicht ermessen, was die Nachbarschaft der winzigen Schlafkammer und dieses einem Schlafgemache gleich abgeschiedenen Arbeitszimmers bedeutet hat. Nur die Schwelle trennte, gleich einer Stufe, bei der Arbeit ihn von dem thronenden Bett. Und schlief er, so wartete daneben sein Werk, um ihn allnächtlich von den Toten loszubitten. Wem ein glücklicher Zufall erlaubt, in diesem Raume sich zu sammeln, erfährt in der Anordnung der vier Stuben, in denen Goethe schlief, las, diktierte und schrieb, die Kräfte, die eine Welt ihm Antwort geben hießen, wenn er das Innerste anschlug. Wir aber müssen eine Welt zum Tönen bringen, um den schwachen Oberton eines Innern erklingen zu lassen.

IV.

Im Juni 1928 besuchte Benjamin erneut das Goethehaus in Weimar. Er suchte die Begegnung mit dem Goetheschen Milieu, suchte die Anschauung des bürgerlichen Ambiente, bevor er an die Niederschrift seines Artikels ›Goethe‹ für die »Große Sowjet-Enzyklopädie« ging, die in einem für die Kulturfunktionäre der jungen Sowjetunion wenig schmeichelhaften Desaster endete. Wie so viele andere Schriften Benjamins wurde auch diese, seinen Umgang mit Goethe in gewisser Weise abschließende Arbeit, um ihre zeitgenössische Wirkung gebracht. Erst vierzig Jahre später gelangte sie erstmals unverstümmelt in ganzer Länge – freilich immer noch nicht in restlos authentischer Gestalt, wie sein Jerusalemer Nachlaß zeigt – zur Publikation. Die »Essenz« aber seines Weimar-Besuches barg er auf weniger als einer handgeschriebenen Seite. Die Miniatur stellte, wie er an Scholem schrieb, »die dem Sowjetstaate abgewandte Seite meines Janushauptes aufs lieblichste vor«. Dem »Nebenprodukt« war beschieden, was dem Hauptprodukt versagt blieb. 1928 erschien Benjamins »ganz kleines *Weimar*« in der »Neuen Schweizer Rundschau« Max Rychners, vier Jahre später in der »Literarischen Welt« von Willy Haas. In einem Brief an Hofmannsthal qualifizierte Benjamin ›Weimar‹ seinerseits nochmals als »Gegenstück« zu dem gleichfalls 1928 entstandenen und 1929 wiederum in der »Neuen Schweizer Rundschau« erschienenen Stadtporträt ›Marseille‹. Noch die Miszelle gehorcht der von Benjamin favorisierten Darstellungsform. Sie ist in drei Abschnitte gegliedert. Zwischen ihnen und innerhalb ihrer eröffnet Benjamin ein atemberaubendes Verschachteln und Entfächern von Zeit. Wir wollen einen Moment lang beim Text verharren und ihn so zu lesen suchen, wie Benjamin es uns gelehrt hat, in dessen Auslegungen die Grenzen zwischen Geschichte und Gegenwart, Historizität und Aktualität ein einziges Mal niedergelegt schienen.

V.

Werk-Interpretation ist Werk-Paralyse. Wir sind es gewohnt, Benjamins Theorie der Kritik als eine der Vollendung der Werke zu lesen. ›Weimar‹ zeigt uns in dem zunächst heranzuziehenden Mittelteil eine gegenläufige Bewegung. Wir erinnern uns, daß Vollendung und Wiederherstellung zwei Pole des nämlichen Verfahrens in der Identifizierung ursprünglicher Phänomene sind. Kein Werk der deutschen Literatur hat in der nicht endenden Folge der Ausgaben die Vorstellung des Dauernden, Unveränderlichen, ein für alle Mal Kodifizierten so nachhaltig zu bekräftigen vermocht wie das Goethesche. Die Weimarer Ausgabe mit ihrer Prämierung der Werkgestalten letzter Hand, der Sprödigkeit gegenüber dem Werdenden, blieb für die Werkgeschichte das symptomatischste Konstrukt. Benjamin hat im Wahlverwandtschaften-Essay den mythischen Sockel und im Goethe-Essay der »Sowjet-Enzyklopädie« die geschichtlich-politische Zwiegesichtigkeit des Goetheschen Werkes freigelegt – unbeeindruckt gleichermaßen von der Klassiker-Rolle des Dichters wie dem Heroen-Kult seiner Adepten. Auch die in den Weimarer Ausstellungsräumen waltende Vernunft ist eine vom Kritiker erst freigelegte, nicht eine bereits vorgegebene. Sie will entdeckt, nicht rekonstruiert sein. Als Mortifikation der Werke hatte Benjamin das Geschäft des Kritikers in einem fünf Jahre früher geschriebenen Brief an Rang definiert. In Weimar gemahnen die Goetheschen Handschriften in den Repositorien den Sinnenden an die Mienen der Kranken in Hospitälern. Das Leben ist aus ihnen so abgeflossen wie aus dem Körper der stillgelegten, dem gewohnten Aktionsfeld entrissenen Kranken. Um so sprechender ihrer beider Ausdruck. Im Angesicht des Todes läutert sich der Gehalt des Lebens – wie der Werke. Im Trauerspielbuch hat Benjamin das auf Dauer angelegte System allegorischer Schrift-Praxis entwickelt. Im Weimar-Denkbild wird der Status der Gebrechlichkeit und Hinfälligkeit und Porosität der Schrift gegenüber dem – vermeintlich! – opaken Werk in Gestalt der Sequenz der Klassiker-Ausgaben exponiert und die ihm eigentümliche Würde entziffert. Das Nüchterne, welches Kritik am Werk – vermählt in den schönen Schein – entdeckt, es ist als Aura auch um die dem gedruckten Werk vorausgehende Handschrift. In der Handschrift liegt die Anweisung sinnfällig zutage, die vollendete Gestalt des Werkes als transitorische zu begreifen, ihr Schönes, Gestalthaftes ins Frührot des Ausdruckslosen, der Wahrheit zu überführen und zu läutern. Die Krisis, der das Werk in der Kritik ausgesetzt wird, sie umschauert auch den Prototyp des Werkes, die Handschrift. Das gedruckte Werk, so hat uns Benjamin gezeigt, entfaltet sein Leben unabhängig von der Intention seines Schöpfers. Es geht ein in die geistige Überlieferungsgeschichte, und die Werkausgabe ist das Siegel auf des Dichters Ruhm. Die Handschrift ist diesem Prozeß der Traditionsbildung entzogen. Sie wird als Autograph am Ruhm des Erfolgreichen partizipieren. Das hindert nicht, daß an ihr für den Empfänglichen mit der Aura des Einmaligen immer auch die des Anderen, des Möglichen, des Ergänzungsfähigen haftet. Denn unter dem Aspekt der Krisis – gerade nicht aber dem des Dezisionismus! – begreift Benjamin den Akt des Schreibens selbst. In der Vorrede zum Trauerspielbuch hat er dargelegt, wie der Übergang von einem Satz zum nächsten kein von der »Logik der Sache« vorgegebener, sondern ein dem Gesetz der Darstellung geschuldeter ist, die keine Prinzipien der Deduktion kennt oder erduldet, deswegen jedoch nichts weniger als willkürlich oder beliebig ist. Im ständigen Atemholen und Neueinsetzen wird der jedem Schreibenden bekannten Erfahrung entsprochen, daß alles Geschriebene nicht allein von der Mannigfaltigkeit des Nichtgesagten als vielmehr einer Zone des Ungesagten als Unsagbarem umgeben ist, welche die Darstellung in prinzipiell unabschließbaren Einsätzen umkreist. In ganz anderer Weise als die ›positiven‹ Schreibweisen der Spezialwissenschaften bleibt die metaphysische, auf Ideen zielende nicht anders als die künstlerische, Urphänomene ausprägende dem Risiko des Scheiterns, des Abbruchs, der Nichtvollendung ausgesetzt. Benjamins Passagenwerk ist selbst eines der erhabensten Zeugnisse dafür. Daß große Dichtung das prinzipiell Unsagbare zum Vorwurf hat – dem Barock wäre diese Sicht der Dinge gänzlich fremd gewesen, wie auch Benjamin gezeigt hat. Sie tritt in großem Stil erst in der Empfindsamkeit in die Geschichte der Literatur ein, hat aber letztlich in allen großen Epochen der europäischen Literatur und zumal der europäischen Lyrik von Pindar über die Trobadors und die Mystiker bis hin zur Romantik und zu Mallarmé ihre inspirierten Sprecher gefunden. Eben dieser Erfahrung – gereinigt vom Zwiespältigen des nur individuellen Erlebnisses – leiht Benjamin im Angesicht der Goetheschen Handschriften seine Stimme, korrespondiert sie doch mit seiner ureigensten ästhetischen Theorie. Entspringt das Schöne – wie das Wahre – der Einsamkeit, in der das Leben mit dem Tode sich vermählt, das Repositorium der Handschrift im einsamen Lager des Dichters wiederkehrt, Nüchternheit Ursprung und Ziel des Schreibens bezeichnet, so verweist dichterische wie alle symbolische Sprache auf ein Ausdrucksloses als ein Unsagbares, das auch in der Handschrift eines seiner Embleme findet.

VI.

Das Faszinierende der Weimarer Miszelle ist nun auch darin zu erblicken, daß sie Schreiben – allegorisch verschlüsselt – einstellt in geschichtsphilosophisch-politische Zusammenhänge, getreu der mit dem Abschluß des Trauerspielbuchs verknüpften Maxime, metaphysische und politische Sachverhalte fortan unvermittelt und vergleichsweise extrem hervorzutreiben. Die Vergegenwärtigung der Handschriften als zerbrechliches Gefäß des Gedichteten ist eingebettet in zwei Bilder des Raumes, in die Zeit blitzartig und verwandelnd einbricht. Der Erzähler ist im ›Elefanten‹ abgestiegen, der zehn Jahre später durch Thomas Mann weltliterarische Berühmtheit erlangte. Das Hotelzimmer verwandelt sich vermittelst seiner breiten Fensterbänke zur Loge, welche den Blick freigibt auf ein Ballett, das in diesen Zügen in der Tat erst nach Abfassung des Trauerspielbuchs Gestalt annehmen konnte. Das Ballett, so wußte der Kenner des Barock, ist eine der höfischen Manifestationen par excellence, und so fehlt die Referenz auf einen neuromantischen Ableger in dem kleinen Text nicht. Vor seinen Augen aber entrollt sich ein unhöfisches, ein urbürgerliches Szenarium, älter und jünger als jenes zugleich. In Kunst überführt erscheinen dem Schlummernden auf der Schwelle zum Erwachen die Zurüstungen auf dem Marktplatz zu seinen Füßen in der morgendlichen Frühe. Das Bild der balkenen Bässe und schattenden Violinschirme, der Blumenflöten und Fruchtpauken – hat es nicht ein Anrecht darauf, in die ungeschriebene Geschichte der Bildlichkeit unserer neuen Literatur im bürgerlichen Zeitalter einzugehen? Das höfische Ballett hebt am Abend an; dieses entrollt sich am Morgen. Wo das höfische im allegorischen Aufzug um Mitternacht kulminiert, hat dieses seine verzauberte Stunde in dem erwachenden Leben auf dem noch leeren Platz. Die Marktweiber ergreifen von ihm Besitz; die Käufer sind noch fern. Erst Stunden später ist mit dem nun definitiven Erwachen auch die Orgie auf dem Markt voll entfacht. Das Gesetz des Marktes erfüllt sich im klingenden Tausch der Münzen. Dem Inhaber des Lagerplatzes aber ist es vorbehalten, aus dem Abstand vom erhöhten Platz aus die Versprechungen dieses entfesselten Lebens zu gewahren: allseitige Erfüllung im Genuß der Früchte, im Glück der Liebe. Die Gesellschaft aber, die die Produktion wie keine vor ihr und keine nach ihr entfesselt hat – sie bleibt außerstande, ihre Verheißungen dem Leben einzubilden. Das merkantile Frührot, das da als Versprechen über der Szene steht – es versinkt wenig später hinter Papier und Abfall. Die einen Moment lang im Fest geeinte Menge ist zerronnen, zurückgekehrt in die Vereinzelung; der Austauschprozeß mit der Natur, in der das Gattungswesen sich erfüllen sollte, die Natur humanisierend, die Menschen naturalisierend, ist mißraten, im Stadium der Naturgeschichte verblieben, und das wertlose Abfallprodukt das

Emblem dieses Mißlingens. Die Vermählung von Tanz und Tausch, von Mensch und Markt ist so unwiederbringlich dahin wie die Frühe des Morgens. Aber sie verliert deshalb doch nichts von ihrer Gewalt über die Menschen, die fortan eine erinnerte sein wird und als solche dem kollektiven Gedächtnis der Menschheit eingeschrieben bleibt, um in jedem gelungenen Bild, jedem authentischen Gedanken wieder aufzuerstehen.

VII.

Das Benjaminsche Werk durchzieht das Lob der einfachen asketischen Arbeitsklause – im Blick auf die eigene Produktion wie auf die verwandter Schaffender. Seine großen Abhandlungen von der Dissertation in der Abgelegenheit Muris über das Trauerspielbuch, das in einem mönchsgleichen Gemach auf Capri zu Papier gebracht wurde, bis zum ›Baudelaire‹, der in einem kargen Zimmer in Svendborg auf Fünen als Gast Brechts geschrieben wurde, verdanken sich der mehr oder weniger freiwillig gewählten Einsamkeit. Über die »Magie der Arbeitsbedingungen« wird das Gespräch mit Jouhandeau in dessen Arbeitszimmer eröffnet, das »die vollendetste Durchdringung von Atelier und Mönchszelle« darstellt. Auch im Weimar-Text ist diese Topographie gegenwärtig. »Primitiv« gar sei Goethes Arbeitszimmer gewesen. Wo Gründungen in der geschichtlichen Frühe statthaben, fehlt das splendide Ambiente. Zum Zeichen des archaischen Aufbruchs – »der wahrhaften Antike des Dichters« – stellt sich das Bild der der Gesellschaft abgewandten Natur oder das des vom Prozeß der Zivilisation ausgesparten mönchsgleichen Refugiums ein – bei Pindar und Vergil, Dante und Petrarca nicht anders als bei Klopstock und Hölderlin, Brecht und Benjamin ... Das Leben Goethes umspannt fast zur Gänze die heroische Phase des Bürgertums, wie Benjamin sie benannt und eigentlich selbst erst entdeckt hat, bevor Lukács und Bloch, Krauss und Harich, später dann die 68er-Generation an die Vermessung im einzelnen gingen. Wo der höfische Dichter am Festglanz partizipiert und im übrigen ein unscheinbares Dasein führt, da wahrt der moderne bürgerliche auch nach seinem Übertritt zur höfischen Welt eine ihr abgewandte und unzugängliche Seite, in der der selbstergriffene und nun auf neue und andere Weise repräsentative Anspruch nochmals sinnfällig in Erscheinung tritt. Vollzieht sich der Aufbruch in der Jugend im Zeichen des Protests gegen die abgelebten Gewalten des Ancien régime nicht anders als die spießbürgerliche Enge des perspektivlosen kleinen Bürgertums, so trägt der alte Goethe, wie wiederum Benjamin gezeigt hat, alle erdenkliche Sorge dafür, sein Spätwerk und zumal seinen »Faust II« dem bürgerlichen Kulturkonsum- und Nivellierungs-Prozeß, den er im Zuge einer rasanten Technisierung am Horizonte schließlich noch sich abzeichnen sieht, über die schroffen Zacken der allegorischen Bildungen abzudichten – und mit Erfolg. »In den Vordergrund drang die Erscheinung Goethes erst in den siebziger Jahren nach der Reichsgründung, als Deutschland nach monumentalen Repräsentanten seines nationalen Prestiges Ausschau hielt. [...] Aber trotz der unabsehbaren Literatur, die die Goethephilologie hervorbrachte, hat sich die Bourgeoisie dieses gewaltigen Geistes nur sehr unvollkommen zu ihren Zwecken bedienen können, von der Frage, wie weit sie in seine Intentionen eindrang, zu schweigen. Sein ganzes Schaffen ist voller Vorbehalte gegen diese Klasse. Und wenn er eine hohe Dichtung in sie stiftete, so tat er es mit abgewendetem Antlitz. Er hat denn auch nicht im entferntesten die Wirkung gehabt, die seinem Genie entsprach, ja freiwillig ihr entsagt. Und so verfuhr er, um den Gehalten, die ihn erfüllten, die Form zu geben, die ihrer Auflösung durch das Bürgertum bis heut widerstanden hat, weil sie unwirksam bleiben, nicht aber verfälscht und bagatellisiert werden konnte.« Er sprach in seiner Jugend in eine junge, aufgehende, hoffnungsvolle Welt hinein, und er hat in seinem Alter noch einmal in eine zukünftige Gemeinschaft herübergesprochen, die zurückgefunden hat zu sittlichen, der Dissoziierung wehrenden Ideen. Die spartanische cella, in der der Dichter die allegorischen Gestalten des späten Faustdramas schafft, ist am Ende gegen den höfischen Schein nicht anders gewendet als gegen das höllische Frührot des bürgerlichen Komforts, das da am Fenster aufzugehen im Begriff steht. Sind Arbeit und Schlaf nur über eine Schwelle in diesem Gehäuse vermittelt, so eben auch Arbeit und Erwachen, und damit so oder so träumend und erwachend nüchterner Abstand und weitausgreifende Utopie. Ist das Werk derart der Einsamkeit, dem Lebensverzicht geschuldet, so dankt es in der nächtlichen Fürbitte dem Schlafenden um der Vollendung willen, wie sie Goethe und seinem Werk exemplarisch zuteil wurde. Goethe lieh seiner Zeit seine Stimme, indem er eine Welt erzeugt, als Archeget vermochte er noch einmal, den Weltentwurf zu unternehmen und eine Welt zur Antwort zu verhalten, der er doch selbst prägend, gestaltend, schöpferisch vorzuschreiben imstande war. Ein Jahrhundert später bedarf es der gänzlichen Umpflügung der Verhältnisse, muß die Welt erst wieder zum Klingen – Marx hätte gesagt: zum Tanzen – gebracht werden, um das Wort des Dichters zum Erklingen zu bringen, dem Wort des Denkers zum Durchbruch zu verhelfen. Auch ›Weimar‹ hält ein Bild der Moderne fest, in der sich Uranfängliches mit Jüngstem paart und Hoffnung, Zukunft in der Vergangenheit nistet. Das scheint, wo diese Umwälzung zerschlagen ist, heute bestenfalls zur Karikatur ihrer selbst zu taugen. Aber wissen wir, ob die Menschen sich auf Dauer in der eindimensionalen, der eins gewordenen und doch zerrissenen Welt werden einrichten wollen, und die Verheißungen der Frühe, auch aus dem Zeitalter Goethes, auf immer vergessen werden?

Das vollendungsbedürftige Werk

*Rezeptionstheorie und Rezeption Walter Benjamins**

Walter Benjamin wurde in der Hochzeit seiner Rezeption bekanntlich für alles und jedes in Anspruch genommen. Entsprechend figurierte er auch als bedeutendster Vertreter einer ästhetischen Theorie der Rezeption. Die Frage mußte schon damals berechtigt sein, ob damit nicht des Guten zuviel gesagt sei. Heute dürfte eine entsprechende Rede schlechterdings nicht mehr verständlich sein. Die beiden letzten Jahrzehnte haben – von langer Hand vorbereitet – eine Kritik an der Geschlossenheit der Werke gezeitigt, die ohne Parallele in der Geschichte der Künste seit dem 18. Jahrhundert dasteht. Nur noch Nachzügler, Hinterwäldler, Unbelehrbare dürfen nach Werkgehalten, stabilen Referenzen, womöglich gar historischen Korrelaten Ausschau halten. Wie das Vertrauen in die Rekonstruierbarkeit historischer Konfigurationen ist das in die Fixierbarkeit konsistenter Werksemantiken entschwunden. Benjamin, einst angetreten mit Brecht, um den offenen Charakter der Werke gegen die Fundamentalisten der Widerspiegelungs-Ästhetik zu verteidigen, braucht also schon lange nicht mehr bemüht zu werden, wenn es gilt, den untilgbaren und unkaschierbaren Einschlag von Auslegung, Aneignung, Aktualisierung zu statuieren, und damit den vieldeutigen, oszillierenden prekären Status der Werke.

Fragen hingegen könnte man paradoxerweise heute, ob nicht auch Benjamins Stimme umgekehrt wieder Gehör beanspruchen dürfte, wenn es darum geht, den grenzen- und schrankenlosen Spielräumen im Umgang mit den Werken Grenzen und Schranken zu bezeichnen, die eingehalten und beachtet sein wollen, wenn anders die geschichtlich operierenden Kunstwissenschaften nicht ihrerseits ihre Selbstaufgabe ratifizieren wollen. Es könnte also lohnend sein, neuerdings einen offenen, möglichst vorurteilslosen und nicht schon fixierten, sondern schau- und lernbereiten Blick auf das kunsttheoretische Œuvre Benjamins zu richten. Die weitere Frage nach der Rezeption seines Werkes selbst soll demgegenüber den Charakter eines Appendixes in freilich wiederum systematischer Absicht bewahren. Gibt es Verbindungen, so möchten wir fragen, zwischen der Gestalt seiner noch einmal nachgezeichneten Theorie der offenen, auf Vollendung angewiesenen Werke und der inzwischen hinlänglich klar situierbaren Form der Aneignung seines Werkes oder behält ein beziehungsloses Nebeneinander das letzte Wort?[14]

---

* Vortrag auf Einladung Wolfgang Adams im Rahmen eines wissenschaftsgeschichtlichen Kolloquiums im Februar 2000 an der Otto-von-Guericke-Universität Magdeburg, Fakultät für Geistes-, Sozial- und Erziehungswissenschaften, Institut für Germanistik. Vgl. Wissenschaft und Systemveränderung. Rezeptionsforschung in Ost und West – eine konvergente Entwicklung? Hrsg. von Wolfgang Adam, Holger Dainat, Günter Schandera.– Heidelberg: Winter 2003 (= Beihefte zum Euphorion; 44), S. 147-163. Überarbeitete, im Jahre 2002 um Literatur und Nachweise ergänzte Fassung.

14 Die weiterhin uferlos anschwellende Benjamin-Literatur ist bibliographisch gut erfaßt, so daß sich hier umfänglichere Verweise erübrigen. Die ältere Literatur findet man am bequemsten

I.

Wir sind seit kurzem in der glücklichen Lage, die Entfaltung der Benjaminschen Gedanken auf einer anderen Ebene als der seiner wenigen abgeschlossenen Werke nachvollziehen zu können. Die sechsbändige Ausgabe mit Benjamins Briefen liegt inzwischen abgeschlossen vor.[15] Im Gegensatz zu der problembehafteten Werkausgabe und insonderheit den Herausgeber-Kommentaren ist die Briefausgabe von Christoph Gödde und Henri Lonitz makellos in der Darbietung der Texte und der ausschließlich sachbezogenen Darbietung der dem Benutzer hilfreichen Erläuterungen von Namen und Werken, erklärungsbedürftigen Sachverhalten und Anspielungen. Die Briefe wenigstens bis zum Trauerspielbuch bestätigen, was von Adorno, Scholem und anderen stets bezeugt war: Benjamin hat an der Einheit und durchgängigen Verschränktheit des philosophischen Gedankens festgehalten. Wenn er über Jahre, ja fast ein Jahrzehnt lang bis zur Wahlverwandtschaften- und Trauerspiel-Arbeit schwieg und experimentierte, so deshalb, weil er eine jede Äußerung weniger aus einem Ganzen als einem gedanklichen Zentrum heraus entspringen sah. Darum sind gerade in den Briefen die Äußerungen Legion, in denen er seine Briefpartner um Verständnis für fragmentarische Andeutungen oder für sein

---

und übersichtlichsten zusammengeführt in: Werkbiographie und Kommentierte Bibliographie (bis 1970), sowie: Kommentierte Bibliographie (1950–1970).– In: Walter Benjamin. Hrsg. von Burkhardt Lindner. 2. Aufl.– München 1979 (= Text + Kritik; 31–32), S. 103–120, sowie bei Momme Brodersen: Walter Benjamin. Bibliografia critica generale (1913–1983).– Palermo: Centro Internazionale Studi di Estetica 1984 (= Aesthetica, preprint; 6), S. 61 ff. Die Bibliographie ist systematisch angelegt. Im vorliegenden Zusammenhang besonders wichtig die Abschnitte ›Sulla storia della ricezione‹ (S. 81–92) sowie ›Sulla teoria dell'arte‹ (S. 138–142). S. 46 ff. dann der Nachweis zur Literatur über einzelne Schriften Benjamins. Sehr hilfreich (aber wenig wahrgenommen auch) der Artikel ›Benjamin, Walter‹.– In: Heiner Schmidt: Quellenlexikon zur deutschen Literaturgeschichte. Bd. II.– Duisburg: Verlag für Pädagogische Dokumentation 1995, S. 117–142, gegliedert in (alphabetisch sortierte) allgemeine Arbeiten und solche zu den einzelnen Benjaminschen Werken. Der Berichtszeitraum erstreckt sich von 1945 bis 1990. Für den Zehnjahreszeitraum von 1983 bis 1992 dann einschlägig: Literatur über Walter Benjamin. Kommentierte Bibliographie 1983–1992. Hrsg. von Reinhard Markner, Thomas Weber.– Hamburg: Argument-Verlag 1993 (= Argument-Sonderband; N.F. 210). Fortgeführt mit: Reinhard Markner, Ludger Rehm: Bibliographie zu Walter Benjamin (1993–1997).– In: global benjamin (Anm. 1), Bd. III, S. 1849–1916. Heranzuziehen selbstverständlich stets auch die jährlichen Berichte zur Literatur über Benjamin (in dem Abschnitt ›Zu einzelnen Germanisten, Literaturtheoretikern und Essayisten‹) in: Bibliographie der deutschen Sprach- und Literaturwissenschaft.– Frankfurt a.M.: Klostermann. Zum Folgenden – neben den in Anm. 1 und 2 angeführten Titeln – ergänzend heranzuziehen: Klaus Garber: Stationen der Benjamin-Rezeption 1940–1985.– In: ebd., S. 121–193 (auch in französischer Version in: Walter Benjamin et Paris. Colloque international 27–29 juin 1983. Édité par Heinz Wismann.– Paris: Cerf 1986 (= Passages), S. 917–984); Michael W. Jennings: Dialectical Images. Walter Benjamin's Theory of Literary Criticism.– Ithaca, London: Cornell University Press 1987.

15 Walter Benjamin: Gesammelte Briefe. Hrsg. von Christoph Gödde, Henri Lonitz. Bd. I–VI.– Frankfurt a.M.: Suhrkamp 1995–2000 (GB).

Schweigen bittet; die Tragweite dieses und jenes versuchsweise angestellten Gedankens sei ihm schlechterdings noch nicht absehbar.

Die Kehrseite dieser aus der permanenten Konzentration herrührenden Verschlossenheit prägt sich gleichfalls in der nun erstmals nach Maßgabe des Möglichen vollständigen Briefedition aus. Es gibt Gedanken, die ganz früh geäußert werden und erst viel später im Werk Verarbeitung finden. Und es gibt Werke, die von ganz wenigen und zumeist zentralen Passagen abgesehen im Briefwerk überhaupt gar nicht angebahnt, sondern schweigend gereift sind, um mit der vollen Wucht der erstmaligen Formulierung vermutlich nicht nur den Leser, sondern auch ihren Verfasser zu überraschen. Wir möchten also die Hoffnung hegen, daß nach Vorliegen der Briefe nun doch der Versuch unternommen wird, unter Berücksichtigung und Integration aller brieflich relevanten Werkpartien eine Geschichte der Evolution des Benjaminschen Denkens zu schreiben.[16] Sie dürfte, gründlich genug angelegt, deutlich werden lassen, was jedem Leser der Benjaminschen Briefe vor Augen tritt: Es gibt keinen Bezirk des Benjaminschen Denkens, der sich herauslösen und isoliert traktieren ließe; sein Denken stellt ein faszinierendes Kontinuum dar, wie es jedwedem authentischen Philosophieren eigen ist und wie Benjamin selbst es als ein Kreisen um wenige gezählte Ideen seit dem Erwachen des Gedankens in der antiken Frühzeit erfuhr. Die Schwierigkeit der folgenden Andeutungen rührt also daher, daß gedankliche Zusammenhänge nur angetippt werden können, die gleichwohl zur notdürftigsten Verkettung und Verankerung auch und gerade der ästhetischen Theorie Benjamins unverzichtbar sind.

Benjamins Philosophie ist die eines Grenzgängers. Er interessiert sich für das, was sich an den Grenzen der Philosophie abspielt. Dort nämlich erfolgen Umschläge, zumal solche von Philosophie in Theologie.[17] Entsprechend organisiert Benjamin die großen Problemfelder der Philosophie, an denen er – vor allem gestützt auf Kant – geradezu emphatisch festhielt, im Horizont von Grenzmarkierungen, an denen Philosophie notgedrungen und ohne sich selbst preiszugeben an die Grenzen der Sprache gelangt und Sprachlosigkeit, Schweigen, blitzhafte mystische Erfahrung die Schwelle zu dem der Theologie vorbehaltenen Raum signalisieren. Diese natürlich erweisungsbedürftige Feststellung einleitend zu treffen, ist deshalb geboten, weil die philosophische Disziplin der Ästhetik von ihr keinesfalls ausgenommen, sondern gleichfalls uneingeschränkt betroffen ist. Gelänge es also, diesen Sachverhalt überzeugend darzulegen, so wäre damit zugleich das zur Rede stehende rezeptionstheoretische Problem angemessen, nämlich benjaminkonform situiert.

---

16 Dieser seinerzeit geäußerte Wunsch hat sich schneller als erwartet in einem ersten Umriß erfüllt: Willem van Reijen, Herman van Doorn: Aufenthalte und Passagen. Leben und Werk Walter Benjamins. Eine Chronik.– Frankfurt a.M.: Suhrkamp 2001.

17 Dazu zuletzt der große Artikel von Andreas Pangritz: Theologie.– In: Benjamins Begriffe (Anm. 1), Bd. II, S. 774–825, mit der reichhaltigen Literatur. Zum philosophisch-theologischen Kontext auch ders.: Vom Kleiner- und Unsichtbarwerden der Theologie. Ein Versuch über das Projekt einer ›impliziten Theologie‹ bei Barth, Tillich, Bonhoeffer, Benjamin, Horkheimer und Adorno.– Tübingen: Theologischer Verlag 1996.

Die folgenden Überlegungen versuchen, zumindest einen Weg zur Lösung des Problems zu skizzieren.

Benjamin nimmt seinen Ausgang bekanntlich von der Sprachphilosophie.[18] Man könnte sie vielleicht am besten als ein Zeugnis seines jahrelangen Ringens mit Kant charakterisieren.[19] Dem an den Naturwissenschaften gebildeten, in den transzendentalen Anschauungsformen von Raum und Zeit verharrenden Erfahrungsbegriff von Kant setzt Benjamin die Erfahrung des Namens entgegen, in dem der von Gott mit Sprache begabte Mensch das geistige geschöpfliche Wesen der Dinge erfährt. Menschliche Sprache zielt auf ein den menschlichen Sprachen Transzendentes. Urbild der Sprache, allen menschlichen Sprachen versagt und gleichwohl ihnen aufgegeben, bleibt das adamitische Verleihen des Namens, in dem das göttliche Wesen der Dinge erfahrbar wird. Das Bilden von Begriffen über das Urteilen – Hauptgeschäft der »Kritik der reinen Vernunft« in der Deduktion der Verstandesbegriffe – bleibt demgegenüber mit den Stigmata der gefallenen Kreatur behaftet, weil es ein isolierendes, parzellierendes, die Subjekt-Objekt-Spaltung ratifizierendes ist. Erfahrung von Absolutheit ist im System Kants bekanntlich der Kritik der praktischen Vernunft vorbehalten. Hier ringt Benjamin nach dem Zeugnis der Briefe wiederum mit dem sprachlichen Charakter des kategorischen Imperativs, ohne daß ausgearbeitete Passagen zu diesem Problemkomplex überliefert wären.[20] Moralisches Handeln wird umstandslos als innerer Umgang des Menschen mit sich vor dem Angesicht Gottes definiert und vermutlich doch wohl in der Wahlverwandtschaften-Arbeit in der Erfahrung des göttlichen Namens der Liebenden am weitreichendsten exponiert. Als Pendant zur »Metaphysik der Sitten« und damit, um in die Hegelsche Terminologie herüberzuwechseln, zur Philosophie des objektiven Geistes, darf Benjamins gleichfalls frühe ›Kritik der Gewalt‹ angesprochen

18 Zusammengeführt unter den Titeln ›Metaphysisch-geschichtsphilosophische Studien‹ und ›Zur Sprachphilosophie und Erkenntniskritik‹.– In: Gesammelte Schriften. Unter Mitwirkung von Theodor W. Adorno und Gershom Scholem hrsg. von Rolf Tiedemann, Hermann Schweppenhäuser. Bd. I–VII.– Frankfurt a.M.: Suhrkamp 1972–1989 (GS), Bd. II, S. 89–233, Bd. VI, S. 9–53.

19 Das ist zu Recht vor allem immer wieder von Adorno betont worden. Dazu jetzt die reichhaltigen Zeugnisse vor allem im ersten Band der Gesammelten Briefe. Vgl. auch den Eingang zum Artikel von Thomas Weber: Erfahrung.– In: Benjamins Begriffe (Anm. 1), Bd. I, S. 230–259, sowie in dem gleichen Werk den Eingang zu dem Artikel ›Destruktion/Konstruktion‹ von Dag T. Andersson (S. 147–185). Dazu ebenfalls am Ort der Artikel ›Sprache‹ von Michael Bröcker (Bd. II, S. 740–773). Aus der inzwischen unübersehbaren Literatur zur Benjaminschen Sprachphilosophie zuletzt der sehr gehaltreiche und anregende Sammelband »Übersetzen« (Anm. 1). Ergiebig auch der Sammelband: Namen, Texte, Stimmen. Walter Benjamins Sprachphilosophie. Hrsg. von Thomas Regehly unter Mitarbeit von Iris Gniosdorsch.– Stuttgart: Akademie der Diözese Rottenburg-Stuttgart 1993 (= Hohenheimer Protokolle; 44). Dazu die anspruchsvolle Studie von Bettine Menke: Sprachfiguren (Anm. 2).

20 Vgl. GB I,436 f., 455. Vgl. auch die Fragmente ›Zur Moral und Anthropologie‹.– In: GS VI,54–89. Dazu Menninghaus: Das Ausdruckslose (Anm. 1), S. 50 ff.: ›Moralität und Sprache‹.

werden.[21] Auch hier ein nämlicher Befund. Die staatlich, die rechtlich sanktionierte Gewalt hat sich messen und richten zu lassen am transmundanen, Mensch und Natur umgreifenden Ideal paradiesischer Gewaltlosigkeit. Die Verzeitlichung der Rechtssphäre geleitet zur Geschichtsphilosophie. Benjamin hat geradezu verzweifelt nach einer Anknüpfung im Kantschen Werk gefahndet und sich schließlich enttäuscht abgewandt – mit der Folge, daß eine Ausarbeitung der Geschichtsphilosophie erst im Übergang zum Spätwerk erfolgt.[22] Messianität ist hier der politologisch-theologische Bezugs- und Referenzpunkt, auf den hin alles Denken über Geschichte bezogen wird. Verbleibt also die »Kritik der Urteilskraft« mit ihrer Analytik teleologischer, zweckorientierter Systeme, der bekanntlich Kants ›Ästhetik‹ integriert ist. Hier hat Benjamin von Anfang an eigene, von Kant nicht mehr vorgezeichnete Wege beschritten, die ihn wie von selbst zur Frühromantik geleiten mußten.

Auch die Werke konnten in einer von Theologie latent durchwalteten Philosophie nicht den Status eines unantastbaren Letzten behaupten; auch sie mußten, obgleich doch Abgeschlossenheit und Vollendung anstrebend, im Namen einer an den Grenzen und Umschlagplätzen operierenden Philosophie dieser als wenn nicht höherer, so doch mit Gewißheit gleichgewichtiger Instanz sui generis zugeführt werden. Das einschlägige Zeugnis dafür ist bezeichnenderweise wiederum ein briefliches, das ausgearbeitete Werk – nämlich das nicht geschriebene Nachwort des Trauerspielbuchs – vertretendes.[23] Werke haben keinen geschöpflichen Status. Sie sind Schöpfungen des Menschen, zweite Natur. In ihnen findet sich Leben repräsentiert. Wie auf das geistige Sein der Schöpfung die namensuchende und namenrestituierende Philosophie, so richtet sich auf die Welt und Dasein repräsentierenden Werke die auf Ideen ausgerichtete und ihnen darstellend denkerische Gewalt verleihende Philosophie. Kunstwerke stehen genau wie philosophische Systeme nicht in einem zeitlich-extensiv-geschichtlichen, sondern zeitlos-intensiv-geschichtslosen Verhält-

---

21 GS II,179–203. Dazu der sehr wichtige Sammelband: Gewalt und Gerechtigkeit. Derrida – Benjamin. Hrsg. von Anselm Haverkamp.– Frankfurt a.M.: Suhrkamp 1994 (= edition suhrkamp; 1706).

22 Auch hier sind jetzt die zahlreichen Zeugnisse im ersten Band der Gesammelten Briefe heranzuziehen, wiederum zu ergänzen um die Fragmente ›Zur Geschichtsphilosophie, Historik und Politik‹.– In: GS VI,90–108. Der seinerzeit wichtige Sammelband: Materialien zu Benjamins Thesen ›Über den Begriff der Geschichte‹. Beiträge und Interpretationen. Hrsg. von Peter Bulthaup.– Frankfurt a.M.: Suhrkamp 1975 (= suhrkamp taschenbuch wissenschaft; 121), bedürfte dringend einer Ergänzung durch eine Zusammenführung der vielen seither erschienenen unselbständigen und teilweise sehr wichtigen Beiträge zu Benjamins Geschichtsphilosophie, die hier nicht aufgeführt werden können. Vgl. zuletzt den Artikel von Willi Bolle: Geschichte.– In: Benjamins Begriffe (Anm. 1), Bd. I, S. 399–442, mit der dort angegebenen Literatur. Eine Akzentuierung (im Blick auf ein weniger wahrgenommenes, sehr lesenswertes, kritischen Abstand wahrendes Buch) sei vorgenommen: Kurt Anglet: Messianität und Geschichte. Walter Benjamins Konstruktion der historischen Dialektik und deren Aufhebung ins Eschatologische durch Erik Peterson.– Berlin: Akademie Verlag 1995.

23 Vgl. den großen Brief an Rang vom 9. Dezember 1923, GB II,390 ff.

nis zueinander. Sie erschließen sich folglich nur intensiver Interpretation, nicht extensiver Bezugnahme wie Vergleichung, Entwicklung, Filiation etc. Während Handeln und damit die Welt der Geschichte grundsätzlich im Lichte der Kategorie der Offenbarung, müssen Kunstwerke nicht anders als Natur mittels der Kategorie der Verschlossenheit gedacht werden.

Es sei gestattet, ein einziges Mal ein noch wenig abgenutztes, eben das erwähnte briefliche Zeugnis an den Freund Florens Christian Rang vom Dezember 1923 zu bemühen, auch um den ungeheuren spekulativen Elan im Umkreis des Trauerspielbuchs auf diese Weise wenigstens anzudeuten: »Die Ideen sind die Sterne im Gegensatz zu der Sonne der Offenbarung. Sie scheinen nicht in den Tag der Geschichte, sie wirken nur unsichtbar in ihm. Sie scheinen nur in die Nacht der Natur. Die Kunstwerke nun sind definiert als Modelle einer Natur, welche keinen Tag also auch keinen Gerichtstag erwartet, als Modelle einer Natur die nicht Schauplatz der Geschichte und nicht Wohnort der Menschen ist. Die gerettete Nacht. Kritik ist nun im Zusammenhang dieser Überlegung (wo sie identisch ist mit Interpretation und Gegensatz gegen alle Kurrenten Methoden der Kunstbetrachtung) Darstellung einer Idee. Ihre intensive Unendlichkeit kennzeichnet die Ideen als Monaden. Ich definiere: Kritik ist Mortifikation der Werke. Nicht Steigerung des Bewußtseins in ihnen (Romantisch!) sondern Ansiedlung des Wissens in ihnen. Die Philosophie hat die Ideen zu benennen wie Adam die Natur um sie, [nämlich die Werke!] welche die wiedergekehrte Natur sind, zu überwinden.«[24]

Das Zitat dürfte sich als hilfreich erweisen, um den Schlüssel für die Benjaminsche Rezeptionstheorie in die Hand zu bekommen. Der Status der Verschlossenheit, der den Werken wie der Natur eignet, nötigt hier zur ideenbezogenen Philosophie wie dort zum namengebenden Erkennen. Sind beide Modi des Erschließens, beide Modi der Erfahrung grenzwertbezogen im angedeuteten obigen Sinn, so prägt sich dieser Sachverhalt auf der Ebene der Interpretation von Werken im monadologischen Status der Ideen aus. Interpretation überführt die Werke in Ideen von monadologischem Charakter und verleiht ihnen damit den Anschluß an den intensiven und also inwendigen, dem Tag entzogenen Logos, der monadologischer Bestimmung und Definition gemäß den Aufriß der Welt in der perspektivischen Verkürzung der je einzelnen Monade repräsentiert. Philosophie also wird ermächtigt, einen ideenbezogenen Umgang mit den Werken zu eröffnen, der gleichbedeu-

---

24 GB II,393. Vgl. auch die Fragmente ›Zur Ästhetik‹.– In: GS VI,109–129, insbes. S. 125 ff. ›Die gerettete Nacht‹ hat inzwischen den Titel eines sehr lesenswerten, freilich weit über die hier angedeuteten Zusammenhänge hinausführenden Buches abgegeben. Vgl. Bock: Walter Benjamin (Anm. 1). Zu Benjamin und Rang vor allem Steiner: Die Geburt der Kritik (Anm. 1), S. 168 ff., sowie Lorenz Jäger: Messianische Kritik. Studien zu Leben und Werk von Florens Christian Rang.– Köln, Weimar, Wien: Böhlau 1998 (= Europäische Kulturstudien; 8), S. 73 ff.: Die Zusammenarbeit von Rang und Benjamin, insbesondere S. 179 ff.: ›Rang und das Trauerspielbuch‹. Zu Benjamins ästhetischer Theorie – neben den in Anm. 1 aufgeführten Arbeiten – zuletzt jeweils mit weiterer Literatur auch die Artikel ›Kritik‹ von Uwe Steiner und ›Kunstwerk‹ von Chryssoula Kambas.– In: Benjamins Begriffe (Anm. 1), Bd. II, S. 479–523 und S. 524–551.

tend ist mit einer Metabasis eis allo genos. Die philosophische Interpretation der Werke – die gerettete Nacht – ist eine Veranstaltung sui generis, die jedweden dienenden Charakter gegenüber den Werken abgelegt hat. Sie ist eine genuine und unvertretbare Form der Darstellung, deren Regularien Benjamin in der Vorrede zum Trauerspielbuch kodifiziert hat und der nichts weniger aufgetragen ist, als die verschlossenen, also rätselhaften und enigmatischen Werke in der ideenbezogenen Philosophie ihres nachtumwobenen Charakters zu entkleiden, ohne doch das Geheimnis ihres Schönheit repräsentierenden Seins zu zerstören. Philosophie muß mit anderen Worten selbst den Anforderungen schöner Darstellung gemäß den Regularien der Trauerspielbuch-Vorrede genügen, um dem permanent drohenden Absturz in Redemodi, die Schönheit und Geheimnis der Werke zerstören, zu entgehen. Nur so, als auf ganz anderer Ebene selbst schöne, bewahrt interpretative Philosophie einen autonomen Status gegenüber den Werken.

Es liegt auf der Hand, daß die Andeutungen in jeder Hinsicht explikationsbedürftige und vielfach dunkle Kürzel bleiben müssen. Gleichwohl sei bereits Abstand genommen, um eine geschichtliche Erwägung anzustellen, geeignet vielleicht, den Benjaminschen Einsatz in hellerem Licht zu zeigen. Die Benjaminsche ästhetische Theorie – bzw. genauer: seine Theorie der Kritik qua Interpretation der Werke – scheint die von Platon bis Hegel nicht verstummende Rede vom Vorrang der Philosophie gegenüber der Kunst zu erneuern. Letzte Instanz in Wahrheitsfragen bleibt die Philosophie, nicht die Kunst. Es lohnt sich, nicht diese prinzipiell bekannte Linie auszuziehen, sondern eine bislang eher verdeckte Opposition in den Blick zu nehmen.[25]

Seit dem Aufstieg der neuen Kunsttheorie aus dem Geist der Empfindsamkeit muß es als ein Sakrileg gelten, den Charakter der Kunst als einer letzten Instanz in Abrede zu stellen. Kunst – so erstmals seit dem 18. Jahrhundert im Singular denkbar – ist dieser Anschauung zufolge ein Organon, in dem jene Kräfte und Vermögen des Menschen eine Stätte haben, die ihnen in jeder anderen Äußerungsform des Menschen verwehrt sind. Ist Empfindsamkeit zu definieren als Entdeckung, ja geradezu als emphatische Exposition eines Raumes der Innerlichkeit, der anthropologisch den höchsten Rang einzunehmen im Begriff steht, so bleibt es der Kunst und nur ihr vorbehalten, einen wie auch immer unzulänglichen symbolischen Vorschein körperloser immaterieller Innerlichkeit zu repräsentieren. Auch empfindsame Kunsttheorie weiß um Grenzen. Sie betreffen die mediale Verfassung von Kunst, ihr Haften am Wort, am Ton, an der Farbe, am Stein. Sie alle sind eo ipso unvermögend, einem Absolutum, als welche Innerlichkeit zu denken ist, Gestalt zu verleihen. Kunst ist ihrem Wesen nach nicht in der Lage, dem heiligen Schauer des Innewerdens der Seele von göttlicher Abkunft zu genügen. Nur sie allein aber ist dem Menschen an die Hand gegeben, um dem Mysterium, als welches er sich nach

25 Zum Folgenden sei der Verweis gestattet auf das Kapitel: Antiklassische Ästhetik aus antiempfindsamen Geist. Benjamins Kunsttheorie zwischen Symbolismus und Allegorismus, im vorliegenden Buch, S. 147–159.

dem Abdanken der dogmatischen Bekenntnisse zu erfahren beginnt, einen geweihten Ort der Anschauung seiner selbst zu gewähren.

Und so mag denn das Paradox sich einstellen, daß es gar nicht das Werk selbst ist, sondern die Begegnung mit ihm in der Nachempfindung, die eine Ahnung jenes Absolutums wahrt, die das gestalthafte schöne Werk hervorzurufen, nicht aber selbst zu repräsentieren vermag. Damit wäre auch in der empfindsamen Kunsttheorie das ästhetische Essential jenseits des Werks angesiedelt. Die von dem Werk ausgehenden heiligen Schauer des Entzückens scheinen es zu sein, in denen die große Seele des Schöpfers, vermittelt über das flüchtige und unzulängliche Werk, einen Widerhall im Herzen des aufnahmebereiten und stets verschwisterten, gleichgesinnten Kunstgenießenden erfährt. Auserwähltheit hier wie dort zu inaugurieren wird das Ingrediens authentischer Kunst, die ihre Adepten so zur Gemeinde versammelt wie ihre Vorgängerin, die Religion, deren Stelle unter den Erwählten sie nun eingenommen hat.[26]

Benjamins rezeptionstheoretisch fundierte Ästhetik zu entwickeln, würde also nicht zuletzt bedeuten, sie als einen emphatischen Einspruch gegen diese neuere, eben mit der Empfindsamkeit in die Welt kommende und im Wagnerianismus und Ästhetizismus kulminierende Kunstauffassung sehen zu lernen. Das Skandalon ist ein doppeltes: die Substitution der Theologie durch Kunst, damit die Aufwertung des Künstlers zum gottähnlichen Schöpfer, und die Überantwortung des Umgangs mit Kunst in die empfindende Innerlichkeit des Kunstgenießenden, eben die Einfühlung. Hingegen ist es in der Benjaminschen Anschauung der Philosophie aufgegeben, der Kunst ihre Grenze zu bezeichnen, kodifiziert in der Rede von der zweiten Natur, andererseits sie jedoch in ganz anderer Weise ernst zu nehmen, als dies jemals im Umkreis empfindsamer Hermeneutik auch nur denkbar wäre: statt in genießender Selbstversunkenheit und damit in Preisgabe an Subjektivität umgekehrt ihrem Anspruch auf Wahrheit in denkendem, auf Ideen bezogenem Nachvollzug zu genügen. Dazu gehört, ihre Welt repräsentierenden gestalthaften Entwürfe zu überführen in das Medium Begriffe handhabender Philosophie, die ihrerseits als grenzgängerische erst Halt macht vor dem Geheimnis des Lebens selbst, dessen Siegel wie in aller Mystik die Sprachlosigkeit bleibt. Benjamins Rezeptionstheorie in der bis zum Trauerspielbuch währenden Phase seines Denkens zu situieren und zu fundamentieren heißt also, den Metaphysiker Benjamin am Werk zu sehen, der die unvertretbaren, an Gestalt und Bild und Stoff haftenden Werkgehalte als physiognomisch geprägte begreift, um sie im denkerischen Nachvollzug den großen Themen der abendländischen Metaphysik zu assimilieren und sie damit allemal dem Dämmerlicht gemütvoller und also subjektzentrierter Innerlichkeit zu entreißen. Erwartet

26 Vgl. Carsten Zelle: Von der Empfindsamkeit zum l'art pour l'art. Zu Richard Alewyns geplantem Sentimentalismus-Buch.– In: Euphorion 87 (1993), S. 90–105, mit der Skizze des Projekts ›The changing concepts of the arts and the artist in the years between 1750 and 1850‹. Die weiteren Nachweise mit der einschlägigen Literatur auch zur Empfindsamkeit oben in den Anm. 8, 9 und 10.

die Werke kein Tag, auch kein Gerichtstag, so ist es Aufgabe des Kritikers in Gestalt des Philosophen, sie einzustellen in den mundus intelligibilis einer die logoi immer neu ausspinnenden und damit fortschreibenden Philosophie. Rezeption und Formierung von Tradition sind in diesem Sinne eins.

II.

Es war eine Kurzsichtigkeit unserer 68er-Generation, diese metaphysisch-theologische Verfaßtheit und Verankerung der Benjaminschen Kunsttheorie nicht hinlänglich scharf gesehen und eben deshalb die Übergänge in das sogenannte materialistische Spätwerk nicht prägnant nachgezeichnet zu haben. An der physiognomischen Entzifferungsarbeit selbst, um dies zunächst festzustellen, änderte sich in der kritischen Praxis Benjamins ohnehin gar nichts, wie zumal die späten Baudelaire-Studien zeigen. Gibt es auf dieser Ebene eine Entwicklung, so allenfalls in Gestalt einer fortscheitenden Beschattung der Auslegung, die ihrerseits als kryptische und enigmatische, in der Bilderwelt verharrende zunehmend selbst der Auslegung bedürftig sich darbietet. Die Öffnung der Philosophie aber zur Gesellschaftstheorie und Politik, wie sie 1924 in der Achsenzeit auf Capri sich vollzog und in dem Nebeneinander von Trauerspielbuch und »Einbahnstraße« eine doch wohl denkwürdige coincidentia oppositorum zeitigte, teilte ihre Impulse nun auch der Kunst- und damit der Rezeptionstheorie mit. War das Gefüge der Werke via Philosophie immer schon gelockert, um nicht zu sagen: unterminiert, so korrelierte Benjamin ihre energetische Potentialität nun mit einer an Marx geschulten Deutung von Geschichte. Kunstgeschichte, von Benjamin im Lichte einer aufgegebenen intensiven Interpretation stets als Unding verworfen, wird erst jetzt im Spätwerk denkbar, und zwar in Gestalt einer nur Benjamin eigenen Erforschung der Nachgeschichte der Werke. Es genügt, an die Vorreden zum Wahlverwandtschaften-Essay und zum Trauerspielbuch zu erinnern, um zu wissen, daß Vor- wie Nachgeschichte der Werke schon im metaphysischen Frühwerk über eine gleichermaßen restituierende wie vollendende Philosophie konzipiert sind. Dieser monadologische Ansatz unterliegt wie alle exponierten metaphysischen Theoreme im Spätwerk einer geschichtsphilosophischen Metamorphose. Darum ist die Sicherung der Ansätze im Frühwerk ein so unerläßliches Gebot, wirken sie doch alle als keineswegs preisgegebene Kraftströme im Spätwerk fort.

Die Rezeptionstheorie des späten Benjamin, am eindrucksvollsten in der nicht mehr zustande gekommenen Vorrede zum gleichfalls unvollendeten – nämlich von Adorno zerschlagenen – Baudelaire-Buch skizzenhaft niedergelegt, darf seit längerem als aufgearbeitet und in gewisser Hinsicht doch wohl auch als abschließend erschlossen bezeichnet werden.[27] Detlev Schöttker hat ihr in der Neuauflage von Arnolds und Sinemus' »Grundzügen der Literatur- und Sprachwissenschaft« in dem

27 Die entsprechenden (vielfach voneinander abweichenden) Texte in: Walter Benjamin: Fragment über Methodenfragen einer marxistischen Literatur-Analyse.– In: Kursbuch 20 (1971), S. 1–9 (S. 1–5: Text, Überlieferung, Lesarten, Hinweise; S. 5–9: Rolf Tiedemann:

abschließenden Kapitel ›Grundfragen der Textrezeption‹ dankenswerterweise einen eigenen Abschnitt eingeräumt, und damit den inzwischen kanonischen Rang dieses Theorems bekräftigt.[28] Die schwierige gedankliche Operation soll an dieser Stelle nicht noch einmal nachvollzogen werden. Zu akzentuieren wäre im Blick auf die Formation der Benjaminschen Theorie wie das soeben Vorgetragene allenfalls die Feststellung, daß auch im Spätwerk der kritische, auf Wahrheit abzielende Impetus gewahrt bleibt, der dem Frühwerk metaphysisch induziert war. Denn die Stationen der Nachgeschichte der Werke zu verfolgen, ist eine doppelseitige, Rezipienten wie Werke gleichermaßen betreffende und beide kritisch gegeneinander ins Spiel bringende Operation.

Erforscht, identifiziert, situiert sein wollen die Rezipienten, die da Umgang mit den Werken pflegen. Ihre Charakteristik ist ein genuin geschichtliches Geschäft in kunstwissenschaftlicher Absicht, wird doch über die Erforschung ihrer mentalen Dispositionen überhaupt erst der Horizont erschließbar, innerhalb dessen sich die Begegnung mit den Werken vollzieht. Darum ist seit der Capreser Wende zunächst Wissenschaftsgeschichte und mit der Konkretisierung der Gesellschaftstheorie im Umkreis des Passagen-Projekts Leser- und Publikums- ebenso wie Medien- und Institutionsgeschichte ein permanentes Objekt Benjaminscher empirischer Arbeit geworden. ›Literaturgeschichte und Literaturwissenschaft‹ aus dem Jahr 1931 dürfte neben Werner Krauss »Literaturgeschichte als geschichtlicher Auftrag« aus dem Jahre 1950 mit gutem Grund der bedeutungsvollste Text geblieben sein, den die Wissenschaft von der Geschichte unseres Faches bislang zu verbuchen hat.[29] Er bestätigt und bekräftigt zugleich, was als Intention der zum Bild geratenen Baude-

Notiz zu einem Fragment Benjamins); ders.: Das Paris des Second Empire bei Baudelaire. Hrsg. von Rosemarie Heise.– Berlin/DDR, Weimar: Aufbau-Verlag 1971, S. 25–26. Rolf Tiedemann, mit dem kontrovers zu verfahren wir mehr als leid sind, hat seiner Baudelaire-Edition diese Vorrede Benjamins vorenthalten, vermutlich, um den fragmentarischen Charakter des Werkes noch deutlicher zu machen und damit auch hier genau umgekehrt zu dem eigentlichen Auftrag eines Herausgebers zu verfahren. Und das ungeachtet der Erkenntnis: »Benjamins Neigung, seine materialen Arbeiten mit methodologischen Reflexionen zu begleiten, reicht von der frühen Übertragung der ›Tableaux parisiens‹ über das Trauerspielbuch bis hin zu den Thesen ›Über den Begriff der Geschichte‹, die eine Art Methodenlehre des Passagenwerkes darstellen.« (S. 6; selbstverständlich wäre auch der Eingang der Wahlverwandtschaften-Abhandlung zu erwähnen). Immerhin ist der Titel des geplanten Werkes dem Titelblatt nicht vorenthalten worden – auch das keine Selbstverständlichkeit in der Frankfurter Editionspraxis. Vgl. Walter Benjamin: Charles Baudelaire. Ein Lyriker im Zeitalter des Hochkapitalismus. Hrsg. und mit einem Nachwort versehen von Rolf Tiedemann.– Frankfurt a.M.: Suhrkamp 1969. In der kritischen Edition ist das bahnbrechende methodische Vorwort in den editorischen Anhang verbannt. Vgl. GS I,1159–1167.

28 Detlev Schöttker: Theorien der literarischen Rezeption. Rezeptionsästhetik, Rezeptionsforschung, Empirische Literaturwissenschaft.– In: Grundzüge der Literaturwissenschaft. Hrsg. von Heinz Ludwig Arnold, Heinrich Detering.– München: Deutscher Taschenbuch-Verlag 1996 (= dtv; 4704), S. 537–554, S. 548 ff.

29 Abdruck GS III,283–290.

laire-Vorrede kenntlich wird: Die Nachgeschichte als Nachreife der Werke ist an einen kritischen und für den späten Benjamin nun an Marx orientierten Begriff von Geschichte geknüpft, der über die Möglichkeiten und die Spielräume und also die Aneignungen und Wertungen der Werke entscheidet. Die maßgeblichen Stationen dieses Prozesses aufzuarbeiten, bleibt ein unverzichtbares Geschäft des Kritikers. Und das keinesfalls nur im Blick auf das Publikum und die ihm zugeordneten Instanzen, sozusagen als Appendix der intensiven interpretativen Bemühung um das Werk, sondern vielmehr als ein unumgänglicher Schritt in der Bemühung um die Erkenntnis des geschichtlichen Gehalts der Werke selbst. Denn Werkgehalte entfalten sich sukzessive. Die Geschichte ihrer Entfaltung bleibt ganz im Sinne des einleitenden Diktums zum Wahlverwandtschaften-Essay weiterhin ein Schlüssel zu ihrer Erkenntnis wie zu ihrer Wertung, und damit ein Indikator der immer noch virulenten und keinesfalls beiseitegeschobenen Frage nach ihrem Wahrheitsgehalt. Werke, so der späte Benjamin, begünstigen oder widersetzen sich einem herrschenden und damit gesellschaftlich präformierten Trend der Aneignung. Sie kommen Lesarten entgegen, die sie fungibel machen für partielle Interessen, oder aber sie wahren ein wie auch immer verschlüsseltes Potential, das ›menschheitliche‹ Anliegen birgt, die kaschiert, momentan eliminiert, nicht aber auf Dauer umgedeutet oder gar unterdrückt werden können, sondern gemäß dem berühmten Heliotropismus-Bild aus den geschichtsphilosophischen Thesen ihr Haupt immer wieder der aufgehenden Sonne der Geschichte zuwenden werden.

Genug der uns allen zur Genüge erinnerlichen, derzeit ohne Anwärter und Sachwalter dem Unverständnis und dem Vergessen preisgegebenen Wendungen. Der Erweiterung der intensiven Werkinterpretation durch Integration einer kritisch gehandhabten Rezeptionsgeschichte und damit der Zuführung und Nutzbarmachung der Nachgeschichte für ein kritisches Verständnis der den Werken eignenden produktiven Potentiale dürfte Benjamin wie keiner sonst seiner Generation die Stimme geliehen haben. So wie er nicht kleinlich war in dem Anspruch, die Rolle eines ersten Kritikers in der Weimarer Republik zu erobern, so verstand er speziell seine Rezeptionstheorie der Werke als das Äquivalent – oder zumindest doch als das gleichgewichtige Pendant – zu der im Umkreis der Linken vorwaltenden Privilegierung der werkgenetischen, um Produktionsfaktoren kreisenden Bemühungen.[30] Benjamin war prädisponiert für diese rezeptionsästhetische Variante, die erst mit ihm massiv in die neuere Kunsttheorie Einzug hielt, weil kritische, grenzüberschreitende und grenzenumkreisende Philosophie immer schon das ihr eigene Werk der Mortifikation des Schönen vollbracht, den Kritiker in der Gestalt des Philosophen als gleichberechtigte Instanz ins Spiel gebracht und damit dem empfindsamen Aufgehen und Verschwinden des Betrachters im Werk Paroli geboten hatte. Im Spätwerk fiel ihm folglich auch in der Ästhetik nur gesellschaftskri-

30 Vgl. dazu die methodenkritischen Fragmente im Umkreis des Passagenwerkes, Konvolut N, GS V,570 ff.

tisch und geschichtsphilosophisch gewendet der Gehalt der ›Metaphysik der Jugend‹, wie sein nie zustande gekommenes Hauptwerk dieser Phase tituliert war, zu. Diese Einheit des Lebenswerkes in der weiten Streuung seiner faktischen Manifestationen zu gewahren und nachzuzeichnen, scheint auf allen disziplinären Ebenen und Verzweigungen und also auch innerhalb der ästhetischen Theorie ein offensichtlich lohnender und soweit zu sehen keinesfalls beendeter Akt rekonstruktiver Bemühung zu sein, der seinerseits mehr aneignungsfähige Elemente bergen dürfte, als derzeit zuerkannt.

Statt jedoch dieser ins Weite führenden Frage nachzugehen, soll abschließend einen Moment lang der Rezeption Benjamins selbst noch ein Wort gewidmet sein. Und das in der möglicherweise gar nicht statthaften, weil Ursache und Wirkung vertauschenden Fragestellung, ob denn womöglich zwischen der Ausformung seiner Theorie der der Philosophie bzw. der Geschichte gegenüber offenen Werke und der posthumen Aneignung seines Werkes ein anderes denn metaphorisches Verhältnis der Analogie obwalten könne. Daß dessen Rezeption nach 1940 so singulär dastehen dürfte wie seine eigene Rezeptionstheorie zu ihrer Zeit, darüber könnte womöglich noch Verständigung zu erzielen sein. Wir kennen keinen zweiten Fall eines so gut wie völligen Vergessens, einer Verschollenheit nicht einzelner Werkpartikel, sondern eines Werkkorpus in toto und dessen Wiederauferstehung binnen einer halben Generation dergestalt, daß dem zu Lebzeiten Publizierten ein gleich wichtiger Teil bis dato gar nicht oder nur fragmentarisch und verstümmelt Zugänglichem zur Seite trat und beide Teile zusammengenommen für eine Weile zum schlechterdings dominierenden theoretischen Paradigma in den Geistes- und Gesellschaftswissenschaften aufstiegen. Es war Benjamin zu Lebzeiten bekanntlich weder gelungen, sein seit 1927 verfolgtes Hauptwerk, die ›Pariser Passagen‹, abzuschließen und zum Druck zu bringen, noch einen Verleger für seine ›Berliner Kindheit‹ und seine literarischen Essays zu finden. Von den »Deutschen Menschen« abgesehen blieben das Trauerspielbuch und die »Einbahnstraße« aus dem Jahre 1928 die beiden letzten monographischen Veröffentlichungen. Seit der Emigration war seine Stimme in Deutschland so gut wie nicht mehr vernehmbar und im Ausland mehr oder weniger (und durchaus wider Willen) auf den Wirkungsradius des gleichfalls emigrierten Instituts für Sozialforschung eingeschränkt.[31]

Dieser Zustand währte bekanntlich bis zum Erscheinen der Schriften im Jahre 1955, die nach allseitigem Zeugnis derjenigen, die es wissen mußten, in dem restaurativen Klima der fünfziger Jahre zunächst keineswegs einen Umschwung der Dinge herbeizuführen vermochten.[32] Der kam erst in der Mitte der sechziger Jahre,

31 Dazu nach wie vor am fundiertesten: Rolf Wiggershaus: Die Frankfurter Schule. Geschichte. Theoretische Entwicklung. Politische Bedeutung.– München: Hanser 1986, S. 217 ff. Vgl. auch das große Kapitel bei Martin Jay: Dialektische Phantasie. Die Geschichte der Frankfurter Schule und des Instituts für Sozialforschung (1923–1950). Aus dem Amerikanischen von Hanne Herkommer und Bodo von Greiff.– Frankfurt a.M.: Fischer 1976, Taschenbuchausgabe 1981 (= fischer taschenbuch; 6546), S. 236 ff.

so daß der Suhrkamp-Verlag nun Schlag auf Schlag und häufig mehrfach pro Jahr mit wohlfeilen und stets suggestiv gestalteten Taschenbüchern auf dem Markt erscheinen konnte, die Benjamin eine singuläre Präsenz unter den linken Theoretikern sicherten. Wie lange dieser Zustand anhielt, darüber kann nur spekuliert werden. Zudem sind Aussagen über seine Wirkung seither pauschal nicht mehr möglich. Denn fast zeitgleich setzte ja eine Rezeption im Ausland ein, am frühesten und auch politisch am effektivsten bekanntlich in Italien. Seither ist Benjamin nicht nur zu einem Klassiker, sondern inzwischen auch zu einem Autor von Weltrang aufgestiegen. Sein Werk liegt in Gestalt von Gesamtausgaben bis hin zu einzelnen Texten in ungezählten Sprachen vor.[33] Eine Wirkungsgeschichte dieses Autors müßte inzwischen also weltweit angelegt werden, mit allen von Land zu Land wechselnden Konstellationen gerade auch mit Blick auf die in Anschlag zu bringenden politischen Kontexte.

Wenn eines mit relativer Sicherheit formuliert werden darf, so die These, daß die seit rund anderthalb Jahrzehnten anhaltende (und erst in allerjüngster Zeit nochmals umschlagende) Situation eher atypischen Charakter haben dürfte. Benjamin scheint schon bei den europäischen Nachbarn und auch in den Vereinigten Staaten und Japan, vor allem aber in den Staaten der sog. Dritten Welt bis heute ganz anders präsent und virulent zu sein als eben in Deutschland. Ein 1999 in Bologna abgehaltener Kongreß zu einer Spezialfrage wie den philosophischen Impulsen aus der Romantik im Werk Benjamins zeigte das schlagend, war doch sichtbar, wie sich eine philosophische Elite des Landes mit einem Ernst der minutiösen exegetischen Bemühung um einzelne Texte und Werkpartikel hingab, für die in Deutschland keine Parallele mehr namhaft zu machen sein dürfte.[34] Gleichwohl sollte das Bild auch nicht trügen. Die Vogue ist vorbei, gewiß. Damit aber auch ganz offensichtlich die Produktion fragwürdigen, minderwertigen, schlicht unangemessenen Schrifttums. Was derzeit in angesehenen Verlagen hervortritt, bewegt sich auf ei-

---

32 Zum Kontext jetzt neben dem Werk von Wiggershaus (vgl. die vorherige Anm.) die wichtige Monographie von Clemens Albrecht, Günter C. Behrmann, Michael Bock, Harald Homann, Friedrich H. Tenbruck: Die intellektuelle Gründung der Bundesrepublik. Eine Wirkungsgeschichte der Frankfurter Schule.– Frankfurt a.M., New York: Campus 1999. Hier auch S. 349 ff. aus der Feder von Günter C. Behrmann nach langer Zeit wieder eine Rekapitulation der Auseinandersetzungen um die authentische editorische Gestalt der Schriften Benjamins, die den einst und seither immer wieder geschmähten und verunglimpften Kritikern der Frankfurter Editoren unverhofft zu später Stunde zu ihrem Recht verhilft, so als habe nur genügend Zeit vergehen müssen, um die Wahrheit jenseits von Polemik und Streitgetümmel von kompetenter und neutraler Seite schlicht ans Tageslicht gelangen zu lassen.

33 Vgl. das wichtige Kapitel: Übertragungen der Schriften Benjamins.– In: Momme Brodersen: Walter Benjamin. Eine kommentierte Bibliographie.– Morsum/Sylt: Cicero Presse 1995, S. 137–223. Dazu die Fortführung in der Bibliographie von Markner und Rehm (Anm. 1), S. 1850–1855.

34 Vgl. Walter Benjamin tra critica romantica et critica del Romanticismo. A cura di Barnaba Maj, Davide Messina. Revisione editoriale di Gianluca Corrado.– Firenze: Aletheia 2000 (= Scaffale romantico/Saggi; 5).

nem Niveau, das vordem in der Benjamin-Forschung kaum jemals erreicht wurde. Der abgeflauten lautstarken Rezeption folgt also eine leise und interne, theoretisch ambitionierte und intensive Phase der Nachreife, die für die Erkenntnis des Werkes Gutes verheißt, auch wenn die politischen, gesellschaftlichen und intellektuellen Rahmenbedingungen für das Wiederaufleben eines öffentlichkeitswirksamen Diskurses auf nicht absehbare Zeit vorüber sein dürften.

Teilt man diese Einschätzung, so bleibt doch die Frage eines womöglich obwaltenden Zusammenhangs zwischen Werkgehalt und Rezeptionsgestalt damit weiterhin unbeantwortet, noch einmal vorausgesetzt, daß es überhaupt Sinn machen könnte, sie zu artikulieren. Daß ein esoterisches Werk – und um ein solches handelt es sich auch bei den späten Schriften nach dem Trauerspielbuch – in den Strudel einer geschichtlichen Katastrophe geraten und darüber verschwinden kann, ist nachvollziehbar. Daß es aber vergessen ist und ungeachtet seiner Enigmatik dann intellektuelle Meinungsführerschaft übernimmt, bleibt denkwürdig. Wenn es zwischen 1945 und 1965 anders als das Werk Kafkas oder Musils oder Brochs oder Döblins nicht teilhatte an der Wiedergewinnung der geistigen Anschlüsse an die europäisch-amerikanischen Standards, verkörpert etwa in Proust oder Joyce, Wolfe oder Faulkner, so deshalb, weil die endlich wieder mögliche Ausrichtung auf die Avantgarden des frühen 20. Jahrhunderts allemal zunächst und zuerst in den Künsten erfolgte.

Die Wiederentdeckung und Aufarbeitung theoretisch avancierter und zumal linker Positionen blieb demgegenüber merklich zurück. Es bedurfte in der Bundesrepublik eines gesellschaftlichen Drucks in Gestalt einer Systemkrise auf den verschiedensten Ebenen, um ein Schrifttum auszugraben und zu assimilieren, in dem sich nun tatsächlich Alternativen abzeichneten. Dazu zählte das Benjaminsche Schrifttum der späteren Zeit zumindest in Teilen. Die Privilegierung von Arbeiten seit der »Einbahnstraße« hatte jedoch die nicht unproblematische Konsequenz, daß eine allfällige methodische Revision in den Kunstwissenschaften über die früheren Schriften bis hin zum Trauerspielbuch auf merkwürdige und eigentlich doch nur mit Bedauern zu konstatierende Weise blockiert blieb. Statt dessen griff nicht zuletzt im Namen Benjamins ein ungezügeltes und nicht selten plakatives Verlangen nach Aktualisierung und Aktualität in den Geisteswissenschaften Platz, das angesichts des herrschenden Betriebs verständlich sein mochte, stets aber von der Gefahr begleitet war, einem kurzsichtigen Aufspießen verwendungsfähiger Texte und Parolen zu willfahren und darüber Sicherung und Stabilisierung einer gewiß vielfach umzuschreibenden, aber eben doch unter gar keinen Umständen preiszugebenden Tradition zu verabsäumen.[35]

Die aufgegebene und gerade doch durch die Benjaminsche Philosophie nachhaltig begünstigte Forderung einer philologisch unrestringierten und auf breitester Materialbasis angelegten Inspektion von Vergangenheit in kritischer und gerade

35 Zu diesem Fragenkomplex darf hier verwiesen werden auf ein im Druck befindliches größeres Buch des Verfassers: Das alte Buch im alten Europa (Fink-Verlag).

über Rezeptionsforschung abgesicherter und kontrollierter Anlage ist, so wird man im nachhinein einräumen müssen, uneingelöst geblieben, die Abfertigung, die einer zumal an Benjamin orientierten Kunstwissenschaft seit den achtziger Jahren widerfuhr, nur allzu verständlich. Das Versagen aber war angelegt – um nicht zu sagen: begründet – in der politischen Überblendung, die dem Benjaminschen Werk widerfuhr und die es mit sich brachte, daß sowohl dessen theoretisch-metaphysischen wie dessen material-empirischen, überhaupt erst zu Beginn der achtziger Jahre in Gänze vorliegenden und in der Passagenarbeit kulminierenden Komponenten nicht gleich verpflichtend in den Blick gelangten. Auf dem Feld des Politischen fand die junge Linke einen Einsatzpunkt, weil ihr Benjamins anarchistischer, spontaneistischer, pragmatistischer Gestus in Gestalt einer Theorie der niemals zu versäumenden, kleinstmöglichen Schritte in einer stets Nischen und Ritzen und damit Spielräume freigebenden Wirklichkeit entgegenkam. Es darf ja nicht vergessen werden: Benjamin war der Obhut der Kritischen Theorie anheimgestellt gewesen. Wenn er sich ihr entrang und sein Schatten alsbald über der Gestalt seines Sachwalters Adorno aufstieg und sie zu verdunkeln drohte, so in der aktuellen kritischen Phase der späten sechziger Jahre vornehmlich deshalb, weil sein Werk Praxis und Eingriff verhieß, wo die gut hegelisch ›durchdialektisierte‹ Adornosche Sicht der Dinge allenfalls eine Diagnose, keinesfalls aber eine Perspektive anzubieten hatte – es sei denn die totaler Verweigerung, wie sie am Paradigma avancierter Kunst demonstriert wurde.[36]

Es war noch einmal, wie sich spekulativ überspitzt vielleicht formulieren ließe, der untilgbare theologische Einschlag in Benjamins Denken, der nun auch in seiner explizit politischen Version sich dahingehend gelten machte, daß listen- und einfallsreich in der totalen Finsternis nach den Spuren des Messias Ausschau gehalten werden, dessen unvermitteltes Nahen als schlechterdings nicht in Abrede zu stellende Möglichkeit denkend bewahrt werden durfte. Das war eine metaphorische Rede, gewiß, und dreimal gewiß eine solche, mit der die neue und junge Linke so gut wie ausnahmslos nichts anzufangen wußte. Aber waren es nicht die im Umschlag zur profanisierten Theologie freigesetzten Energien, die Benjamins Werk jene Leucht- und Sprengkraft verliehen, die seinen Umgang mit den Werken zu einem bis heute einzig dastehenden Sonderfall im deutschen Sprachraum machten? Und vermochten sie nicht zugleich und für eine nun wahrlich knapp bemessene Weile die Hoffnung zu nähren, es könnten tatsächlich die Menschen ihre Angelegenheiten in die eigene Hand nehmen und jenes Glückes teilhaftig werden, welches Benjamin im Horizont eines von Theologie imprägnierten Werkes lebenslänglich umkreiste, ohne es doch in einem einzigen je zu fixieren, sondern – an den Grenzen der Sprache verharrend – der je ursprünglichen Erfahrung seiner Leser zu überantworten?

36 Dazu die Nachzeichnung der Rezeptionsgeschichte bei Garber: Rezeption und Rettung (Anm. 1), S. 121–193, insbes. S. 152 ff.

Der Metaphysiker in der Rolle des Kritikers

Benjamins Barock-Rezensionen

Nachspiele zum Trauerspielbuch*

Benjamin hat bekanntlich geduldig auf ein Echo auf sein Trauerspielbuch aus der Fachwelt gewartet. Wo immer er auf vereinzelte Spuren stieß, hat er sie sorgfältig verzeichnet, wie seine Briefe zeigen. Nicht selten knüpfte sich ein Briefwechsel mit den Lesern seines Werkes an. Insgesamt aber blieb die zeitgenössische Reaktion sporadisch und stand in keinem Verhältnis zu dem inkommensurablen Werk.[1] Dessen singuläre Statur war natürlich verantwortlich dafür, wie Benjamin nur allzu genau wußte, daß sich nur ausnahmsweise ein Beherzter getraute, das Wort zu ergreifen. Die Gefahr der Blamage schien allzu groß. Und hat sich an dieser Situation wirklich nachhaltig etwas geändert? Gewiß, der Text ist lange kanonisiert, mehr aber doch im Blick auf das Benjaminsche Œuvre als auf die Barockforschung. Es ist immer noch eine kleine Minderheit, die nicht müde wird, den Text und seine zentralen Gedanken der fachinternen Diskussion zuzuführen – mit mehr als mäßigem Erfolg.[2] Den Gründen dafür kann hier nicht nachgegangen werden. Der hochspe-

---

* Italienische Version unter dem Titel: Il metafisico nel ruolo del critico. Le recensioni sul Barocco di Walter Benjamin.– In: Giochi per melanconici. Sull'Origine del dramma barocco tedesco di Walter Benjamin. A cura di Andrea Pinotti.– Milano 2003 (= Mimesis. Collana morfologie), S. 73-130.

1 Zusammenstellung der Rezensionen bei Momme Brodersen: Walter Benjamin. Bibliografia critica generale (1913–1983).– Palermo: Centro Internazionale Studi di Estetica 1984 (= Aesthetica, pre-print; 6), S. 27 ff. Die Besprechungen sind sowohl unter den Titeln Nr. 15 (»Einbahnstraße«) wie Nr. 16 (»Ursprung des deutschen Trauerspiels«) aufzusuchen. Besprechung der zeitgenössischen Dokumente bei Hans-Harald Müller: Barockforschung: Ideologie und Methode. Ein Kapitel deutscher Wissenschaftsgeschichte 1870–1930.– Darmstadt: Thesen-Verlag 1973, S. 203 f., S. 278 f.; Herbert Jaumann: Die deutsche Barockliteratur. Wertung – Umwertung. Eine wertungsgeschichtliche Studie in systematischer Absicht.– Bonn: Grundmann 1975 (= Abhandlungen zur Kunst-, Musik- und Literaturwissenschaft; 181), S. 570 ff., S. 756 ff.; Klaus Garber: Benjamins Bild des Barock.– In: ders.: Rezeption und Rettung. Drei Studien zu Walter Benjamin.– Tübingen: Niemeyer 1987 (= Studien und Texte zur Sozialgeschichte der Literatur; 22), S. 59–120, S. 60 ff. Hier auch S. 65–81 eine Musterung von Studien zum literarischen Barock im Blick auf Spuren einer Benjamin-Rezeption bis an die Schwelle der achtziger Jahre. – Eine Sonderstellung in der Rezeption des Trauerspielbuchs nehmen die Adornoschen Seminare über das Werk ein. Vgl. dazu Momme Brodersen: Per cortesia, evitiamo le escursioni interdisciplinari nel campo della politica, cronaca di un seminario di Adorno sul ›Dramma barocco tedesco‹ di Walter Benjamin.– In: Ifigenisti di tutto il mondo, univeti! Colloquio sulla Scuola di Francoforte. A cura di Piero Violante.– Palermo: ILA Palma 1992, S. 55–62. Die Texte selbst in: Adornos Seminar vom Sommersemester 1932 über Benjamins ›Ursprung des deutschen Trauerspiels‹. Protokolle.– In: Frankfurter Adorno-Blätter 4 (1995), S. 52–77. Und eine Sonderstellung auf ganz andere Weise behaupten die vielfach enthusiastischen Besprechungen in den Tageszeitungen, aus denen der Verlag in der »Literarischen Welt« vom 31. August 1928 eine kleine Blütenlese einrückte. Vgl. Brodersen: Walter Benjamin (wie oben), S. [8].

2 Verwiesen sei etwa für die achtziger und neunziger Jahre aus dem Umkreis der Barockforschung auf: Albrecht Schöne: Emblematik und Drama im Zeitalter des Barock. 3. Aufl. mit

kulative Gestus des Werkes war nie und ist weiterhin nicht Sache einer Philologie des 17. Jahrhunderts, die aufs Ganze gesehen merkwürdig theorielos blieb. Mag sein, daß die gegenwärtig zu beobachtende Verlagerung auf die Wissenssysteme des Zeitalters, denen doch schon Benjamins nachhaltiges Interesse galt, eine Änderung im spröden Umgang mit seinem Hauptwerk bewirkt; vermutlich dürfte auch diese Hoffnung illusorisch bleiben. Das Buch »Ursprung des deutschen Trauerspiels« ragt so erratisch und fremdartig in die Forschungslandschaft wie zur Zeit seines Erscheinens. Es scheint einem minoritären Kreis nicht ablassender Benjamin-Kenner und -Liebhaber vorbehalten zu bleiben, dafür Sorge zu tragen, daß das Gespräch über das esoterische Hauptwerk des Philosophen und Kritikers nicht verstummt.

Benjamin umgekehrt hat sich über den Abschluß des Trauerspielbuchs hinaus das Interesse an der wissenschaftlichen Literatur und insbesondere am literarischen Barock durchaus bewahrt. Natürlich war zu keinem Zeitpunkt daran zu denken, die ja gerade in den späten zwanziger und frühen dreißiger Jahren besonders rege Produktion systematisch zu verfolgen. Das Zentrum seiner Arbeit hatte sich verlagert, und die zeitweilig geplante Untersuchung zur französischen Tragödie des 17. Jahrhunderts kam nicht mehr zustande. Doch mußte es den renommierten Kritiker, zu dem er so rasch und erfolgreich nach dem gescheiterten Habilitationsprojekt geworden war, reizen, die Trends und Standards einer Wissenschaft gerade auf dem Gebiet zu inspizieren, das im Umgang mit seinem eigenen Werk so schmählich versagt hatte. Die – offensichtlich erstmalige – Durchsicht der entsprechenden Arbeiten, insgesamt wenig mehr als ein halbes Dutzend Titel umfassend, darf von der Erwartung geleitet sein, gleichermaßen über das beobachtete kritische Verfahren wie über den jeweils zur Verhandlung stehenden Gegenstand und damit insgesamt über die Epoche des Barock aus nun wahrlich berufenem Munde neuerlich und durchaus anders denn nur marginal belehrt zu werden. Ist es der Rezension zu wissenschaftlicher Literatur bei guter Anlage eigen, neben den grundsätzlichen Erwägungen gerne auch komprimierte Bilder des Verhandelten zu versuchen, so hat sich Benjamin diese Chance natürlich keinesfalls entgehen lassen. Seine der Literatur des 17. Jahrhunderts gewidmeten Rezensionen sind daher methodisch wie materialiter eine reiche Quelle, wie wir hoffen zeigen zu können.[3]

Genau ein Jahrzehnt lang erstreckte sich die okkasionelle Beschäftigung Benjamins mit Arbeiten zum Barock. 1927, also im zweiten Jahr seiner intensiveren Be-

---

Anmerkungen.– München: Beck 1993 (= Beck Kulturwissenschaft), S. 253 ff.; Vgl. auch die Benjamin-Referenzen bei Robert J. Alexander: Das deutsche Barockdrama.– Stuttgart: Metzler 1984 (= Sammlung Metzler; 209).

3 Die beiden einschlägigen Arbeiten von Bernd Witte: Walter Benjamin: Der Intellektuelle als Kritiker. Untersuchungen zu seinem Frühwerk.– Stuttgart: Metzler 1976, und von Peter Unger: Walter Benjamin als Rezensent. Die Reflexion eines Intellektuellen auf die zeitgeschichtliche Situation.– Frankfurt a.M. etc.: Lang 1978, gehen auf einzelne Arbeiten von Benjamin nicht ein. Eine große Monographie zu den Benjaminschen Rezensionen bleibt ein erhebliches Desiderat der Benjamin-Forschung.

tätigung als Kritiker zumal für die »Literarische Welt« und die »Frankfurter Zeitung«, setzte sie ein, 1937 endete sie. Erst 1928 war das schon 1925 abgeschlossene Trauerspielbuch nach einer langen und zeitweilig irritierenden Wartezeit bei Rowohlt erschienen. Von wenigen Ausnahmen abgesehen konnte also nur Literatur berücksichtigt werden, die bis zur Mitte der zwanziger Jahre vorlag. Man wird Benjamin bescheinigen dürfen, daß die wichtigere und repräsentative Literatur der erneuerten Barockforschung, zumal zum Drama und Theater des 17. Jahrhunderts, zur Kenntnis genommen und verarbeitet ist.[4] Deren Einsatz wird – ob zu Recht oder zu Unrecht sei hier dahingestellt – auf Strichs (zumindest in seinen Schlußfolgerungen nur als problematisch zu qualifizierende) Abhandlung zum lyrischen Stil des 17. Jahrhundert datiert. Benjamin war sie willkommen, weil sie stilphysiognomisch auf die Differenz zwischen Renaissance und Barock hinarbeitete, die ihn aus ganz anderen Gründen bei der Konstruktion seines Werkes leitete; die abstrusen nationalpsychologischen Reminiszenzen – ein Erbe nicht zuletzt Wölfflins – wurden selbstverständlich nicht aufgegriffen. Auf andere Weise wegbereitenden Charakter für die neuere Barockforschung hatte Arthur Hübschers – im nachhinein gleichfalls so problematisch sich ausnehmende – Abhandlung zum »Barock als Gestaltung antithetischen Lebensgefühls«, in der die germanisch-expressiven Phasen der europäischen Geistesgeschichte neuerlich statuiert wurden und das Barock in diese Linie eingerückt wurde. Benjamin reklamierte sie, aller Kritik sich entschlagend, gleichfalls nur im Blick auf die epochale Eigenständigkeit des Barock, die zu untermauern sein Werk wie kaum eines sonst auf einem gegenüber seinen Gewährsleuten so schlechterdings unvergleichlichen Niveau beitrug. Es war die gleiche Intention, aus der heraus er würdigende Worte für die fast zeitgleichen kunstwissenschaftlich orientierten Werke vom Schlage Riegls, Hausensteins oder Weißbachs fand. In Cysarz »Deutscher Barockdichtung« aus dem Jahre 1924 wurde dann frühzeitig – und in der Tat viel zu früh – die epochale Synthese angesteuert.

---

4 Zum Folgenden vgl. neben den oben in Anm. 1 zitierten Arbeiten von Müller, Jaumann und Garber auch den großen Forschungsbericht von Erich Trunz: Die Erforschung der deutschen Barockdichtung. Ein Bericht über Ergebnisse und Aufgaben.– In: Deutsche Vierteljahrsschrift für Literaturwissensschaft und Geistesgeschichte 18 (1940), S. 1–100 (Referatenheft!). Dazu die beiden wichtigen wissenschaftsgeschichtlichen Sammelbände: Deutsche Barockforschung. Dokumentation einer Epoche. Hrsg. von Richard Alewyn. 2. Aufl.– Köln, Berlin: Kiepenheuer & Witsch 1966 (= Neue Wissenschaftliche Bibliothek; 7); Der literarische Barockbegriff. Hrsg. von Wilfried Barner.– Darmstadt: Wissenschaftliche Buchgesellschaft 1975 (= Wege der Forschung; 358). Zur Kritik Klaus Garber: Stadt-Kultur und Barock-Begriff. Zur Kritik eines Epochenbegriffs am Paradigma der bürgerlich-gelehrten humanistischen Literatur des 17. Jahrhunderts.– In: Europäische Städte im Zeitalter des Barock. Gestalt – Kultur – Sozialgefüge. Hrsg. von Kersten Krüger.– Köln, Wien: Böhlau 1988 (= Städteforschung; 28), S. 93–119; ders.: Europäisches Barock und deutsche Literatur des 17. Jahrhunderts. Zur Epochen-Problematik in der internationalen Diskussion.– In: Europäische Barock-Rezeption. In Verbindung mit Ferdinand van Ingen, Wilhelm Kühlmann, Wolfgang Weiß hrsg. von Klaus Garber. Bd. I–II.– Wiesbaden: Harrassowitz 1991 (= Wolfenbütteler Arbeiten zur Barockforschung; 20), S. 3–44.

Ihr gegenüber machte Benjamin ausnahmsweise und taktische Gründe entgegen eigenem Vorsatz nicht länger achtend partiell grundsätzliche Kritik geltend; die ironische und nur allzu berechtigte Abfertigung blieb dem Medium des Briefes vorbehalten.[5] Aus der dramen- und theatergeschichtlichen Literatur waren selbstverständlich nicht nur die älteren, dem Positivismus verpflichteten Arbeiten von Stachel, Wysocki, Landau, Kolitz, Kerckhoffs etc. präsent, sondern auch die jüngeren, zumal aus der Feder von Willi Flemming stammenden – auch er ja ein so zweifelhafter Kronzeuge der neueren Barockforschung.[6] Die Arbeit von Alewyn zur Opitzschen Antigone-Übersetzung kam offensichtlich leider zu spät, als daß sie von Benjamin noch hätte zur Kenntnis genommen werden können.[7] Sein Urteil zu dieser ersten dezidiert stilphysiognomischen Arbeit der neueren Barockforschung wäre naturgemäß von besonderem Interesse gewesen – nicht zuletzt im Blick auf die später ausgebliebene Reaktion Alewyns auf das Trauerspielbuch, die Benjamin besonders schmerzte.[8] Gab es in dem Werk eine wirklich produktive Assimilation der kurrenten Forschung jenseits der ansonsten überall selbständig gebahnten Wege, so bezeichnenderweise – nach dem Vorgang Giehlows! – aus dem weiteren Umkreis der Warburg-Schule. Die einschlägigen großen Untersuchungen von Warburg selbst, von Panofsky und Saxl, von Bezold, von Boll sind insbesondere in den großen Melancholie- und Allegorie-Abschnitten des zweiten Teils wiederholt mit extensiven Zitaten herangezogen worden. Daß die Warburgianer umgekehrt, von Saxl abgesehen, dem Benjaminschen Versuch später eine so kühle Aufnahme bereiteten, mußte den Autor besonders treffen, wähnte er doch zumindest an diesem einen Ort Geistesverwandte am Werk ...[9]

---

5 Vgl. Walter Benjamin: Gesammelte Briefe. Hrsg. von Christoph Gödde, Henri Lonitz. Bd. I–VI.– Frankfurt a.M.: Suhrkamp 1995–2000 (GB), Bd. II, S. 482, S. 493, S. 498; Bd. III, S. 60.

6 Diese gesamte Literatur leicht greifbar in dem in Anm. 2 zitierten Werk von Alexander sowie bei Gernot Uwe Gabel: Drama und Theater des deutschen Barock. Eine Handbibliographie der Sekundärliteratur.– Hamburg 1974 (Privatdruck).

7 Richard Alewyn: Vorbarocker Klassizismus und griechische Tragödie. Analyse der ›Antigone‹-Übersetzung des Martin Opitz.– Heidelberg: Köster 1926 (= Sonderdruck aus den Neuen Heidelberger Jahrbüchern, N.F. 1926, S. 3–63), Reprint Darmstadt: Wissenschaftliche Buchgesellschaft 1962 (= Reihe ›Libelli‹; 79).

8 Vgl. GB III,352 mit der Anm. auf S. 354, S. 367, S. 488 f.; IV,107, 487 mit der Anm. S. 488 f. Mit Gewißheit war die ausgebliebene Rezension der Grund für Benjamin, Alewyn aus dem Weg zu gehen. Die verpaßte Chance der persönlichen Begegnung, zunächst in Berlin, dann in Paris, bleibt zutiefst zu bedauern. Begegnet wären sich zwei Kenner des 17. Jahrhunderts, die die beiden bedeutendsten Werke zur Epoche vorlegten, der eine über die Gattung Trauerspiel, der andere über die Gattung Roman, die beide tief in das Zeitalter hineinführten. Vgl. Richard Alewyn: Johann Beer. Studien zum Roman des 17. Jahrhunderts.– Leipzig: Mayer & Müller 1932 (auch in der Reihe Palaestra; 181).

9 Vgl. dazu Momme Brodersen: »Wenn Ihnen die Arbeit des Interesses wert erscheint ...«. Walter Benjamin und das Warburg-Institut: einige Dokumente.– In: Aby Warburg. Akten des internationalen Symposions Hamburg 1990. Hrsg. von Horst Bredekamp, Manfred Diers, Charlotte Schoell-Glass.– Weinheim: VCH, Acta Humaniora 1991 (= Schriften des War-

Über die okkasionellen Bemerkungen hinaus war bekanntlich in der erkenntniskritischen Vorrede ein Ort in systematischer Absicht reserviert, an dem ein grundsätzliches Wort zur Forschungssituation Platz fand. Benjamin ahnte, daß der akademischen Zunft mit der Vorrede als ganzer allzu herbe Kost zugemutet würde. Er wähnte sich deshalb wohlberaten, eben mit diesem Forschungsbericht sein der Fakultät eingereichtes Exemplar zu eröffnen. Ein Blick in dieses gleichfalls dichtgearbeitete Textgewebe, nicht zuletzt zur Fundierung des Folgenden unerläßlich, zeigt rasch, daß auch dieses gutgemeinte Manöver, wie so viele andere in Benjamins Leben, angesichts des Niveaus seiner Adressaten von vornherein zum Scheitern verurteilt blieb. Die neuere Barockforschung hatte an der Lyrik eingesetzt. Sie bot sich für vergleichende Untersuchungen sowohl im deutschen wie im europäischen Raum bevorzugt an. Wenn der so willkommene textnahe Ansatz nicht die gewünschten Erfolge zeitigte, so war dies dem gerade in der Lyrik-Forschung immer noch vorherrschenden Psychologismus geschuldet, der sich nirgendwo verhängnisvoller auswirken mußte als in dem durch und durch von der Rhetorik beherrschten lyrischen Formen-Repertoire des 17. Jahrhunderts. Die führenden Barockforscher Richard Alewyn und Günther Müller drängten denn auch frühzeitig auf einen Paradigmenwechsel und forderten die Beschäftigung mit den dichterischen Großformen des Zeitalters ein. Als solche hatten der Roman in seinen verschiedenen Spielarten auf der einen, Drama und Theater und die sonstigen Manifestationen höfisch-repräsentativen Kulturgebarens auf der anderen Seite zu gelten.[10] Benjamin lag also, wie er

burg-Archivs im Kunstgeschichtlichen Seminar der Universität Hamburg; 1), S. 87–94. Dazu der Brief an Hofmannsthal vom 30. 10. 1926, in dem es hoffnungsvoll heißt: »Vielleicht darf ich neben der Teilnahme von [Walther] Brecht später auch auf das Interesse des hamburger Kreises um Warburg hoffen. Jedenfalls würde ich unter seinen Mitgliedern (zu denen ich selber keine Beziehungen habe) am ersten akademisch geschulte und verständnisvolle Rezensenten zugleich mir erwarten; im übrigen werde ich gerade von Seiten der offiziellen Wissenschaft nicht allzuviel Wohlwollen mir erwarten.« (GB III,210) Ähnlich erneut an Hofmannsthal am 24. 11. 1927. Vgl. GB III,308. Hofmannsthal schaltete sich tatsächlich ein – vergeblich. Vgl. GB III,320; III,332 sowie III,325 (an Scholem): »Diese gute Absicht, mir zu nützen hat – on ne peut plus – échoué (mißglückt, und wie!). Er schickte mir einen kühlen, ressentimentgeladenen Antwortbrief Panofskys auf diese Sendung ein. Kannst Du Dir darauf einen Vers machen?« Der Brief Panofskys ist leider nicht erhalten. Dafür ist heranzuziehen der Brief Schaeders an Hofmannsthal, der gleichfalls ressentimentgeladen ablehnend reagierte; auch hier unterlag Benjamin einer völligen Fehleinschätzung. Vgl. Gershom Scholem: Walter Benjamin – die Geschichte einer Freundschaft.– Frankfurt: Suhrkamp 1975 (= Bibliothek Suhrkamp; 467), S. 184 f., sowie: Hugo von Hofmannsthal – Hans Heinrich Schaeder: Die Briefe. Mitgeteilt von Rudolf Hirsch.– In: Hofmannsthal-Blätter 31/32 (1986), S. 3–31, hier S. 21–23. Dazu GB III,347; III,369; III,494. Freundlich äußerte sich hingegen Saxl. Vgl. GB III,407 f. Vgl. auch die Bemerkungen Benjamins zu Dürers Melancholia I von Panofsky und Saxl, GB II,509, 517; III,17. Zum Ganzen auch Wolfgang Kemp: Walter Benjamin und die Kunstwissenschaft. Teil 2: Benjamin und Aby Warburg.– In: Kritische Berichte 3 (1975), S. 5–25.

10 Vgl. Richard Alewyn: Johann Beer (Anm. 8), S. VIII: »Was endlich unsere Stellung zur Barockforschung selbst anbetrifft, so glauben wir, daß die vorangegangenen Untersuchungen und Deutungen, die sich fast alle mehr oder weniger bewußt an der Lyrik orientierten, sich

viel später noch ironisch bestätigte, voll im eben sich abzeichnenden neuen Forschungstrend.[11] Als eine der »Hauptformen« des »deutschen Literaturbarock« qualifizierte er das Trauerspiel des 17. Jahrhunderts und war damit den unübersehbaren Aporien auf seiten der Erforschung der lyrischen Formensprache entronnen.[12] Auch sein Maßstab war freilich von vornherein klar. Wer aber sollte dem genügen? Eine »Metaphysik dieser Form« galt es zu versuchen, die da über die unscheinbarsten und vermeintlich abstrusesten Ingredienzien den Zugang zur Erkenntnis einer Weltdeutung bahnte, wie sie die Idee des barocken Trauerspiels umschrieb, die uns seit Benjamins Unternehmung unverrückbar vor Augen steht.[13]

Dem barocken Drama, so Benjamin einleitend, sei ein »historischer Nachhall« versagt geblieben.[14] Dieses Schicksal teilt es mit so gut wie allen anderen literarischen Manifestationen des 17. Jahrhunderts. Im Grunde genommen war es dem Kirchenlied und dem Grimmelshausenschen »Simplicissimus«, am Rande womöglich der schlesischen Mystik vorbehalten, den literarischen Formbestand des 17. Jahrhunderts über die Zeiten hinweg zu vertreten. Die in der Romantik einsetzende »Erneuerung der literarischen Habe Deutschlands« umfaßte also nur einen winzigen Ausschnitt aus dem literarischen Kosmos des Barock.[15] Die Präponderanz Shakespeares auf der einen, Calderóns auf der anderen Seite verdunkelte das Bild des barocken Dramas, das in seinem der Grübelei hingegebenen Ernst ohnehin nie Anspruch auf theatralische Faszination erheben konnte. Das Drama war wie die gesamte literarische Produktion des Zeitalters das Werk von Gelehrten, »eines gebildeten Beamtentumes«, wie Benjamin sehr treffend sagte.[16] Sie hatten, wie Benjamin gleichfalls bereits wußte, große Verdienste um die Geschicke einer in Deutschland so besonders brüchigen

nur im Vorgelände bewegten, das erst vom Zentralmassiv der barocken Großformen: Roman und Theater, her betrachtet in die wahren Verhältnisse rückt. Dieser schon lange gehegten Überzeugung boten die Untersuchungen von Günther Müller zum höfischen Roman des Barock, die zum ersten Mal nachhaltig in diesen Kernbereich vorstießen, beglückende Bestätigung und nicht zu erschöpfende Anregung.« Vgl. von Günther Müller etwa: Deutsche Dichtung von der Renaissance bis zum Ausgang des Barock.– Wildpark-Potsdam: Athenaion 1927 (= Handbuch der Literaturwissenschaft), Reprint: Darmstadt: Wissenschaftliche Buchgesellschaft 1957; ders.: Höfische Kultur der Barockzeit.– In: Hans Naumann, Günther Müller: Höfische Kultur.– Halle/Saale: Niemeyer 1929 (= Deutsche Vierteljahrsschrift für Literaturwissenschaft und Geistesgeschichte. Buchreihe; 17), S. 79–154; ders.: Barockromane und Barockroman.– In: Literaturwissenschaftliches Jahrbuch der Görres-Gesellschaft 4 (1929), S. 1–29.

11 Vgl. GB IV,107: »Dieser Tage hat es sich übrigens erwiesen, daß ›Barock‹ schon das rechte Pferdchen und nur ich der falsche Jokei gewesen bin, indem man nämlich dem besten Spezialisten für Barock, dem Privatdozenten Alewyn in Berlin Gundolfs Lehrstuhl in Heidelberg übertragen hat.«

12 Walter Benjamin: Gesammelte Schriften. Unter Mitwirkung von Theodor W. Adorno und Gershom Scholem hrsg. von Rolf Tiedemann, Hermann Schweppenhäuser. Bd. I–VII.– Frankfurt a.M.: Suhrkamp 1972–1989 (GS), Bd. I,228.

13 GS I,228.

14 GS I,228 f.

15 GS I,229.

16 Ebd.

»nationalen« literarischen Tradition.[17] Kriterien einer wie auch immer zu spezifizierenden Volkstümlichkeit jedoch, wie sie mit der jüngeren Romantik und der in ihrem Gefolge sich formierenden deutschen Philologie massiv ins Spiel kamen, konnten sie im Drama so wenig wie in der Lyrik oder im Roman oder in ihren sonstigen auf Tiefsinn und Artistik bedachten Äußerungen genügen, spielten doch zumal im Drama »weder deutsche Sage noch deutsche Geschichte« eine irgend geartete Rolle.[18]

Maßgeblich aber für die Expatriierung blieb letztlich, daß das Fach ungeachtet seiner institutionellen Konsolidierung und Verbreiterung über kein qualifiziertes Instrumentarium zum Zwecke von »Stilkritik und Formenanalyse« verfügte, das einen Zugang zu der fremden und rätselhaften Formenwelt des Barock hätte eröffnen können.[19] Der seit dem letzten Drittel des 19. Jahrhunderts obwaltende Biographismus blieb selbstverständlich nicht anders als die Stoffgeschichte unvermögend, in das Massiv der Großformen vorzudringen, das nicht dem spielerischen Genius wie im Spanien Calderóns und Lopes, sondern vielmehr dem angestrengten Bemühen entsprang, mit gehöriger zeitlicher Verspätung ein den Nachbarn ebenbürtiges deutsches Drama zu schaffen. Werke sind weniger Zeugnisse ihres Schöpfers als vielmehr »Dokument[e] des Sprachlebens und seiner jeweiligen Möglichkeiten«.[20] Diesen – Willen, Intention und Vermögen der Autoren entzogenen – Gesichtspunkt aus dem Geiste einer ideenbezogenen Literaturforschung in die Debatte eingeführt zu haben, kam dem entpersonalisierten Gestus gerade des barocken Schrifttums so eminent entgegen. Nicht verwunderlich also, daß er in dem kritischen Repertoire alsbald sich wiederum geltend machte. Einfühlung war dieser dem Geist der Allegorie durch und durch gehorchenden Kunstform so wenig gewachsen wie fadenscheinige Monumentalisierung aus dem Geiste der Georgianer. Der Expressionismus aber, auf den ersten Blick dem Geist des Barock so affin, überlagerte mit seinem Pathos gewaltsam das Kunstwollen einer fernen Zeit, das ganz anderen historischen Bedingungen verhaftet war, so daß umgekehrt strikte Abkehr vom modischen literarischen Zeitgeist der Gegenwart unerläßliche Voraussetzung für die Erkenntnis der literarischen Physiognomie des 17. Jahrhunderts blieb. Damit waren Maximen und Prämissen artikuliert, die hier in Abbreviatur in Erinnerung gerufen werden sollten, weil sie nun wie selbstverständlich das kritische Geschäft auch des ›Barock-Rezensenten‹ durchwalteten.

Nochmals Sprache im Barock – Die Hankamer-Trias

Benjamin hat, wie erwähnt, ganz gelegentlich vor der Publikation seines Hauptwerkes noch nachgearbeitet. Zu den Untersuchungen, die er ihm noch zuführte,

17 Ebd.
18 Ebd.
19 Ebd.
20 GS I,230.

gehört Paul Hankamers überhaupt erst 1927 erschienene Untersuchung zur Sprachauffassung im 16. und 17. Jahrhundert.[21] Mit ihrer Besprechung eröffnete Benjamin seine Vorstellung einschlägiger Arbeiten zum 17. Jahrhundert in der Zeitung, hier im Literaturblatt der »Frankfurter Zeitung«. Hankamer war schon drei Jahre vorher mit einer Monographie über Böhme hervorgetreten, die keinen Eingang in das Trauerspielbuch gefunden hatte.[22] Mit ihr und der Spracharbeit qualifizierte sich Hankamer für seine größte dem 17. Jahrhundert gewidmete Darstellung, betitelt »Deutsche Gegenreformation und deutsches Barock. Die deutsche Literatur im Zeitraum des 17. Jahrhunderts«.[23] Mit ihr schuf er, wie nicht hinlänglich bewußt, neben Richard Newald die einzige im 20. Jahrhundert zustande gekommene große Literaturgeschichte des 17. Jahrhunderts aus einer Hand. Das alleine würde genügen, ihr endlich eine eingehende Würdigung zuteil werden zu lassen. Dafür ist hier selbstverständlich nicht der Ort. Wohl aber ist die Bemerkung statthaft, daß sich ihr Verfasser nach ihrem Erscheinen im Jahre 1935 nur noch ein Jahr lang seiner Tätigkeit als Ordinarius für neuere deutsche Literatur in der Nachfolge Josef Nadlers an der Königsberger Albertina erfreuen durfte.[24] 1936 wurde der überzeugte Katholik wegen mißliebiger politischer Äußerungen aus dem Lehrkörper entfernt und übersiedelte als Privatgelehrter in die Nähe Münchens, wo er einen Monat nach Kriegsende starb. Seine Nachfolge in Königsberg aber trat Hans Pyritz an, der zu der Hankamerschen Literaturgeschichte eine gediegene und bis

21 Paul Hankamer: Die Sprache, ihr Begriff und ihre Deutung im sechzehnten und siebzehnten Jahrhundert. Ein Beitrag zur Frage der literarhistorischen Gliederung des Zeitraums.– Bonn: Cohen 1927, Reprint Hildesheim: Olms 1965.

22 Paul Hankamer: Jakob Böhme. Gestalt und Gestaltung.– Bonn: Cohen 1924, Reprint Hildesheim: Olms 1960.

23 Paul Hankamer: Deutsche Gegenreformation und deutsches Barock. Die deutsche Literatur im Zeitraum des 17. Jahrhunderts.– Stuttgart: Metzler 1935 (= Epochen der deutschen Literatur. Geschichtliche Darstellungen. Bd. II. Zweiter Teil); der erste Teil des Bandes wird durch Wolfgang Stammlers bedeutende und erstmals 1927 erschienene Darstellung »Von der Mystik zum Barock« gebildet. Eine zweite unveränderte Auflage erschien 1947 im gleichen Verlag. Seit der dritten Auflage (1964) fiel unbegreiflicherweise die unten erwähnte Pyritzsche Bibliographie fort, die ihrerseits ein wichtiges wissenschaftsgeschichtliches Dokument darstellt.

24 Vgl. den Artikel von Friedrich Ohly in der NDB VII (1966), S. 617 f., sowie den Eintrag im Koschschen Literaturlexikon ^{3}VII, Sp. 271 f. Dazu Wolfgang Müller-Seidel: Spiel der Mächte. Paul Hankamer zum Gedächtnis.– In: Die Sammlung. Zeitschrift für Kultur und Erziehung 5 (1950), S. 202–208; Wilhelm Worringer: Paul Hankamer.– In: Jahrbuch der Albertus-Universität zu Königsberg/Preußen 2 (1952), S. 26–29; Josef Zimmermann: Paul Hankamer zum Gedenken.– In: Paul Hankamer: Der Mantel des Ratsherrn. Erzählung aus dem 30jährigen Kriege.– Bonn: Verlag Bonner Buchgemeinde 1954, S. 309–317. Jetzt Wolfgang Harms: Die studentische Gegenwehr gegen Angriffe auf Paul Hankamer an der Universität Königsberg 1935/36. Ein Versuch der Verteidigung einer Geisteswissenschaft.– In: Nach der Sozialgeschichte. Konzepte für eine Literaturwissenschaft zwischen Historischer Anthropologie, Kulturgeschichte und Medientheorie. Hrsg. von Martin Huber, Gerhard Lauer.– Tübingen: Niemeyer 2000, S. 281–301.

heute dank der Organisation des Stoffes vorbildlich gebliebene Bibliographie des wissenschaftlichen Schrifttums zur Literatur des 17. Jahrhunderts und ihren kontextuellen Rahmenbedingungen beigesteuert hatte. Er verstand sich auf den Zeitgeist und wechselte schon ein Jahr später auf den einflußreichsten Lehrstuhl des Reiches herüber, der nach dem überraschenden Tode Julius Petersens im Jahre 1941 frei geworden war. Petersen nun hatte seinerseits bereits Mitte der zwanziger Jahre keinen anderen als Richard Alewyn eben für eine Literaturgeschichte des Barock gewonnen, die dieser dann über der Entdeckung Beers so wenig noch zustande brachte wie die geplante Kulturgeschichte des Barock, bevor auch er schon 1933 den eben bezogenen Gundolfschen Lehrstuhl in Heidelberg und damit Deutschland verlassen mußte ...

Hankamer hatte schon seinem Böhme-Buch ein Vorwort vorausgeschickt, in dem er seine Vorstellung des Schöpfers bzw. des Schöpferischen verdeutlichte, als deren höchste Repräsentation unter den deutschen Denkern ihm Böhme vor Augen stand. »Jakob Böhme ist unter den deutschen Denkern gewiß der größte Schöpfer.«[25] Hankamer bekennt sich zu den großen schöpferischen Individuen, »den auserwählten Menschen,« die als »Bildner der Welt und Geschichte« anzusprechen sind.[26] Die »Persönlichkeit«, die »den Menschen einer neuen Art vorbildet und so schafft«, eines »großen Menschen« in seinem »Neu-artigen und Eigen-artigen« fasziniert ihn und mag in einer Böhme-Darstellung eine Spur von Berechtigung haben; Zeitalter sind über eine so geartete Philosophie nicht zu erschließen.[27] Der große Mensch erscheint in religiöser Wendung des Gedankens als ein »Gesandter«, der ein ihm schicksalhaft auferlegtes Wesensgesetz lebend verwirklicht.[28] Es ist der religiös eingefärbte Georgianismus, der Hankamers Ansatz prägt. Er ist hier gar nicht zu diskutieren. Fest steht, daß er den Zugang zu den schöpferischen Leistungen der Frühen Neuzeit nur ausnahmsweise bahnt. Die Seele verwirklicht als schöpferischer Urgrund, was ihr »als Schicksal zukam.«[29] Wo immer sie sich manifestiert, tut sich ein Rätsel auf und waltet Gnade. Kultur, Literatur mit einem ganz anderen, z. B. Geselligkeit stiftenden, einen Personenkreis freundschaftlich verbindenden, durch Tradition verbürgtes Können bezeugenden Auftrag bleibt in dieser monumentalen Sicht der Dinge notgedrungen zweitrangig und ephemer. Der gelehrte Humanist, der das sprachliche, das literarische, das intellektuelle Leben zwischen Celtis und Gottsched prägt und diesem Bilde nicht entspricht, verfehlt die Möglichkeiten sprachlicher Artikulation von vornherein. Böhme eben nimmt eine Sonderstellung im 17. Jahrhundert ein. Wenn an irgendeinem, so mag sich womöglich an ihm dieses Hankamersche Bekenntnis zur Zeit und Geschichte (und »Volk«!) unverwechselbar und zugleich sinnbildlich prägenden Persönlichkeit bewähren. Diese Überzeugungen und Prämissen Hankamers

25 Hankamer: Jakob Böhme (Anm. 22), S. 13.
26 Ebd., S. 7.
27 Ebd.
28 Ebd., S. 8.
29 Ebd., S. 9.

sollte man kennen, bevor man sich seinen materialen Untersuchungen zuwendet. Das unter solchen Auspizien zustande gekommene Bild Böhmes kann hier nicht in wenigen Strichen nachgezeichnet werden, auch wenn es einer Darstellung des angedeuteten Anspruchs aus der Feder Hankamers nicht um Entwicklungen und Wandlungen, womöglich Widersprüche und Rätsel, sondern nur um Typisches, Wesenhaftes und Bleibendes geht, der Exeget also sein Werk darin begründet sieht, das schwankende Bild der Gestalt wie das mannigfach ausgreifende und womöglich unvollendete Werk zum Denkmal emporzuheben und zu stilisieren.[30]

In seinem drei Jahre später erschienenen, der Sprache gewidmeten Werk griff Hankamer auf mehr als zwei Jahrhunderte und damit auf den Humanismus in seiner ganzen Spannbreite, die Reformation einschließlich der vor ihr liegenden Anfänge der neuhochdeutschen Sprachgeschichte sowie schließlich auf das zerklüftete Jahrhundert des Barock aus. Wie bei so vielen neueren und zeitgleichen Forschern, die sich doch nicht zufällig diesen vorsentimentalen Epochen zugewandt hatten, man-

30 Böhme ist für Hankamer der große Repräsentant des Ostens, der nun im 17. Jahrhundert sich unüberhörbar zu Wort meldet und bekanntlich in Schlesien ein Zentrum gerade mystisch-spiritualistischer Geistigkeit besitzt. Diese Nadler folgende Erkenntnis bleibt für das Buch selbst folgenlos. Die kommunikativen, sozialen, religiösen Verbindungen Böhmes im Gefüge der geistigen Landschaft Schlesiens zeichnen sich in Hankamers Buch überhaupt nicht ab. Er bleibt der einsame deutsche Suchende in der Tradition des spezifisch deutschen Protestantismus, ganz seinem inneren Gesetz folgend, und ist damit zugleich für Hankamer »der erste wahrhaft ›katholische‹ deutsch-katholische Mensch seit Ekkehart« (90). Die Chancen eines raumkundlichen Ansatzes können unter solchen Auspizien natürlich nicht genutzt werden. Deutlich hingegen werden die Schranken, die seinem Wirken durch »Kirchenlehre und Satzung« gesetzt waren; unzufrieden mit ihnen und leidend an ihnen, war ihm aufgegeben, »die Ordnung und das Gesetz« aus sich selbst zu gewinnen. (91) »Böhme der Enkel der Renaissance und Reformation, hat als Bringer des Neuen erstmalig dies so bewußt durchlebt wie seitdem alle unsere Großen.« (94) Die unbedingte Schöpferkraft jedoch ist mit der Nachtseite der Vernichtung des ihr Entgegenstehenden, Feindlichen verbunden, unter der Böhme wie jeder große Mensch nicht nur litt, sondern unter deren gewaltiger Erfahrung er weitergeführt wurde zur quälenden Frage nach dem Bösen im göttlichen Wesen selbst. Sie gelöst zu haben in einer Heiligung des Wirklichen, Leiblichen, sich vollendend in der geistdurchwirkten und als solche weisheitsbegabten Persönlichkeit, die als sich gewinnendes göttliches Wesen in der Zeit ausprägt, bleibt Böhmes singulär dastehendes Werk. Katholizität aber meint jenen Ausgriff in Geschichte und damit jedwede denkbare Zukunft, in der alles wesenhaft gewordene Sein sich zusammenschließt als Ausprägung des Göttlichen auf Erden. »Böhme ist der erste nachlutherische Deutsche, dem eine solche universale Gemeinschaftsform wie sie das Mittelalter gedacht hatte wieder denkbar ist.« (152) Der Humanismus blieb für ihn als des Lateins Unkundigen verschlossen. Eben deshalb eignete Böhme sich vorzüglich zum Exempel für den Prototyp des schöpferischen Menschen, wie Hankamer ihn einleitend gezeichnet hatte. Polemisiert Böhme gegen den Gelehrten, so zuvörderst gegen den Theologen, der verantwortlich ist für die stetig fortschreitende Spaltung der una sancta et mystica societas christiana. Ihm gegenüber preist er den »Meister«, der als Laie und aus den volkssprachigen Traditionen sein Weltbild sich schuf. (166) Absolutes Vorbild ist Christus, durch keine wissenschaftliche Neugierde zu tangieren oder gar zu relativieren. Das biblische Wort hingegen ist kein Absolutum. Es ist wahr in dem Maße, wie es zum geistlichen Leben erweckt.

gelte es auch bei Hankamer an einem genuinen Verständnis für die Sprachauffassung und Sprachpraxis aus dem Geist des Humanismus, der sich, vermittelt über Opitz und die Seinen, doch tief in das 17. Jahrhundert hinein erstreckte. Humanistischer Umgang mit der Sprache ist autoritätsgeleitet, nämlich orientiert an antiken Mustern, die nach der quasi umgangssprachlichen Adaptation des Lateinischen im Mittelalter nun überall als korrektive, die Purifizierung begünstigende Gestalten rehabilitiert werden. Damit aber, so Hankamer an ungezählten Stellen seines Werkes, werde ein ursprünglicher sprachschöpferischer Impuls sistiert, eine beseelte, der unvertretbaren Macht des Individuums entsprungene urtümliche und damit unverwechselbare und einmalige Artikulation schicksalhafter Mächte im Medium von Sprache vereitelt. Es liegt auf der Hand, daß sich unter diesen Prämissen zu der humanistischen Sprachpraxis kein Zugang eröffnen konnte. Die antithetisch dazu eingeführte Charakteristik der Lutherischen Sprachauffassung und Sprachpraxis leidet umgekehrt darunter, daß Hankamer den Gegensatz zu den zeitgenössischen Spiritualisten nur eben berührt, ohne den offenbaren und für die Sprachtheorie ungemein ergiebigen Gegensatz wirklich zu erschöpfen. Unter den Theoretikern und Praktikern des Deutschen finden jene seine besondere Sympathie, die eine innere seelische Nötigung zum sprachlichen Ausdruck erkennen lassen, also beispielsweise und repräsentativ Ickelsamer dort, Hutten hier. Wechselt Hankamer dann in das 17. Jahrhundert, das auch von ihm schon so apostrophierte Zeitalter des Barock herüber, so bleibt ein Eingang mit Fischart (womöglich angeregt von Günther Müller) natürlich mehr als problematisch. Weckherlin, Opitz und damit die gesamte klassizistische Phalanx, die doch dem Jahrhundert literarisch das Gepräge verleihen, müssen dann notgedrungen »als retardierende Kräfte – vom Begriff der Sprache aus gesehen« erscheinen. Warum? »Dichten ist zunächst Können, nicht Drang und Muß.«[31] Damit ist jeder Zugang zur eruditären Produktion des 17. Jahrhunderts und zu ihren sprachlichen Voraussetzungen von vornherein verbaut. Rühmenswert sind die Ausnahmen, angefangen bei Spee, partiell bei Fleming, sodann bei Dach, Gerhardt und Gryphius und zumal deren Beiträge zur Ausprägung einer geistlichen Formensprache. Die Artistik eines Zesen, eines Harsdörffer und der Nürnberger, einschließlich ihrer natursprachlichen Reminiszenzen, verfällt unter diesen Auspizien uneingeschränkter Kritik. Angemessenes Sprechen über Sprache im Sinne Hankamers schafft sich in der Theorie einen Weg, so bei Schottel, so auf andere Weise und wieder dem Rationalismus Tribut zollend bei Leibniz. Den Geheimnissen der Sprache werden in diesem Jahrhundert nur ein Böhme, ein Czepko, ein Angelus Silesius gerecht. Mit dieser Erkenntnis aber war der eben sich formierenden Barockforschung nur wenig gedient, mußte ihr doch gerade daran gelegen sein, den herrschenden Trend einer aus dem Geist des Humanismus erneuerten deutschen Sprache sprachgeschichtlich und sprachphilosophisch neu erschlossen und gedeutet zu sehen.[32]

31 Hankamer: Die Sprache (Anm. 21), S. 89.

32 Vgl. unter den Besprechungen, die dem Hankamerschen Werk gewidmet wurden, vor allem diejenige Richard Alewyns in der Deutschen Literaturzeitung 49 (1928), S. 269–274. Benjamin hat diese Besprechung noch kennengelernt. Vgl. Benjamins Brief an Hofmannsthal:

Damit sind wir vorbereitet, Benjamins kritischen Einstieg zu verfolgen. Wieder war es ihm zugefallen, die Auseinandersetzung mit einem Geistesverwandten aus dem Umkreis Georges aufzunehmen. Er hat auf sie an dieser Stelle erstaunlicherweise verzichtet, überhaupt das in dieser Hinsicht eindeutigere Böhme-Werk aus dem Spiel gelassen. Der Expressionismus und die von George ausgehenden »sprachlichen Umwertungen« werden neuerlich für das jüngst erwachte Interesse am Barock in Anschlag gebracht.[33] Benjamin begrüßt die Konzentration auf die Sprache des 17. Jahrhunderts, die allzu lange unter dem Verdikt des »Schwulstes« stand, und attestiert dem Verfasser, daß die »Frage nach dem geheimen Wollen, den bedachten Überzeugungen, die sich in dieser Sprachform prägten [...] mit völliger wissenschaftlicher Zuverlässigkeit und einem Takt, wie Wissenschaft in sprachlichen Dingen ihn nicht immer aufbringt«, behandelt worden sei.[34] Das Buch werde auf lange Zeit maßgeblich für die Sprachgeschichte jenes Zeitraums bleiben; eben deshalb müßten die »kritischen Bedenken« artikuliert werden, zu denen es Anlaß gäbe.[35] Die Einführung in die Quellen sei vorzüglich, ihr »tieferes Verständnis« werde durchaus eröffnet. »Und doch kann man nicht sagen, daß sie [die Arbeit] – im höchsten Sinn gesprochen – sie erforsche.«[36] Das Buch sei – zumindest, so wird man ergänzen müssen, in den Benjamin interessierenden Passagen des 17. Jahrhunderts – auf einen Fluchtpunkt hin gearbeitet worden, nämlich auf Böhme. Gefordert werden müsse jedoch die Durchdringung der Gesamtheit der sprachlichen Erzeugnisse einer Zeit, nicht nur eines Gipfels. Es gelte also, »perspektivisch in das Innerste der Zeit zu führen.«[37] Diesen Weg hatte Benjamin im Trauerspielbuch beschritten; ihn forderte er nun über eine Metaphysik der Sprache des 17. Jahrhunderts ein, die nicht zielgerichtet auf eine Gestalt extraordinärer Größe zulaufen dürfe. »In historischen, geistesgeschichtlichen Werken ist die Tendenz auf etwas, was ›im Wesenskerne heute gültig und immer‹ ist, wenn es nicht aus geschichtlicher Deutung der Quellen erzeugt, sondern in ihrem Wortlaut ihnen entnommen wird, stets eine etwas arbiträre Halbheit.«[38] Die Verabsolutierung Böhmes, der seinerseits natürlich so deutungsbedürftig bleibt wie irgendeine Gestalt des Zeitraums sonst, ist der geheime Grund für das Unverständnis, wie es sich der humanistischen via regia auch des 17. Jahrhunderts gegenüber bekundet. Gerade das die Zeit Beherrschende, nicht die Ausnahme, wäre Ausgangspunkt für eine

---

»Um hier nun auf die ›Deutsche Literaturzeitung‹ kurz zurückzukommen, so hat die in der Tat das Referat über mein Buch gewissermaßen schon vor seinem Erscheinen einem Herrn Dr. Alewyn zugesagt, den ich übrigens nach seinem Referat über ein Buch von Hankamer, das die Sprachphilosophie, Grammatik etc. im Deutschland des 17ten Jahrhunderts behandelt, als einen großen Kenner ansehen muß.« GB III,352.

33 GS III,59.

34 Ebd.

35 Ebd.

36 Ebd.

37 Ebd., S. 60.

38 Ebd.

in die Zeit hineinführende geschichtliche Darstellung gewesen, die in dem Rezensenten Benjamin die Jahre über einen unbestechlichen Anwalt und Mahner behielt. So macht sich im benachbarten Feld der »kosmisch-naturphilosophische[n] Bestimmung der barocken Sprachphilosophie« derselbe Einwand anders gewendet geltend, daß nämlich der Begriff des »Kosmischen« wie jener der »Natur« in einem allzu modernen, geläufigen Sinn gebraucht würde, statt wiederum aus den Voraussetzungen der Zeit heraus entfaltet zu sein. »Es ist die sehr entscheidende gegenreformatorische, mit einem Wort: die eigentlich barocke Prägung im Naturbegriff des XVII. Jahrhunderts durchaus nicht zu ihrem Rechte gekommen. Barock wird die Sprachtheorie jener Zeit im Zeichen der Lehre von der ›Natursprache‹ erst durch die völlig unverwechselbare Gestalt, die der Naturbegriff damals gewinnt. (Die ›Säkularisierung‹ alles Zeitlichen im Raume ist ihr Schema.) Das ›Unendliche‹, vor allem das ›All-Wirkliche‹ sind Ausdrücke, die im Zusammenhang dieses Jahrhunderts nicht angebracht sind.«[39]

Damit aber wurde eine moderne Überblendung des 17. Jahrhunderts ausgemacht, die ja umgekehrt auch den pejorativen Prädikationen der humanistischen Sprachpraxis und -theorie zugrunde lag. Darum konnte die versöhnliche Wendung, die Benjamin am Schluß seiner notgedrungen kurzen Äußerung im Blick auf den »großen Abschnitt über den Sprachbegriff im XVI. Jahrhundert« nahm, nicht eigentlich überzeugen.[40] Die noble Schlußpassage soll hier gleichwohl keineswegs unterschlagen werden: »Der spröden, undichterischen Materie, den Schriften Wyles, Eybs, Brants, Murners hat der Autor glänzende Analysen abgewonnen. Wo man vorher nur die sprachliche Silhouette der Zeit sah, entdeckt sein scharfes Auge auf dem dunklen Grunde Sprachbau und sprachliche Gewandungen in den zartesten Strichen.«[41] Bescheinigte er, daß »möglicherweise in ihm das höchste wissenschaftliche Verdienst der Arbeit« gelegen sei, so hätte eine genauere Inspektion ergeben, daß die für das 17. Jahrhundert konstatierten Mängel auf andere Weise in ihm wiederkehrten.[42] Das gesamte Werk beruhte auf unbefragten modernen, vom Ausdrucks- und Beseelungs-Ideal inspirierten hermeneutischen Prämissen, die der humanistischen imitatio- und aemulatio-Praxis nicht anders als den vielfältig verästelten spekulativen Wurzeln der Sprachphilosophie des 16. und 17. Jahrhunderts schlechterdings unangemessen blieben und die in ihren Grundlagen von der zeitgleichen Humanismus- und Barockforschung doch bereits nachhaltig erschüttert waren. Benjamin aber nutzte hier wie anderwärts den Raum nicht nur, um eine neuerliche Bresche für eine strikt geschichtliche Betrachtung in den Geisteswissenschaften zu führen, die tatsächlich »in das Innerste der Zeit« führte. Er steuerte selbst Erkenntnisse bei, die nun ihrerseits dazu angetan waren, weit hinauszuführen über das bis dato philologisch und deutend Gesicherte und die den Fluchtpunkt ih-

39 Ebd.
40 Ebd.
41 Ebd., S. 61.
42 Ebd., S. 60 f.

rerseits in seinem Hauptwerk besaßen. Wie »sich Wort und Schriftwort aus theologischer Isoliertheit lösen – der Isoliertheit, in der sie Luther verdeutschte – und wie sie sich als Schrift zu säkularisieren, sich emblematisch im Naturraum niederzuschlagen streben« – das war nur noch vor dem Hintergrund seines Trauerspielbuchs verständlich.[43] Noch der Tageskritik in feindosierten Mengen unendliche reflexive Tiefenperspektiven zu eröffnen, blieb das Ansinnen des Philosophen im Gewande des Kritikers, dem auch die Miszelle nicht zu schade war, um ihr »Ideen« anzuvertrauen, die ganz im Gegensatz zu dem nun einmal vorgegebenen transitorischen Medium auf langsame Entfaltung in der Zeit, auf Nachreife hin angelegt waren.

Biographie im Barock – Eine Gundolf-Reprise

Ein Jahr später inspizierte Benjamin Gundolfs gleichfalls 1927 erschienenes Gryphius-Buch.[44] Die Kritik erschien wiederum in der »Frankfurter Zeitung«. Mehr als ein Leser dürfte sich an Benjamins Auseinandersetzung mit Gundolf im Wahlverwandtschaften-Essay erinnert haben, die drei Jahre vorher in Hofmannsthals »Neuen Deutschen Heften« erschienen war. Benjamin hatte Gundolfs Wirken also weiter verfolgt, und das konnte schwerlich anders sein. Der George-Adept, der zu Anfang der zwanziger Jahre mit dem Meister gebrochen hatte, rückte eben zu jener Zeit zu dem berühmtesten Literaturhistoriker der Weimarer Republik auf.[45] Nicht

43 Ebd., S. 60.

44 Friedrich Gundolf: Andreas Gryphius.– Heidelberg: Weiss'sche Universitätsbuchhandlung 1927.

45 Die Literatur über Gundolf ist inzwischen reichhaltig. Es sei hervorgehoben: Ernst Osterkamp: Friedrich Gundolf zwischen Kunst und Wissenschaft. Zur Problematik eines Germanisten aus dem George-Kreis.– In: Literaturwissenschaft und Geistesgeschichte 1910 bis 1925. Hrsg. von Christoph König, Eberhard Lämmert.– Frankfurt a.M.: Fischer 1993 (= fischer taschenbuch; 11471), S. 177–198; Elena Agazzi: I ›classici‹ e la letteratura europea negli anni '20. Friedrich Gundolf interprete di Goethe.– In: Il confronto letterario 12 (1995), S. 671–685; Hans-Martin Kruckis: »Ein potenziertes Abbild der Menschheit«. Biographischer Diskurs und Etablierung der Neugermanistik in der Goethe-Biographik bis Gundolf.– Heidelberg: Winter 1995 (= Probleme der Dichtung; 24), S. 296 ff.: Gundolfs Lösung des Biographieproblems und ihre Rezeption mit dem Abschnitt ›Benjamins Entmythologisierungsprogramm‹, S. 326 ff.; Michael Rißmann: Literaturgeschichte als Kräftegeschichte. Friedrich Gundolfs Beitrag zur Methodik geistesgeschichtlicher Literaturbetrachtung.– In: Zeitschrift für Ästhetik und allgemeine Kunstwissenschaft 42 (1997), S. 63–105; Ernst Osterkamp: Friedrich Gundolf (1880–1931).– In: Wissenschaftsgeschichte der Germanistik in Porträts. Hrsg. von Christoph König, Hans-Harald Müller, Werner Röcke.– Berlin, New York: de Gruyter 2000, S. 162–175. Vgl. auch das Gundolf aus Anlaß seines 100. Geburtstages und 50. Todestages gewidmete Heft des Euphorion 75 (1981), Heft 2, S. 125–274 (ohne speziellen Beitrag zu Gundolfs Barock-Arbeiten). Zum Kontext: Die Wirkung Stefan Georges auf die Wissenschaft. Ein Symposium. Hrsg. von Hans-Joachim Zimmermann.– Heidelberg: Winter 1985 (= Supplemente zu den Sitzungsberichten der Heidelberger Akademie der Wissenschaften. Phil.-hist. Klasse; 4/1984).

zuletzt dank seines Wirkens bildete Heidelberg einen geheimen Gegenpol auch in der Germanistik zur schlagkräftigen Formation des Faches in Berlin, wo Julius Petersen als Erbe Erich Schmidts und Gustav Roethes ein organisatorisches Imperium aufgebaut hatte, das allbeherrschend in die Belange der organisatorisch immer noch wenig gefestigten jungen Disziplin hineinwirkte. Gundolfs Aufstieg in der ersten Republik, von langer Hand vor allem durch seine Shakespeare-Arbeiten vorbereitet und kulminierend im Empfang des Lessing-Preises im Jahr 1929, legt Zeugnis ab von der inneren Verfassung der Germanistik, über weite Strecken der Literaturwissenschaft generell, deren Diagnose Benjamin fortdauernd beschäftigte und die schließlich in dem Essay ›Literaturgeschichte und Literaturwissenschaft‹ aus dem Jahr 1931 ihre vielleicht luzideste Formulierung fand.

Gundolf verkörperte die wenn nicht wissenschaftlich bedeutendste, so doch öffentlich einprägsamste Erscheinung jener Wende, die die Geisteswissenschaften und mit ihnen die Germanistik seit der Jahrhundertwende genommen hatten, die in den Jahren vor und nach dem Ersten Weltkrieg kulminierte, in und mit der sie sich in gewisser Weise überhaupt erst konstituierten. Ermutigt vor allem durch die Allgegenwärtigkeit Nietzsches, gestützt auf die theoretischen und historischen Verlautbarungen Diltheys und Bergsons sowie schließlich inspiriert durch die dichterischen Versuche im Umkreis des Ästhetizismus und alsbald des Expressionismus bemächtigte sich ein bis dato ungehörter, programmatisch auf Inspiration und Intuition gegründeter Zungenschlag der historischen und zumal der Kunstwissenschaften. Die Wurzeln, die ideologischen Kontaminationen, die alle Lebensgebiete erfassenden Ausstrahlungen dieser zugleich von ungeahnten Hoffnungen begleiteten Revolte sind keinesfalls schon zureichend aufgedeckt. Gewiß ist nur, daß sie in keinem Land derart wucherten wie in Deutschland und hier mentale Prädispositionen zeitigten, die in einem schwerlich zu leugnenden Kontakt mit den politischen Destabilisierungen innerhalb der jungen Republik gerieten, die schließlich in die Katastrophe mündeten. Es sind diese hier nur eben angedeuteten Implikationen und Filiationen, die Benjamin selbstverständlich gewahrte und die in allen seinen zumal dem Umkreis der George-Schule gewidmeten Kritiken den expliziten oder impliziten Hintergrund abgaben.[46]

---

46 Zu dem hier nur eben angedeuteten Hintergrund vgl. zuletzt mit der weiteren Literatur neben den in Anm. 1 und 45 zitierten Arbeiten auch Rainer Kolk: Liebhaber, Gelehrte, Experten. Das Sozialsystem der Germanistik bis zum Beginn des 20. Jahrhunderts.– In: Wissenschaftsgeschichte der Germanistik im 19. Jahrhundert. Hrsg. von Jürgen Fohrmann, Wilhelm Voßkamp.– Stuttgart, Weimar: Metzler 1994, S. 48–114, S. 109 ff: ›Integration und Unübersichtlichkeit: Ausblick auf die Germanistik um 1910‹; ders.: Literarische Gruppenbildung. Am Beispiel des George-Kreises 1890–1945.– Tübingen: Niemeyer 1998 (= Communicatio; 17), insbesondere ›Deutscher Geist. Vorgaben 1910/1920‹ (S. 312–354), sowie ›Vom Wert der Wissenschaft. George-Kreis und Wissenschaftssystem bis 1933‹ (S. 355–424). Darin das Kapitel ›Gundolf und die Germanistik. Reaktionen der Disziplin‹ (S. 384–406). In dem von Fohrmann und Voßkamp herausgegebenen Sammelband auch heranzuziehen der Beitrag von Holger Dainat ›Von der Neueren deutschen Literaturgeschichte zur Literaturwissenschaft. Die Fachentwicklung von 1890 bis 1913/14‹ (S. 494–537, S. 524 ff.).

Denn als Georgianer glaubte auch Gundolf sich legitimiert, jene von der großen schöpferischen Persönlichkeit ihren Ausgang nehmende Betrachtung auf alle Phasen der Literaturgeschichte anzuwenden, in der geschichtliche Spezifikation, auf Forschung und Faktizität gegründete Untersuchung allemal das Nachsehen haben mußte. Das wäre ein großes und mehr als problematisches Untersuchungsfeld, welches auch nur zu streifen, geschweige denn zu betreten, sich an dieser Stelle verbietet. Und selbst die Konsequenzen, die aus der geistinspirierten und lebensphilosophisch unterlegten Geschichtsschau für das 17. Jahrhundert, das in den Geisteswissenschaften kreierte Zeitalter des Barock, daraus folgten, können und brauchen uns hier nicht zu beschäftigen, sind sie doch seit geraumer Zeit erkundet und in hinlänglicher Deutlichkeit festgestellt.[47] Maßgeblich blieb Gundolfs berühmteste literaturwissenschaftliche Arbeit, mit der er sich 1911 in Heidelberg habilitierte: »Shakespeare und der deutsche Geist«. Was später monographisch zumeist aus gelegentlichen Anlässen ausgeformt wurde, blieb gedanklich und konzeptionell den Vorgaben verhaftet, die schon das Shakespeare-Buch geprägt hatten. Sie umkreisen Fragen und Probleme, die durchaus auch die Benjaminschen waren, galt es doch, am Paradigma der Shakespeare-Rezeption »eine Geschichte lebendiger Wirkungen und Gegenwirkungen statt einer Chronik literarischer Fakten oder einer Psychologie von Autoren« darzustellen.[48] Wo hier aber strenge Formanalyse in ihre Rechte trat, blieb Gundolf einem den Werken und ihren Nachgeschichten fremden und äußerlichen Schöpfer-Ideal verpflichtet, das die alteuropäischen Schreibkonventionen in toto nur verfehlen konnte.

Als Shakespeare in Deutschland über die Wandertruppen zur ersten Wirkung gelangte, waren laut Gundolf die Impulse der religiösen, bürgerlichen und humanistischen Dichtung verbraucht, durchgehender Zerfall hatte statt; die unerhörte Vitalität der späthumanistischen Kultur um 1600 war Gundolf ungeachtet seiner Paracelsus-Studien restlos verschlossen. Entsprechend markiert der Dreißigjährige Krieg keine eigentliche Zäsur; der seit zwei Generationen zu beobachtende Verfall setzt sich nur fort. Denn auch der Umpolung der deutschen Dichtung auf die Antike, wie Opitz sie am zielstrebigsten in Angriff nahm, um der Verwilderung von Sprache und Form entgegenzusteuern, vermag Gundolf keinen Sinn abzugewinnen. »Nicht neues Blut zuführen konnte er, nur Arznei eingeben. Seine Bestrebungen, gegen den Verfall gerichtet, sind eben doch aus dem Verfall selbst hervorgegangen, selbst Zeichen des Verfalls.«[49] Der Titel, unter dem seine Reform abgehandelt wird, läßt schon ahnen, wo die Crux liegt: Rationalismus. »Mit Opitz

---

47 Zu Gundolfs Barock-Arbeiten vgl. Maximilian Nutz: Messianische Ortsbestimmung und normative Menschenkunde. Gundolf und die Barockliteratur.– In: Europäische Barock-Rezeption (Anm. 4), S. 653–673. Zum Kontext vgl. neben den in Anm. 1 genannten Arbeiten auch Wilhelm Voßkamp: Deutsche Barockforschung in den zwanziger und dreißiger Jahren.– In: Europäische Barock-Rezeption (Anm. 4), S. 683–703.

48 Friedrich Gundolf: Shakespeare und der deutsche Geist. 4., unveränd. Aufl.– Berlin: Bondi 1920, S. VII.

49 Ebd., S. 59.

beginnt der Rationalismus als treibendes und herrschendes Prinzip der deutschen Dichtung und bleibt unter den verschiedensten Verkleidungen herrschend bis in die Zeit des Sturms und Drangs.«[50] Dem Werk Opitzens und der Seinen ermangelte es an einem »ursprünglichen Erlebnis«.[51] Es sei ein Werk der Organisation und Strategie, nicht der inneren Notwendigkeit. So blieb es Gundolf beschieden, all die öden Prädikate, die da in der Literaturgeschichte des 19. Jahrhunderts in Umlauf waren, in wort- und periodenreichen Improvisationen zu rekapitulieren, an den Ursprung und die geschichtliche Signatur der deutschen Renaissancedichtung aber nirgendwo zu führen. Das Georgische Pathos des schöpferischen Genies versagte vor der Formenwelt aus dem Geist des Humanismus, in der Referenz und Durchbildung alles, Erlebnis und Ursprünglichkeit nichts galten. Der siebenköpfigen Hydra der Erlebnis-Ästhetik – ihr war auch Gundolf ahnungslos und total verfallen.

Konnte das Bild modifiziert werden in den drei Reden und Abhandlungen, die Gundolf der illustren Trias Opitz – Grimmelshausen – Gryphius in den zwanziger Jahren angedeihen ließ?

»Der Geist des Martin Opitz beherrschte die deutsche Literatur unter verschiedenen Statthaltern bis Lessing und Klopstock und vollendete den zweck- oder schmuckhaften Gebrauch von Lehrstoff und Redeformeln nach fremden Regeln und Mustern, trotz gelegentlichen Durchbrüchen sinnlicher oder seelischer (meist religiöser) Kräfte.«[52] Damit ist das Bild fixiert, nämlich die authentische, auf Durchbrüchen und Erschütterungen beruhende Dichtung von der auf »fremden Regeln und Mustern« basierenden geschieden und letzterer eine nur uneigentliche Form der Verwirklichung zugestanden. Die Konsequenzen dieser binären Schematisierung für die literarische Landschaft des 17. Jahrhunderts in Deutschland, von Gundolf geflissentlich von der Ausgangslage in allen anderen Nationen Europas abgehoben? »Nach drei Seiten läßt sich der Zerfall der menschlichen Ganzheit in der Dichtkunst des deutschen Barock wahrnehmen, die Verselbständigung der Einzelkräfte. Es sondert sich zunächst der Verstand: die Zweck-Poesie, die bewußte Nachahmung von Regeln und Mustern, die eigentliche Opitz-Schule gehört dahin. Sodann die Phantasie: sie wird ein Vorrat bunter Bilder und Zierstücke die der Verstand zu seinen Schul- und Hofzwecken beliebig wählt: der Schwulst, die ›Fettschwätzerei‹, die Pegnitzschäferei, die lüsternen und ledernen Spiele der späteren

50 Ebd.

51 Ebd.

52 Friedrich Gundolf: Martin Opitz.– München, Leipzig: Duncker & Humblot 1923, S. 1. Das Gundolfsche Opitz-Porträt wieder abgedruckt in: Friedrich Gundolf: Dem lebendigen Geist. Aus Reden, Aufsätzen und Büchern ausgewählt von Dorothea Berger, Marga Frank, mit einem Vorwort von Erich Berger.– Heidelberg, Darmstadt: Lambert Schneider 1962 (= Veröffentlichungen der Deutschen Akademie für Sprache und Dichtung; 27), S. 87–136. – Man vergleiche diese einleitende Formulierung mit der fast zeitgleichen Charakteristik des jungen Richard Alewyn, der Gundolf in Heidelberg wiederholt gehört hatte, um den Unterschied zwischen schöngeistiger Improvisation und prägnanter historischer Profilierung am Beispiel zu erkennen. Vgl. die in Anm. 7 zitierte Arbeit Alewyns.

Schlesier machen die Sinnenwelt zu einem Bilderbuch für den vorstellungsbedürftigen, anschauungsunfähigen Verstand. Selbständig wird drittens das Gemüt. Damals beginnt die Seelenschwelgerei, nicht mehr durch leibliche Satzung gebändigt wie in der Minnezeit, sondern bodenlos, zuerst frömmelnd, dann empfindelnd – die beste geistliche Lyrik des 17. Jahrhunderts gedeiht und leidet an dieser neuen Weichheit.«[53] Damit sind per Dekret, exekutiert in einer sich selbst genügenden, nicht an den Gegenständen sich abarbeitenden und bewährenden Sprache, die poetischen Versuche zwischen Opitz und Gottsched einschließlich der geistlichen Bildungen aus dem Kanon der ›eigentlichen‹ deutschen Literaturgeschichte verbannt, zu nichtigen Sprachspielen erklärt und einläßlicher Betrachtung und Bemühung entzogen. Der mit der Geschichte willkürlich umspringende, im Namen eines stillschweigend vorausgesetzten Schöpfertums auftrumpfende Kritizismus hat sich an einem ganzen Jahrhundert befriedigt, ohne daß auch nur ein einziges um Technik, Formanalyse, Bild- und Metaphern-Dechiffrierung bemühtes Wort gefallen wäre. Unter dem Bannstrahl des Georgianers versinkt in einem Akt herrischer Verfügung ein ganzes Jahrhundert deutscher Dichtung in nichtiges Einerlei.

Eine Ausnahme gesteht Gundolf dem Jahrhundert zu: Grimmelshausen. Dessen »Simplizissimus ist ein deutsches Weltgesicht, gestaltige Durchdringung der barocken Stoffmassen. Doch dies Werk blieb ein persönliches Kuriosum ohne volksbildende Macht. Es gab genug Fülle ein solches Genie zu zeitigen, nicht genug Kraft es zu verewigen.« So schon im »Opitz«.[54] Im Eröffnungsjahrgang des fortan wichtigsten literaturwissenschaftlichen Organs unter dem Stern der geisteswissenschaftlichen Verjüngung, der »Vierteljahrsschrift für Literaturwissenschaft und Geistesgeschichte«, von Paul Kluckhohn und Erich Rothacker im Verbund mit den Koryphäen der Zeit seit 1923 bei Niemeyer in Halle herausgegeben, kam Gundolf auf Grimmelshausen zurück. »In den simplicianischen Schriften vereinen sich die erzählerischen Errungenschaften des deutschen 17. Jahrhunderts und werden, über rohen Stoff und dürre Lehre, über Rüge und Zierrede hinaus, zum regen Ausdruck eines ganzen Menschen.«[55] Wiederum ist es das Ausdrucksideal, unhistorisch, weil normativ statuiert, willkürlich, weil nicht geschichtlich abgeleitet und spezifiziert, welches den einen abgesprochen, den anderen zuerkannt wird und den derart Ausgezeichneten zu Wohlwollen und Würdigung verhilft. »Grimmelshausen ist der einzige deutsche Erzähler seines Jahrhunderts dessen dichterischer Gehalt zugleich Gehalt und Stoff seines eigenen Lebens ist, dessen Leben nach außen bunt und breit, nach innen tief und voll genug war um einen großen Roman zu nähren .. [!] der einzige der als Erzählergenie zum ›Bericht‹ gedrängt war und dessen Bericht

53 Ebd., S. 3.

54 Ebd., S. 4.

55 Friedrich Gundolf: Grimmelshausen und der Simplicissimus.– In: Deutsche Vierteljahrsschrift für Literaturwissenschaft und Geistesgeschichte 1 (1923), S. 339–358, S. 339. Der Aufsatz wieder abgedruckt in: Friedrich Gundolf: Beiträge zur Literatur- und Geistesgeschichte.– Heidelberg: Lambert Schneider 1980 (= Veröffentlichungen der Deutschen Akademie für Sprache und Dichtung; 54), S. 205–226.

sich der Kunst und Mühe lohnte.«[56] Kunst, Erzählen ist beglaubigt durch das Leben. Woher die Kenntnis des Lebens, das da Tiefe und Fülle birgt, rührt – wir wissen es nicht, genug, daß seine zu wahrer Kunst geleitenden Ingredienzien statuiert werden, um dem Kritiker eine Folie für sein Urteilen zu verschaffen. Die Fahndung nach dem »Gelebten« verhält Gundolfs Ausführungen zum 17. Jahrhundert von vornherein zum Nichtigen, weil unbefragt Voraussetzungen eingeführt werden, die mit den Verfahrensregeln künstlerischer Produktion des 17. Jahrhunderts schlechterdings nichts gemein haben.[57]

Statt dessen schält sich im Verlauf der Rhapsodie ein Interpretament heraus, das zugleich politischen Zündstoff barg. Grimmelshausen treibe Aspekte der pikaresken Gattung hervor, die seinen spanischen Gewährsmännern fremd seien. Sein Werk »webt bei aller Prallheit seines sinnlichen Drum und Dran im Wissen um die Scheinhaftigkeit oder Gleichnishaftigkeit (d.h. nicht Unwirklichkeit) der Gesichte, ihn umwittert ein Gefühl des Spuks, der Vergängnis oder christlich gefaßt, der Eitelkeit aller Dinge in Gott .. [!] ein Hauch des romantisch ›Unendlichen‹.«[58] Damit rückt er ein in die Reihe der Grübler und Gottsucher, die in dieser Disposition vom »Parzival« bis hin zum »Faust« eine urdeutsche Spezies verkörpern. »Das Schicksal des Simplicissimus [...] verkörpert den Schauder der Vergängnis, ein Fluidum aus der Seele des Helden, aus der des Dichters, aus der deutschen Seele, die nur hier im 17. Jahrhundert zu Wort und Bild, d.h. zu Mythus gekommen ist, zu sichtbar gesagter Zeit. Aus der Mitte eines Herzens mußte solch Zeitbild entstehen, nicht aus der gestöberten und gerafften Breite des Verstandes oder aus massiger Erfahrung. Die christliche Färbung darf uns nicht täuschen über das eigentliche Wesen der deutschen Seele, die sich hier bezeugt in Gleichnissen des dreißigjährigen Kriegs: es ist das germanische Fahren und Schweifen, das Grauen, die trunkene Weltangst, das bild- und blickflüchtige, untergangssüchtige, untergangsscheue, untergangsselige Alleinsein mitten im Wirbel der Welt, das Erlöschen nicht in der Ruhe, sondern in der Bewegung, in der sausenden Zeit selbst.«[59] Als »Seelenzustand wie als Volksschicksal« habe Grimmelshausen den Dreißigjährigen Krieg verewigt. Er bleibe »als einziges Zeugnis deutschen Schicksalsgehalts mitten im Fluch selbst, als dessen bannendes Wort .. [!] er rechtfertigt die bisher trostloseste Zeit unserer Geschichte.«[60]

Zehn Jahre später hob ihre Überbietung an. Die Georgianer vom Schlage Gundolfs hatten das ihre getan, um den Boden zu lockern und ihn empfänglich zu machen für die Parolen von Schicksal und völkischer Schicksalsgemeinschaft, von deutscher Art und deutscher Seele und ihrer Bewährung in Not und Kampf, in Teufelspakt und Geniestreich. Ein Kritiker wie Benjamin wußte, warum er ver-

56 Ebd., S. 342.
57 Ebd., S. 343.
58 Ebd., S. 353.
59 Ebd., S. 357 f.
60 Ebd., S. 358.

meintlichen Repräsentanten des geistigen Deutschland, die diese Sprache im Mund führten, seine Aufmerksamkeit stetig zuwandte. Zwischen Gundolf und Kommerell lagen Welten, gewiß. Und doch waren es Tarnkappe und Stahlhelm, die da als Embleme des neuen, des zukünftigen Deutschland dem hellsichtigen Kritiker sich ankündigten, wo Dichten und Denken im Zeichen von Führung und Stiftung, von Schicksal und Volk beschworen wurden.[61]

Über Gundolfs »Gryphius« aus dem Jahre 1927, dem siebzigjährigen Max von Waldberg gewidmet, kam Benjamin auf den Kontrahenten aus der Wahlverwandtschaften-Arbeit zurück. Der »modische Taumel« um die »deutsche Barockpoesie« ist dem Porträtisten nicht verborgen geblieben. »Nachdem man sie lange vergessen und mißachtet, will man sie jüngst nicht nur rechtfertigen mit geschichtlichem Gewissen, auf Grund frischer Einsichten und Kenntnisse, sondern – wie Historismus gern umschlägt in Snobismus – sofort wahllos genießen und abstandslos vergötzen.« Der Porträtist indes besteht auf Abstandnahme. Aber nicht einer solchen, die herrührt aus Forschung und geschichtlicher Distanz. »Nicht um solchen Preis dürfen wir die Verschütteten wieder ausgraben und herstellen: ihre Bilder haben nur dann Sinn, wenn wir sie wahrnehmen zugleich mit den ewigen Maßen und Werten.«[62] Wozu aber sollen diese aktiviert werden, wenn nicht zum neuerlichen Aufweis allenthalben nur relativer Größe im geschmähten deutschen 17. Jahrhundert? Wie der große Dichter weiß sich der Interpret im Besitz des Ewigen und Wahren, und so ergeht von hoher Warte Urteil über Urteil von den Gipfeln aus in einem leeren geschichtslosen Raum. Wie es sich konkretisiert? In einem immerwährenden partiellen Anerkennen unter prinzipiellem Vorbehalt. Dieser wird im Eingang des Büchleins formuliert und hält sich durch bis an sein Ende. »Von der Verskunst der meisten Opitzianer kommt man mit einem Aufatmen und zugleich dem Gefühl eines großen Umsonst zu der stärksten deutschen rhetorisch-poetischen Begabung des 17. Jahrhunderts: zu Andreas Gryphius. War dort die Sprache spielerischer Selbstzweck, pompöser Behang eines dürftigen Gestells, so erscheint sie hier als zu dürftiges Kleid, ja als Zwangsjacke einer mächtigen Gestalt ... und nicht die persönliche Kraft fehlt, sondern die überpersönliche Gnade, um sie wirklich fruchtbar zu machen, um mit einem Ruck die deutsche Dichtung aus zünftigem Getändel oder mühseligem Lehramt zum hohen Spiel und gesteigerten Bild des Lebens zu erheben. Aber beides gehört zusammen und das Schicksal anzuklagen hat keinen Sinn. Die Einheit von Virtus und Fortuna bestimmt den geschichtlichen Wert eines Mannes, und die beste Kraft die nicht im Schicksal steht, oder christlich gesprochen, ohne Gnade schafft, kann vergeblich sein. Kein Volk ist an gnadenlosen Genies, an herrlichen Umsonst [!], an solchen zu früh oder zu spät

61 Man vgl. dazu vor allem seine beiden großen Kommerell-Rezensionen: Wider ein Meisterwerk. Zu Max Kommerell: ›Der Dichter als Führer in der deutschen Klassik‹, sowie: Der eingetunkte Zauberstab. Zu Max Kommerells ›Jean Paul‹.– In: GS III,252–259; III,409–417. Die letztere enthält bekanntlich eine tiefsinnige Äußerung über Jean Pauls Affinität zum Barock.

62 Gundolf: Andreas Gryphius (Anm. 44), Vorwort [S. 4].

oder zu einsam gekommenen, reicher als das deutsche. Im 17. Jahrhundert ist unter den deutschen Dichtern Andreas Gryphius der deutlichste Träger dieses deutschen Fluchs.«[63]

Und das bei einer Anlage, über die Gundolf sich neuerlich wohlinformiert zeigt, die ihn weit hinaushebt über die verknöcherten Gestalten ringsum. »Seine Aktiva waren [...] eine leidvolle finster ringende Seele, lebhafte Einbildungskraft, klassische Bildung und souveräne Sprachgewalt.«[64] Er hätte das Zeug gehabt, der deutsche Corneille und damit der Begründer des deutschen Dramas zu werden, wenn anders die deutschen Verhältnisse dies gestattet hätten. Wohl auch ein deutscher Shakespeare? Gott bewahre! »Mit Shakespeare [...] hat Gryphius nichts zu tun, er gehört einer viel niedrigeren Geistesstufe an, von dem Umfang des Wesens ganz zu schweigen. Ein Welt-Schöpfer ist Gryphius so wenig wie Corneille: aber wie dieser ist er der szenische Zusammenfasser und Steigerer seiner Zeitbildung.«[65] Ein »stets gespannter Gram« läge Drama wie Lyrik gleichermaßen zugrunde, letzterer »reiner, dichter, unmittelbarer.«[66] Warum also reicht es gleichwohl nicht zum Höchsten? Weil Kunst aufgefaßt wird als und eingeschränkt wird durch das Handwerk, das abzustreifen nur dem Genie Grimmelshausen vorbehalten bleibt. »Vielleicht hätte er schon die deutsche Barocklyrik erlöst, wenn sein Ich sprachlich über die bloße Denk- und Vorstellungssphäre herausgedrungen wäre: doch auch er brach den opitzianischen Bann nicht, und so fehlt ihm der weltgefüllte Seelenton, der erst anzeigt, daß ein Ich seine eigene Merkwelt durchdringt und durchschwingt.«[67] Erlösung der Barocklyrik? Sie wäre nicht mehr, was sie war, wenn sie derartigen Anforderungen gehorchte, die Gundolf unreflektiert und unbefragt aus ganz anderer Zeit an sie heranträgt. Auch Gryphius bleibe in seiner Lyrik »meist mehr Virtuose mit eigenem Gehalt als Bekenner mit virtuosem Können«. Vollends im Drama aber lenke ihn »die Technik und der Stoff, und nicht etwa ein ursprünglicher Befehl der Seele oder der Gesellschaft oder des Volks, wie bei Corneille und Calderon, um von Aeschylus und Shakespeare zu schweigen.«[68]

Genug der Andeutungen, in Abbreviatur fast beliebig zusammengetragen und leicht variiert fast beliebig häufig zu mehren, um die Ausgangslage zu markieren, in der Benjamin sich auf dem ureigensten Feld des Barock neuerlich mit Gundolf konfrontiert sah. Er hat im Ton überraschend moderat, in der Sache jedoch vernichtend deutlich agiert. Hinter der knappen Rezension steht das abgeschlossene, aber zu Anfang des Jahres 1928 noch nicht erschienene Trauerspielbuch. Seine Präsenz bewirkt, daß schwierigste Sachverhalte in einem der Zeitung angemessenen schlichten Duktus vorgetragen werden können. Ihre Unergründlichkeit offenbart und verliert sich zugleich nur in Kenntnis des Hauptwerkes. Benjamin konnte die-

63 Ebd., S. 5.
64 Ebd., S. 6.
65 Ebd., S. 6 f.
66 Ebd., S. 10.
67 Ebd., S. 14 f.
68 Ebd., S. 20.

ser Sachverhalt nicht verborgen sein. Es blieb das Signum nicht nur seiner dem Tag geschuldeten Kritiken, sondern aller von ihm ausgebildeten und gepflegten kleinen Formen. Der Unendlichkeit des romantischen Aphorismus hatte schon seine Dissertation nachgesonnen. Nun kehrte der Formtyp mit dem Abschied von der weitausholenden Abhandlung in der eigenen Produktion wieder. Als Denkbilder fungieren auch seine Kritiken. Ihre Auslegung bleibt daher selbst ein eigentlich unendliches Geschäft, ist doch der philosophische Gehalt des Benjaminschen Werkes in je anderer und wechselnder Akzentuierung in ihnen durchweg perspektivisch verkürzt virulent. Nicht mehr kann folglich geschehen, als Einsatzstellen zu bezeichnen, Anschlüsse herzustellen, nicht aber Philosopheme zu entfalten, die allemal in nuce den kleinen Formen eingebildet sind und ihnen ihre Schönheit und Tiefe, ihr Geheimnis verleihen.

Das Verhältnis von Leben und Werk hatte Benjamin in der Gundolf-Kritik des Wahlverwandtschaften-Aufsatzes nachhaltig beschäftigt. Es kehrt in der gehörigen Abbreviatur in der Kritik des Gundolfschen Gryphius-Porträts wieder. Und zwar so, daß ein Zugang zum barocken Trauerspiel, wie Gryphius es erstmals in der deutschen Literatur ausprägt, weder auf dem einen noch auf dem anderen Weg erhofft werden kann. Das vermeintlich Paradoxe dieser Behauptung löst sich selbstverständlich nur in Kenntnis des Trauerspielbuchs auf. Es ist angezeigt, den von Benjamin beschrittenen Weg sorgfältig und exakt nachzuvollziehen. Wie im Trauerspielbuch wird auch in der Gundolf-Rezension der Dichter-Biographie speziell für das 17. Jahrhundert eine Absage erteilt. Sie ist nichtig, weil die eingeführten und dem 19. Jahrhundert verpflichteten Schemata nicht greifen. Sind sie ohnehin auch in neueren Zusammenhängen problematisch, so zielen sie im Blick auf das 17. Jahrhundert ins Leere, weil in ihm der erst mit Klopstock und der Empfindsamkeit in die Welt gelangende Leben-Werk-Konnex nicht existiert. »Die Dichterfigur des deutschen Barocks als Typus ist allen den kanonischen Gestalten – olympischen Göttersöhnen wie romantischen Traumwandlern –, die sich das vorige Jahrhundert vom Dichter gemacht hat, gleich fremd. [...] Opitz, Lohenstein, Gryphius sind Bürokraten, hohe Beamte im Dienste des schlesischen Adels oder der schlesischen Städte gewesen, und ihre Lebenslinie fasziniert bei aller Willkür ebenso wenig wie die Silhouette der reichen Amtstracht, in der das Frontispiz ihrer Bücher sie darstellt.«[69]

Diese Benjaminsche Rede wird heute, um diesen Aspekt nur en passant zu streifen, in dieser Apodiktik nicht mehr aufrechtzuhalten sein. Liegt der Akzent auf dem Poetischen in der Existenz des Porträtierten, so gilt sie mit Gewißheit. Verlagert er sich freilich auf die Zeit, wird also die Person des Dichters in Kontakt gebracht mit den Bewandtnissen, wie sie etwa aus Stand, Beruf, Konfession, aus dem sozialen, territorialen, politischen Milieu und Wirkungsraum herrühren, dann verschieben sich mit den Perspektiven auch die Möglichkeiten. Da Dichten von wenigen Ausnahmen im 17. Jahrhundert abgesehen Nebengeschäft bleibt, dichterische Existenz

69 GS III,86 f. Die Rezension trägt den Titel: ›Porträt eines Barockpoeten‹.

keinen Freiraum markiert, sondern einem Amt abgefordert wird, ist die der Öffentlichkeit zugewandte Biographie eines Dichters, wenn so gesprochen werden darf, kein Sakrileg, sondern die einzige Chance, um in und mit ihr den geschichtlichen Horizont zu erkunden und abzustecken, in dem poetisches Handeln sich vollzieht. Und hier laden die Lebenswege von Opitz, Weckherlin und Zincgref bis hin zu Gryphius, Lohenstein, Hofmannswaldau, ja bis hin zu den späteren, fälschlich sogenannten Hofdichtern etwa am Dresdener und Berliner Hof, schließlich noch die Viten eines Gottsched, Brockes oder Hagedorn geradezu ein zur einläßlichen Vergegenwärtigung, verknüpfen sich mit ihnen doch Erfahrungen, die viel intensiver als bisher gesehen auch ihre Schöpfungen durchwirken. Die Geschichte der Literatur zwischen Opitz und Klopstock sähe anders aus, könnte sie sich gründen auf ein Dutzend sachgemäß angelegter Biographien, die uns endlich mit den Personen die Institutionen und Wirkungsräume erschlössen, in denen ihre Schöpfungen zirkulierten und im Blick auf welche sie geschrieben wurden. Daß derartige Unternehmungen nichts, aber auch gar nichts gemein hätten mit Expektorationen à la Gundolf – wer wollte es bestreiten. Benjamin, der sich auskannte, hat die hier obwaltenden Prämissen auf die bündigste Formel gebracht. Unter den Sternen »von Virtus und Fortuna, Kairos und Tyche« war das prinzipiell mögliche »Porträt eines Barockpoeten« mit Gewißheit von vornherein zum Scheitern verurteilt.[70]

Auch der Zugang über das Werk aber ist als ein unmittelbarer im 17. Jahrhundert nicht zu vollziehen. Und das nicht wegen der immer wieder beklagten Fremdheit der literarischen Verhältnisse im 17. Jahrhundert, vielmehr aufgrund von Anlage und Struktur der je einzelnen Werke selbst, die anderen Gesetzen und Formprinzipien gehorchen als seit dem 18. Jahrhundert vertraut. Organische Geschlossenheit, immanente Vollendung, strukturelle Homogenität und wie die Ingredienzien seit der Etablierung der Ästhetik im 18. Jahrhundert lauten mögen, sind ihnen wesensfremd. Der Prozeß der Reflexion setzt im Werk selbst ein, destruiert den schönen Schein des symbolisch Verhüllten und markiert Positionen des Wissens wie des Glaubens, die auch die Stoff- und Bildschichten zu sinnbildlichen Emblemen verhalten. Benjamin hat sich daher nicht gescheut, bevor er zum Zentrum seines Arguments hinübergeleitete, den lern- und lesewillig im Feuilleton der »Frankfurter Zeitung« Blätternden mit einer guten Portion Ironie auf die Anthologie als legitimen Ort des Zugangs zur Dichtung des 17. Jahrhunderts zu verweisen. »Wer heutzutag im Gryphius blättern will, muß eine glückliche Hand haben oder tut besser, zu einer jener Anthologien zu greifen, mit denen der Teufel Büchern, die ihre Seele an ihn verkauft haben, junge, unschuldige Leser in Haufen zuführt. (Dieser Barockanthologien schreibende Teufel – diab. erud. comm. – nennt sich, je nach Umständen, Klabund oder Unus.)«[71] Natürlich konnten und sollten sie kei-

70 Ebd., S. 86.

71 Ebd. Vgl. Die deutsche Lyrik des Barock. Ausgewählt und eingeleitet von Walther Unus.– Berlin: Reiss 1922; Klabund: Deutsche Literaturgeschichte in einer Stunde. Von den ältesten Zeiten bis zur Gegenwart.– Leipzig: Dürr & Weber 1920 (= Zellenbücherei; 12) (von dem Werk erschienen weitere Auflagen in den zwanziger Jahren).

nen Ersatz bieten für die Werke in ihrer Ganzheit. Sie aber zu studieren, setzte einen Gang der Schulung voraus, um den es Benjamin auch in der Gundolf-Rezension zu tun war. Wir kommen damit zu einer der schwierigsten Passagen nicht nur dieser seiner Barock-Rezension. Denn wie sollte der Zugang erfolgen, wenn die beiden stets beschrittenen Königswege über Leben und Werk ausfielen, das Leben nicht nach dem Klischee des großen Schaffenden, das Werk nicht nach dem immanenter Stimmigkeit traktiert werden konnte und durfte, unmittelbare Zugänge sich also verboten? Die Antwort, so lakonisch wie unergründlich, lautete:

»Beschäftigung mit deren Formenwelt, das ist der einzige Zugang zu dieser Dichtung. Und damit hat es seine eigene Bewandtnis. Denn diese Form wirkt um so spröder und grandioser, je besser dem Betrachtenden gelingt, sie lediglich als solche, in ihrem Umriß, unangesehen der Gestalt, die sie im Einzelwerke annimmt, ins Auge zu fassen. Das heißt aber im Grunde nichts anderes, als man begreift sie nur aus der Sprache.«[72] Mußten Sätze dieser Statur dem Leser, der das erst noch erscheinende Trauerspielbuch doch noch nicht kennen konnte, nicht Rätsel über Rätsel aufgeben? Auch die Kritik im Feuilleton legt Benjamin ungeachtet der schlichten Sprache als Denkbild an, Beunruhigung auslösend und zum unabgesetzten Sinnen herausfordernd. Eben weil die Werke im 17. Jahrhundert nicht individuelle Schöpfungen repräsentieren, sondern Gattungsnormen gehorchen, darf, ja muß eine ihnen gewidmete Betrachtung vom Einzelwerk sich zunächst lösen, um dem Formtypus, dem sie gehorchen, auf die Spur zu kommen. Dieser aber liegt entgegen bis heute herrschender Meinung eben nicht in der Poetik kodifiziert und normiert vor, sondern ist nur über die Werke als Gattungs-Repräsentanten zu rekonstruieren. Der durchaus möglichen und erwünschten Interpretation des je einzelnen Werkes ist also die Erschließung seiner Form vorgeordnet. Und diese darf mit Fug und Recht absehen von der Adaptation im einzelnen Werk, um gerade an ihren extremen Ausprägungen ihres Gehalts sich zu vergewissern. Zu erkunden ist die Sprache der Formen, ihre Semantik. Deren Entzifferung alleine führt heran an die Werke. Sie aber, so der neuerlich bekräftigte Gedanke, mögen in ihrer singulären empirischen Ausformung durchaus zurückbleiben hinter dem, was in ihrer Form als Anlage und Möglichkeit schlummert. Die Idee der Form behauptet den Vorrang vor dem sie nur näherungsweise und fragmentarisch verkörpernden Werk. Es ist mit anderen Worten die Philosophie der Kunstform, die Benjamin einfordert und der zu genügen das Gundolfsche Elaborat natürlich nicht die Spur einer Chance hat.

»Die Formen der barocken Dichtung Deutschlands, welche im Trauerspiel, das alle anderen umfaßt, den Gipfel haben, sind vor allem Formen des *Ausdruckes*, dann erst (und in gewissem Sinne sogar nie) der Kunst. Mag diese Dichtung in der Formensprache wie immer dunkel und sinnlos scheinen, das Studium ihrer Sprachform erhellt sie.«[73] Deutlicher als das Trauerspielbuch selbst deutet die ver-

72 Ebd., S. 87.
73 Ebd.

meintlich anspruchslose Rezension die ausgezeichnete und in gewisser Hinsicht exzeptionelle Stellung des Trauerspiels im 17. Jahrhundert an. Sie markiert den Kontrapunkt zur Tragödie. Und da das Epos dem 17. Jahrhundert versagt blieb, erst der spätere höfisch-heroische Roman die Leerstelle zu beziehen suchte, blieb das Trauerspiel das genus grande, in dem die großen, die heroischen Themen der Zeit zur Verhandlung kamen und zugleich die qualitative Differenz zur Antike zur sinnfälligsten Ausprägung gelangte. In das Trauerspiel ist die Zeit als Geschichte in der spezifischen Form der Naturgeschichte eingewandert, zugleich aber Erlösung über das Medium der Musik indiziert, wie sie in der Klangmalerei auf der einen, der Natursprachenlehre auf der anderen einen Hort der Hoffnung barg. In der Bogenspannung aber zwischen den inszenierten Redeformen des Monologs und Dialogs hier, den vielgestaltigen metrischen Ausformungen des Chores dort, besaß das Trauerspiel von der Anlage her unbegrenzte Möglichkeiten der Adaptation des Repertoires lyrischen Sprechens im 17. Jahrhundert. Die Formensprache des Trauerspiels also zu entdecken und zu entfalten, hieß folglich für Benjamin, ins Zentrum der poetischen Struktur wie der metaphysischen Statur des 17. Jahrhundert vorzudringen. Das umkämpfte und zugleich unerhörte Faszination auslösende Paßwort ›Barock‹ blieb für ihn der Name, in dem das Ureigenste seiner Philosophie der allegorischen Kunstform Trauerspiel aufgehoben und bewahrt war.

Von der Lyrik aus, so in Übereinstimmung mit Günther Müller, mit Richard Alewyn, mit Karl Viëtor als den führenden Köpfen der erneuerten Barockforschung, konnte dieser Vorstoß, wie erwähnt, unmöglich gelingen. Und deshalb blieb die Gundolfsche Rede von der Gleichförmigkeit von Lyrik und Trauerspiel eine Fatalität. »›Gryphius' Dramen‹, so meint er [Gundolf], ›unterscheiden sich von seiner Lyrik grundsätzlich nur durch den Umfang.‹ Man kann sich nicht radikaler vergreifen. Der König, der Intrigant, das Martyrium, der Schauplatz, die Apotheose sind ebensoviel sachliche Kristallisationszentren. Genauer, sie bilden das Gerüst des Märtyrerdramas.«[74] Es sind dies aber genau jene Stoffschichten, über die Benjamin im ersten Teil des Trauerspielbuchs die philosophische Exposition des Gehalts des barocken Trauerspiels eröffnet. Die Rede von der Formensprache wäre also mißverstanden, wo sie auf die Form der Allegorie und ihre Derivate allein zurückbezogen würde, deren Exegese den zweiten Teil des Trauerspielbuchs beherrscht. Alle Elemente in Raum und Zeit nehmen in den Werken des 17. Jahrhunderts den Charakter von bedeutungsbehafteten Formen an. Sie sind als Chiffren mit Ausdruckswert begabt. Darum ist es kein Zufall, daß der einzige in Kursiv erscheinende Begriff in der Rezension der des »Ausdruckes« ist. Er war den Adepten Georges heilig und wird ihnen von Benjamin auch an dieser Stelle entwunden. Denn statt Ausdruck eines Inneren zu meinen, wie in aller symbolischen Kunstlehre, steht er in der Benjaminschen Kunstphilosophie als Repräsentant von Sachgehalten. Ausdruck meint Physiognomie, deren Züge zu entziffern, deren Formensprache zu dechiffrieren einziges und genuines Geschäft des Kunstkritikers bleibt. Die symboli-

74 Ebd.

sche Kunstlehre stipuliert die Einheit von Form und Bedeutung, von Bild und Gehalt. Dem barocken Werk unter dem Stern der Allegorie ist diese Einheit fremd. Der Vorrang der metaphysischen Konzeption vor dem einzelnen Realisat des Werkes bringt es mit sich, daß die philosophische Betrachtung ihren Ausgang von signifikanten Details und nicht von der stipulierten Einheit des Werkes nimmt. Die Zerschlagung des Werkes, das Haften am Bruchstück ratifiziert nur, worauf das allegorisch strukturierte Werk selbst angelegt ist. Der schöne Schein, unveräußerliches Integral des symbolischen Werkes, erleidet im allegorischen Werk selbst schon eine Paralyse, ist es doch auf Fixierung von Bedeutung und Sinn im Werk, auf den Schriftzug im Bild und also auf Transgression, auf Überschreiten der Sphäre des Schönen zugunsten des Wahren hin entworfen. Die philosophische Betrachtung, der metaphysischen Gewalt des Ausdrucksgehalts der Formenwelt zugewandt, vollendet in diesem Sinn nur, was als Intention im je einzelnen Werk bereits am Werk ist und darf sich eben deshalb als Rettung seiner vollendungsbedürftigen empirischen Gestalt begreifen.

Bleibt die kunst- und geschichtsphilosophische Differenz zum 18. Jahrhundert anzudeuten, die Gundolf in der Bemühung Lessings geflissentlich verwischt. Das eine ist die aktuelle Auseinandersetzung, in die ein kritischer Kopf vom Range Lessings sich verwickelt sah; das andere die Abstand wahrende geschichtliche Distinktion. »Lessings Recht – des Polemikers, der mit lebendigen Kräften im Streit lag – kann nicht das Recht des Historikers sein und kann dem neueren Denker nicht ersparen, den Dingen sachlich auf den Grund zu gehen.«[75] Lessing steht das barocke Drama in Gestalt der französischen Tragödie vor Augen. Sie ist untypisch für das Barocktheater, da auf Wort und vers commun ausgerichtet, die erst Gottsched und die Seinen wieder faszinierten. Als Erbe des Barock hält sich die neostoische Behauptung der Vernunft gegenüber den Stürmen der Leidenschaft durch. »›Körperliches Leiden als solches‹, wirft Gundolf [mit Lessing] ein, ›ist nicht tragisch‹.«[76] Lessing attackiert das Ideal, weil es der gesamten, mit der Empfindsamkeit ins Spiel gelangenden modernen Anthropologie widerstreitet, der tragische Progreß des bürgerlichen Trauerspiels überhaupt nur aus der Verletzung der empfindsamen Normen herrührt. Für das 17. Jahrhundert und insonderheit das Märtyrerdrama ist die Preisgabe des Körpers an die Mächte der Finsternis geradezu das Sigel für die Statuierung und Behauptung eines Transzendenten. Daher die Würde des Leichnams als eines Unterpfandes für die Überwindung der Welt, wie sie das barocke Trauerspiel apotheotisch umkreist. Diese ganz unantike Wendung, die das Trauerspiel als genuine nachantike Form von der Tragödie scheidet, ist Gundolf verborgen.

In diesem Sinn bleibt gemäß Benjamins Diktum auch nach Gundolfs Arbeit »alles beim alten. Und darum hat es nicht viel zu heißen, wenn der Verfasser im Vorwort den ›modischen Taumel, der die erwünschte Neuerforschung der deutschen Barockpoesie begleitet‹, Snobismus schilt und seine eigene Untersuchung nach

75 Ebd.
76 Ebd.

Maßgabe der ewigen Normen und Werte zu führen verspricht. Muß gerade ihm entgegengehalten werden, daß Normen nur gestaltet, in Bildern leben? Und was hat ihn bewogen, an Gryphius zu rühren, wenn er sie nicht in seinem Trauerspiel erkannt hat?«[77] Mit dieser Frage endete die Benjaminsche Intervention. Sie hatte ein Doppelgesicht. Gundolf wurde fast lautlos der allfällige Bescheid erteilt. Der Leser aber wurde neuerlich mit einem Philosophem konfrontiert, das den Charakter eines Rätsels mit sich führte. Er mußte, wollte er es lösen, zugleich zu Gryphius wie zu Benjamin aufbrechen. Denn wenn Gundolf vor Gryphius versagte, war der Weg zu dem größten Dramatiker des 17. Jahrhunderts, als welchen auch Gundolf ihn gefeiert hatte, das eine und nächstliegende. Die Normen des Werkes aber verkörperten sich in den Bildern, im Ausdrucksgehalt der Formensprache. Und zu ihr hatte Benjamin einen Schlüssel geliefert, indem er die Schichten des barocken Trauerspiels einer philosophischen Betrachtung ihrer bedeutungshaltigen Physiognomie unterwarf. Im Lichte des Trauerspielbuchs löste sich das Rätsel, mit dem der Rezensent den Leser der »Frankfurter Zeitung« zu Anfang des Jahres 1928 entließ.

Literarische Landschaften des Barock – Hans Heckels Porträt Schlesiens

Das Trauerspielbuch hatte Benjamin zu den schlesischen Dramatikern geführt. In Mystik und Drama gab sich die Führung, die Schlesien in der Geschichte der deutschen Literatur des 17. Jahrhunderts innehatte, vielleicht am deutlichsten kund. Gleichwohl gab es im Trauerspielbuch keinerlei Veranlassung, schlesischen Belangen und Besonderungen nachzugehen. Es ging um die kunst- und geschichtsphilosophische Profilierung des deutschen Trauerspiels als eines genuinen Gegentyps zur antiken Tragödie sowie die Exposition bzw. Deduktion der Allegorie und des allegorisch strukturierten Kunstwerks als eines Formtyps sui generis. Schwerlich würde der Leser des Trauerspielbuchs daher wähnen, daß sein Verfasser durchaus auch eine Affinität zur landschaftsorientierten Literaturgeschichte unterhalten könne. Daß Vermutungen dieser Art in die Irre gehen würden, lehrt Benjamins Besprechung von Hans Heckels »Geschichte der deutschen Literatur in Schlesien« aus dem Jahr 1929, die er im gleichen Jahr in der »Literarischen Welt« vergleichsweise einläßlich anzeigte. Wie immer bot sie Benjamin ein Forum zur Andeutung von Maximen und Grundsätzen methodologischer Art, die zusammengenommen mit anderen und verwandten eben jenen Reichtum an Facetten und Aspekten begründen, um derentwegen uns seine Rezensionen teuer, ja unverzichtbar sind. Auszuschöpfen sein aber dürften sie vermutlich nur jeweils von den Sachkennern der gestreiften Gebiete. Denn wenn der eher andeutende und verhaltene Ton ohnehin zu den Regularien des späteren Benjaminschen Schreibens gehört, so prägt er seine Äußerungen auf der Metaebene doppelt, changieren sie doch zwischen Porträt und

77 Ebd., S. 88.

Programm und ziehen ihr Bestes aus diesem von vielerlei Schwingungen durchwirkten Oszillieren. Es erstreckt sich, wie gleich zu zeigen, bis in die Terminologie hinein und erheischt also mehr als einmal Sonderung durch ebenso behutsamen wie beherzten Eingriff.

Wir müßten weit ausholen, wollten wir die Stellung von Heckels Werk in der deutschen Literaturgeschichte näher bestimmen, um Benjamins Akzentuierungen zu profilieren.[78] Es gehört zu jener Gruppe von Arbeiten, wie sie sich seit dem letzten Drittel des 19. Jahrhunderts mehren, die in offenem oder verdecktem Widerstreit zu den vielen nationalen Literaturgeschichten ein regionales Pendant und Gegengewicht zu schaffen suchen.[79] Über das Berechtigte von derlei Versuchen konnte es unter Kennern eigentlich keinen Zweifel geben. So wie die Geschichte der Deutschen bis zum Ende des Alten Reichs geprägt blieb von den Städten und Territorien, so nicht minder die Entfaltung der deutschen Literatur. Historiker ganz verschiedener Couleur wie Herder, Gervinus, Scherer hatten denn auch schon immer auf diese Besonderheit verwiesen und ihr in ihren geschichtlichen Darstellungen auf ganz verschiedene Weise zu ihrem Recht zu verhelfen versucht, auch und gerade in ihren Erzählungen aus nationalem Impetus heraus. Das Problem, sofern überhaupt erkannt und aufgegriffen, blieb die methodische Fundierung. Es schien nur allzu offenkundig, daß man in den verschiedenen Charakteren der einzelnen Stämme, die da unter dem weiten Dach des Alten Reiches in mehr oder minder lockerer Form zusammentraten, einen Haftpunkt auch für die verschiedenartigen kulturellen Ausprägungen besaß. Der Ausgang von der Stammeskunde wurde also von den Verfechtern einer regional ausdifferenzierten Literaturgeschichte zum bevorzugten Theorem erhoben und entsprechend die literarhistorische Praxis mit diesem dürftigen Rüstzeug in die Hand genommen. Die Namen August Sauers und Josef Nadlers stehen dafür vor allem ein; der eine als der eines Begründers der neuen Methode, der andere als der des agilen Vollstreckers in Gestalt einer ebenso berühmten wie berüchtigten vierbändigen Literaturgeschichte, die in ihrer vierten und letzten Auflage umstandslos in den Schlingen nationalsozialistischer Ideologie sich verstrickte.[80]

Seither steht eine von den Räumen herkommende und von ihnen aus operierende Literatur- und Kulturgeschichte unter dem Verdacht, auf gefährlichen oder abgelebten Fundamenten zu siedeln. Und das, obwohl über Borchardt und Burdach,

78 Hans Heckel: Geschichte der deutschen Literatur in Schlesien. Erster Band: Von den Anfängen bis zum Ausgange des Barock [mehr nicht erschienen!].– Breslau: Ostdeutsche Verlagsanstalt 1929 (= Einzelschriften zur Schlesischen Geschichte; 2).

79 Es gibt keine befriedigende Zusammenstellung des bis zum Kriegsende zustandegekommenen Schrifttums. Am besten und reichhaltigsten: Robert F. Arnold: Allgemeine Bücherkunde zur neueren deutschen Literaturgeschichte. 4. Aufl., neu bearbeitet von Herbert Jacob.– Berlin: de Gruyter 1966, S. 126–142: ›Literaturgeschichte in räumlicher Begrenzung‹.

80 Vgl. zuletzt mit der einschlägigen Literatur Dainat: Von der Neueren deutschen Literaturgeschichte zur Literaturwissenschaft (Anm. 46), S. 520 ff. Sehr wichtig nach wie vor das Kapitel ›August Sauer und Josef Nadler‹.– In: Franz Greß: Germanistik und Politik. Kritische Beiträge zur Geschichte einer nationalen Wissenschaft.– Stuttgart-Bad Cannstatt: frommann-holzboog 1971 (= problemata; [8]), S. 125–149.

Schöffler und Minder, Alewyn und eben auch Benjamin, wie zu zeigen, genügend unverdächtige Gewährsmänner aufzurufen wären, wenn es darum ginge, für das Triftige regionaler kulturräumlicher Verfahren zu votieren. Ist der Ausgang von Stamm und Rasse, von Blut und Boden ebenso verwerflich wie absurd, so der von der bestimmten geschichtlichen Verfaßtheit einzelner Regionen ein legitimer und in vielerlei Hinsicht überhaupt gar nicht zu umgehender. Waren es doch die politischen und konfessionellen Konstellationen, die sozialen Schichtungen und Austauschprozesse, die ökonomischen Ressourcen und die über Handel und Nachrichten, Brief und Druck sich erschließenden Kontakte, die Bildungsinstitutionen und intellektuellen Potenzen, deren Zusammenspiel die geistige Physiognomie wie die Kommunikationsformen, die im weitesten Sinn mentalen Kräftefelder einer Region konstituierten. Sie verliehen ihr jenes besondere geschichtlich spezifizierte Profil, durch das ausgezeichnet sie – selbstverständlich ihrerseits in ständigem Wandel begriffen – einging in den alten Reichsverband und später in die sich herausformende Nation. Es gehört zu den schwer zu begreifenden Paradoxa dieser so problembehafteten Forschungsrichtung, daß sie materialiter – auch auf seiten Nadlers! – vielfach bereits Ergebnisse zeitigte, die durch den mediokren Ansatz keineswegs gedeckt waren, vielmehr jener differenzierten Ensemble-Bildung ansatzweise bereits gerecht wurden, um die es zu gehen hat. Als ›Mikrohistorie‹ im angedeuteten Sinn hat die regionale Literatur- und Kulturgeschichtsschreibung im deutschen Sprachraum mit Gewißheit noch eine große Zukunft vor sich.[81]

Und das – gewiß überraschenderweise – auch im Zeichen Walter Benjamins. Gibt doch auch seine Heckel-Rezension den Durchblick auf ein zentrales ästhetisches Theorem frei, das in dieser Ausformung und Radikalität dem Benjaminschen Denken entspringt und an Aktualität schwerlich eine Einbuße erlitten haben dürfte. Wie fast immer wird es in Abwehr des vorgelegten Versuchs mobilisiert, der Denkfigur bestimmter Negation gehorchend, wie sie Adorno als genuin Benjaminsche Erbschaft dann später auf den Begriff brachte. Heckel, außerordentlicher Professor für Literaturgeschichte an der Universität Breslau, hatte als Schüler von Max Koch, dem verdienstvollen Begründer der »Zeitschrift für vergleichende Literaturgeschichte«, schon zu Beginn der zwanziger Jahre eine Geschichte der schlesischen Literatur im Spiegel der Schlesischen Provinzialblätter verfaßt.[82] In ihr war einlei-

81 Für weitere Informationen sei etwa verwiesen auf die reichhaltigen Literaturangaben (auch zur territorialen Literaturgeschichtsschreibung) bei Klaus Garber: Stadt und Literatur im alten deutschen Sprachraum. Umrisse der Forschung – Regionale Literaturgeschichte und kommunale Ikonologie – Nürnberg als Paradigma.– In: Stadt und Literatur im deutschen Sprachraum der Frühen Neuzeit. Hrsg. von Klaus Garber unter Mitwirkung von Stefan Anders, Thomas Elsmann. Bd. I–II.– Tübingen: Niemeyer 1998 (= Frühe Neuzeit; 39), S. 3–89.

82 Hans Heckel: Die Schlesischen Provinzialblätter von 1785–1849 in ihrer literargeschichtlichen Bedeutung. Ein Beitrag zur Geschichte der deutschen Literatur in Schlesien.– Breslau: Marcus 1921 (= Wort und Brauch; 15). Zu Heckel vgl. den knappen Eintrag bei Kosch ^{3}VII (1979), Sp. 602, sowie K. Hildebrandt: Das Werk Hans Heckels.– In: Der Schlesier 18 (1966).

tend der Entwicklungsgang der schlesischen Literatur knapp zusammengefaßt, bevor mit dem Gründungsdatum der Blätter im späten 18. Jahrhundert dann eine genauere Inspektion der dichterischen Produktion und ihrer Autoren einsetzte. Schon in diesem Aufriß zeichnete sich das – fast möchte man sagen: berufstypische – Dilemma bereits klar ab, das dann auch die spätere große, über vierhundert Seiten umfassende und doch nur bis zum Ende des 17. Jahrhunderts führende Darstellung um ihr Bestes brachte. Hier ist nicht zu reden von den späten Anfängen der literarischen Kultur, die Schlesien mit den Nachbarn im Osten gemein hat. Der Durchbruch erfolgte mit der Reformation, die in Schlesien eine in dieser Form einmalige Weiterbildung zum mystischen Spiritualismus erfuhr und im übrigen – wovon bei Heckel nichts zu lesen ist – in den humanistisch inspirierten Kreisen an Attraktivität verlor, als das reformierte Bekenntnis sich ausbreitete und – vor allem vermittelt über Melanchthon – zahlreiche Anhänger fand. Keine Landschaft Deutschlands hat sich dem nachreformatorischen Humanismus nachhaltiger geöffnet als Schlesien. Der deutschen Literatur zu Eingang des 17. Jahrhunderts geht über zwei Generationen hinweg eine neulateinische Schriftkultur voraus, deren unerhörte Vitalität bewirkte, daß Schlesien als böhmisches Nebenland über diese zu einem dichten Netz verknüpfte späthumanistische Gelehrtenkultur seine regionale Identität und geistige Physiognomie gewann. Ohne diese ungezählten Formexperimente, ohne den in ungezählten Gefahren erprobten Zusammenhalt wäre die nobilitas litteraria nicht im Stande gewesen, den Übergang zur deutschen Literatur so rasch und so erfolgreich, nämlich flächendeckend, zu vollziehen. Auf der Wende zum 17. Jahrhundert formte sich Schlesien zur führenden Literaturlandschaft Deutschlands auch in der von hier und der Pfalz ihren Ausgang nehmenden neueren deutschsprachigen Dichtung heraus.[83]

Dazu nun unser Gewährsmann Hans Heckel als bis heute erste Autorität zumindest im Blick auf eine Gesamtdarstellung der deutschen Literatur in Schlesien bis an die Schwelle des 18. Jahrhunderts. »Der deutsche Humanismus wird im 15. Jahrhundert aus einer Angelegenheit der Gemeinschaft – die er überhaupt nur in sehr bedingter Hinsicht gewesen ist – allmählich zu einer Angelegenheit der geistigen Oberschicht. Liegt um seine Anfänge der Zauber eines neuen Weltgefühls, eines freiheitlichen Menschentums, das seine Stellung zu Gott und Welt mit andern Augen sieht, das ungeachtet aller tiefinnerlichen Religiosität sich wieder auf die Schönheit des Diesseits besinnt, so engt sich der humanistische Gesichtskreis bald auf Eroberung und Bewältigung der antiken Bildungswelt ein, die in Deutschland – vor allem im Osten, wo sie der Volksseele im Innersten fremd war – bald zum toten Besitz wird, nicht lebendiger Impuls bleibt, wie etwa in Italien.«[84] Wie soll un-

83 Dazu jetzt mit der einschlägigen Literatur Klaus Garber: Späthumanistische Verheißungen im Spannungsfeld von Latinität und nationalem Aufbruch.– In: Germania latina – Latinitas teutonica. Politik, Wissenschaft, humanistische Kultur vom späten Mittelalter bis in unsere Zeit. Hrsg. von Eckard Keßler, Heinrich C. Kuhn. Band I–II.– München: Fink 2003 (= Humanistische Bibliothek. Reihe I: Abhandlungen; 54), S. 107-142.

84 Heckel: Geschichte der deutschen Literatur in Schlesien (Anm. 78), S. 80.

ter diesen trostlosen Auspizien eine geschichtlich halbwegs gediegene Darstellung der mächtigsten Formation des europäischen Humanismus auf deutschem Boden zustande kommen? »Die lateinische Dichtung wurde eifrig weiter betrieben. Sie war längst zur leeren Form geworden, zum behenden Exerzitium des klassischen Verses und Stils [...]. Der Geist war gewichen; für die Weiterbildung des geistigen Lebens bedeuteten die Verse der braven Pastoren und Schulmeister kaum mehr etwas [...]. Das meiste ist belanglose Gelegenheitspoesie, zur Verherrlichung der zahlreichen freudigen und traurigen Familienereignisse befreundeter Gelehrter und Bürger.«[85] Daß hier ein sprachreinigendes Werk und zugleich eines geselligkeitsstiftender Kultur vollbracht wurde, ohne deren Vorbild der Übergang ins Deutsche nicht gelungen wäre – nicht die Spur einer Ahnung davon regt sich bei dem die üblichen Leerformeln wiederholenden Historiker.

Der vielleicht größte unter dieser unübersehbaren Zahl gelehrter Koryphäen ist der Breslauer Ratssyndikus, Landeskundler und Gelehrtenhistoriker Breslaus wie Schlesiens Nikolaus Henel von Hennenfeld. »Ein eigentlicher Dichter ist er nicht.«[86] Gewiß nicht nach den Maßstäben einer trivialisierten und sich nur vermeintlich auf Goethe berufenden Erlebnisästhetik. Dafür – wie sie alle – ein um so eifrigerer Anwalt alteuropäischer Form- und Memorialkultur auf der Basis der antiken Fundamente, in deren Zeichen das literarische Europa kommunizierte und Schlesien eine der Kernprovinzen der zwischen den konfessionellen Schranken sich behauptenden intellektuellen Elite bildete. Mit Opitz, dem gebürtigen Schlesier aus Bunzlau, vollzog sich der Übergang aus dieser latinisierten Formkultur in das deutsche Idiom. Dazu wiederum Heckel: »Martin Opitz ist ein gewandter, vielseitig begabter Mann von reicher Belesenheit und Bildung, im Grunde seines Wesens mehr Gelehrter als Künstler. Als Persönlichkeit gibt er keine Rätsel zu lösen. Der ›dunkle Drang‹, das schicksalhafte Müssen des echten Dichters ist ihm völlig fremd.«[87] So kehren die auf den Humanismus gemünzten Pejorativa alle im Blick auf die deutsche Dichtung des 17. Jahrhunderts wieder. »Die ganze Zeit von Opitz bis Klopstock, Jahrzehnte des Vorwaltens des Verstandes und völligen Mangels an innerem Erlebnis, ist der langwierige Genesungsprozeß der deutschen Literatur.«[88] Welch schöne Voraussetzungen für die Behandlung der bedeutendsten Periode in der Geschichte der deutschen Literatur auf schlesischem Boden! Es waren die alten bornierten Klischees mangelnder Fundiertheit im Erlebnis, die da neuerlich mobilisiert wurden und gleichermaßen der neulateinischen wie der klassizistischen deutschen Dichtung ihre Grenze bezeichnen sollten. Auf dieser Basis war eine landschaftsgebundene Literaturgeschichte gewiß nicht zu schreiben. Wie aber hätte sie aussehen können? Hier setzte Benjamin ein.

---

85 Ebd., S. 116 f.

86 Ebd., S. 117.

87 Ebd., S. 188.

88 Heckel: Die Schlesischen Provinzialblätter (Anm. 82), S. 7.

Eine große Leistung, die dem Umbruch, den die Barockforschung und indirekt über sie auch die Erforschung des neulateinischen Humanismus seit mehr als zehn Jahren auf deutschem Boden genommen hatte, gerecht geworden und sich am schlesischen Beispiel bewährt hätte, war nicht zustande gekommen. »Wir denken hier an seine Darstellung der schlesischen Barockdichtung, die die zweite Hälfte des Buches einnimmt und nicht nur unter den hier behandelten Epochen dem gegenwärtigen Brennpunkt der Forschung am nächsten steht sondern auch eine der wichtigsten Manifestationen Schlesiens gewesen ist. Wer sich das vergegenwärtigt, wer sich sagt, wieviel nach Nadlers anregenden Entwürfen in der ›Literaturgeschichte der deutschen Stämme‹ hier noch zu leisten gewesen wäre, welch seltene Gelegenheit es zu leisten (400 große Seiten sind für die Darstellung von 1300 bis 1700 in Anspruch genommen worden), der muß zu dem Ergebnis gelangen, daß wenig geschehen ist.«[89] Im besonderen waren die Chancen, die die Konzentration auf eine so fruchtbare literarische Region wie Schlesien geboten hätte, nicht ausgeschöpft worden. Und das ungeachtet der von Benjamin zutreffend und souverän akzentuierten Vorgaben, wie sie das Nadlersche Werk tatsächlich seit der zweiten, umgearbeiteten Auflage gerade auch für Schlesien bereithielt. »Das Land, seine Menschen, seine sozialen Verhältnisse erhellen sich im gemächlichen Verlaufe dieser Erzählung nur notdürftig und sporadisch. Die große Aufgabe, die literarische Monographie einer Landschaft zu schreiben, mag man ihr nun die wirtschaftlichen oder die stammesgeschichtlichen Verhältnisse zugrunde legen, ist offenbar überhaupt nicht ins Blickfeld des Verfassers getreten.«[90] Über deren mögliche Regularien wurde schon ein Wort gesagt. Daß Benjamin nur beiläufig zwei Ansätze streifte, ohne auf sie irgend festgelegt werden zu können, liegt auf der Hand. Das Berechtigte einer auf die Landschaft sich konzentrierenden, ihre literarische, ihre kulturelle Physiognomie erkundenden Betrachtung war anerkannt worden und sollte fortgesponnen werden.

Eben an diesem Punkt gab Benjamin dem Gedanken eine Wendung, mit der ein ganz neues Forschungsprogramm sich abzeichnete. »Die Geilheit der barocken Liebesdichtung, die Schrecken und Greuel der Märtyrerdramen, der Byzantinismus der Gelegenheitsgedichte und Widmungen, das Pathos der Sonette und Monologe – wir wollen nicht wissen, ob sie beim einen aufrichtiger, psychologisch vertiefter, entschuldbarer, formvollendeter als beim anderen sind. Wir wollen vorerst einmal erfahren: Was sind sie selbst? Was spricht aus ihnen? Warum mußten sie sich einstellen?«[91] Die Beschränkung auf übersehbare Räume geleitete also zur Synopsis des Heterogenen. Nicht auf Entwicklungen, auf Veränderungen in der Zeit, auf Ziele hin braucht die Darstellung bedacht zu sein, sondern auf das Nebeneinander des Verschiedenartigen im Raum. Welche singuläre Gestalt nimmt es in ihm an, welche Charakteristika eignen gerade dieser landschaftsgebundenen Formulierung, wie sind die Besonderungen und Spezifika zu erklären? Die von kulturellen Lokali-

89 GS III,192.
90 Ebd.
91 Ebd.

täten und deren spezifischen Bewandtnissen ihren Ausgang nehmende Untersuchung kommt also der Erschließung der Sachgehalte und der womöglich unter ihnen obwaltenden Korrespondenzen zugute, wo die klassische großräumige geschichtliche Darstellung immer in Gefahr steht, um Evolution und Teleologie willen die einläßliche Vergegenwärtigung und Erklärung der komplexen und verschlungenen Phänomene zu verabsäumen. »Wer sich in ein Phänomen zu vertiefen weiß, der trifft zuletzt darin immer auf das ›Moderne‹; der Vermittler, der von vornherein bedacht ist, die Maßstäbe des heutigen Lesepublikums (statt der Einsichten der heutigen Wissenschaft) anzusetzen, baut gebrechliche Brücken.«[92] Auf dichtem Raum und in Kenntnis der aktuellen Forschung sind am ehesten Autorenprofile in Gestalt von Werkprofilen zu erarbeiten, in denen der Raum als Ensemble aller wirkenden Kräfte figuriert und damit das öde, über Leben und Erleben vermittelte, auf Charakter und seelische Disposition rekurrierende Schema schon vom Ansatz her überwunden ist. »Man kann auch darstellerisch eine schärfere Profilierung der Autoren gegeneinander nie und nimmer charakterologisch, menschlich, ästhetisch zu erwirken hoffen, sondern nur durch immer strengere, detailliertere Untersuchung der Art und Weise, in der die Einzelnen mit ihrer literarischen und kulturellen Umwelt sich auseinandersetzen. Gerade in solcher prinzipiell unabsehbaren Differenzierung liegt das allein lebendige methodische Prinzip einer Literaturgeschichte. Die wie auch immer versteckte Zweiteilung von Darstellung und Würdigung schlägt ihm ins Gesicht.«[93]

So geleitete am Schluß die konsequente Verfolgung des Gedankens über den regionalen Ansatz wieder hinaus. Er hatte, um es noch einmal mit anderen Worten Benjamins zu sagen, die Chance eröffnet, die Literatur und insonderheit die des Barock »in ihrer sozialen und landschaftlichen Bedingtheit« zu studieren.[94] Letztlich implizierte dieses Programm aber, wie im Trauerspielbuch verfolgt und eingelöst, die Werke als Ausdruck aller virulenten Kräfte einer Zeit auszulegen. Es ging um Erkundung geschichtlicher Erfahrungen und Gehalte, nicht subjektiver Befindlichkeiten und Erlebnisse. Hatte Benjamin in einer wenig beachteten und doch zentralen fast zeitgleichen Äußerung davon gesprochen, »eine Analyse des Kunstwerks zu fördern, die in ihm einen integralen, nach keiner Seite gebietsmäßig einzuschränkenden Ausdruck der religiösen, metaphysischen, politischen, wirtschaftlichen Tendenzen einer Epoche erkennt«, so spezifizierte sie sich in der Heckel-Rezension, angeregt durch das Angebot einer landschaftsorientierten Literaturgeschichte, in einer furiosen Improvisation allseitiger Kontaktstiftung im Namen und Zeichen nicht endenden physiognomischen Entzifferns.[95] Mittels dieser Methode wurde Aktualität erfahrbar, nicht im Überstülpen vermeintlich moderner, in Wahrheit abgelebter erlebnisästhetischer Surrogate. »Wir brauchen ein Buch, das die Genesis des barocken Trauerspiels

92 Ebd., S. 192 f.
93 Ebd., S. 193.
94 Ebd.
95 GS VI,219.

im engen Zusammenhang mit dem Entstehen der Bürokratie, die Einheit der Zeit und der Handlung im engen Zusammenhang mit den dunklen Amtsstuben des Absolutismus, die geile Liebesdichtung mit der Schwangerschaftsinquisition des entstehenden Polizeistaats, die Schlußapotheose der Operndramen mit der rechtsphilosophischen Struktur der Souveränität darstellt. Dann wird sich zugleich zeigen, was hier im Ursprung landschaftlich und stämmisch bedingt war und wie die Kräfte und Antagonismen des Barock bis Schiller (wie Nadler gezeigt hat), ja bis in das Widerspiel von Hebbel und Nestroy fortwirken. Um von dem besten Lohn, dem elektrischen Kontakt mit der heutigen Lage zu schweigen. Der Leser von Heckel hat ihn nicht zu besorgen. Er steckt in historizistischen Filzpantoffeln.«[96] Das Trauerspielbuch hatte unter Beweis gestellt, welche Energien in einer streng sach- und formbezogenen Analyse freigesetzt wurden, die sich auch noch der Erschließung der jüngsten zeitgenössischen Dichtung mitteilten. Gleiches für einen nicht auf Gattungen, sondern auf Räume eingeschränkten entwicklungsfähigen und innovativen Typus literaturgeschichtlicher Darstellung einzufordern, war das Ziel der überraschenden Intervention Benjamins, mit der er auf andere Weise einer Literaturgeschichte der großen Schöpfer und ihrer unableitbaren Taten Paroli bot.

Das barocke Buch als Objekt der Begierde – Der Sammler als Physiognomiker

So intensiv wie in der Gundolf- und Heckel-Rezension konnte der Kontakt zum Trauerspielbuch nicht noch einmal hergestellt werden. Stets aber blieb die Nähe zu Zentren Benjaminschen Denkens gewahrt. Das lehrt seine zwei Jahre später erschienene Anzeige eines kleinen Büchleins von Gabriele Eckehard, das den nicht eben anspruchslosen Titel »Das deutsche Buch im Zeitalter des Barock« führt. Es mochte Benjamin aufgrund seines Titels, seines Erscheinungsortes in der Reihe ›Berliner Bibliophile Abhandlungen‹, vermutlich aber aufgrund persönlicher Bekanntschaft mit der Verfasserin wegen in die Hände gefallen sein. Der Name Gabriele Eckehard ist ein Pseudonym. Ihr bürgerlicher Name lautete Lucy Helene Domke.[97] Ihr Mann Martin Domke war mit Benjamin befreundet. In seinem Auftrag erstellte Benjamin eine Bibliographie der Domkeschen Lichtenberg-Sammlung.[98] Sie kam nicht zum

96 GS III,193.

97 Vgl. Kosch ^{3}III, 442.

98 Vgl. dazu GB IV,55, mit der wichtigen Anmerkung der Herausgeber S. 59 f., sowie GS I,762; I,764. Dazu Martin Domke: Meine Lichtenberg-Sammlung.– In: Philobiblon 4 (1931), S. 325–328. Die Benjaminsche Bibliographie in Gestalt eines Zettelkatalogs hat sich erhalten und wird im Institut für neuere deutsche Literatur der Universität Gießen verwahrt. Vgl. zu der Domkeschen Benjamin-Sammlung zuletzt Günther Oesterle, Harald Tausch: Vögel sind die Beobachter der Wahlen, kein sterbender Reichsadler: Zum Gießener Nachlaßkonvolut Walter Benjamins.– In: Frankfurter Allgemeine Zeitung, 10. Januar 2001 (Geisteswissenschaften). Domke ist die Überführung der von Benjamin nach Südfrankreich mitgeführten Materialien in die Vereinigten Staaten zu verdanken. Vgl. GS I,759; V,1071 f.

Abschluß, hat sich aber in Gestalt eines Zettelkatalogs von Benjamins Hand erhalten. So wird man eine Kenntnis der Barock-Sammlung von Lucy Helene Domke von seiten Benjamins für wahrscheinlich halten dürfen. Kaum ein Wort verlor er über den Inhalt der kleinen Schrift. Er war so dürftig, daß nur höfliches Schweigen angezeigt erschien.[99]

Benjamin interessierte, wie bekannt, das Thema Sammeln, dem er sich ein einziges Mal auf dem Umweg über die Sammlerin speziell mit Blick auf das 17. Jahrhundert zuwenden konnte.[100] Gabriele Eckehard bzw. Lucy Helene Domke ist dem Kenner des Barock als Sammlerin unbekannt. Er denkt an Wolfskehl, an Manheimer, an Faber du Faur, wenn von repräsentativen Figuren der zwanziger Jahre in diesem Kontext die Rede ist. Die Verfasserin hat ihrer Schrift Faksimiles von Titeln und Titelkupfern, Szenarien und Probeseiten, Vignetten und Kolophonen beigegeben und im Anhang einen entsprechenden Nachweis der Abbildungen geführt. »Die oben angeführten Werke befinden sich in der Bibliothek der Verfasserin«, heißt es dort.[101] Was befand sich noch in ihr? »Dieses Buch ist nicht als Frucht emsigen Universitäts[-] und Bibliothekstudiums entstanden, sondern aus der jahrelangen Beschäftigung einer Sammlerin mit einer Zeit, die sie in historischer, kultureller, literarischer und soziologischer Beziehung besonders fesselte«, liest man in dem in Fraktur gesetzten Vorwort. Das läßt auf umfängliche Sammlungen schließen. Waren womöglich alle in dem Text berührten Autoren und Titel in ihrem Besitz? Dann hätte es sich in der Tat um »eine der stattlichsten Privatsammlungen deutscher Barockliteratur« gehandelt, wie Benjamin ausdrücklich feststellt.[102] Die Verfasserin schweigt sich aus und gibt statt dessen eine Literatur-Empfehlung. Wer mehr wissen wolle, greife zu den Werken von Cysarz und Ermatinger, »zwei herrliche, tiefe, weise und dichterische Arbeiten, die beglückend mehr halten als die Titel versprechen.«[103] Diese Laudatio läßt nicht eben auf engeren Kontakt zu Benjamin schließen. Wohl aber erscheint dessen Trauerspielbuch in der beigegebenen Bibliographie. Lucy Helene Domke ist wie Martin Domke 1933 nach Frankreich emigriert und von dort 1941 wie dieser in die USA geflohen. Wir wüßten gerne Näheres über das Schicksal ihrer Bibliothek. Gibt es noch Menschen, die Zeugnis ablegen könnten?

---

99 Gabriele Eckehard: Das deutsche Buch im Zeitalter des Barock.– Berlin: [Ullstein] 1930 (= Berliner Bibliophile Abhandlungen; 4).

100 Aus der inzwischen reichen Literatur zuletzt der in Osnabrück 1992 vorgetragene, jedoch erst jetzt an anderer Stelle veröffentlichte Aufsatz von Jörn Garber: Der Sammler in der Wunderkammer des Diskreten.– In: Konvergenzen. Studien zur deutschen und europäischen Literatur. Festschrift für E. Theodor Voss. Hrsg. von Michael Ewert, Martin Vialon.– Würzburg: Königshausen & Neumann 2000, S. 8–19, bes. S. 12 ff. Dazu der schöne zusammenfassende Artikel von Eckhardt Köhn: Sammler.– In: Benjamins Begriffe. Hrsg. von Michael Opitz, Erdmut Wizisla. Bd. I–II.– Frankfurt a.M.: Suhrkamp 2000 (= edition suhrkamp; 2048), Bd. II, S. 695–724.

101 Eckehard: Das deutsche Buch (Anm. 99), S. [51].

102 GS III,236.

103 Eckehard: Das deutsche Buch (Anm. 99), Vorwort, S. [7].

Benjamin war das bibliophile Ereignis ein willkommener Anlaß, um das Thema Sammeln zu umkreisen, das ein Jahr später in ›Ich packe meine Bibliothek aus‹ wieder aufgegriffen und weitergeführt wurde. Hier wie dort geht es um die Physiognomie des Sammlers. Wir haben uns an dieser Stelle nur an das bislang wenig beachtete Seitenstück zu der inzwischen berühmten Rede zu halten. Der Sammler, der diesen Namen verdient, ist selbstverständlich ein Kenner. Er mag zum Wissenschaftler avancieren. Immer und zuerst aber bleibt er Liebhaber. Als solcher scheut er die Öffentlichkeit, wirkt im Verborgenen, breitet seine Schätze am liebsten vor den Vertrauten aus. Freimut darf ihn um der Geschlossenheit der Sammlung nicht anwandeln. Wohl aber immer und immer wieder Staunen über den Zufall, der lang Entbehrtes zu unverhoffter Stunde beschert. Er ist auf eine unergründliche Weise im Bündnis mit dem Genie des Sammlers. Denn von einem solchen zu reden ist statthaft im Blick auf einen jeden, der sich dieser lebenswährenden und lebensverzehrenden Passion je hingab. »Man redet so gerne von dem ›persönlichen Verhältnis‹, das ein Sammler zu seinen Sachen habe. Im Grunde scheint diese Wendung eher geschaffen, die Haltung, die sie anerkennen will, zu bagatellisieren, sie als unverbindliche, als liebenswürdig-launische hinzustellen. Sie führt irre. Launisch sind Sammler vielleicht – doch im Sinne des französischen lunatique – nach den Launen des Mondes. Spielball sind sie vielleicht – aber von einer Göttin – nämlich der τύχη. Am ehesten aber wird man die Gemeinde der wahren Sammler als die der Zufallsgläubigen, der Zufallsanbeter zu bezeichnen haben. Nicht nur darum, weil sie alle wissen, daß ihr Besitz sein Bestes dem Zufall dankt, sondern weil sie in ihren Besitztümern selber den Spuren des Zufalls nachjagen, weil sie Physiognomiker sind, die da glauben, daß nichts so Ungereimtes, Unberechenbares, Unvermerktes den Dingen zustoßen könne, daß es in ihnen seine Spuren nicht hinterließe. Diese Spuren sind es, denen sie nachgehen: der Ausdruck des Geschehenen entschädigt sie tausendfach für die Unvernunft des Geschehens.«[104]

Eine jede Sammlung hat ihre je eigene Physiognomie. Diese aber ändert sich mit jedem hinzutretenden Stück. Sie ist ihrem Wesen nach nicht abschließbar, immer in Bewegung. Der Sammler aber, der aufbricht zu ihrer Mehrung, keinen Weg und keine Mühe scheut, er weiß sich so gut wie immer belohnt durch das unverhofft einem Wunder gleich Zutagetretende. Wer ein halbes Leben lang einem ersehnten Buch-Umschlag nachfahndete, wie beiläufig spazierend das ersehnte Buch im Schaufenster erblickt und beseligt feststellen darf, daß ausgerechnet dieses eine gesuchte und gefundene gleich zwei Umschläge trägt, weiß um die Launen Fortunas und weiß auch, daß jeder Sammler Nämliches berichten könnte. Nur eine Geste vermag der von Ehrfurcht gestreiften Dankbarkeit zu genügen, die liebevolle Hinwendung zum endlich Gefundenen. Es sind die Gebrauchsspuren, die an Stücken einer Sammlung haften, welche dem Sammler beileibe nicht gleichgültig sind, ja das Interesse an der Sache, die da transportiert wird, zurückdrängen können. Sie nämlich geleiten zur Überlieferung des näher in Augenschein genommenen Stücks, zu

104 GS III,237.

seiner Geschichte, die da vorläufig endet im Hafen des jeweils letzten Besitzers. Bücher sind nicht nur Medien. Als Bestandteile einer Sammlung vermögen sie ihren Nutzwert abzulegen und selbst Ausdruck anzunehmen und Zeugnis abzulegen von den Schicksalen, die ihnen widerfuhren. Einbände, Drucktypen, Formate, Erhaltung, Eintragungen, Provenienzen, womöglich Preise und Verbreitung – sie alle sprechen zum Sammler als Kenner, weil sie erfahren lassen, daß ein jedes Buch mehr ist als Stoff für den einsamen Leser. Habent sua fata libelli. Keiner weiß davon beredter zu künden als der Sammler. Darum fühlt er sich aufgehoben in der ›Gemeinde‹ all jener, die der Zerstreuung entgegenwirken durch Bewahren. Bewahren aber steht im Zeichen von Erinnern, der Sicherung von Spuren und ihrer Entzifferung ...

So ließe sich wohl auch über die kleine Eckehard-Rezension vordringen in die Kernzonen Benjaminschen Denkens. Wir aber waren mit ihm ausgegangen von jenem die kleine Betrachtung leitenden Stichwort des Barock. »Hoffen wir, daß dem Beispiel, das hier – bis in Ausstattung und Illustration hinein – gegeben wird, so viele folgen, als wenige ihm vorangingen. Daß unter diesen wenigen aber der Beste – Karl Wolfskehl – ein Liebhaber des Barock ist, das zeigt, daß es für den wahren Büchersammler wenige gleich adäquate Gegenstände seiner Liebe gibt wie eben die Bücher des deutschen Barockzeitalters.«[105] Sie waren den älteren Sammlern vom Schlage Maltzahns, Heyses, Meusebachs, Wellers und wie sie hießen als Kuriosa der ›altdeutschen‹ Literatur mit untergekommen und als solche teuer. Erst die Etablierung der Kategorie ›Barock‹ brachte ihre Separierung für den Historiker wie den Sammler. Das Buch des Barock, dessen physiognomische Vergegenwärtigung bis heute aussteht, hat erst im 20. Jahrhundert genuines Profil gewonnen. Und mochte vielerlei Unwesen unter dem Stern der euphorisch aufgegriffenen jungen Kategorie ihren Lauf nehmen – dem sammlerischen Eifer kam sie in der Hochzeit der Weimarer Republik ungemein zugute. Wenige Jahre später – und auf deutschem Boden war des Sammelns und Forschens ein Ende. In Amerika, wenn überhaupt, überdauerte, was Benjamin aus dem Sammlerparadies Berlin zu berichten wußte und mit seinen Hoffnungen begleitet hatte. Im Kuppelsaal der Preußischen Staatsbibliothek zu Berlin mit der größten Sammlung älterer deutscher Literatur auf deutschem Boden und also auch der reichsten Barocksammlung war das Trauerspielbuch konzipiert und materialiter fundiert worden. Ein gutes Jahrzehnt später rüstete sich Deutschlands verspätete Nationalbibliothek zum Exodus ihrer Schätze. Nur Bruchteile gerade der Barockliteratur kehrten bis heute zurück. Der dem Sinnen und Lesen geweihte Ort unter der mächtigen Kuppel versank in Schutt und Asche. Eine Auferstehung aus den Trümmern ist ihm nicht vergönnt. Ist es aber nicht der Schauder vor den zerstörerischen Gewalten der Geschichte, welchem der Sammler sein verzweifeltes Mühen um Restitution des Zerschlagenen entgegensetzt?[106]

---

105 Ebd.

106 Vgl. dazu Klaus Garber: Das alte Buch im alten Europa.– München: Fink 2004. – Von Wolfskehl stammten die Kommentare zu der einzigartigen Barock-Sammlung Victor Manheimers, die 1927 in München bei Karl & Faber versteigert wurde. Vgl.: Die Sammlung Victor Manheimer. Deutsche Barockliteratur von Opitz bis Brockes. Mit Einleitung und

Lyrik des Humanismus als Erlebnisdichtung? Einspruch gegen Ellingers Geschichte der neulateinischen Lyrik

Benjamin hatte Deutschland schon verlassen, als im Juli 1933 in der »Frankfurter Zeitung« seine Rezension des dritten (und letzten) Bandes von Georg Ellingers unvollendeter »Geschichte der neulateinischen Literatur Deutschlands im sechzehnten Jahrhundert« erschien. Sie war nur noch mit den Initialen »W.B.« unterzeichnet, die nächstfolgende des gleichen Jahres am gleichen Ort führte schon das Pseudonym »Detlev Holz«. Warum er die beiden ersten, schon 1929 erschienenen Bände des Ellingerschen Werkes nicht angezeigt hatte, ist nicht mehr zu eruieren. Was er zu dem dritten zu sagen hatte, galt mit gleichem Recht für die Vorgänger.[107] Seine Kritik traf sich im Tenor mit der anderer Autoritäten, vor allem derjenigen Richard Alewyns.[108] Wie immer aber wurde der Kern der Rezension in eins

Notizen zu den einzelnen auf der Auktion 27 (12.5.1927) versteigerten Bänden aus Manheimers Bibliothek von Karl Wolfskehl.– München: Karl & Faber 1927. Partieller Wiederabdruck der Wolfskehlschen Einleitung in: Karl Wolfskehl. Leben und Werk in Dokumenten.– Darmstadt: Agora [1969] (= Agora; 22), S. 31–33. Es handelt sich um den Katalog einer Ausstellung der Hessischen Landes- und Hochschulbibliothek im Jahr 1969. Konzeption und Katalog: Manfred Schlösser.

107 Georg Ellinger: Geschichte der neulateinischen Literatur Deutschlands im sechzehnten Jahrhundert. Bd. I–III/1.– Berlin, Leipzig: de Gruyter 1929–1933, Band I: Italien und der deutsche Humanismus in der Lyrik (1929); Band II: Die neulateinische Lyrik Deutschlands in der ersten Hälfte des sechzehnten Jahrhunderts (1929); Band III/1: Geschichte der neulateinischen Lyrik in den Niederlanden vom Ausgang des fünfzehnten bis zum Beginn des siebzehnten Jahrhunderts (1933). Mehr nicht erschienen!

108 Vgl. die Rezension Alewyns in der Deutschen Literaturzeitung 1931, Sp. 396–401, wieder abgedruckt in: Deutsche Barockforschung (Anm. 4), S. 426–430: »Der Verfasser tritt seinem Stoff keineswegs voraussetzungslos gegenüber, um ihn einfach nach seiner geistigen Beschaffenheit zu befragen, [...] sondern er bringt eine Reihe von geheimen Wertmaßstäben mit, bestimmte subjektive Vorstellungen vom Wesen der ›wahren‹ Dichtkunst und trägt kein Bedenken, seinen Gegenstand an ihnen zu messen und bei Erscheinungen, die seine persönlichen ästhetischen oder gar ethischen Anschauungen verletzen, seinem Abscheu mit kräftigen Worten Ausdruck zu verleihen. So wird die Charakteristik der Dichter meist zur Kritik, und E.s letztes Ziel scheint häufig mehr, Stellung zu nehmen als zu erkennen. Seine tiefste Überzeugung dürfte man in einem entschiedenen Verdammungsurteil über den größten Teil der von ihm behandelten Dichtung erkennen. Diese Urteile, obwohl sie nur gelegentlich ausgesprochen und nicht auf ihren Grund reflektiert werden, sind doch in Wirklichkeit keineswegs nur von ungefähr, sondern – und das macht sie aufschlußreich – sie stehen in einem inneren logischen Zusammenhang, aus dem sich ein System der Ästhetik rekonstruieren ließe. Ihnen liegt jener eigentümliche Komplex von ethischen Werten und psychologischen Feststellungen zugrunde, der für die moderne Dichtung etwa seit Goethe konstitutiv ist, der einen bestimmten Zusammenhang zwischen dem dichterischen Gebilde und dem Privatleben seines Urhebers fordert, der durch den Begriff des ›Erlebnisses‹ bezeichnet wird und für den das Kriterium der ›Echtheit‹ zum entscheidenden ästhetischen Maßstab erhoben wird.« (S. 428 f.).

mit dem Aufweis des Verfehlten durch die Andeutung einer Alternative gebildet. Sie setzte Vertrautheit nicht nur mit den methodischen Prämissen des Rezensierten, sondern mehr noch mit den besonderen Regularien des behandelten Gegenstandes voraus. In Benjamins Ellinger-Rezension liegt die einzige ganz knappe, gleichwohl anknüpfungsfähige Äußerung zur humanistischen Lyrik vor, die mit Einschränkungen und Modifikationen auch auf die nachfolgende deutschsprachige Lyrik des 17. Jahrhunderts übertragen werden kann. Schon diese Feststellung sichert ihr eine wiederum unvertretbare Stellung in dem insgesamt schmalen Korpus der Frühneuzeit- und speziell der Barock-Rezensionen Benjamins. Da Benjamins Lyrik-Vortrag, 1922 im Hause Max und Marianne Webers gehalten, bekanntlich verschollen ist, kommt seinen okkasionellen Äußerungen auf diesem Feld zusätzliches Gewicht zu.

Mit der Besprechung von Ellingers Geschichte der neulateinischen Lyrik im Deutschland des 16. Jahrhunderts wendet sich Benjamin zweifellos dem bedeutendsten und ambitioniertesten unter den bislang vorgestellten Werken zu. Ellinger hatte in Berlin studiert und war dort Schüler unter anderem von Wilhelm Scherer geworden, bei dem er 1884 mit einer bemerkenswerten Studie über »Das Verhältnis der öffentlichen Meinung zu Wahrheit und Lüge im 10., 11. und 12. Jahrhundert« promovierte.[109] Von Scherer war Ellinger auf die Dringlichkeit einer Geschichte der neulateinischen Literatur in Deutschland hingewiesen worden. Dem offensichtlich über alles verehrten Lehrer glaubte er am überzeugendsten die Treue wahren zu können, indem er sich zu später Stunde, entpflichtet vom gymnasialen Schuldienst, eben dieser Aufgabe verschrieb. Der Name des 1886 allzufrüh verstorbenen großen Sprach- und Literaturhistorikers Scherer zierte den ersten Band; das Werk blieb ihm als ganzes zugeeignet. Es war monumental angelegt und wuchs sich unter der Hand weiter aus. Die Mängel der Konstruktion liegen jedem Kenner der Verhältnisse offen zutage. Es reicht, den Blick in das Vorwort zu dem Gesamtwerk zu werfen, um die Verkennung der Proportionen zu erkennen. Drei Bände sollten der Lyrik vorbehalten bleiben, ein einziger vierter allen anderen Gattungen der neulateinischen Dichtung. Er kam nie zustande und hätte ein Vielfaches des veranschlagten Raumes beansprucht. Aber auch die Geschichte der Lyrik selbst war unprofessionell disponiert. Es sollte eine Geschichte der neulateinischen Lyrik Deutschlands werden. Warum das 17. Jahrhundert ausgespart wurde, das doch nicht minder reich an lyrischen neulateinischen Schöpfungen war als das 16., blieb das Geheimnis des Autors.

---

109 Zu Ellinger vgl. den Eintrag bei Kosch ^{3}IV (1972), Sp. 178, sowie in der NDB IV (1959), S. 458 (Adalbert Elschenbroich). Dazu die schöne Würdigung von Wieland Schmidt: Erinnerungen an Georg Ellinger.– In: Bibliothek – Buch – Geschichte. Kurt Köster zum 65. Geburtstag. Hrsg. von Günther Pflug, Brita Eckert, Heinz Friesenhahn.– Frankfurt a.M.: Klostermann 1977 (= Sonderveröffentlichungen der Deutschen Bibliothek; 5), S. 291–300. Von Ellinger selbst hinzuzuziehen: Grundfragen und Aufgaben der neulateinischen Philologie.– In: Germanisch-Romanische Monatsschrift 21 (1933), S. 1–14. Sein Werk am ausführlichsten verzeichnet im Lexikon deutsch-jüdischer Autoren VI (1998), S. 328–333.

Natürlich war klar, daß die deutsche neulateinische Lyrik nur im Kontext der europäischen geschrieben werden konnte. Aber war es deshalb nötig, so ausufernd auf die außerdeutschen Verhältnisse einzugehen? Gute 350 Seiten wurden der italienischen neulateinischen Lyrik im ersten Band eingeräumt, nur eben 50 Seiten der humanistischen Lyrik in Deutschland bis an die Wende des 16. Jahrhunderts an gleicher Stelle. Ihr Verfasser hätte besser daran getan, mit ihnen den zweiten Band zu eröffnen, der bis in die Mitte des 16. Jahrhunderts in Deutschland führt. Statt nun jedoch fortzufahren und den Anschluß zum 17. Jahrhundert herzustellen, wurde eine Unterbrechung vorgenommen und mit dem dritten Band in seinem ersten Teil eine Geschichte der neulateinischen Lyrik in den Niederlanden eingeschoben. Ein zweiter Teil im dritten Band war der Lyrik der Scaligers und den französischen Neulateinern vorbehalten. Gleichwohl sollte im nämlichen Band auch noch die deutsche neulateinische Lyrik der zweiten Hälfte des 16. Jahrhunderts behandelt werden. Wir wissen nicht, was im Manuskript noch zustande kam. Zwei Bände sollen dem Verlag noch eingeliefert worden sein, möglicherweise die Scaligers und die französischen Lyriker und möglicherweise die leider aufgeschobenen und separat für die Publikation vorgesehenen Anmerkungen zu den Bänden I und II umfassend. Ellinger, jüdischer Herkunft, war seit 1933 in seiner Arbeit behindert. Wie anderen wurde ihm der Zugang zur Preußischen Staatsbibliothek verwehrt. Sie barg die größte Sammlung neulateinischer Literatur in Deutschland und hatte ihre Bestände durch einen in der Welt einzigartig dastehenden Realkatalog optimal erschlossen. Als dem unverheirateten Privatgelehrten die geliebte Schwester verstarb, suchte auch Ellinger kurz vor dem Beginn des Zweiten Weltkriegs als Achtzigjähriger den Freitod. Sein monumental angelegtes Werk blieb ein Torso.

Nicht nur die äußere Anlage, sondern auch die methodologische Fundamentierung war verfehlt. Benjamin hatte auch im Falle Ellingers sein unbeirrtes Monendum vorzutragen. Ein Blick in das Vorwort zum ersten Band reicht hin, um die nun schon sattsam bekannten Vorurteile auch bei einem so informierten Gelehrten wie Ellinger ganz unbefragt in Umlauf zu sehen. »Die neulateinische Dichtung Deutschlands schleppt eine Unmasse handwerksmäßigen Stoffes mit sich.«[110] »Handwerksmäßig« ist alle humanistische Dichtung, nicht nur die deutsche. Sie schreibt Autoritäten fort, ist intertextuell strukturiert, lebt von der differentia specifica. Es mußte eine »Sonderung des Brauchbaren vom Unbrauchbaren« getroffen werden.[111] In Geschichten künstlerischer Phänomene kann es »Unbrauchbares« grundsätzlich nicht geben, weil auch das vermeintlich oder offenkundig Mißlungene in jedem Fall erklärungsbedürftig ist. Im Umkreis des Humanismus entscheidet über »Wertunterschiede« nur das Maß des Gelingens im Akt der Adaptation vorgegebener Muster, nicht der Rekurs auf Muster an sich, der eben konstitutiv ist. Es leuchte »ohne weiteres ein, daß die neulateinische Dichtung unter dem Banne von

110 Ellinger: Geschichte der neulateinischen Literatur (Anm. 107), Bd. I, S. IX (Vorwort).
111 Ebd.

Überlieferung und Schablone steht, urwüchsige Schöpferkraft sich daher nur in Ausnahmefällen regt. Es fehlt also diesem Gebiet gerade das, was den eigentlichen Reiz jeder Kunstbetrachtung ausmacht.«[112] Wie ein so haarsträubendes Fehlurteil nach der Bearbeitung ganzer lyrischer Kontinente mit ganz anderen Formgesetzen möglich war, bleibt im nachhinein ein Rätsel. Ellinger hatte keinen substantiellen Kontakt mehr mit der neueren Barockforschung gewinnen können. Die unseligen »Schöpferkraft«-Klischees blieben also bestehen. Wie sollten selbst die Größten unter den römischen Vorgängern und vielbewunderten Mustern mit dieser Elle gemessen werden, geschweige denn die humanistischen Nachfahren? Sie hatten die Wiederheraufführung der antiken Formkultur zu ihrem Programm erhoben. »Schöpferkraft« bemaß sich nach der Fähigkeit des Einschreibens eines neuen Zuges in ein vorgegebenes Repertoire, statt nach einem ursprünglichen Akt des Zeugens, wie er doch den Römern auf den Schultern der Griechen selbst unbekannt war. Die »individuelle Stimmung der Lyrik, die ohne die Ausbildung der weicheren, feineren Gemütskräfte unmöglich ist, beginnt sich [im 16. Jahrhundert] zu regen und bereitet den subjektiven Zug vor, der im 17. Jahrhundert zuerst religiös verpuppt erscheint und im achtzehnten dann auch diese Hülle abstreift. »[113] Einen abwegigeren Zugang zur humanistischen Lyrik hätte man schwerlich wählen können. Dem Werk wurde ein teleologisches Muster aufgezwängt, demgemäß nun gerade auch unter »unfruchtbaren Gattungen« wie der vielgescholtenen Gelegenheitsdichtung nach den »Keimen« des »seelischen Aufstiegs« gefahndet wurde, die sich womöglich doch unter dem »entsetzlichen Wust« der Dutzendware verborgen halten mochten. »Der Verfasser kann sich das Zeugnis geben, daß er sich redlich bemüht hat, hinter den aufgehäuften Massen trivialer Phrasen das Zukunftsreiche, Entwicklungsfähige aufzuspüren.«[114] Selten dürfte ein Historiker sein entsagungsreiches Lebenswerk unter so ungünstigen, dem selbstgewählten Gegenstand so äußerlich bleibenden Prämissen in Angriff genommen haben. Denn was sollte es schließlich besagen, wenn die große Masse der Texte sich den Maßstäben widersetzte, die da an sie angelegt wurden, ohne daß ihrem Benutzer auch nur die Spur einer Ahnung kam, daß er sich womöglich selbst auf einer falschen Fährte in Bewegung gesetzt habe?

»Ellinger glaubt, es mit mehr oder minder vollkommener Lyrik im modernen Sinn – besser: im Sinn des vorigen Jahrhunderts – zu tun zu haben; mit Gedichten, in denen sich ein individuelles Erlebnis oder eine individuelle Stimmung derart niedergeschlagen habe, daß sich der Leser mit dem eigenen Gefühl in das Gedichtete des Dichters zu versetzen, es innerlich sich anzueignen vermöge. Ob eine solche Auffassung von Lyrik sich im allgemeinen als stichhaltig erweist, kann hier außer Betracht bleiben. Denn daß sie angesichts der neulateinischen der Humanisten untauglich ist, ergibt sich schon aus deren Funktion. Diese war keine dichterische,

---

112 Ebd., S. X.
113 Ebd., S. XV.
114 Ebd.

sondern im strengsten Sinne literarisch: bildungs-, staats- oder religionspolitisch. Es ist ein Unding, so wie der Verfasser es hier versucht, an diese Produktionen gewissermaßen unverbindlich, mit der Haltung des Schöngeistes, der in einer Blütenlese blättert, heranzutreten, um sodann ein Urteil nach eigenem Geschmacke über sie zu fällen.«[115] Damit war der Nagel auf den Kopf getroffen. Woher aber rührten Benjamins Informationen über die neulateinische Lyrik? Es dürfte keine Quelle namhaft zu machen sein, auf die sein Urteil sich hätte stützen können. Es ging Benjamin offensichtlich darum, ihren öffentlichen Status zu unterstreichen, der eben von vornherein den von Ellinger beobachteten Zugang als obsolet erscheinen ließ. Eine andere, weitere Funktionsbestimmung hätte sich noch eher angeboten. Humanistische Lyrik im neulateinischen wie im nationalsprachigen Gewande ist im weitesten Sinn Dichtung bei Gelegenheit. Statt Selbstausdruck, wie Ellinger mit ungezählten anderen stipuliert, ist sie situationsbezogen. Dichtung bleibt in einer ganz der Antike verpflichteten Manier die Vergegenwärtigung und damit die Fixierung wie die Verewigung des Bedichteten im erlesenen, anspielungsreichen, die Autoritäten fortschreibenden Wort vorbehalten. Sie ist gegenstands- und adressatenbezogen und damit ihrer ganzen Anlage nach jenem Innerlichkeits-Syndrom entrückt, auf das sie seit der Empfindsamkeit immer wieder verpflichtet werden soll. Deshalb aber ist es keineswegs vonnöten, nun eine dichterische Funktion von einer literarischen »im strengsten Sinne« zu scheiden. Nicht in jedem Fall eine öffentliche, wohl aber in jedem Fall eine auf einen Anlaß bezogene Funktion zu haben, ist ihr Ingredienz. Dichterisches Vermögen bekundet sich in der Befähigung, auf Gelegenheiten angemessen, nämlich geleitet durch Tradition, und professionell, nämlich durch Erfindung einer neuen, bislang nicht vernommenen Variante, zu antworten. Dieser zeigende, den Dingen und Anlässen ihr treffendes Wort beigesellende Gestus bewirkt, daß humanistische Lyrik so gut wie immer den Charakter einer Anrede wahrt, in der sich ihr nach außen gewandter, einer Sache, einem Lebewesen, einer Person zugewandter Duktus sinnfällig kundtut. Daß sie in politischen, in konfessionellen, in sozialen Kontexten – bei dem Florentiner Dreigestirn im Trecento angefangen – über fast fünf Jahrhunderte ihre immer wieder virtuos gehandhabte Rolle einnahm, das würde deutlich werden, wenn anders wir denn eine Geschichte dieser ihrer grandiosen öffentlichen Manifestationen besäßen. Sie darauf freilich zu fixieren, würde der Mannigfaltigkeit ihrer Spielarten schwerlich gerecht werden.

Benjamin aber ging es ja wie immer um mehr als die nur allzu berechtigte Zurückweisung unsachgemäßer, weil unhistorischer Maßstäbe und Verfahrensweisen. Noch einmal fand der der älteren humanistischen Dichtung so angemessene Gedanke einer nicht länger gebietsmäßig eingeschränkten Erschließung der Werke und Gattungen eine wiederum variierende Formulierung. »Erfahrungsgemäß will ein Problem, je spröder es sich darstellt, desto entschiedener nach jenen eigentümlichen Methoden studiert sein, die sich mit der strengsten Anpassung an seine beson-

115 GS III,400. Die Rezension trägt den Titel ›Gelehrte Registratur. Zu Georg Ellingers ›Geschichte der neulateinischen Lyrik in den Niederlanden.‹«

deren Gegebenheiten bilden. Diese besonderen Gegebenheiten aber erweisen gerade bei den sprödesten Materien sich stets als die von Grenzgebieten. Ein Grenzgebiet ist auch die neulateinische Dichtung der Humanisten. Ihre Geschichte liegt an der Stelle, wo die Grenzen einer Geschichte der klassischen Philologie, einer Geschichte der politischen und theologischen Ideen, einer Geschichte des gelehrten Unterrichts, einer Geschichte der Hochschulen und – gewiß erst an letzter Stelle – einer Geschichte der Dichtung ineinanderlaufen.«[116] Damit aber war nicht nur der situative, sondern auch der institutionelle Haftpunkt dieser Dichtung ins Auge gefaßt. Sie war das Werk von Gelehrten, blieb in Stadt und Hof, an Schule und Gymnasium, Universität und Akademie, an Kirche und Verwaltung, Diplomatie und Hofmeisteramt, überhaupt an alle Orte und Positionen gebunden, an denen die studierte und damit lateinkundige Akademikerschaft ein wie auch immer vorläufiges Aus- und Unterkommen fand. Die Welthaltigkeit dieser Dichtung, die unerhörte Fülle verarbeiteter und zum poetischen Gegenstand erhobener Bewandtnisse und Begebenheiten – sie rührte eben aus den ungezählten neuen Chargen, die sich den ›Gelehrten‹ in der Frühen Neuzeit auftaten. Ellinger hatte hier durchaus mit seiner nach Räumen gegliederten Darstellung einen im Ansatz richtigen Zugang gewählt. Statt aber die Dichter nun in exemplarisch ausgewählten Funktionszusammenhängen zu beobachten und ihr Werk in diesen vorgegebenen Kontexten zu entfalten, fiel er selbst hinter seine Vorgaben zurück, indem er Wesensfragen stellte, die von den situativen Bezügen abführten und damit ins Leere stießen.

Die Lyrik in diesem Sinn an ihren Grenzen und also in ihren schlechterdings unendlichen Kontakten zu studieren, das »hätte zur Voraussetzung, daß sie, bevor sich die Betrachtung einzelnen Poeten zuwendet, als ein kollektives Phänomen gesichtet würde. Den Nachdruck auf die ›Würdigung‹ der einzelnen Dichter zu verlegen, ist genau so abwegig wie den Prüfstein der Erlebniswahrheit oder der Natürlichkeit des Ausdrucks an ihre Produktionen anzulegen.«[117] Genau das war die Quintessenz, die sich in den Werken und vor allem auch den großen Rezensionen der Repräsentanten der neueren Barockforschung Bahn brach. Benjamin war hier durch seine Trauerspielarbeit berufen wie kaum einer sonst, sein kritisches Wort in die Waagschale zu werfen. Daß er es nicht mehr im Fachorgan, sondern in der Zeitung tat, machte seine Stimme zu einer weithin vernommenen. Zu den schwerlich genug zu rühmenden Vorzügen dieser seiner journalistischen Arbeiten gehörte es, daß in ihnen keine Zugeständnisse im Blick auf die sachliche Präzision gemacht wurden. Wohl aber blieb die Anspielung, die in einem wissenschaftlichen Organ leicht über die Fußnote hätte erläutert werden können, im Feuilleton nur dem Kenner entzifferbar. So auch der Schluß der Ellinger-Besprechung. »Es geht nicht an, die Darstellung der großen geistigen Bewegung, die die Allegorik ausmacht und zu der wir Studien gründlicher Kenner haben, durch den Hinweis auf ›die Figuren an den Gebäuden und auf den Plätzen‹, durch die ›die Bürger ... an allegorische und mythologische

116 Ebd.
117 Ebd., S. 401

Vorstellung gewöhnt worden‹ waren, zu ersetzen. Genau so wenig geht es an, nach dem was Cysarz, Hübscher, Günther Müller gezeigt haben, in dem Barockstil weiterhin nur die Entartung klassischer Vollkommenheit zu sehen.«[118] Es war der Verfasser des Trauerspielbuchs, in dem erstmals die Allegorie als Kunstform sui generis erschlossen worden war, der hier versteckt die Kenntnisnahme seiner wie anderer einschlägiger Arbeiten anmahnte, die die zwanziger Jahre auf dem benachbarten Gebiet der Barockforschung erbracht hatten und die doch so sehr dazu angetan gewesen wären, den schließlich besten Kenner der neulateinischen Literatur mit der bitter notwendigen Armatur für seine beschwerliche Wanderung zu versehen. »So [aber] bleibt der wissenschaftliche Ertrag der fleißigen, gewiß auf umfangreiche Quellenstudien gestützten Arbeit unbeträchtlich und nur das melancholische Gefühl, so zwecklos einen großen Aufwand vertan zu sehen.«[119]

Ursprung der Moderne – Arnold Hirschs Untersuchungen über die Entstehung des modernen Weltbildes

Noch ein Jahr später, 1934, gelang es Benjamin unter dem Pseudonym Detlev Holz die im gleichen Jahr erschienene Frankfurter (!) Habilitationsschrift von Arnold Hirsch in der »Frankfurter Zeitung« anzuzeigen. Neben Benjamins Trauerspielbuch ist Hirschs Studie »Bürgertum und Barock im deutschen Roman. Eine Untersuchung über die Entstehung des modernen Weltbildes« das zweite Werk der Barockforschung aus der Vorkriegszeit, dem erst nach dem Zweiten Weltkrieg eine weitausstrahlende Rezeption zuteil wurde. Die erste Auflage des in Kommission bei Joseph Baer in Frankfurt erschienenen Werkes erreichte in kleiner Auflage offensichtlich nur einen kleinen Leserkreis.[120] Dieses Schicksal teilte das Buch mit dem fast gleichzeitig erschienenen Buch des Freundes Richard Alewyn über »Johann Beer. Studien zum Roman des 17. Jahrhunderts« (1932).[121] Beide Verfasser hatten ihre Studien wie Benjamin wenige Jahre früher in der Preußischen Staatsbibliothek zu Berlin durchführen können. Beide Werke konnten nur hier entstehen. Denn die Berliner Staatsbibliothek hielt als einzige die apokryphen Texte in ausreichendem Maße (zumeist aus der einzigartigen Bibliothek Gregor von Meusebachs!) bereit, die die Autoren benötigten, um mentalitätsgeschichtliche Studien großen Stils auf gut abgesichertem Quellenfundus durchführen zu können. Beide Autoren verloren 1933 ihre beruflichen Perspektiven und mußten Deutschland alsbald verlassen.[122]

118 Ebd.

119 Ebd.

120 Arnold Hirsch: Bürgertum und Barock im deutschen Roman. Eine Untersuchung über die Entstehung des modernen Weltbildes.– Frankfurt a.M.: Baer 1934.

121 Vgl. Anm. 8.

122 Über Arnold Hirsch fehlt eine dringend benötigte Studie. In den Literaturlexika der Germanistik ist sein Name nicht präsent. Auch die NDB würdigt ihn nicht. Vgl. Wilhelm Voß-

Während Alewyn sich jedoch einer Neuauflage seines Beer-Buches widersetzte und eine Neubearbeitung plante – die wenigen geretteten Exemplare blieben praktisch unerreichbar –, war Arnold Hirsch das Glück beschert, daß sich ein kundiger Herausgeber einer Neuauflage seines Werkes annahm. 1954 war der 1901 geborene Arnold Hirsch, der an der École Normale Supérieure zu Paris eine Wirkungsstätte gefunden hatte, allzu früh verstorben. Eine große Thomasius-Monographie, für die er wie kaum jemand sonst gerüstet war, blieb unvollendet. Seine Habilitationsschrift hatte er dem Weggefährten der Berliner Jahre, Richard Alewyn gewidmet. Alewyn begründete nach der Rückkehr aus der Emigration im Böhlau-Verlag eine neue Reihe ›Literatur und Leben‹. Sie hätte nicht glücklicher als mit Hirschs Studie eröffnet werden können. Alewyns ältester und gleichfalls allzu früh verstorbener Schüler Herbert Singer übernahm die Revision und Herausgabe. 1957 erschien sie in zweiter Auflage mit dem veränderten Untertitel: »Ein Beitrag zur Entstehungsgeschichte des bürgerlichen Weltbildes«.[123] Und erst jetzt begann ihre alsbald lebhafte Aneignung. Sie war ausdrücklich als literatursoziologische Untersuchung geplant und durchgeführt worden.[124] So stand sie einer jungen Generation, die in der zweiten Hälfte der sechziger Jahre nach Alternativen zu der werkimmanenten Interpretation Ausschau hielt, als eines der ganz wenigen Beispiele für die Chancen dieser Methode in der Barockforschung zur Verfügung. Zugute kam sie freilich in größerem Stil nur der Erforschung des 18. Jahrhunderts. Die Barockforschung selbst besaß keine Instrumentarien, um Hirschs weitausgreifenden Fragestellungen ihren leitenden Erkenntnisinteressen zu integrieren.[125]

Hirsch ging es um nicht weniger als die Frage nach den Ursprüngen der modernen Welt und genauer, wie in der zweiten Auflage dann auch titularisch markiert,

---

kamp: Literatursoziologie: Eine Alternative zur Geistesgeschichte? ›Sozialliterarische Methoden‹ in den ersten Jahrzehnten des 20. Jahrhunderts.– In: Literaturwissenschaft und Geistesgeschichte 1910 bis 1925. Hrsg. von Christoph König, Eberhard Lämmert.– Frankfurt a.M.: Fischer 1993 (= Fischer Literaturwissenschaft; 11471), S. 291–303, S. 296 f.; Petra Boden: Stamm – Geist – Gesellschaft. Deutsche Literaturwissenschaft auf der Suche nach einer integrativen Theorie.– In: Literaturwissenschaft und Nationalsozialismus. Hrsg. von Holger Dainat, Lutz Dannenberg.– Tübingen: Niemeyer 2003 (= Studien und Texte zur Sozialgeschichte der Literatur; 99), S. 215–261, S. 247 ff. Zu Alewyn zuletzt Klaus Garber: Richard Alewyn (1902–1979).– In: Wissenschaftsgeschichte der Germanistik in Porträts (Anm. 45), S. 211–220.

123 Arnold Hirsch: Bürgertum und Barock im deutschen Roman. Ein Beitrag zur Entstehungsgeschichte des bürgerlichen Weltbildes. 2. Aufl., besorgt von Herbert Singer.– Köln, Graz: Böhlau 1957 (= Literatur und Leben, N.F.; 1). Hier eine wichtige Vorbemerkung des Herausgebers, S. V f.

124 Vgl. Voßkamp: Literatursoziologie: Eine Alternative zur Geistesgeschichte? (Anm. 122), S. 296 f., unter Heranziehung des programmatischen Beitrags von Hirsch: Soziologie und Literaturgeschichte.– In: Euphorion 29 (1928), S. 74–82.

125 Vgl. Klaus Garber: Gibt es eine bürgerliche Literatur im Deutschland des 17. Jahrhunderts? Eine Stellungnahme zu Dieter Breuers gleichnamigem Aufsatz.– In: Germanisch-Romanische Monatsschrift N.F. 31 (1981), S. 462–470.

die Genese des bürgerlichen Weltbildes. Die Frage, in den Sozial-, Geschichts- und Religionswissenschaften seit langem ins Zentrum gerückt, sollte endlich auch in die Literaturwissenschaft eingeführt werden. Hier bot sich die besondere Chance, von der seit knapp zwei Jahrzehnten neu etablierten Barockforschung den Ausgang zu nehmen. Wo endete das Zeitalter des Barock, wo ließen sich erstmals in der Literatur Spuren seiner Überwindung greifen? Es war die Überzeugung des Literatursoziologen, daß Wandlungen des Stils auch im Blick auf diese Frage auf soziale Umschichtungen zurückbezogen werden müßten. »Die Frage nach der Grenze des Barock ist [...] in der Literaturgeschichte nur scheinbar eine rein formale nach Beginn und Ende des Barockstils. Denn der Stil ist selbst bestimmt von viel Mächtigerem – Wandlungen des Stils, wie die vom Barock zum 18. Jahrhundert, zeigen soziale Umwandlungen an; es ist eine Schwäche der Literaturwissenschaft, daß sie solche Zusammenhänge bisher nur ungenügend abzulesen verstand.«[126]

Barocke Kultur, so Hirsch mit Alewyn, Günther Müller, Viëtor und anderen, ist in maßgeblichen und authentischen Manifestationen durchweg geprägt von Hof und Kirche. Das Bürgertum hat an ihnen keinen maßgeblichen Anteil mehr bzw. noch keinen maßgeblichen Anteil wieder. »Das Hochbarock stellt sich uns als eine völlig fremde und von unseren Lebens- und Kunstformen aus schwer durchdringbare Epoche dar. ›Die einfachen Ideen über Recht, Moral, Staat und Gesellschaft ..., die mit uns geboren sind‹, erweisen sich, auf das 17. Jahrhundert angewandt, als unangemessen. Dieser Erkenntnis gegenüber muß sich die Frage erheben, wo die Grundlagen der modernen diesseitigen Kultur liegen, die uns in der Mitte des 18. Jahrhunderts mit völlig verständlichen Gebilden entgegentritt. [...] Man wird verständlich finden, daß in der vorliegenden Arbeit nur ein Teil dieser Umwandlungen zur Deutung vorgelegt wird, daß wir uns darauf beschränken, in einer Analyse der Romanproduktion des ausgehenden 17. Jahrhunderts die Wurzeln des bürgerlichen Weltbildes sichtbar zu machen. Denn in seiner vollen Ausdehnung wäre das angedeutete Thema nur in einer umfassenden Entstehungsgeschichte der bürgerlichen Kultur abzuhandeln.«[127] Auszugehen sei von »der sozialen Aufwärtsbewegung des Bürgertums im Staat des Absolutismus«, der die sozialgeschichtliche Grundlage für den Übergang zur bürgerlichen Kultur und damit für die Wandlungen des literarischen Stils begründe. »Es bildet sich ein von der Ideologie des absolutistischen Staates erfüllter, diesseitiger Lebensraum, Spiegelung der sozialen Veränderungen im Geistigen, in dem neue Lebensziele aufgestellt werden. Ordnet man die Literatur in diesen bisher kaum erfaßten Zusammenhang ein, dann wird ihre wirkliche Lebensbedeutung in einem wesentlich exakteren historischen Sinn erkennbar als in nur literarhistorischen Konstruktionen: denn die Kontinuität des Formalen, das Weiterbestehen der gewohnten Gattungsformen hat einer vorwiegend formal interessierten Literaturwissenschaft lange verborgen, welche Bedeutungsverschiebungen in den letzten Jahrzehnten des 17. Jahrhunderts den Sinn eines großen Teils der

---

126 Hirsch: Bürgertum und Barock (Anm. 123), S. 1.

127 Ebd. mit Bezug auf Ernst Troeltsch.

Literatur verändern, welche beträchtliche Ausmaße dieser Vorgang einnimmt und auf welchen sozialen Wandlungen er beruht.«[128]

Damit war ein Forschungsprogramm umfassenden Zuschnitts formuliert. Es kann nicht Aufgabe dieser Studie sein, seine wie auch immer eingeschränkte Einlösung zu verfolgen. Auf der Hand aber liegt, daß der spätere Benjamin für diese Fragen auf besondere Weise vorbereitet war und also der Kontakt, der hier zwischen zwei Gelehrten noch einmal zustande kam, allemal fruchtbare Erkenntnisse versprach.[129] Wir vertrauen uns daher sogleich dem Benjaminschen Gang der Argumentation an, bemüht darum, jeweils am Ort auch Hirsch neuerlich zu Wort kommen zu lassen. Hirsch »hat nach den gesellschaftlichen Bedingungen der neuen Prosaliteratur gefragt, die in Gestalt des politischen Romans und des Schäfer-Romans vor 1700 in Deutschland auftaucht. Bezüglich des ersteren hat er erkannt, daß für das aufstrebende Bürgertum ›die rationale Gestaltung des Diesseits nicht an die Hofkarriere gebunden‹ ist. ›Was für den Adligen der Hof ist, das wird für das Bürgertum nun der Staatsdienst, das politische Leben.‹ Und so erscheinen die ›politischen Staatsromane‹ der Weise und der Riemer als weitschichtige Anweisungen für zukünftige Beamte des aufgeklärten Absolutismus. Entsprechend hat Hirsch auch dem Schäfer-Roman seinen sozialen Standort anzuweisen gesucht und diesen im kleinen Landadel gefunden, der, wenn nicht immer den Verfasser, so jedenfalls stets den Schauplatz dieser Erzählungen stellt; seine geringere Verflochtenheit mit den Hofkreisen erlaubte ihm, früher von den politischen und theologischen Denkformen des Hochbarock sich zu lösen.«[130] Eine treffendere Rekapitulation der Hirsch'schen Ergebnisse auf knappstem Raum dürfte schwerlich möglich sein. »[...] wertvolle Ausgangspunkte für eine Stilanalyse seines Gegenstandes« habe sich Hirsch derart gesichert.[131] Gleichwohl erfolgte neuerlich ein grundsätzlicher Einwand, nun freilich so verknappt, daß es der Beibringung weiterer Bausteine des Buches bedurft hätte, um den »Anlagefehler« des Gebäudes kenntlich zu machen.

Dieser kommt für Benjamin schon im Untertitel zum Ausdruck, der in der zweiten Auflage, wie erwähnt, eine Revision erfuhr. »Dieser stützt sich auf den Begriff des ›modernen Weltbilds‹. Man ersieht ohne weiteres, daß mit dieser Kategorie an Präzision verloren gehen muß, was Hirsch durch die gesellschaftliche Fragestellung sich gesichert hat. Der Begriff des ›modernen Weltbilds‹ entspricht dem vielberufenen des ›modernen Menschen‹, der ja bekanntlich vom heiligen Franziskus – den Thode vor zwanzig Jahren als seinen ersten Vertreter bezeichnet hat – bis zu den Pietisten – die kürzlich von Gebhardt in gleichem Sinne vorgestellt worden sind –

128 Ebd., S. 2.

129 Benjamin hat Hirsch, wie erwähnt, noch persönlich in Paris kennengelernt. Vgl. GB IV,487 f. Hier auch Benjamins – gegenüber Sternberger – geäußerte Selbsteinschätzung seiner Rezension des Werkes von Hirsch: »Ich glaube, seinem Buche die günstigste Seite abgewonnen zu haben; immerhin konnte ich die weniger guten nicht ganz mit Stillschweigen übergehen.« Seine Rezension erschien unter dem Titel: ›Zur Geschichte des deutschen Romans‹.

130 GS III,428 f.

131 Ebd., S. 429.

haltlos durch die Geschichtsepochen schwankt. So scharf Hirsch seinen Gegenstand nach rückwärts profiliert, so unzureichend zeigt sich die Bestimmung seiner Entwicklungsrichtung aufs ›Moderne‹. Sie führt zu einer Stilanalyse, deren Unzulänglichkeit sich bereits in ihren Stichworten verrät. ›In diesen Gesellschaftsszenen bringt das Einzelne nicht ... mahnend eine religiöse Weltdeutung zu Bewußtsein. Das Einzelne ist ›bloß‹ der selbstverständliche Niederschlag des unmittelbaren Besitzes.‹ ›Der Realismus, der seine Wirklichkeit selbstverständlich, ruhig und sicher besitzt, ist das bestimmende Lebensgefühl der bürgerlichen Kultur des 18. Jahrhunderts, die dem Menschen in der Bearbeitung diesseitiger Lebensaufgaben einen neuartigen Lebensinhalt anbietet.‹ Über so nichtssagende Formulierungen könnte man hinweggehen, legten sie nicht eine grundsätzliche Feststellung greifbar nahe: Innerhalb der Stilgeschichte ist die Entgegensetzung von Stil und Natur unter keinen Umständen statthaft. Es kann vielmehr im geschichtlichen Ablauf stets nur ein Stil den anderen ablösen. In der Spannung zwischen verschiedenen Stilen bewegt sich eine geschichtliche Dynamik, die sich in keinerlei Realismus je beruhigt. Realismus ist nichts als der Anspruch, mit dem von dieser oder jener Seite her jeder Stil der Natur gegenübergetreten ist. Die entscheidende Aufklärung über das literarische Rokoko, die man dem Gegenstandsbereich dieser Studie nach hätte erwarten dürfen, hat der Autor mit seinem Begriff des neuen Realismus vereitelt.«[132]

Diese Sätze Benjamins zu kommentieren, wäre gleichbedeutend mit dem Versuch, in eins mit dem Werk von Hirsch bis heute ungelöste Grundfragen von Barock und Aufklärung in die Debatte einzuführen. Entgegen der Benjaminschen Behauptung ist die Grenze nach hinten hin nämlich keineswegs hinlänglich befestigt. Und eben mit diesem Problem hängt die unscharfe Markierung des Neuen, ins 18. Jahrhundert Weisenden, ›Modernen‹ aufs genaueste zusammen. Auch an Hirsch rächt sich der wie selbstverständliche Gebrauch des doch so schwankenden und allemal explikationsbedürftigen Begriffs des Barock. Er ist festgemacht an Kirche und Konfession auf der einen, Hof und Staat auf der anderen Seite. Die religiösen Mächte und Institutionen sind vor allem in Gestalt der Gegenreformation verantwortlich für den abgründigen Pessimismus, der sich im Blick auf die Verfassung des Menschen wie die Deutung der Welt, mächtig befördert vor allem durch die Rezeption der spanischen Moralistik und Moraltheologie vom Schlage eines Guevara, auch in Deutschland um 1600 allenthalben zu erkennen gibt. Der von Hirsch vor allem ausgeschöpfte Pikaroroman stellt hier mit Aegidius Albertinus und Grimmelshausen die einschlägigen Paradigmen. Höfische Kultur auf der anderen Seite gehorcht gänzlich anderen Mechanismen. Sie ist durchgehend auf Repräsentation erstarkter staatlicher Macht hin ausgerichtet und stellt vorbildliches, d.h. staatsorientiertes und staatsbewußtes Handeln zumal in der Gattung des höfisch-heroischen Romans zur Schau. Wie diese beiden konträren ›Weltbilder‹ unter dem einen Begriff des Barock zur Deckung gebracht werden können, ist das Geheimnis auch eines so kritischen Geistes wie Arnold Hirsch geblieben.

132 Ebd., S. 429 f.

Für seine Untersuchung aber hatte diese schwerlich nachvollziehbare Kontamination die weitreichendsten und eben von Benjamin problematisierten Konsequenzen. Wo Spuren einer neuen, dem Skeptizismus sich entziehenden Wahrnehmung von Welt und Mensch sich regen, da sieht Hirsch – wie auch immer keimhaft – eine Überwindung »barocker« Welt- und Lebensdeutung angezeigt. Unter dem Stichwort einer »Verbürgerlichung« des Pikaroromans englischer und holländischer Provenienz im Zeichen des Calvinismus wird dieser Aspekt eingeführt und abgehandelt. Sehr viel komplexer vollzieht sich die Lösung von den höfischen Regularien. Zum einen soll die Lockerung der höfischen Bindungen über das im Staatsdienst sich etablierende Beamtentum zumeist bürgerlicher Herkunft erfolgen, wie sie im »politischen« Roman sich spiegelt. Hier bildet sich die Trägerschaft eines Staatsethos heraus, das maßgeblich zur Formierung des aufgeklärten Absolutismus im 18. Jahrhundert beiträgt. Zum anderen erfolgt der Einspruch gegen die höfische Normenwelt aus dem gelehrten städtischen Bürgertum heraus, wie es sich etwa in den wiederum fälschlich sogenannten Sprachgesellschaften zusammenfindet und in der Schäferdichtung vom Typ der Opitzschen »Nymphe Hercinie« ein beliebtes kritisches Organon sich schafft. Diese dem Humanismus verpflichtete Bukolik aber hat wiederum nichts gemein mit der Sonderform und dem Seitentrieb des deutschen Schäferromans, der gerne im Landadel spielt und wiederum unhöfische Schicksale gestaltet, die in ihrer individuellen Konturierung auf das 18. Jahrhundert vorausweisen. Und wiederum unterschieden davon sind die adligen Standesromane eines Johann Beer, in denen Hirsch nun mit Alewyn einen von letzterem so benannten »Realismus« am Werk sieht, der sich einer neuen und möglicherweise zunächst für Österreich besonders typischen Hinwendung zur Wirklichkeit verdankt, der dem höfischen Barockroman fremd ist.

Gattungsbedingt also auf sehr verschiedenen Wegen versucht Hirsch im engsten Kontakt mit Alewyn und durchgehend von diesem angeregt, die Übergänge ins ›bürgerliche‹, ›moderne‹ 18. Jahrhundert zu erkunden. Daß dabei das Problem ›Rokoko‹ nicht in den Blick gerät, wird man dem Verfasser nicht vorwerfen dürfen. Es wäre nur über den ›galanten‹ Roman zu traktieren gewesen, der um die Jahrhundertwende den höfisch-heroischen Roman beerbte, den Hirsch ausdrücklich ausgespart hatte und der erst von Hirschs Herausgeber Herbert Singer behandelt wurde.[133] Die von Benjamin inkriminierte Verschwommenheit der zur Kennzeichnung der ›modernen‹ Tendenzen herangezogenen Begriffe rührte also her von einer nicht eigens thematisierten Explikation ›barocker‹ Prädispositionen und Ingredienzien. Sie wurden als vermeintlich selbstverständliche nur eben gestreift und entgegen dem eigenen Ansatz nicht scharf genug zurückbezogen auf Gruppen, Milieus und Trägerschichten bzw. sozial, konfessionell und regional klar umrissene Profile. Über die so problematische Kategorie wurde eine de facto nicht existierende men-

---

133 Vgl. Herbert Singer: Der galante Roman.– Stuttgart: Metzler 1961 (= Sammlung Metzler; 10); ders.: Der deutsche Roman zwischen Barock und Rokoko.– Köln, Graz: Böhlau 1963 (= Literatur und Leben; N.F., 6).

tale Einheit stipuliert, die sich noch auf die Triftigkeit und Präzision der im Gegenzug versuchten Charakteristiken übertrug. ›Realismus‹ aber blieb das problematische Zauberwort, mit dem dieses Neue gefaßt werden sollte. Der Begriff war von Alewyn in einer Neidhart-Studie und in seinem Beer-Buch entwickelt worden.[134] Er figurierte als Gegenbegriff zum ›Naturalismus‹. Beide Begriffe wurden nicht als epochale, sondern als stiltypologische Begriffe verstanden. Insofern lag bereits an dieser Stelle das – letztlich zu Wölfflin zurückgeleitende – Problem. Intendiert war keineswegs ein Rekurs auf stillose ›Natur‹. Gekennzeichnet werden sollte vielmehr eine Stilgebärde, welche eine Alternative zu der im ›Barock‹ vorherrschenden kritisch-satirischen und in diesem Sinne ›naturalistischen‹ Entwertung von Wirklichkeit markierte.

Es hing eben mit jener dem Barock vindizierten ›Weltlosigkeit‹ zusammen, daß umgekehrt Anzeichen der Rückeroberung von ›Welt‹ in verschiedenen Gattungen als Anzeichen und Indikatoren eines neuen ›unbarocken‹, auf die Aufklärung vorausweisenden Weltverständnisses und Lebensgefühls bewertet wurden, die einmal das Prädikat ›modern‹, ein anderes Mal das Prädikat ›bürgerlich‹ zuerkannt erhielten. Wurde hingegen das Barock wie von Benjamin als eine entscheidende Etappe und Station auf dem Weg in die im eigentlichen Sinn erst mit Baudelaire anhebende Moderne gefaßt, verlor das Alewyn-Hirsch'sche Modell selbstverständlich nicht nur seine Attraktion, sondern auch seine Plausibilität.[135] Man darf und muß beklagen, daß Alewyn so wenig zu Benjamins Trauerspielbuch wie Benjamin zu dem ihm offensichtlich nicht mehr bekannt gewordenen Beer-Buch Alewyns haben Stellung nehmen können oder wollen. Die hier zu Beginn der dreißiger Jahre nicht ausgetragene Kontroverse ist bis heute nicht wieder aufgegriffen und einer Lösung entgegengeführt worden. Die allzu knappe Hirsch-Rezension Benjamins konnte keinen Ersatz bieten für das nach wie vor virulente Fundamentalproblem ›Bürgertum und Barock‹.

134 Vgl. Richard Alewyn: Naturalismus bei Neidhart von Reuental.– In: Zeitschrift für deutsche Philologie 56 (1931), S. 37–69, wiederabgedruckt in: Neidhart. Hrsg. von Horst Brunner.– Darmstadt: Wissenschaftliche Buchgesellschaft 1986 (= Wege der Forschung; 556), S. 37–76; ders.: Johann Beer (Anm. 8), S. 196–225: Kapitel ›Realismus‹; Teilabdruck dieses Kapitels unter dem Titel ›Realismus und Naturalismus‹ in: Deutsche Barockforschung (Anm. 4), S. 358–371.

135 Vgl. Klaus Garber: Barock und Moderne im Werk Benjamins.– In: Verkehrte Welten. Barock, Moral und schlechte Sitten. Hrsg. von Martin Lüdke, Delf Schmidt.– Reinbek bei Hamburg: Rowohlt 1992 (= Rowohlt Literaturmagazin; 29), S. 28–46; ders.: Der Ursprung der Moderne im Zeitalter des Barock. Die antiklassischen Epochen im Denken Benjamins.– In: Klaus Garber: Zum Bilde Walter Benjamins. Studien – Porträts – Kritiken.– München: Fink 1992, S. 193–253.

Epilog

Nur wenige Arbeiten hat Benjamin hernach noch im Literaturblatt der »Frankfurter Zeitung« publizieren können. Der bevorzugte Ort nicht nur seiner Aufsätze und Abhandlungen, sondern auch seiner Rezensionen wurde die zunächst nach Genf, dann nach New York überführte »Zeitschrift für Sozialforschung«. Sie favorisierte die Sammelrezension, derer sich auch Benjamin mehrfach bediente. In eben einem solchen Sammelreferat tauchte 1937 nochmals ein dem 17. Jahrhundert gewidmetes Buch auf, nun bezeichnenderweise nicht mehr den deutschen, sondern den französischen Verhältnissen wiederum im Übergang vom 17. zum 18. Jahrhundert gewidmet: Helmut Antons Breslauer Dissertation »Gesellschaftsideal und Gesellschaftsmoral im ausgehenden 17. Jahrhundert«.[136] Zwei Sätze widmete Benjamin der Antonschen Arbeit: »*Antons* Schrift, die den Stempel einer Dissertation trägt, gibt nichts als eine Sammlung von Exzerpten aus den Werken des Moraltheoretikers Morvan de Bellegarde (1648–1734). Sie ist in unsicherem, teilweise fehlerhaftem Deutsch geschrieben.«[137]

Die Wahrheit war eine durchaus andere. Anton beschränkte sich nicht auf das sehr ausgebreitete Werk Bellegardes, sondern zog eine Reihe verwandter Autoren und Texte hinzu. Und er bemühte sich unter den Titeln ›Gesellschaftsideale‹ und ›Gesellschaftsmoral‹ um eine systematisch-typologische Durchdringung des Stoffes, beschränkte sich also keineswegs auf die Rekapitulation einzelner Texte. Das Buch hätte sehr wohl die Möglichkeit geboten, die von Hirsch aufgrund einer anderen stofflichen Ausgangslage nicht thematisierten Probleme höfischer Moralistik aufzugreifen und der ›Moderne‹-Diskussion zuzuführen. Denn im Mittelpunkt der Antonschen Arbeit stand nochmals die Frage nach Genese und Erscheinungsform des ›honnête homme‹, wie er sich nach dem Vorgang vor allem von d'Urfé seit der Mitte des 17. Jahrhunderts in Roman und Moralistik Frankreichs herausformte. Er attrahierte eine Vielzahl verschiedener Traditionen, suchte insonderheit die italienische Trias Castiglione, della Casa und Guazzo mit den Anforderungen eines geläuterten und weltoffenen Katholizismus zu verschmelzen und insgesamt in der Synthese kurrenter Verhaltenslehren der Oberschicht aus Adel und Bürgertum einen trag-, weil kompromißfähigen Kodex sanktionierter Verhaltensnormen zu offerieren, der deutlich das Fazit aus der Überwindung der konfessionellen Verwerfungen des 16. Jahrhunderts zog. Hier hätte sich die Möglichkeit geboten, die gerade über die höfische Gesellschaft in die Moderne geleitenden Aspekte zu akzentuieren, eben die Herausformung eines von der Theologie sich lösenden Menschenbildes zu profilieren, die Benja-

136 Helmut Anton: Gesellschaftsideal und Gesellschaftsmoral im ausgehenden 17. Jahrhundert. Studien zur französischen Moralliteratur im Anschluß an J.-B. Morvan de Bellegarde.– Breslau: Priebatsch 1935 (= Sprache und Kultur der germanischen und romanischen Völker. C: Romanistische Reihe; 12).

137 GS III,511.

min auf andere Weise an den deutschen Texten im Trauerspielbuch beobachtet hatte.

Doch die Moderne-Problematik hatte sich für Benjamin endgültig vom 17. auf das 19. Jahrhundert verlagert. Die Impulse des Trauerspielbuchs, wie sie einer Reihe von wichtigen Besprechungen thematisch verwandter Arbeiten zugute gekommen waren, hatten sich im Blick auf das Barock erschöpft. Sie wirkten freilich um so intensiver fort bei dem Versuch einer Profilierung der Moderne im Zeitalter des Hochkapitalismus, stand doch auch sie wiederum ästhetisch in allen anspruchsvollen Werken neuerlich unter der Herrschaft der erstmals von Benjamin geschichtsphilosophisch exponierten Kunstform Allegorie, der sein größtes abgeschlossenes Werk gewidmet ist.

Register